LA INQUISICIÓN ESPAÑOLA

LA INQUISICIÓN ESPAÑOLA

REALIDAD Y PROCEDIMIENTO DEL SANTO OFICIO

DARÍO MADRID

www.edaf.net

MADRID - MÉXICO - BUENOS AIRES - SANTIAGO

2023

Editorial Edaf, S.L.U.
Jorge Juan, 68,
28009 Madrid, España
Teléf.: (34) 91 435 82 60
www.edaf.net
edaf@edaf.net

Ediciones Algaba, S.A. de C.V.
Calle 21, Poniente 3323 - Entre la 33 sur y la 35 sur
Colonia Belisario Domínguez
Puebla 72180, México
Telf.: 52 22 22 11 13 87
jaime.breton@edaf.com.mx

Edaf del Plata, S.A.
Chile 2222
Buenos Aires – Argentina
edafdelplata@gmail.com
fernando.barredo@edaf.com.mx
Teléf.: +54 11 4308-5222 / +54 9 11 6784-9516

Edaf Chile S.A.
Huérfanos 1179 – Oficina 501
Santiago – Chile
comercialedafchile@edafchile.cl
Teléf.: +56 9 4468 0539/+56 9 4468 0537

Noviembre de 2023

ISBN: 978-84-414-4271-9
Depósito legal: M-29527-2023

PRINTED IN SPAIN   IMPRESO EN ESPAÑA

COFÁS

Quiero dedicar este libro a mi amor, Luz, por acompañarme siempre en la salud y en la enfermedad; a mi hija Elena, a mi hermana Carmen, que tuvo el detalle de corregirme el libro; a mi hermana Gemma y, por supuesto a mi padre, Anselmo.

También se lo dedico a aquellos amigos que durante el último año se han preocupado por mí y me han animado a superar la adversidad: Fabio y Vanesa (de «Legado Hispánico»), Teresa, Manuel de Tabarnia, Felipe y Eva, Miguel Ángel «el Reto», el capitán Manuel Ángel Cuenca (de «Gestas de España»), Javier Santamarta, Isabel, José Antonio, César de Carlos, Ricardo Risco, Juanjo «Hernán Cortés», Paco el Romano…

ÍNDICE

INTRODUCCIÓN

Dice Gustav Henningsen que «para la mentalidad del hombre del siglo XX resulta incomprensible que la sociedad de otro tiempo haya tomado la religión como para quemar a aquellos individuos cuyas creencias diferían de las establecidas oficialmente. Sin embargo, hemos de considerar que en los siglos XVI y XVII la religión tenía la misma importancia vital que para el hombre de hoy tiene la ideología política».[1]

La primera edición del libro *El abogado de las brujas* de Gustav Henningsen fue publicada en el año 1981. Tenemos que actualizar la cita con la que comienza este libro: «Para la mentalidad del hombre del siglo XXI resulta incomprensible...».[*] Y así es. Nuestra mentalidad no nos permite comprender el pensamiento de aquellos hombres que habitaban cuando se instauró la Inquisición: para ellos el peor de los delitos era la herejía. Ahora negar los dogmas de una religión nos puede parecer de buen o de mal gusto, pero la gran mayoría entiende que la herejía no debe ser perseguida y menos por la vía penal.

¿Torquemada fue tan fanático como nos lo presenta la Leyenda Negra? ¿Fue realmente tan sanguinario el tribunal de la Inquisición española? ¿Actuaban los jueces inquisitoriales sin ajustarse al derecho de la época? ¿Era un tribunal que actuaba de una forma arbitraria? ¿Fueron realmente tantas personas las que acabaron en la hoguera tal y como la mayoría piensa? ¿No hubo tribunales inquisitoriales o instituciones similares en otros lugares que no fueran España? ¿Únicamente los españoles eran los intolerantes con las creencias religiosas? ¿Los protestantes nunca quemaron en la hoguera a ningún hereje? ¿Fue España el único lugar donde se expulsó a los judíos?

Algunos autores y varios políticos independistas catalanes, como por ejemplo la hasta hoy prófuga Clara Ponsatí, han llegado a comparar la Inquisición

---

[1] *El abogado de las brujas. Brujería vasca e Inquisición española.* Madrid, Alianza editorial, 2010.
[*] Todas las obras mencionadas en las notas aparecen en la bibliografía (*N. del A.*).

española con el holocausto cometido por los nacionalsocialistas alemanes del siglo xx. Basten estas palabras de Gabriel Jackson para poner las cosas en su justo sitio:

«Y, por último, última petición de evitar simplificaciones melodramáticas, no fue un 'holocausto'. Dos mil muertes en la hoguera y varios miles de confiscaciones de propiedad por crímenes de pensamiento constituyen un historial extraordinario de crueldad, pero no son el equivalente a seis millones de asesinatos sin el más mínimo pretexto de actividad criminal, simplemente muerte por el delito de ascendencia judía. Antes y después de la creación de la Inquisición hubo una elevada proporción de matrimonios entre conversos y cristianos viejos. Había conversos entre los inquisidores (no es que proponga eso como cumplido) pero gran parte de la comunidad conversa quedó intacta, literalmente en lo relativo a las actividades de la Inquisición». [2]

Al respecto, también tenemos en cuenta la opinión de la profesora Beatriz Comella:

«No hubo exterminio de judíos; la élite española estaba llena de ellos y esto incluso escandalizaba fuera de España. De familia judía eran el mecenas Sandoval y Rojas, la reformadora Santa Teresa de Jesús, el teólogo Francisco de Vitoria, San Juan de Ávila, el jesuita Diego Laínez, el biólogo Juan de Acosta, el financiero Abravanel o la familia de Fernando el Católico por línea materna».[3]

En todas las naciones de Europa se ejerció, se juzgó, se encarceló e incluso se ejecutó por razones de religión. La diferencia de España con otras naciones es que, a pesar de la Leyenda Negra que nos llegó del extranjero y que en la actualidad campa a sus anchas por nuestra piel de toro, el procedimiento judicial instaurado por la Inquisición española favoreció que el derramamiento de sangre fuera menor, que muchos procesados quedaran absueltos por falta de pruebas y que cada causa judicial quedase registrada, por lo que contamos con una información detallada sobre su actividad.

Por extraño que nos parezca, las leyes penales y civiles de aquellos tiempos eran tan duras que muchos acusados se fingían culpables de delitos religiosos para ser trasladados a cárceles de la Inquisición. Preferían ser juzgados por la «malvada Inquisición» antes de que los tribunales civiles pusieran sus manos sobre ellos, donde, a ciencia cierta, sabían que iban a sufrir tortura y su eje-

---

[2] *Las razones de la Inquisición española.*
[3] *La Inquisición española.*

cución no tenía los límites que se aplicaban en el tribunal religioso. El propio Cervantes describió a las cárceles de la justicia ordinaria como «antros de miseria e infiernos de oprobio». Y bien lo sabía el autor del *Quijote*, pues sus huesos cayeron en el interior de sus calabozos en varias ocasiones.

Además, a la Inquisición hay que verla en relación con su tiempo, en el contexto de las represiones religiosas y políticas que se produjeron cuando estaba vigente en España, pues en Europa no existía ni la tolerancia religiosa ni la política. La caza de brujas causó en los territorios que ocupa Alemania, en Europa Central, y en Gran Bretaña, miles de víctimas, y hay que recordar que las de la Revolución Francesa también superan en miles a las que ocasionó la Inquisición. Y qué decir de las Guerras de Religión que tuvieron lugar en Francia.

Ahora bien. Lo anteriormente manifestado se refiere a la Inquisición del siglo XVI. Una vez que el «peligro» de la herejía judaizante deja de existir, cuando las personas que profesan la religión hebrea son expulsadas, la Inquisición, además de perseguir otras herejías como, por ejemplo, el mahometismo y el luteranismo, se convierte en un tribunal que trata de controlar la heterodoxia católica y las vidas de los súbditos de los territorios que se encuentran bajo la soberanía de los reyes de España. Y hay que tener en cuenta que el procedimiento de la Inquisición no cambia con los tiempos, al menos hasta el siglo XVIII. Una simple blasfemia puede romper la vida a una persona: el simple hecho de lanzar una maldición en una partida de cartas podía implicar ingresar en una prisión secreta durante una buena temporada, aunque al final del procedimiento resultara una sentencia absolutoria o que terminara en una simple amonestación.

En este libro no se trata de sustituir una Leyenda Negra por una Leyenda Rosa. En él se exponen con toda crudeza el resultado de varios procesos del Tribunal de la Inquisición. Simplemente se trata al Santo Oficio como un producto de su tiempo, los siglos XV y XVI, que se extendió más allá. Si en un principio trataba de luchar contra la herejía e imponer, concertándose con el poder real, una sola religión en los reinos hispánicos, algo que ocurrió en toda Europa, terminó dedicándose a tratar de erradicar las conductas contrarias a las normas de la Iglesia y las buenas costumbres.

Todas estas cuestiones trataremos de resolverlas en este libro. Los que desconocen las respuestas, los que están influidos por la Leyenda Negra que soporta España desde hace siglos, se van a llevar una sorpresa.

La Inquisición no nació en España

Orígenes de la Inquisición

¿Sabían ustedes que la Inquisición no nació en España sino en Francia y que actuó con más severidad en Francia que en España?

A pesar de lo que piensa la gran mayoría, la Inquisición no fue inventada por ningún español. Fue una creación vaticana para acabar con la difusión del catarismo o herejía albigense en Francia, que se extendió prácticamente por toda Europa, con excepción en aquellos momentos de Gran Bretaña, los países escandinavos y Castilla. Tres siglos llevaba funcionando la Inquisición medieval, papal o francesa cuando en 1478 el papa Sixto IV emitió la bula *Exigit sinceras devotionis affectus,* otorgando a los que serían los Reyes Católicos la capacidad para nombrar inquisidores en Castilla.[4]

La Inquisición se crea durante el Concilio de Verona de 1184, siendo papa Lucio III, mediante el decretal y bula *Ad Abolendam,* en que condenará a la excomunión a todas aquellas personas que pertenezcan a las sectas heréticas. En concreto se refiere a cátaros, patarinos, humillados, pobres de Lyon y josefinos. Pero realmente, quien va a pasar de la teoría a la práctica será el papa Inocencio III.

A pesar de que la Inquisición no nació en España, la Leyenda Negra antiespañola, nacida gracias a los protestantes alemanes, holandeses e ingleses, conseguirá que se identifique su existencia casi en exclusividad con el modo de ser hispano, haciendo olvidar que existieron otras inquisiciones que no fueron españolas y que, incluso, fueron protestantes. Además, la palabra «inquisición», en inglés *inquisition,* se ha convertido en un referente universal para referirse a intolerancia, ya sea religiosa, política, social o de cualquier tipo. Con esa palabra se evoca la intolerancia y la represión.

---

[4]   García Cárcel, 1990.

«La herejía es el crimen más grave que un sujeto puede cometer, equiparable al crimen de lesa majestad».

¿QUÉ ES UNA HEREJÍA?

Si la Inquisición atacaba a la herejía, lo primero que debemos aclarar es lo que se entiende por tal. La palabra procede del griego y deriva de *hairesis*, que no tenía un significado peyorativo, pues significaba «elección», y que en la cultura greco-helenista se aplicaba a una tendencia o una escuela filosófica sin connotaciones negativas. Es San Pablo el que comienza a utilizar el término *haeresis* en el sentido de escisión, de división en el seno de la comunidad en la *Epístola a los Gálatas* 1,8-9, escrita hacia el año 54, cuando establece que quien anuncie un evangelio distinto del suyo sea anatema y puede llevar la expulsión de la comunidad.[5]

El diccionario de la Real Academia Española define herejía en su primera acepción como «en relación con una doctrina religiosa, error sostenido con pertinacia». Para Hilaire Belloc, la herejía es un trastorno del complejo sistema que es la religión cristiana negando una doctrina comúnmente aceptada.[6]

Para que se entienda mejor este libro, debemos entender la herejía como un conjunto de ideas opuestas a los dogmas contrarios a la doctrina cristiana que son prohibidas por las autoridades eclesiásticas. Por ejemplo, en el evangelio San Juan escribe que Jesús afirmó que «Yo y el Padre uno somos» (Juan 10:30). La doctrina católica lo interpreta como que «Jesucristo posee la infinita naturaleza divina con todas sus infinitas perfecciones, por haber sido engendrado eternamente por Dios». Un católico que afirmara que Jesucristo no es hijo de Dios estaría cayendo en una herejía, y si triunfara su tesis, se estaría trastornando la esencia de la religión católica. Si Jesucristo deja ser el hijo de Dios que se sacrificó en la cruz por todos nosotros, el cristianismo deja de tener sentido.

Además, como nos dice el Evangelio de San Mateo (7,15), los cristianos deben estar alertas contra los falsos profetas, es decir, aquellos «que vienen a nosotros vestidos de ovejas, pero por dentro son lobos rapaces».

Pero no nos confundamos, a ojos de un cristiano un hereje tiene que estar bautizado, pues únicamente pueden ser cristianos aquellos que están dentro

---

[5] *Herejes en la Historia*, 2010.
[6] *Las grandes herejías*, 1943.

del seno de la Iglesia. Un musulmán, un judío o un budista no pueden ser herejes porque nunca han profesado la fe cristiana. En cambio, si se convierten, sí pueden ser herejes, dado que han sido admitidos en el seno de la Iglesia. Además de estar bautizado, para que un cristiano incurra en herejía tiene que caer en un error doctrinal, pues la herejía niega un parte esencial de la doctrina, y ser pertinaz en el error, es decir, obstinarse en el error[7].

La herejía ha sido tan importante que, para Hilarie Belloc, «toda la historia de Europa, tanto la de sus diversos reinos y Estados como la general, ha girado principalmente alrededor de las sucesivas herejías que surgieron en el mundo cristiano».[8]

En tiempos de nuestros antepasados, incluso de nuestros antecesores romanos, la herejía era el peor de los delitos, equiparable al crimen de lesa majestad (*laesa maiestas* en latín), es decir, un delito contra la seguridad de la nación o del Estado. Si se atenta contra la seguridad del rey o del presidente de la República se estaría cometiendo un delito de lesa majestad. Pues cometer una herejía, para nuestros antepasados, era cometer un delito de lesa majestad, pues se trataba de un delito contra Dios, que para ellos se hallaba en el escalón superior al jefe del Estado.

¿DESDE CUÁNDO SE CASTIGABA LA HEREJÍA EN EL CRISTIANISMO?

Si existe la herejía es que existe un cuerpo de doctrina, un código ético y disciplinar inmutable, susceptible de ser violentado, fijado por una autoridad que debe corregir o castigar al que disiente. En el caso del cristianismo, además, a ese error se llega gracias al demonio que siembra la cizaña, aleja al hereje de la fe recta y le hace caer en la herejía. El cristianismo de la Iglesia custodia la Verdad única de la que es depositaria, los herejes se alejan de esa Verdad, amenazan la unidad y ponen en riesgo la institución. La herejía no solo daña al hereje sino, al amenazar la Verdad, amenaza la salvación de todos.[9]

Además, el hereje es el mayor enemigo de la Iglesia, debido a que el mal lo introduce desde dentro, es un cáncer, por lo que debe obligarle a volver a la «razón», primero lo hará tratando de convencerle, luego con el castigo, y si tampoco se aparta del error, debe expulsarlo de la comunidad.

---

[7]   *Crónica de la Inquisición en España*, 2002.
[8]   *Las grandes herejías*, 1943.
[9]   *Herejes en la Historia*, 2010.

Desde un principio de la instauración del cristianismo, será responsabilidad del obispo reconvenir al hereje y, si este no se corrige, expulsarle de la comunidad: «Al hombre que fomenta la división, amonéstale una y otra vez; y si no te hace caso, apártate de él, pues está pervertido y, al perseverar en su pecado, se está condenando a sí mismo».[10]

En el año 311 el emperador Galerio emitió el *Edicto de Tolerancia de Nicomedia* reconociendo al cristianismo su existencia legal, libertad para celebrar reuniones y erigir templos: cesaba la persecución del Imperio romano a los cristianos. En el año 313 se reúnen en Milán Constantino (emperador del Imperio romano de Occidente), que se había convertido al cristianismo, y Licinio Oriente (emperador del Imperio romano de Oriente). De esa cumbre salió lo que ahora llamaríamos un «comunicado conjunto» y que por entonces se conoció como el *Edicto de Milán*.

> «Habiendo advertido hace ya mucho tiempo que no debe ser cohibida la libertad de religión, sino que ha de permitirse al arbitrio y libertad de cada cual se ejercite en las cosas divinas conforme al parecer de su alma, hemos sancionado que, tanto todos los demás, cuanto los cristianos, conserven la fe y observancia de su secta y religión… que a los cristianos y a todos los demás se conceda libre facultad de seguir la religión que a bien tengan; a fin de que quienquiera que fuere el numen divino y celestial pueda ser propicio a nosotros y a todos los que viven bajo nuestro imperio. Así, pues, hemos promulgado con saludable y rectísimo criterio esta nuestra voluntad, para que a ninguno se niegue en absoluto la licencia de seguir o elegir la observancia y religión cristiana. Antes bien sea lícito a cada uno dedicar su alma a aquella religión que estimare convenirle».

El *Edicto de Milán* permitía a los ciudadanos de todo el Imperio romano, los occidentales y los orientales, practicar el cristianismo en libertad, y favoreció la expansión de la Iglesia. Con el tiempo, más bien breve, la religión cristiana será la religión oficial del Imperio romano. El emperador Teodosio I el Grande promulgó el *Cuncto Populos*, más conocido como el *Edicto de Tesalónica*, el 28 de febrero de 380, gracias al cual efectivamente el cristianismo se convierte en la religión oficial del Imperio: una religión monoteísta sustituía a una amalgama religiosa formada por dioses, deidades y lares domésticos.

> «Queremos que todos los pueblos que son gobernados por la administración de nuestra clemencia profesen la religión que el divino apóstol Pedro dio a los

---

[10] *Ibidem.*

romanos, que hasta hoy se ha predicado como la predicó él mismo, y que es evidente que profesan el pontífice Dámaso y el obispo de Alejandría, Pedro, hombre de santidad apostólica. Esto es, según la doctrina apostólica y la doctrina evangélica creemos en la divinidad única del Padre, del Hijo y del Espíritu Santo bajo el concepto de igual majestad y de la piadosa Trinidad. Ordenamos que tengan el nombre de cristianos católicos quienes sigan esta norma, mientras que los demás los juzgamos dementes y locos sobre los que pesará la infamia de la herejía. Sus lugares de reunión no recibirán el nombre de iglesias y serán objeto, primero de la venganza divina, y después serán castigados por nuestra propia iniciativa que adoptaremos siguiendo la voluntad celestial».

El *Edicto de Tesalónica* imponía a los romanos la ortodoxia cristiana y favorecía que se pudiera erradicar el paganismo. Desde este momento entran en juego para castigar al hereje las instituciones civiles: la Iglesia puede acudir al poder terrenal para impedir que el hereje difunda «ideas erróneas», privándole de sus bienes y sus derechos cívicos, desterrándole, imponiéndole penas de prisión e incluso de muerte. Además, en el año 392 Teodosio emitió el *Edicto de Constantinopla*, en el que prohibió de forma expeditiva y sin dobleces cualquier práctica religiosa que no fuera la cristiana.

Los herejes comenzaron a ser castigados y a aplicarles penas que incluso podían llegar a la pérdida de la vida en tiempos de San Agustín de Hipona, que vivió entre los años 354 y 430. La pena de muerte en concreto fue impuesta a algunos donistas en el norte de África con el visto bueno del santo.[11]

El donatismo nació en Numidia, actual Argelia, en el siglo IV, y fue iniciado por el obispo Donato. Afirmaba que los sacramentos solo podían ser administrados por sacerdotes sin ningún tipo de tacha y echaba de la Iglesia a los pecadores. Esta doctrina fue considerada herejía por la Iglesia católica, pues rechazaba la doctrina de la objetividad de los sacramentos que consiste en que, una vez recibida la orden sacerdotal, los sacramentos que administre el sacerdote son plenamente válidos por intercesión divina, con independencia de la virtud o de los pecados cometidos por el clérigo.

San Agustín, a pesar de haberse mostrado contrario a la pena de muerte en una carta del año 412 dirigida a Marcelino, se mostró favorable cuando llegó a la conclusión que el hereje era un enemigo público al atentar contra la unidad católica. Basándose en textos del Antiguo Testamento como por ejemplo *Salmos* 72,11 («Le adorarán todos los poderes de la tierra y todas las naciones le

---

[11] *La Inquisición española.*

servirán») o *Salmos* 17,38 («Perseguiré a mis enemigos y los capturaré, y no me volveré hasta que desmayen»), justifica que la espada y el poder civil se pongan al servicio de la persecución de la herejía.[12]

Para San Agustín los herejes no deben ser tolerados, porque la desmembración del cuerpo de Cristo no es en ningún caso tolerable y la herejía se escuda en la libertad del arbitrio para injuriar a Dios, un crimen no ciertamente menos grave que el homicidio o el adulterio. Además, entiende que la sola persuasión para convencer al hereje de su error no basta, pues «con palabras no se enmendará el siervo obstinado; aunque comprenda, no obedecerá», y se le castiga por su bien como cuando un médico reduce a un loco furioso, pues se trata de que con la reprimenda no se pierda su alma. El hereje es perseguido por su bien, pero también para proteger el rebaño.[13]

Cuando a San Agustín se le discute aduciendo que el uso de la fuerza y la coerción son instrumentos del Antiguo Testamento y que Jesucristo no estaría de acuerdo, lo desmiente manifestando que Pablo fue obligado a convertirse, que los mercaderes fueron expulsados por Cristo del templo por su poder y no por su persuasión.[14]

En el año 429 el emperador de oriente Teodosio II ordenó que se compilaran las leyes vigentes en el Imperio romano. El *Código Teodosiano* fue promulgado en la parte oriental en 438 y un año después lo sería en la occidental por orden del emperador de Occidente Valentiniano III. Entre muchas materias, el Código se ocupaba de la imposición de la ortodoxia dentro de la religión cristiana, tratando de consolidarla como religión del Imperio, y contiene sesenta y cinco decretos dirigidos a los herejes. En Occidente se constituyó en el núcleo principal de la leyes romanas que aplicaron los visigodos: de hecho, el *Breviario de Alarico* es una abreviación del *Código Teodosiano*.

El *Código de Justiniano*, emperador del Imperio romano de Oriente desde el 527 hasta su muerte en el año 565, tenía una parte dedicada a la Iglesia católica en la que figuraban normas relativas a los herejes y en las que reflejó la convicción imperial en que la unidad del imperio suponía obligatoriamente la unidad de la fe y consideraba a los herejes enemigos del Imperio.

En el *Liber Iudiciorum* o *Lex Visigothorum*, cuerpo de leyes visigodo recopilado por el rey Recesvinto en el año 654, se recogían en el título segundo de su

---

[12] *San Agustín, vencedor de herejes en el siglo XVI español.*
[13] *Ibidem.*
[14] *Ibidem.*

libro duodécimo una serie de normas para «la extirpación de todos los errores de todos los herejes y de los judíos».

«Que no destruya nadie las disposiciones (*instituta*) de los apóstoles. Que nadie rompa los sagrados principios (*sacras definitiones*) de su defensa establecidos por los Padres antiguos. Que nadie desprecie (*spernat*) los tratados razonables de la fe de los autores modernos. Que nadie medite (*ruminet*) ningún pensamiento en su corazón ni profiera abiertamente (*patuli oris*) ninguna palabra contra cualquier santo sacramento de la verdadera fe. Que no promueva pérfidamente (*perfidus*) ninguna controversia para contradecir al obstinado (*pervicacis*), que no establezca ninguna disputa con el adversario con una discusión malvada. Ya que cualquier persona que fuere descubierta en cualquiera de estas cosas que acabamos de prohibir, si tuviere algún poder o rango eclesiástico (*religionis potestate vel ordine*), perdido el honor de su lugar o de su cargo (*amisso loci et dignitatis honore*), quedará sometido a una pena perpetua (*perpetuo reatu*), y además, será castigado con todos sus bienes. Pero si fuere laico, privado de su lugar y de su honor (*honore solutus et loco*), será despojado de la posesión de todos sus bienes (*omnirerum possessione nudatus*), de manera que cualquier transgresor de esta sanción o muera sometido a un exilio perpetuo (*eterno exilio mancipatus*), por consideración de la divina misericordia, se convierta de su prevaricación (*prevaricatione*) y conserve la vida».[15]

A continuación, se ocupa de los judíos convertidos, a los que condena al suplicio si abandonan la religión cristiana:

«De la extirpación general de todos los errores de los judíos.
Que ningún judío profane ni abandone nunca la santa religión de la fe cristiana que recibió por el baño del santo bautismo (*tinctione babtismatis*). Que nadie la impugne ni de obra ni de palabra. Que nadie la insulte ni oculta (*absocorse*) ni abiertamente (*palam*). Que nadie intente huir para evadirse de ella. Que nadie, a fin de rehuirla, se meta en alguna clase de escondrijo para ocultarse. Que nadie abrigue la esperanza de volver a profanarla. Que nadie tenga la confianza de renovar sus errores. Que nadie sostenga con perfidia en su corazón una secta contraria (*obviam*) a la religión cristiana, ni la defienda con palabras, ni la manifieste con obras. Que nadie de ellos pretenda violar ni infligir nada de lo que esté escrito en su compromisos (*placitis*) y que fuera suscrito públicamente (*publica suscriptione*). Que nadie intente ocultar a quien profese o practique todas las costumbres prohibidas. Que nadie demore en dar noticia de uno que haya encontrado escondido (*inventum latentem*). Que nadie rehúse denunciar un escondrijo (*latebram*) del que tenga conocimiento. Cualquiera de ellos fuere descubierto como transgresor de la ley establecida ha de ser castigado con suplicio».[16]

---

[15] *El libro de los juicios* (*Liber Iudiciorum*), 2015.
[16] *Ibidem.*

Las Siete Partidas definen qué se entiende por hereje. Es un cuerpo normativo redactado en Castilla durante el reinado de Alfonso X (1252-1284) con el objetivo de dar uniformidad jurídica al Reino. Su nombre original era *Libro de las Leyes*, pero en el siglo XIV recibió su nombre actual por las secciones. La definición de los herejes se encuentra en la partida 7, título XXVI:

> «Hereges son una manera de gente loca que se trabajan de escamitar las palabras de nuestro señor Jesucristo, et de les dar otro entendimiento contra aquel que los padres santos les dieron et que la eglesia de Roma cree et manda guardar. Onde pues que en el título ante deste fablamos de los moros, queremos aquí decir de los hereges: et mostrar por qué han asi nombre: et quantas maneras son dellos: et que daño viene a los homes de su compaña: et quien los puede acusar: et ante quien: el que pena merescen despúes que les fuere probada la heregia».

Y distingue entre dos tipos de herejes:

> «Et como quier que sean muchas sectas et maneras de hereges, pero dos son las principales. La primera es toda creencia que home ha, que se desacuerda de aquella fe verdadera que la eglesia de Roma manda tener et guardar. La segunda es descrencia que han algunos homes malos et descreídos, que creen que el alma se muere con el cuerpo, et que el bien et del mal que home fase en este mundo no habrá galardón nin pena en el otro mundo: et los que esto creen son peores que bestias. Et de los hereges de qualquier manera que sean viene muy grant daño a la tierra; ca se trabajan siempre de corromper las voluntades de los homes et de meterlos en yerro».

En la partida 7, título 26, ley II, se establece que los herejes pueden ser acusados ante los obispos y los vicarios. Primero deben tratar de sacar a los herejes de su error con «buenas razones» y perdonarlos si regresan a la fe. Si en cambio no se dejan convencer, deben ser juzgados como herejes y entregarlos a los jueces seglares. Si el hereje fuera predicador debe ser quemado en el fuego hasta que muera. Si no fuera predicador debe ser desterrado del reino o encerrado en prisión hasta que se arrepienta y vuelva a la fe.

En la ley V de ese mismo título y partida se establece la pena que debe ser aplicada a los que encubren herejes en sus casas o hayan consentido que prediquen en ellas. Podían perder sus casas, tener que pagar diez libras de oro al fisco del rey y, si no tuvieren esa cantidad de dinero, ser azotados públicamente por el lugar donde vivieren mientras un pregonero anuncia los motivos por los que son azotados.

También se ocupa de los cristianos que se convierten al judaísmo en la partida 7, título XXIV, ley VII: deben ser condenados a muerte. La misma pena era aplicada a los que se convertían al mahometismo, pero existía la posibilidad de que si había arrepentimiento, que tenía que ir unido a servicios para la causa cristiana, se libraban de la pena de muerte y de la infamia y de la confiscación de bienes, que son penas accesorias de la muerte por tales delitos.

EL NACIMIENTO DE LA INQUISICIÓN: LA HEREJÍA DE LOS CÁTAROS O ALBIGENSES

La Inquisición es un procedimiento penal concreto, *inquisitio*, que se diferenciaba de los procedimientos que necesitan una denuncia del perjudicado o de testigos para poder iniciarse, en que la acusación era formulada por iniciativa directa de la autoridad.

Hasta que apareció la Inquisición el procedimiento penal común en los tribunales era el acusatorio romano: el juez no podía actuar por propia iniciativa, sino que necesitaba para iniciar el procedimiento de un acusador que actuaba como denunciante y estaba obligado a buscar y obtener las pruebas destinadas a convencer al juez y lograr la condena. Tenía un riesgo para el denunciante: se le podía aplicar la ley del Talión si no lograba obtener las pruebas que convencieran al tribunal.[17]

En el año 1163, en pleno apogeo de la expansión de la herejía de los cátaros, el papa Alejandro III dispone en el Concilio de Tours que las autoridades no deben esperar a que los sospechosos de herejía fueran denunciados, sino que ellas mismas «inquiriesen» dónde se podían encontrar y se les aplicase las penas habituales: confiscación de bienes, excomunión y cárcel.[18]

En el año 1209 se inicia la cruzada contra los cátaros en Francia por iniciativa del papa Inocencio III en el condado de Toulouse. Al fracasar y no poder erradicar la herejía, en el año 1228 las autoridades eclesiásticas y civiles organizaron una especie de Inquisición privada y secular que se basaba en el Decreto pontificio de Lucio III *Ad Abolendam* «contra los cátaros, los patarinos, los que se llaman falsamente humillados y los pobres de Lyon, los josefinos, los arnaldistas» que institucionalizaba los procedimientos jurídicos inquisitoriales.[19]

Los obispos debían inspeccionar una o dos veces al año las parroquias donde pudiera haber herejes y tratar de que los fieles señalasen bajo juramento a aquellos que pudieran haber cometido herejía. Estos sospechosos tenían que

---

[17] *Los orígenes de la Inquisición medieval*, 2005.
[18] *Historia y documentación del Santo Oficio español*. El Periodo Fundacional.
[19] *Historia de la Inquisición española*, 2001.

jurar que dejarían las prácticas heréticas y ser en adelante buenos católicos. En caso de que no prestaran juramento o cayeran de nuevo en la herejía, tenían que ser castigados por los obispos, que debían contar con la ayuda de las autoridades civiles del lugar. Si no ayudaran, podían perder sus cargos, ser excomulgados y perder la propiedad de sus tierras.

El Decreto pontificio del papa Lucio III había sido promulgado en el Concilio de Verona de 1184 y desarrollaba las disposiciones adoptadas en Tours. Permitía aplicar el castigo del destierro a los herejes, al que se adicionaba, en base a la decretal *Vergentis in senium* del papa Inocencio III dictada en 1199, utilizar la tortura durante el procedimiento instructor y la condena a muerte en la hoguera.[20]

El Concilio de Tolosa (Francia) fue el que instituyó la *Inquisitio heritecae pravitate* en el año 1229, siendo el dominico Roberto de Brougre el primer inquisidor. Se trataba de un tribunal eclesiástico que inicialmente tenía jurisdicción en aquellos lugares en que con más fuerza se habían manifestado las prácticas heréticas.

En este caso era la comisión parroquial la que debía mandar buscar por todos los medios a los heréticos y denunciarlos ante las autoridades religiosas. El obispo era el encargado de dictar sentencia en la que podía tratar a los herejes no arrepentidos con la *animadversio debita*, con el suplicio del fuego. Aquellos que se arrepintieran no serían enviados al fuego, pero serían despojados de su capacidad civil y deberían llevar una cruz sobre sus vestidos. También podía ser condenados a cadena perpetua si el obispo considerase que se habían arrepentido únicamente por evitar la muerte. Los encubridores perderían sus bienes y su casa sería arrasada.[21]

En el año 1231 el papa Gregorio IX proclama el derecho exclusivo de la Iglesia para juzgar a los heréticos en la constitución *Excommunicamus* de 1231. Además, confirma el procedimiento que antes hemos descrito y las penas a aplicar a los herejes, como por ejemplo el fuego. Al año siguiente, al detectar que los obispos no llevan a cabo casi ninguna iniciativa para perseguir a los herejes, decide confiar la Inquisición a la Orden de los Dominicos en la bula *Ille humani generis*, y procede a enviar a Toulouse a frailes de dicha orden para que procedan contra los heréticos.[22]

---

[20] *Historia y documentación del Santo Oficio español*. El Periodo Fundacional.
[21] *Los orígenes de la Inquisición medieval*, 2005.
[22] *Ibidem.*

En la bula *per Universum regnum Franciae* el papa Gregorio IX nombra inquisidor general del reino de Francia al dominico Roberto Brougre con la orden de ponerse de acuerdo con los obispos y religiosos. El reino de Francia fue dividido en diferentes circunscripciones inquisitoriales, cuyas sedes se encontraban en Toulouse, Carcasona, y París, además de en otras ciudades.

Pronto la Inquisición pasó a actuar en Flandes, los Países Bajos, Lombardía, el Milanesado, Florencia, el Sacro Imperio Romano, Bohemia, Hungría, los países eslavos y escandinavos y el reino de Jerusalén. En 1235 comenzará a funcionar en el reino de Aragón, extendiéndose a Navarra con el concurso de los dominicos y también de los franciscanos. En un escaso periodo de tiempo la Inquisición tenía jurisdicción en toda la cristiandad latina.[23]

La doctrina de los cátaros o puros se extendió por el sur de Francia, norte de Italia y algunas regiones de la Corona de Aragón hacia el siglo XII. Nació en el Languedoc, en Francia y el foco de más actividad, donde más triunfó esta herejía, se hallaba en la localidad de Albi, de ahí que acabara llamándose «albigense», pero se desconoce exactamente dónde surgió, aunque algunos autores sostienen que la herejía nació gracias a las enseñanzas de un tal Enrique de Lausana, que predicó por el sur de Francia a mediados del siglo XII.

Otros afirman que la doctrina de los cátaros tiene un origen maniqueo y supuestamente nació como una protesta contra la corrupción que asolaba a una parte del clero católico.

Creían en la existencia de dos mundos opuestos, uno bueno que solo tenía forma espiritual y otro malo que sería visible para los hombres. El primero habría sido creado por Dios, mientras el segundo, el malo, habría sido obra del diablo, expulsado del cielo por Dios padre al haber pecado junto con un buen número de ángeles que habrían sido encarcelados por Belcebú en cuerpos fabricados para ellos. Al ser el cuerpo obra del diablo, el hijo de Dios, Jesús, no habría podido encarnarse. Según la teoría de los cátaros, habría sido enviado por el padre para ceder el «Espíritu Santo», un consuelo que hace descender por imposición de las manos sobre los apóstoles a su vuelta de Pentecostés.

El acto sexual estaría prohibido por Dios Padre a la primera pareja que creó y su desobediencia habría sido obra del diablo. Rechazaban el sacramento del bautismo tal y como la Iglesia lo llevaba a cabo, entendiendo que el único bautismo válido sería la imposición de manos de la misma forma que ellos pensaban que Jesús habría transmitido el Espíritu Santo a sus apóstoles.

---

[23] *Ibidem.*

Los cátaros albigenses despreciaban el culto a las imágenes, negaban cualquier símbolo de respeto a la cruz y discutían la autoridad del Estado negándose incluso a obedecer a sus funcionarios. Se rebelaban contra la Iglesia y las autoridades civiles y las repudiaban. No creían en los sacramentos, sustituyéndolos por una especie de culto al fuego llamado «la consolación», mediante el cual se purificaba el alma. Tampoco estaban a favor del matrimonio y de hecho estaban en contra de que hombres y mujeres trajeran al mundo nuevos hijos, pues nacerían en un mundo corrompido y dominado por el diablo. También detestaban el vino, la carne, el culto a las imágenes y estimaban que, con la muerte, defendían una pobreza contraria a la propiedad y que el cuerpo se liberaba del demonio.

¿Cómo combatió la Iglesia a la herejía cátara? En un principio trató de llevar a cabo una predicación pacífica. Durante casi un siglo, religiosos como Santo Bernardo de Claraval o Santo Domingo de Guzmán anduvieron en el sur de Francia tratando de convencer a los seguidores de la herejía cátara de su reingreso al catolicismo. No lograron ningún éxito, de hecho, en 1167 los cátaros cuentan con una organización que les permite celebrar un concilio presidido por el líder de la Iglesia bogomila de Constantinopla, el pope Nikétas.[24]

El primer papa que toma la decisión de acabar de una forma enérgica con la herejía cátara será Inocencio III, que alcanzó el pontificado en 1198 con 37 años. Primero envió varias embajadas evangelizadoras que fracasaron. De hecho, una de las personas que envió al Languedoc, Pedro de Castelnau, fue asesinado, y en 1208 ordenó una cruzada contra los cátaros. A la cruzada acudieron unos cincuenta mil hombres de varios reinos cristianos que gracias a la *Bula de la Cruzada* tendrían los mismos beneficios espirituales que si fueran a luchar con los sarracenos en Tierra Santa. Ante el fracaso de la misma, de la forma que hemos explicado al comienzo de este apartado, nacería la Inquisición.

MOTIVOS DE LA INSTAURACIÓN DE LA INQUISICIÓN DURANTE EL REINADO DE LOS REYES CATÓLICOS. LA PERSECUCIÓN DE LOS JUDEO-CONVERSOS

Antecedentes

Para poder explicar cómo llegó a instaurarse la Inquisición por el matrimonio formado por la reina Isabel I de Castilla y el rey Fernando de Aragón,

---

[24] *Breve historia de la Inquisición.*

debemos retrotraernos al año 1391, cuando reinaba, en los territorios que luego heredaría Isabel, Enrique III de Castilla.

El rey Enrique llegó al trono con once años. Su padre, Juan I, había muerto a consecuencia de la caída de un caballo en Alcalá de Henares. En el año 1391, cuando el adolescente soberano llevaba reinando un año, comenzó una revuelta antijudía que se inició el 6 de junio en Sevilla y que se extendió por casi todas las juderías de las ciudades de las Coronas de Castilla, Aragón y Navarra.

La revuelta antijudía fue fruto de una serie de exaltadas campañas en contra de los judíos que comenzó el arcediano de Écija, Ferrán Martínez. El clérigo llevaba quince años incitando a los cristianos contra los judíos afirmando que los seguidores del Nuevo Testamento no debían tolerar su presencia. Exigía a las autoridades que los expulsara. En 1390 Ferrán Martínez es nombrado vicario general de la Catedral del Sevilla. Nada más instalarse en el cargo ordena a todos los párrocos de la diócesis de Sevilla que hagan todo lo posible para que las sinagogas fueran destruidas y se enviaran a la capital hispalense todos los candelabros rituales, libros en hebreo y rollos de Ley que se hallasen en ellas.

Los judíos de Sevilla se quejaron al rey mediante carta de fecha 13 de diciembre de 1390. Enrique III ordenó al cabildo catedralicio de Sevilla que fueran reparados todos los daños, reconstruidas a costa de los fondos de la catedral de Sevilla las sinagogas destruidas y que se apartara de su cargo a Ferrán Martínez y fuera enviado a un lugar donde no pudiera hacer más daño.

El vicario general logró mantenerse en su puesto al convencer al cabildo catedralicio de que el rey no tenía autoridad para cambiar disposiciones en materia eclesiástica y, por lo tanto, no tenía poder para despedirle de sus cargos ni para ordenar la reconstrucción de las sinagogas. Por otra parte, la mayoría de los habitantes de Sevilla no se mostraban contrarios a las predicaciones de Ferrán Martínez, pues al dedicarse muchos de los judíos al préstamo de dinero no contaban con su simpatía. Más bien con su más absoluta aversión.

La primera reacción fruto de las predicaciones de Ferrán Martínez ocurrió el 15 de marzo de 1391, miércoles de ceniza. Ese día se organizó una asonada contra los judíos, pero acudieron en defensa de los hebreos el conde de Niebla, el alguacil y los alcaldes mayores. Gracias a su intervención los judíos asesinados no llegaron a la decena. Peor suerte tuvieron los hebreos de Sevilla el 6 de junio de 1391. Las turbas excitadas por las predicaciones de Ferrán Martínez asaltaron por todas sus calles la judería de Sevilla, la cual quedará reducida en gran parte a escombros. Únicamente se salvaron los judíos que en el trascurso de aquella matanza pidieron el bautismo. Fueron asesinados unos cuatro mil judíos. Todas las sinagogas sevillanas, salvo dos, quedan destruidas y gran parte de la riqueza que poseían los judíos fue robada, saqueada. Las únicas sinagogas que no son asoladas son las principales, que convirtieron en iglesias consagradas con los nombres de Santa Cruz y de Santa María la Blanca.

Contreras señala que: «En aquellas jornadas el populacho gritaba "muerte o bautismo para los judíos" y ante la posibilidad de terminar en el otro mundo, la mayoría de los israelitas decidieron abandonar su fe y abrazar aquella que le perdonaba la vida, aunque también es cierto que muchos de los bautizados lo hicieron de forma voluntaria». La revuelta contra los judíos se extendió, tal y como hemos afirmado con anterioridad, por toda la Corona de Castilla, por la de Aragón y el reino de Navarra.

En Córdoba comenzó dos días después de la de Sevilla. Con la excusa de obligar a la conversión a los judíos, una horda se introdujo en la judería y durante tres días se llevó a cabo una matanza que afectó a casi todos los judíos de la ciudad. Los pocos que no fueron asesinados fue gracias a convertirse al cristianismo. Al igual que en Sevilla, la judería fue cristianizada y las sinagogas que no fueron destruidas pasaron a ser hospitales o templos cristianos.

En Toledo más de lo mismo. El 18 de junio de 1391 comenzaron las revueltas; miles de judíos fueron asesinados, quedaron destruidas todas las sinagogas y las que no lo fueron, como la Sinagoga Mayor y la Sinagoga del Tránsito, fueron cristianizadas. En la actualidad a la primera se la conoce como la Iglesia de Santa María la Blanca y la segunda aloja el Museo Sefardí.

En Barcelona la judería fue asaltada y destruida el 5 de agosto de 1391. Fueron asesinados unos 300 judíos y los bienes de la comunidad judía pasaron a ser propiedad del rey. La mayoría de los hebreos que no fueron asesinados se convirtieron al cristianismo.

Sofocadas las revueltas y condenado Ferrán Martínez, aunque fuera con penas menores, los monarcas tenían que decidir si se reconstruían las aljamas, los barrios judíos o se fomentaba la definitiva conversión al cristianismo de los hebreos.

Surge entonces la figura de San Vicente Ferrer que, apoyado por el papa Benedicto XIII, pretende convertir a los judíos sin violencia, pero con algún tipo de presión: en Castilla un decreto inspirado en parte por el santo y el canciller converso, el obispo Pablo de Santa María, quitó el derecho de ocupar cargos públicos o poseer títulos o cambiar de domicilio. Tampoco podían portar armas, ni trabajar en oficios como tendero, sastre o carnicero, no podían contratar a cristianos para trabajar con ellos e incluso el decreto pretendía que no pudieran hablar con cristianos, ni comer ni beber con ellos. Por supuesto, el decreto acabó ignorándose, pues era imposible de cumplir.[25]

Más adelante se intentó separar a los fieles judíos de sus rabinos, se les impondría vivir en barrios especiales y se les haría llevar ropas con signos distintivos con el objeto de que las dificultades y el señalamiento les llevaran a la conversión.

El plan de San Vicente Ferrer obtuvo algún resultado, pero a partir de 1415 el judaísmo comienza a recuperarse: preferían el sufrimiento antes que convertirse a una religión que no era la de sus padres. Además, las contribuciones fiscales de los judíos al tesoro de la Corona de Castilla hizo que los sucesivos reyes les fueran brindando su protección. Antes de las predicaciones de Vicente Ferrer se consideraba que las conversiones de los judíos al cristianismo solucionarían el «problema judío». Pues no, no fueron la solución. Por el contrario, a partir de entonces nació el «problema converso». Aquellos judíos que se habían convertido al cristianismo no eran aceptados por los llamados «cristianos viejos». Hacia mediados del siglo xv se extienden por doquier los calificativos despectivos hacia los conversos tales como «marranos, lindos, alboraiques». Un converso seguía siendo visto como un judío.

El problema de los conversos y los bulos

Los ciudadanos y buena parte de la Iglesia comenzaron a pensar que no podían ser reales todas las conversiones al cristianismo. Y aquello era cierto, pues la inmensa mayoría se habían logrado a través de la coacción y la fuerza. A los judíos se les llamaba «marranos» debido a una palabra en hebreo, *maranatha* o *marranthat*, que equivalía a «apartaos de mí, malditos», expresión que los hebreos utilizaban en forma de maldición y que los cristianos usaron para llamarlos «generación de marranos» en el sentido de familia «maldita».[26]

Como era lógico, los judíos que habían abrazado la fe cristiana mantenían sus costumbres y muchos de ellos no estaban en realidad convertidos y en secreto seguían practicando el judaísmo. Para un buen número de teólogos incurrían en prácticas judaizantes y caían en el pecado de la herejía. Se trataba de herejes que, si bien había abrazado en público el catolicismo, en su vida privada judaizaban. Además, muchos de los que recibieron el bautismo, fuera

---

[25] *La Inquisición española*, 2000.
[26] *El Tribunal de la Inquisición llamado de la fe o del Santo Oficio*, 1835.

por propia voluntad o por librarse de acabar en el «otro mundo», no estaban realmente instruidos en la fe cristiana y eran por ignorancia o por su propia voluntad «pésimos cristianos».

Por otra parte, la mayoría de los conversos conservaron sus oficios, sus profesiones. Dichos quehaceres eran considerados por el populacho como «cosas de judíos». Signos exteriores como la especial inclinación al comercio del dinero y la riqueza les hacían candidatos a ser considerados malos cristianos.

En el año 1464 fray Alonso de Espina publicó el libro *Fortalitium fidei*. En esa obra el religioso denunciaba la escasa sinceridad de las conversiones de los judíos y proponía la supresión total del judaísmo con el objeto de que los conversos no tuvieran la tentación de volver a su antigua fe. En el libro presenta una visión del cristianismo asediado por sus enemigos (conversos, judíos, musulmanes y demonios) y propone a las clases dirigentes que lleven a cabo el aislamiento social y económico y la expulsión de los judíos, el fin de la presencia musulmana en la Península con la conquista de Granada y el establecimiento de una Inquisición para solucionar el problema de los conversos.[27]

En su libro Alonso de Espina narra crónicas procedentes de toda Europa de supuestos asesinatos de niños cristianos en satánicos ritos judíos, acusa además a los hebreos de envenenar pozos y fuentes, de provocar incendios y a la ley judía de ordenar la muerte a los cristianos y de ser nada menos que los aliados del Anticristo.[28]

Charles Lea, en su *Historia de la Inquisición española* también afirma que cuando en el año 1454 un niño fue robado en Valladolid y su cadáver mordido por los perros, Alonso de Espina se encontraba causalmente en la ciudad pucelana. En sus sermones acusó a los judíos de haber arrancado el corazón del niño, de haberlo quemado y mezclado las cenizas con vino, haciendo un sacramento satánico.[29]

Antes había intentado ante el rey de Castilla Enrique IV que se llevara a cabo el cumplimiento estricto de las leyes que trataban de conseguir el aislamiento social de los judíos y musulmanes y la implantación de una Inquisición independiente de los obispos para solucionar el problema de los judíos judaizantes, tal y como proponía en su trabajo.[30]

---

[27] *Historia de la Inquisición española*, 2020.
[28] *Ibidem.*
[29] *Ibidem.*
[30] *Ibidem.*

El prior de los Jerónimos, fray Alonso de Oropesa, se tomó en serio el libro de fray Alonso de Espina para intentar el establecimiento de la Inquisición Pontificia en la Corona de Castilla, algo que no obtuvo el plácet del rey Enrique IV, pues varios de sus colaborares más cercanos eran conversos e incluso judíos (por ejemplo, su médico personal se llamaba Samaya) y no era partidario de la mano dura. Desde entonces, sus enemigos le considerarán protector de judíos y de conversos.

Además, para entender cómo se llegó a la instauración de la Inquisición en Castilla hay que ocuparse de los bulos que afectaban a las personas que practicaban el judaísmo a principios y mediados del siglo xv:

- El bulo de la destrucción con agua hirviendo de una Sagrada Forma robada por un sacristán y que llevó un cristiano a la Sinagoga Mayor en Segovia, actual iglesia de *Corpus Christi*. Dicha persona habría tenido una deuda con un cristiano viejo y para saldarla había pedido un crédito a un médico judío. Este le manifestó que le daba el crédito pero que como prenda de su devolución tenía que darle una hostia consagrada. El médico habría llevado la prenda a la Sinagoga. Una vez en el templo judío uno de los rabinos habría intentado destruirla utilizando un caldero de agua hirviendo con el objetivo de tratar de demostrar la falsedad del dogma católico. Al echar la hostia al caldero esta habría salido volando por el aire y, antes de que los judíos pudieran cogerla, el templo se habría abierto y por ese hueco habría salido la Santa Forma, que habría volado por toda Segovia y se habría refugiado en el Monasterio de Santa Cruz. Al confesar el sacristán los hechos, el médico fue apresado y condenado a muerte. La sinagoga fue consagrada al culto cristiano llamándose a partir de entonces Iglesia del *Corpus Christi*.
- En Córdoba, en el año 1473, se acusó a una muchacha conversa de haber arrojado orines al paso de una imagen de la Virgen. Ese supuesto hecho provocó que un número importante de casas de conversos fueran saqueadas y sus dueños asesinados. Los que trataron de huir fueron perseguidos por los caminos próximos a Córdoba, dado alcance y asesinados. Los pocos que lograron huir llegaron a instalarse en Gibraltar.[31]
- En Toledo supuestamente los judíos se habrían conjurado para volar la procesión del corpus. Para ello habrían tenido previsto colocar una gran cantidad de pólvora en un lugar por donde pasaría la procesión.

---

[31] *El poder y su imagen*, 2008.

– En Tábara también se habrían conjurado para colocar puntas de hierro durante una procesión de Semana Santa por donde tenían que pasar los penitentes descalzos.

– Durante la Semana de 1468 los judíos de Sepúlveda habrían crucificado a un niño. Así lo narra Federico Sawa, un historiador del siglo XIX que creía a pies juntillas la veracidad de la historia: «Entonces los judíos encontrándose solos, abandonados a su desesperación, justo castigo de sus culpas, ansiando vengarse cometieron la felonía más inaudita, la iniquidad más espantosa, que solo a tigres sedientos de sangre y no a seres racionales es dado cometer. Corriendo la Semana Santa de 1468, en Sepúlveda robaron un inocente niño del hogar paterno, y yéndose a un apartado lugar en las entrañas de una espesa selva, le desnudaron, le azotaron fieramente y le clavaron en una cruz a semejanza de la pasión y muerte de nuestro Señor. Este nefando crimen costó mucha sangre y muchas lágrimas. En los claustros de la Catedral de Toledo se representa en una pintura al fresco aquel trágico suceso».[32]

Fue acusado de la comisión de tan terrible delito el rabino de la Sinagoga de Sepúlveda como autor principal, Salomón Pico. Supuestamente habría parodiado de esta forma la representación que los cristianos de aquel pueblo de la actual provincia de Guadalajara llevaban a cabo en Semana Santa. El obispo de Ávila llevó a cabo la investigación de lo sucedido resultando que al final del proceso dieciséis personas terminaron sus días en el patíbulo.[33]

La instauración de la Inquisición por los Reyes Católicos

Durante los primeros años del reinado de Isabel y Fernando, en 1467, en Toledo —la que ahora conocemos como Ciudad Imperial—, fueron asesinados miles de conversos por las turbas y en 1473 en Córdoba vinieron a suceder hechos similares. ¿Los motivos? La usura que practicaban supuestamente llevó a que el populacho, instigado por las predicaciones de varios religiosos, causara su muerte. Poco a poco la idea de que los conversos eran un peligro para la conservación de la fe sería asumida por los Reyes Católicos y sus consejeros. También es cierto que Isabel y Fernando convivían con varios conversos sinceros y no se convencieron fácilmente de que los nuevos cristianos eran un riesgo.

---

[32] *Historia verdadera de la Inquisición.*
[33] *Ibidem.*

La mayoría de sus súbitos sí estaban convencidos gracias a las predicaciones de varios religiosos exaltados como los anteriormente mencionados Fray Antonio de Espina o Vicente Ferrer. Los conversos eran acusados de ser cristianos solo de boquilla dado que seguían llevando a cabo sus ritos y costumbres tales como utilizar el pan ácimo o sacrificar animales según sus leyes, en secreto.

Isabel y Fernando trasladaron la Corte a Sevilla entre julio de 1477 y octubre de 1478, donde residían un gran número de conversos que, según varios prelados, entre ellos el dominico fray Alonso de Ojeda y el cura Andrés Bernáldez, realizan prácticas judaizantes y por tanto cometen herejías.

> «Algunos clérigos y personas religiosas y otros de la ciudad de Sevilla informaron al rey y a la reina que en aquella ciudad muchos cristianos del linaje de los judíos tornaban a judaizar y hacer ritos de judíos secretamente en sus casas; y ni creían en la fe cristiana, ni hacían las obras que católicos cristianos debían hacer: y sobre esto les encargaron las conciencias, requiriéndoles que, pues eran príncipes católicos, castigasen aquel error tan feo y detestable, porque, si a él daban lugar y lo dejaban sin castigo y no se atajaba presto, de tal manera nuestra santa fe católica recibiría detrimento».[34]

En la actual capital de Andalucía, los reyes serán convencidos de que los conversos eran un problema, pues actuaban de forma coordinada con los judíos en «proyectos políticos» que en un futuro desestabilizarían el Reino.[35] Según les hacían ver aquellos que estaban a favor de actuar contra los conversos, estos además de ser malos cristianos, junto con los judíos estaban organizados como una secta para controlar, dirigir y hacerse con las riquezas de la ciudad.

En Sevilla, encontrándose presentes los Reyes Católicos, se celebró un sínodo a propuesta del arzobispo de la ciudad, Pedro González de Mendoza, con el fin de planificar la forma en que se debía evangelizar la sociedad castellana. Resultado: era necesaria la creación de un tribunal inquisitorial que se ocupara de los conversos procedentes del judaísmo, «un peligro para la conversación de la fe».

> «El rey é la Reyna, considerando la mala é perversa calidad de aquel error, é queriendo con gran estudio é diligencia remedar, embiáronlo á notificar al Sumo Pontífice, el qual dio su bula por la qual mandó, que oviese Inquisidores en todos los reynos é señoríos del Rey é de la Reyna, los quales inquiriesen de la fé, é castigasen los culpados del pecado de la heretica pravedad (…)».[36]

---

[34] Hernando del Pulgar, Capítulo XCVI, «de la Herejía que se halló en Sevilla».
[35] *Historia de España*, 2000.
[36] Hernando del Pulgar, *Crónica de los Reyes Católicos*, capítulo LXXXVI.

Los Reyes Católicos consiguen que el 1 de noviembre de 1478 el papa Sixto IV dicte la bula *Exigit sincerae devotionis affectus*, que autoriza a que nombren dos o tres inquisidores de su elección para Castilla entre clérigos de más de cuarenta años, permiso que se amplió a la Corona de Aragón en 1481. Por primera vez, a diferencia de lo que ocurría con la llamada Inquisición medieval, el Santo Padre cede las competencias sobre la lucha contra la herejía a una autoridad civil. Serán los monarcas los que nombrarán, destituirán y controlarán a los inquisidores, pero estos debían operar como agentes pontificios sujetos al ordenamiento canónico vigente. La Inquisición española estuvo desde su nacimiento con los Reyes Católicos controlada por el poder real, lo que llevó en varias ocasiones a un enfrentamiento con el Santo Padre.

Los Reyes Católicos esperarán hasta el 27 de septiembre de 1480 para nombrar inquisidores para Castilla a Juan de San Martín y Miguel de Morillo, con Juan Ruiz de Medina como asesor. El primer Tribunal de la Inquisición se crea en Sevilla. Antes de que fuera procesado algún supuesto hereje se publicaron tres edictos de gracia y los reyes pidieron ayuda a las autoridades de la ciudad para la persecución de aquellos que pudieran estar cometiendo el delito de herejía. Hay que resaltar en este punto que la Inquisición solo tenía autoridad sobre los cristianos bautizados, mientras que los no bautizados, por ejemplo los judíos y musulmanes, estaban exentos de sus medidas disciplinarias.

Gracias a los edictos de gracia se presentaron quince mil arrepentidos de haber cometido herejía que fueron reconciliados con la fe católica gracias al sacramento de la penitencia. Fray Hernando de Talavera, confesor y asesor de la reina Isabel, fue uno de los sacerdotes que se empleó a fondo para que los conversos tuvieran unos conocimientos básicos de la fe que decían estar profesando y que, por las prisas a la hora de lograr su conversión, nadie se había ocupado de hacérselos saber.

> «Porque las herejías no solamente han de ser extirpadas, confundidas y corregidas por castigo y azotes, más según la doctrina de los santos apósteles, por católicas y teologales razones. Por lo qual la Inquisición de este crimen detestable y mayor de todos los crímenes, fue reservada a la jurisdicción eclesiástica, prohibida y vedada a la seglar».[37]

Fray Hernando de Talavera llegó a escribir una carta al rey Fernando el Católico en la que le manifestaba que todo sospechoso de herejía debía tener

---

[37] Talavera.

la posibilidad de ser juzgado por un tribunal imparcial, lo que no era precisamente la Inquisición, que no se regía por el principio evangélico y abundaban grandes prejuicios sobre la raza y la acepción de las personas.[38]

El arzobispo de Sevilla, el Cardenal Mendoza, redactó asimismo un pequeño catecismo para que los conversos fueran instruidos en los rudimentos de la fe católica. En no pocos casos, a ojos de la Iglesia las indebidas prácticas que llevaban a cabo los que recientemente habían abrazado la fe católica se debían más a desconocimiento que a mala fe.

Los primeros tribunales de la Inquisición española

Tal y como hemos afirmado anteriormente, el primer Tribunal de la Inquisición se instauró en Sevilla. Los inquisidores presentaron la carta real de su nombramiento el 9 de octubre de 1480. En la citada misiva los reyes Isabel y Fernando solicitaban a las autoridades hispalenses que prestaran toda la ayuda que fuera necesaria para que pudieran ser procesadas las personas que fueran acusadas de herejía.

La instauración del Tribunal de la Inquisición en Sevilla provocó que unos ocho mil conversos, según el cronista Bernáldez, salieran de la ciudad para instalarse en otros lugares de la Península, e incluso un número considerable decidió directamente por el exilio y se marchó al extranjero. Los que se quedaron se instalaron en tierras del duque de Medina Sidonia, del marqués de Cádiz, del conde Arcos y en tierras de otros nobles donde se sentían seguros al pensar que la jurisdicción real no llegaría a aquellos dominios.

Las huidas se acabaron cuando se decretó que serían considerados como convictos de herejía todos aquellos que escaparan solo por el hecho de la fuga. Además, se ordenó a los nobles que habían acogido en sus tierras a los conversos procedentes de Sevilla que los devolvieran a la ciudad del Guadalquivir acompañados de guardias bajo pena de excomunión, confiscación de sus dominios y dignidades. Los nobles acataron las órdenes sin que nos conste protesta alguna.

Como primera cárcel del Tribunal del Santo Oficio se utilizó el alcázar de Triana; los autos de fe se celebraron en San Pablo y las ejecuciones de los relajados al brazo secular en Tablada. Como consecuencia de aquella desbandada, los monarcas ordenaron a todas las autoridades de sus reinos que detuvie-

---

[38] *La invención de la Inquisición.*

ran a aquellos sospechosos de herejía que hubieran huido de Sevilla y que los enviasen a la actual capital de Andalucía.[39]

Otros conversos optaron por la rebelión, por enfrentarse a la instauración del Tribunal de la Inquisición en Sevilla utilizando la violencia, siendo su cabecilla Diego de Susán, un hombre adinerado que convocó a varios de sus amigos conversos a una reunión en la Iglesia del San Salvador con el objeto de oponerse a los nuevos tiempos utilizando las armas. La hija de Diego de Susán delató a su padre y todos los participantes en la conspiración fueron detenidos junto a otros conversos ricos de Sevilla que nada tenían que ver.

Así narra cómo fue la detención y averiguación de los hechos Francisco Javier García Rodrigo, un historiador del siglo XIX partidario de la existencia del Tribunal de la Inquisición, autor del libro *Historia verdadera de la Inquisición*, en el que justifica su existencia:

«El asistente de Sevilla D. Diego Merlo prendió a dichos sujetos y los entregó al Santo Oficio, acusándolos de judaísmo y conspiración política: y con su auxilio se averiguó lo necesario para detener a otros cómplices, entre los cuales figuraba Manuel Saulí, persona rica y distinguida por su nacimiento y enlace con familias principales: prendiose a un Veinticuatro y atrás personas muy notables, como lo eran el alcalde de la justicia Juan Fernández y algunos eclesiásticos. Todos fueron llevados al monasterio de San Pablo, en cuyas celdas permanecieron detenidos, porque el tribunal todavía no tenía prisiones. Formose el sumario con la intervención del provisor por el carácter eclesiástico de algunos reos; y a todos se les concedió letrados y cuantos medios de defensa podían desear, resultado completa la probanza de los hechos que últimamente confesaron. La mayor parte de los reos demostró arrepentimiento, y recobraron su libertad aquellos que retractando pasados yerros solicitaron volver al seno de la Iglesia. Únicamente cinco permanecieron obstinados, prefiriendo la muerte más bien que renunciar a su judaísmo».[40]

---

[39] *Historia de España.*
[40] *Historia verdadera de la Inquisición.*

Con ellos se celebró el 6 de febrero de 1481 el primer auto de fe de la Inquisición española. Diego de Susán era uno de los que fue condenado y ejecutado en la hoguera. Según el cronista contemporáneo apellidado Bernáldez:

> «E dende a pocos días quemaron tres de los principales de la cibdad y de los más ricos, los cuales eran Diego de Susán, que decía que valía lo suyo diez cuentos y era gran rabí, e según parece murió como cristiano, e el otro era Bartolomé de Torralba. E prendieron a Pero Fernández Benabeda, que era de los más principales de ellos e tenía en su casa armas para armar a cien hombres, e Juan Fernández Abolasia, que avía sido muchos tiempos alcalde de la Justicia e era gran letrado; e a otros muchos e muy principales e muy ricos, a los cuales también quemaron».

El primer Tribunal de la Inquisición que se instauró en Sevilla se empleó con extrema severidad. El rigor de las penas que se impusieron a los condenados fue severísimo: además de las condenas a muerte, se prodigaron las humillaciones públicas y la pérdida de oficios.

A finales de 1481 habían sido condenados y ejecutados a la pena de muerte en la hoguera o a la pena de cadena perpetua un número considerable de conversos, sin que podamos saber exactamente cuántos fueron debido a que por aquel entonces no se llevaban con rigurosidad los expedientes de los ajusticiados o sencillamente porque no han llegado a nuestros días. Algunos autores hablan de decenas y otros, sin embargo, de cerca de doscientas personas ejecutadas durante el primer año de existencia del Tribunal de la Inquisición que se instauró en Sevilla.

Hay que resaltar que este primer tribunal además de la severidad en las penas que imponía, incumplió los preceptos canónicos que garantizaban al reo la posibilidad de apelación. Después de la creación del primer tribunal de la Inquisición, se crearon tribunales en Córdoba al año siguiente, en 1483 en Jaén y Ciudad Real, en 1485 en Toledo, Llerena y Medina del Campo, en 1486 en Segovia, más adelante en Salamanca, Murcia, Alcaraz, Valladolid, Burgos, Cuenca, Osma, Ávila y Sigüenza. En una década los Reyes Católicos constituyen 27 tribunales.

Se estableció que cada tribunal debía ejercer su jurisdicción sobre una circunscripción geográfica denominada distrito inquisitorial que coincidía sobre las circunscripciones eclesiásticas.[41]

Varias personas cercanas a los Reyes Católicos que, si bien estaban de acuerdo en que los herejes debían ser procesados y castigados, entendían que no debían serlo con tanta severidad y mucho menos que se impidiera a los con-

---

[41] *Historia de la Inquisición española (1478-1834). Herejías, delitos y representación*, 1997.

denados que pudieran apelar sus sentencias. Así, por ejemplo, el cronista de los Reyes Católicos Hernando Pérez del Pulgar envió una carta al arzobispo de Sevilla, Pedro González de Mendoza, en la que trataba de hacer ver al prelado que, si bien era cierto que los conversos judaizaban, lo hacían sin malicia, pues simplemente seguían las costumbres que habían heredado de sus antepasados y sobre todo porque, como hemos escrito anteriormente, desconocían las verdades del cristianismo debido a que nadie se las había enseñado. La solución no podía ser condenarlos a la hoguera o aplicar sobre ellos otras severas condenas, sino darles la educación e instrucción cristiana de la que carecían.[42]

Las quejas sobre la severidad de la Inquisición que actuaba en España llegaron a Roma y el 11 de febrero de 1482 el papa Sixto IV revocó los privilegios concedidos a los Reyes Católicos en la bula *Exigit sincerae devotionis affectus* y nombró a ocho inquisidores pertenecientes a la Orden de Santo Domingo entre los que se encontraba uno de los que más adelante sería casi tan conocido como la propia Inquisición española, Fray Tomás de Torquemada. Además del que sería tan famoso inquisidor, nombró a Pedro de Ocaña, Pedro Martín, Alfonso de San Cebrián, Juan de Santo Domingo, Juan del Santo Espíritu, Rodrigo de Segarra y Bernardo de Santa María.

Fray Tomás de Torquemada

Durante el verano de 1483 el prior del monasterio de Santa Cruz de la ciudad de Segovia se convirtió en el primer inquisidor general de la Corona de Castilla y el 17 de octubre del mismo año tendrá el mismo cargo en la Corona de Aragón. Como indica su apellido, Fray Tomás nació en Torquemada (Palencia) el 14 de octubre de 1420, ingresó en la Orden de Santo Domingo y llegó a alcanzar el grado de Bachiller en Teología. Ocupó el cargo de prior del Monasterio de Santa Cruz de Segovia durante veintidós años y fundó en Ávila el monasterio de Santo Tomás de Ávila. En este último falleció el 16 de septiembre de 1498. Ocupó el cargo de inquisidor general de las Coronas de Castilla y de Aragón durante quince años.

> «Torquemada es el hombre símbolo de nuestra Inquisición contra el que se reconcentran, generalmente, los odios de todos los adversarios de la misma, de manera que no encuentra palabras bastante fuertes para expresar su repugnancia

---

[42] *Crónica de la Inquisición en España.*

contra un hombre a quien llaman a boca llena monstruo de crueldad, sanguinario, hombre sin entrañas y, lo que es peor, hombre sin conciencia. Que todo
esto y mucho más se ha ido hablando de Torquemada».[43]

Fue Torquemada el que instauró, después de Sevilla, los primeros tribunales
y el principal redactor de las *Instrucciones* por las que debía regirse el Santo Oficio, el 29 de noviembre de 1484, en el convento dominicano de San Pablo de
Sevilla, cuya transcripción se haya en el anexo I de este libro. Para su redacción
el prior del monasterio de Santa Cruz se inspiró en la *Practica inquisitionis*,
escrita por el dominico Bernardo Gui a principios del siglo XIV, y en la obra del
catalán Nicolás Aymerich *Directorium Inquisitorum*. Para su redacción contó
con los juristas Gutierres de Chaves y Tristán de Medina.[44]

Durante los quince años de mandato de gobierno de Torquemada se pro-
mulgaron otras siete instrucciones. En 1500 su sucesor, el inquisidor general
fray Diego Deza, publicará otro suplemento y en 1560 otro inquisidor general,
Fernando de Valdés, publicará otras instrucciones sin que en adelante se publi-
que ninguna otra. Entre las de Deza y las de Valdés se publicaron instrucciones
de menor importancia y que reflejaremos más adelante.

En definitiva, siendo Torquemada inquisidor general y por mandato suyo
se publicaron las siguientes instrucciones:[45]

- Instrucciones de Sevilla de 1484.
- En 1485 se publican instrucciones complementarias a las anteriores y que
  tratan sobre temas económicos.
- En 1488 se publican las instrucciones de Valladolid en las que, entre otros
  mandatos, se ordena a los jueces inquisitoriales que sean más rápidos en
  su trabajo para que los reos fueran perjudicados lo mínimo posible.
- En 1493 se publican las instrucciones de Barcelona que en su mayor parte
  se refieren a Cataluña.
- En 1497 se publican instrucciones sobre la Suprema.
- También en 1497 se publican instrucciones sobre cómo deben actuar los
  secretarios.
- En 1498 se publican las instrucciones de Ávila.

---

[43] *La Inquisición española.*
[44] *Torquemada. El gran inquisidor.*
[45] *Práctica de procedimiento jurídico para inquisidores: El abecedario de Nicolás Rodríguez
Fermosino*, 2015.

«Torquemada ha pasado a la historia como el inquisidor por antonomasia, símbolo del fanatismo y la crueldad de una institución odiosa. Lo cierto es que él creó nuevos tribunales, organizó el Santo Oficio, dándole una estructura burocratizada y centralizada y dotándola de unas instituciones precisas para el cumplimiento riguroso de su cometido».[46]

La opinión negativa que ha llegado a nuestros días sobre la actuación de Torquemada al frente del Santo Oficio se la debemos a Juan Antonio Llorente, aquel afrancesado que tanto daño ha hecho a España y que fue uno de los principales asideros que ha utilizado la Leyenda Negra. Según el sacerdote, durante su mandato:

«10.280 víctimas que murieron en llamas, 6.860 que hizo quemar en efigie por muerte o por ausencia de la persona y 27.321 que castigó con la infamia, confiscación de bienes, cárcel perpetua o inhabilidad para el empleo con título de penitencia, todas las tres clases componen 114.401 familias perdidas para siempre».

Ya veremos más adelante si las cifras que afirma Llorente pudieron ser ciertas. Otro que ha contribuido a esa imagen que nos ha llegado es Charles Lea, que en su libro *Historia de la Inquisición española* manifiesta que Torquemada estaba «lleno de despiadado celo, desarrolló la naciente institución con inalterable asiduidad. Rígido e inexorable, no sabía de compromiso en lo que consideraba su deber, y en su esfera personificaba la unión de las espadas espiritual y temporal, ideal de todo verdadero hombre de Iglesia. Pronto se configuró la Inquisición y extendió su organización por España bajo su guía, incansable y desalmado en la persecución y castigo de los apóstatas».[47]

Como hemos visto anteriormente, a los primeros inquisidores nombrados por los monarcas, fray Juan de San Martín y fray Miguel Morillo, se les reprochó por parte de Roma que actuaban de forma demasiado severa y al margen del derecho canónico. Torquemada logró dar a los inquisidores unas normas que les impidieran, al menos sobre el papel, cometer los abusos y las ilegalidades que cometieron los primeros dos inquisidores.

«Las instrucciones de Torquemada fueron editadas por primera vez en Granada en 1537. El derecho inquisitorial ha sido, lamentablemente, poco estudiado por lo historiadores, que se han interesado mucho más por los elementos

---

[46] *Crónica de la Inquisición en España.*
[47] *Historia de la Inquisición española*, 2020.

mórbidos, difundidos por la literatura y el cine, que han configurado una imagen ciertamente distorsionada de la Inquisición».[48]

Además, durante el tiempo en que Torquemada estuvo al frente de los Tribunales de la Inquisición de las Coronas de Castilla y Aragón, se creó el Consejo de la Suprema y General Inquisición, que sería conocido como la Suprema, que con el tiempo se convirtió en un organismo coordinador de las líneas de acción de los distintos tribunales inquisitoriales que ejercían sus competencias en España, con el objeto de que existiera una unificación en los criterios sobre los que debían interpretar las leyes canónicas tanto procesales como de fondo. Durante los primeros años, los inquisidores que tenían a su cargo un tribunal actuaron como a ellos les parecía, de forma que un delito que tenía la consideración de muy grave para uno podría ser considerado leve para otro.

La instauración de la Inquisición en la Corona de Aragón

Cuando la Inquisición es instaurada en Castilla, Fernando de Aragón, el esposo de Isabel de Castilla, aún no es rey, es el heredero a la Corona. Es a la muerte de su padre, el rey Juan II, el 20 de enero de 1479, cuando se convierte en rey de Aragón.

El 23 de mayo de 1481 Fernando pide permiso al papa Sixto IV para nombrar inquisidores en los territorios que ha heredado con las mismas condiciones que en Castilla. Pero en Aragón, a diferencia que en Castilla, rige la Inquisición episcopal, que está establecida desde los tiempos en que se instauró en varios territorios de Europa para acabar con la herejía cátara.

Ante la tardanza del papa en dar respuesta a su petición, Fernando decide nombrar inquisidores para Aragón apoyándose en la bula de 1 de noviembre de 1478, a todas luces inválida, pues solo autorizaba a nombrarlos en Castilla.

El papa Sixto IV mostró su desacuerdo con la decisión del rey Fernando y suspendió toda actividad inquisitorial en Aragón, hasta que el 17 de diciembre de 1483 el pontífice y el monarca llegaron al acuerdo de nombrar inquisidor general a Fray Tomás de Torquemada, que por aquel tiempo ya lo era de Castilla.

Salvada la resistencia papal, Fernando tuvo que vencer la de las instituciones aragonesas, que mantenían que el nombramiento del inquisidor general contravenía los fueros de Aragón, pues había recaído el nombramiento en un

---

[48] *La Inquisición.*

extranjero, y los procedimientos y las confiscaciones de bienes que llevaba a cabo la Inquisición también eran ajenos a los fueros. El rey Fernando solucionó el problema de forma taxativa: los fueros no pueden amparar la herejía y, dado que los nuevos cargos eran nombrados gracias al papa, los fueros no podían oponerse a la autoridad del Sumo Pontífice.

Visto que no era posible de forma pacífica oponerse a los planes de Fernando de Aragón, varios opositores a la instauración de la Inquisición se inclinaron por utilizar métodos violentos: decidieron asesinar a los inquisidores que Torquemada había nombrado para Aragón. En enero de 1485 murió en extrañas circunstancias Fray Gaspar Juglar, presuntamente envenenado. Nunca se aclararon exactamente las circunstancias que rodearon su muerte. En cambio, el inquisidor de Zaragoza, Arbués, sí fue asesinado sin ningún género de dudas. A pesar de que siempre iba protegido con casco disimulado en una especie de bonete y cota de maya, cuatro sicarios lo degollaron la noche del 14 al 15 de septiembre de 1485 mientras el buen hombre estaba rezando en la catedral.

El crimen causó un efecto contrario al que pensaban los conspiradores: el asesinato del inquisidor provocó un casi unánime rechazo en la práctica totalidad de la sociedad zaragozana, que enterró a Arbués como si hubiera sido un santo y clamó venganza por su muerte. De hecho, sus asesinados fueron ejecutados el 30 de junio de 1486 y se levantó un monumento en memoria del inquisidor asesinado con una inscripción dedicada por los soberanos y un bajorrelieve que representaba el momento del crimen.

Durante algún tiempo, Fernando tuvo que soportar cierta oposición contra la instauración de la Inquisición en la Corona de Aragón, sobre todo en las Cortes aragonesas de Monzón, en 1510 y 1512, pero a su muerte, la Inquisición estaba implantada sólidamente en la región.

La expulsión de las personas que profesaban la religión judía

El decreto firmado por los reyes Isabel y Fernando que ordenó la expulsión de las personas que profesaban la religión judía fue firmado el 31 de marzo de 1492, casi tres meses después de que Granada fuera tomada por las armas cristianas. Cuando tomaron la decisión de expulsarlos de Castilla y Aragón, los judíos ya habían sido expulsados de la mayoría de partes de Europa obligándoles a un peregrinaje constante de un sitio para otro.[49]

---

[49] Contreras, 1997.

Es importante la matización que hicimos anteriormente: los obligados a salir de los reinos de Isabel y Fernando eran las personas que profesaban la religión judía, no las personas de raza judía. Aquellos que se convirtieran al cristianismo antes de la fecha tope que tenían para abandonar España podían quedarse. No serían expulsados.

En el decreto de expulsión el plazo vencía el 1 de agosto. Aquellos que no obedecieran el mandato corrían el riesgo de ser ejecutados y de que todos sus bienes fueran confiscados. Los que optaran por la marcha estarían protegidos por la Corona para que pudieran proceder a la liquidación de sus bienes. Dado que el decreto se conoció un mes después de su firma, las personas que profesaban la religión judía tenían cuatro meses para cumplir con el decreto. El inquisidor general, Torquemada, les concedería con posterioridad a la firma del decreto nueve días más, por lo que el día que tenían que abandonar España sería a la postre el 10 de agosto de 1492.

Los Reyes Católicos y los miembros de su corte trataron de que muchos se convirtieran al cristianismo. De hecho, lograron que se convirtiera Abraham Senior, rabino mayor de Castilla, que recibió el bautismo el 15 de junio de 1492 y que recibió el cristiano nombre de Fernando Pérez Coronel.[50]

> «Al mismo tiempo, esta actitud de los reyes muestra que ellos y los nobles de su entorno no eran en absoluto racistas ni antisemitas. Pretendían eliminar el judaísmo, por juzgarlo incompatible con la configuración de un Estado moderno, no a los judíos; un antisemita no hubiera razonado de esta forma, para él, un judío sigue siendo un judío, aun después de su conversión».[51]
>
> «En realidad, no hubo tal decreto de expulsión (de los judíos), sino de prohibición del judaísmo. Los judíos tenían la doble opción: podían convertirse; por consiguiente, no estaban obligados a salir. No eran expulsados por ser judíos: lo que se les prohibía era seguir practicando en España su religión».[52]

¿Y cuáles fueron los motivos que llevaron a la expulsión de las personas que profesaban la religión judía?

La expulsión de las personas que profesaban la religión judía —perdón por la insistencia en no utilizar la expresión «expulsión de los judíos», pues claramente lleva a error—, tuvo razones exclusivamente religiosas.[53]

---

[50] *Crónica de la Inquisición en España.*
[51] *Ibidem.*
[52] *Historia de España.*
[53] *La Inquisición española.*

Como hemos explicado en páginas anteriores, la Inquisición controlada por los Reyes Católicos comenzó a operar en España en el año 1480. Los tribunales del Santo Oficio solo tenían jurisdicción sobre los bautizados, por lo que los que profesaban el judaísmo eran ignorados.

A juicio de los Reyes Católicos, las autoridades religiosas y sobre todo del inquisidor general Torquemada, la relación de los conversos al cristianismo que antes habían profesado el judaísmo con aquellos que aún lo profesaban contaminaba la fe de los primeros.

> «Que de la Inquisición q en estes reynos y en ese obispado se a fecho, a parecido y consta (…) el gran danyo que a los cristianos se les ha seguido de la participación, conversación e comunicación que han tenido con los judíos (…) se prueba que han procurado con diversas vías, formas e maneras (…) subguer de nuestra Sancta fe Católica y apartar della y traer y pervertir a su dañada ciencia y opinión, instruindoles en las ceremonias y observaciones de su ley, faziendo ayuntamientos donde les leyan e enseñaren lo que havien de tener y mantener y guardar en observancia de la dicha ley, procurando de circuncidar a ellos y a sus fijos, dándoles libros por donde deprendiesen las oraciones que havien de fazer cada año, e juntándose con ellos en los tiempos de sus ayunos a leer e enseñarles les istorias de su ley, notificándoles las pascuas, fiestas e ayunos antes que vinyiesen, avisándoles de lo que havien de guardar e fazer, dándoles e levantándoles (…) pan acimo e carnes muertas con sus serimonias para celebrar las dichas fiestas y pascuas instruyndoles en las coses de que se havien de apartar así en los comeres como en las otras cosas, persuadiendoles en quanto podían que teniessan e guardasen su ley, fasiendoles entender que la ley de los cristianos es burla e que los cristianos son ydolatras segun (…) consta por grande numero de testigos e confesiones assi de los dichos judíos como de los que fueren pervertidos y enganiados por ellos, lo qual ha redundado en gran daño y detrimento e oprobio de nuestra Sancta fe Catholica (…) E porque conviena remediar (…) tant grant oprobio e offensa de la religión christiana e no haia lugar de mas offendella (…) si la causa principal no se quitasse (…) acorde de lo notificar y aser saber al Rey y a la Reyna nuestros señores».
>
> *(Carta de Tomás de Torquemada, inquisidor general, al obispo de Gerona expulsando a los judíos de su diócesis).*

La razón principal de la expulsión de las personas que profesaban el judaísmo, según la mentalidad de aquellos que tomaron la decisión, fue en beneficio de la fe católica y para que aquellos que se habían convertido desde el judaísmo dejasen de tener influencias sobre ellos, dado que les perjudicaban.

Una de las causas directas de la expulsión fue el proceso a los presuntos asesinos del Santo Niño de la Guardia, presuntos porque los autores no se ponen de acuerdo sobre si en realidad el hecho luctuoso tuvo lugar o no. El proceso se inició el 17 de diciembre de 1490 y terminó el 16 de noviembre de 1491. Resultaron condenados los judíos Yuce Franco de Tembleque y Moshe Abenamías y seis conversos llamados Alonso, Lope, García, Juan Franco, Juan Ocaña y Benito García. Los hechos probados de la sentencia manifiestan que en La Guardia, un pueblo de Toledo, los conversos compraron una hostia consagrada para llevar a cabo sortilegios que los libraran de la Inquisición que incluyeron el asesinato ritual de un niño que fue crucificado un Viernes Santo. El niño supuestamente fue robado en la puerta del Perdón de la Catedral de Toledo. Según un testimonio de los autos originales que fueron encontrados en el archivo de la Suprema, los hechos se juzgaron del siguiente modo:

«Presenciaron algunos vecinos del Quintanar, Tembleque y la Guardia, un auto de fe de aquellos que hicieron en Toledo. Eran dichos hombres judaizantes tan poco instruidos, que juzgaron sería posible la confección de algún hechizo para inutilizar el poder de los inquisidores. Benito de las Mesuras se llamaba el que dijo serle muy conocido el secreto, y prometió revelarlo en cierta junta que propuso celebraran todos los correligionarios. Túvose dicha reunión, asistiendo a ella Mesuras, Hernando de Rivera, Juan de Ocaña, Juan Gómez, Juan Sacristán, y entre hermanos y primos siete de apellido Franco. Todos los concursantes eran cristianos nuevos de origen judío, y hombres que habían apostatado de la santa fe católica para practicar en secreta sinagoga el culto de Moisés. Explicó Benito la manera de preparar su famoso hechizo, y aquellas gentes perversas é ignorantes creyeron que amalgamando una sagrada forma con la sangre y el corazón de algún niño muerto en una cruz, después de haber sufrido los tormentos de la pasión de Cristo, lograrían su propósito pudiendo por este medio continuar tranquilamente en la observancia de su antigua ley. Aprobado el plan, se repartieron los papeles de aquella impía y ferocísima tragedia. A Juan Franco, que era mercader ambulante se dio el encargo de proporcionar la víctima; Juan Gómez, sacristán de la iglesia de la Guardia, ofreció robar una hostia consagrada; Hernando de Rivera, vecino de Tembleque y contador del Priorato de San Juan, tomó el papel de Pilatos por su mayor autoridad entre los presentes; el de Judas se reservó a Juan Franco; Pedro Franco debía representar a Herodes: y se nombraron dos acusadores, que reprodujeran los cargos formulados contra Jesucristo. No tardó Juan Franco en evacuar su comisión robando cierto niño, y Gómez abriendo el tabernáculo de la iglesia confiada a su cuidado, se apoderó del Sacramento eucarístico dispuesto para la pública adoración, y puso en su sitio otra hostia sin consagrar que tomó de la sacristía. La ejecución del proyecto se dilató seis meses, en cuyo tiempo adoptaba Franco diversas precauciones para ocultar su robo. Llevó personalmente a su víctima a Quintanar, dándole a conocer bajo el nombre de Cristóbal, y como hijo suyo criado en otro pueblo, y como advirtiera señales de incredulidad, lo trasladó a La Guardia; pero extrañando sus vecinos semejante aparición, y los malos tratamientos que daba al supuesto hijo para que no revelase el secreto de su procedencia, a fin de no ser descubierto lo encerró en una cueva de su casa. Semejante desaparición no fijó la curiosidad, conociendo las costumbres de aquellos mercaderes, sus mutuas relaciones, viajes prolongados a países remotos, y frecuente traslación de domicilio. Apremiaba el judío a sus amigos no sabiendo que hacerse con aquella criatura, en cuya tristeza y lloro veía su inminente perdición, y los hizo reunir así que regresaron algunos ausentes. Aquella malvada junta determinó ejecutar el bárbaro proyecto en el próximo Viernes Santo, acordando sus detalles con horrible indiferencia. Llegó el día funesto en que los judaizantes juntos dentro de cierta cueva de un campo solitario dieron principio al drama, sin conmoverse con las súplicas y llanto del inocente preso, en quien ejecutaron todos los detalles de la pasión de Jesucristo. Hubo acusadores y testigos, azotes y coronación de espinas. Con los palos de una carreta formaron la cruz que Cristóbal subió a un cerro, y como sus débiles fuerzas no pudieran sostener el peso, hubo un Cirineo para ayudarle. Mas reflexionaron los verdugos que semejante imprudencia podría descubrir el delito ejecutado en público, y trasladaron el calvario dentro de la cueva, sacrificando a su personal seguridad la perfecta semejanza escénica. Verificada la crucifixión, Mesuras sangró la víctima, extrajo su corazón, y sepultaron aquellos mutilados restos en cierta viña cerca de la iglesia de Nuestra Señora de Pera, dando fin a la sangrienta farsa. Faltaba lo más difícil para el impostor, quien después de muchas vacilaciones, vino por fin a declarar que no acertaba con la fórmula de su prometido hechizo. Reunióse nueva junta, y determinaron remitir el corazón y sagrada hostia con relato del suceso, a la sinagoga de Zamora, cuyos rabinos tenían fama de sabios. Este encargo fue confiado el mismo Benito Mesuras. Consta en el proceso que habiéndose detenido en Ávila quiso ver su Iglesia catedral, y fingiendo cristiano fervor leía cierto libro de oraciones. Mas alguno reparó que usaba como registro una hostia, de la cual se destacaban resplandores, y comunicando su observación a otras personas, todas aseguraron la realidad del hecho, e inmediatamente a su posada, junto a la parroquia de S. Juan. Mandó el tribunal que inmediatamente se presentara dicho libro para su examen; y con este motivo viendo el aturdimiento de Mesuras, fueron reconocidos sus papeles y equipaje, en el cual hallaron un corazón humano conservado entre sal, y las cartas y relato que llevaba para los judíos de Zamora. En la primera declaración confesó el reo tan bárbaro suceso: el Sacramento quedó en la iglesia de Santo Tomás, donde ha permanecido hasta su abandono, trasladándose procesionalmente a la parroquia de Sa. Pedro, y en este se venera muy bien conservado. Cuéntase de dicha reliquia acontecimientos religiosos; y entre otros refiere el P. Yepes, que padeciendo los vecinos de Ávila una grande epidemia desarrollada en el año 1519, sacaron aquella forma en procesión y cesó repentinamente el mal. Suceso que se hizo constar en testimonio auténtico firmado por muchos testigos presenciales. En este documento, que se otorgó ante escribano público con la conformidad de las personas que habían presenciado poco tiempo antes el prodigio, se vuelve a referir el hecho de la catedral, según aparece del proceso formado a Mesuras el año 1491.

Habiendo confesado el reo, se dictó auto de prisión contra los cómplices, que fueron detenidos en los pueblos de su residencia; y es de notar que a la mayor parte de ellos se aprisionó en La Guardia, estando con hipócrita compostura y devoción oyendo la misa mayor. El pueblo, que creía muy buenos cristianos, se llenó de asombro viéndolos en poder del comisario y familiares del Santo Oficio. Hicieron grandes diligencias para descubrir el cadáver, más inútilmente, y aunque Juan Franco fue indicando varios lugares por el sitio del delito, cuidó de no enseñar la sepultura: únicamente pudieron recogerse algunas ropas de la víctima. El tribunal de Ávila formó siete procesos, y consiguiendo la confesión de todos, menos la de Hernando de Rivera, dictó sentencia de relajación al brazo secular. Mesuras, Ocaña y uno de los Francos pidieron absolución, muriendo agarrotados por su delito de infanticidio; los demás permanecieron contumaces y se les quemó. La sentencia dictada contra los contumaces les "declara herejes, apóstatas, judaizadores", y por tanto haber incurrido en "excomunión mayor y demás penas y censuras espirituales y temporales, confiscación de bienes según lo dispuesto en el código civil… y por personas malditas y excomulgadas, miembros cortados de nuestra santa Iglesia que debemos relajar y relajamos a la justicia y brazo secular, y al honrado y noble varón Lic. Alvaro de Santisteban, de esta ciudad de Ávila y su tierra, etc. etc.».

En el decreto de expulsión se puede apreciar que uno de los principales motivos sería el esgrimido por Torquemada en la carta que anteriormente hemos transcrito parcialmente:

«Buen es sabido que en nuestros dominios, existen algunos malos cristianos que han judaizado y han cometido apostasía contra la santa fe Católica, siendo causa la mayoría por las relaciones entre judíos y cristianos. Por lo tanto, en el año de 1480, ordenamos que los judíos fueran separados de las ciudades y provincias de nuestros dominios y que les fueran adjudicados sectores separados, esperando que con esta separación la situación existente sería remediada, y nosotros ordenamos que se estableciera la Inquisición en estos dominios; y en el término de 12 años ha funcionado y la Inquisición ha encontrado muchas personas culpables además, estamos informados por la Inquisición y otros el gran daño que persiste a los cristianos al relacionarse con los judíos, y a su vez estos judíos tratan de todas maneras a subvertir la Santa fe Católica y están tratando de obstaculizar cristianos creyentes de acercarse a sus creencias».

Una de las causas que han esgrimido muchos autores como razón de la expulsión de las personas que profesaban el judaísmo ha sido la economía. Con la expulsión de los judíos los Reyes Católicos se hubieran enriquecido al quedarse con sus bienes. No es cierto. La Corona no obtuvo ganancias con la expulsión por dos motivos: en 1492 los judíos no tenían la misma capacidad económica que tenían antes de los sucesos de 1390, pues una mayoría se había convertido y los que optaron por no convertirse lograron sacar de España, en su gran mayoría, una buena parte del valor de lo que poseían.

> «La corona no obtuvo ganancias de la expulsión y no tenía intención de obtenerlas. Nadie mejor que el rey sabía que los judíos eran una minoría cada vez más reducida con recursos ya muy menguados. El propio Fernando reconoció que perdería algunas rentas procedentes de los impuestos, pero los recuentos oficiales de la venta de las pertenencias arrojan cantidades irrisorias. Aunque las propiedades comunales, consistentes principalmente en sinagogas y cementerios, fueron requisadas por la corona, en la mayoría de los casos pasaron a manos de los municipios. Lógicamente, los exiliados ejercieron su derecho a llevarse consigo la riqueza que les fue permitida acarrear. Las listas de embarque de Málaga y Almería, en Andalucía, muestran que muchos sacaron del país importantes sumas de dinero. A algunos afortunados se les permitió conservar casi todos sus bienes y sus joyas. Uno de ellos fue Isaac Perdoniel, al que se concedió esta gracia a petición del último rey de Granada, Boabdil. A Abravanel y su familia también se les otorgó el privilegio especial de llevarse todas sus riquezas. Otros sobornaron a los funcionarios para que les dejaran llevarse bienes en metálico. En 1494, un funcionario de Ciudad Real fue procesado por extorsionar a los judíos que iban hacia Portugal, y por permitir "que pasaron muchas personas e judíos destos reinos con oro e plata e otras cosas vedadas"».[54]

No se sabe con exactitud cuántos judíos emigraron. Siempre se ha pensado que fueron la gran mayoría, pero ahora conocemos que no fueron tantos los que se vieron obligados a salir de la península ibérica. Muchos de los que profesaban el judaísmo se convirtieron a la fe cristiana. Según Henry Kamen, «los indicios apuntan que posiblemente la mitad de los judíos de España prefirieron convertirse a ser expulsados. La mayor parte de los que habitaban en Aragón y quizá también los de Castilla, entraron en el redil cristiano. Un motivo poderoso, claro está, fue la posibilidad de perder todos sus bienes».[55]

Los que salieron fruto del edicto de expulsión se instalaron en Portugal, Navarra, Italia y en los territorios que actualmente ocupa Marruecos, en el reino de Fez. Estos últimos fueron muy maltratados tanto por los musulmanes como también por los de su propia raza.

---

[54] *La Inquisición española.*
[55] *Ibidem.*

Un número importante de los que decidieron emigrar obligados por el decreto de expulsión volvieron de nuevo a España. Lo único que tenían que hacer era recibir el bautismo o disponer de testimonios fidedignos de que lo habían recibido en el territorio que les había acogido. Existen testimonios de que la Suprema extendió cartas de amparo para los judíos que quisieron regresar por la frontera portuguesa en la temprana fecha de 10 noviembre de 1492, casi tres meses después de que hubiera finalizado el plazo para que salieran de los territorios de las Coronas de Castilla o Aragón.[56]

A los ojos de personas que viven en el siglo xxi la decisión que tomaron los Reyes Católicos nos puede parecer completamente disparatada, pero a los europeos del siglo xv no les pareció mal, incluso lo celebraron:

> «Cuando Alejandro VI recibe la noticia del decreto organiza grandes fiestas en Roma, entre otras cosas, una corrida de toros en señal de alegría. Y la Universidad de París se reúne en claustro para felicitar a los Reyes Católicos. Porque el judaísmo estaba prohibido en toda Europa, salvo en España. Por consiguiente, el decreto responde a lo que era el espíritu de la época. Sin embargo, ahora da la impresión de que España fue el único país que expulsó a los judíos, y que todos los demás eran muy bondadosos y tolerantes. Pero es una opinión falsa, completamente falsa».
>
> (Luis Suárez, entrevista en *ABC*).

Por otra parte, intelectuales de renombre del Renacimiento como por ejemplo Maquiavelo, Guicciardini o Pico della Mirandola consideraron la expulsión como «un acto de buen gobierno».[57]

Antes de la expulsión de las personas que profesaban el judaísmo de los territorios de las Coronas de Castilla y de Aragón, los judíos habían sido expulsados casi de toda Europa. En Francia habían sido expulsados hasta en tres ocasiones (1182, 1306 y 1394), en los territorios alemanes en dos (1348 y 1375), y en el año 1290 habían sido expulsados de Inglaterra sin que volvieran a ser aceptados hasta el siglo xvii. También fueron expulsados de Viena en 1670, de Bohemia en 1744, de Rothemburgo en 1519, de Bremen, Luckbeck, Colonia, Fráncfort, Worms…[58]

---

[56] *Crónica de la Inquisición en España.*
[57] *La Inquisición, ¿mito o realidad? Lo que no te contaron.*
[58] *Ibidem.*

LAS FUENTES DE LA NORMATIVA INQUISITORIAL

La Inquisición moderna tuvo como fuentes de su normativa aquellas que procedían de la Inquisición medieval, por lo que existió una gran variedad legislativa que dificulta poner en orden la relación de fuentes.[59]

En la cúspide de aquellas normas estarían aquellas que eran emitidas por el papa, entre las que se encuentran las bulas, breves y «motu proprio»:

- Las bulas son directamente dictadas por los papas, tienen contenido general y son obligatorias para toda la cristiandad.
- Los breves son confeccionados por los secretarios de los papas y abarcaban multitud de temas.
- Los «motu proprio» que tenían relación con la Inquisición se emitieron sobre todo durante el papado de Inocencio VIII (1484-1492) y que solían tratar temas económicos o civiles.

En una Inquisición como la española, en que el nombramiento del inquisidor general dependía en gran parte de la Corona, sus normas también le afectaban. Estas eran:

- Las ordenanzas emitidas coincidiendo con la celebración de Cortes.
- Las cartas reales.
- Los decretos.
- Las leyes.
- Las resoluciones.
- La carta.
- La provisión.
- La cédula real.
- El edicto.

Los manuales inquisitoriales fueron una necesidad que surgió en época medieval con el fin de reunir toda la legislación vigente que afectaba al Santo Oficio. Sobre todo, destacan las siguientes:

- *Directorium*, de San Ramón de Peñafort (1242).
- *Ordo Processus Narbonensis*, redactado por un grupo de inquisidores dominicos en el Languedoc.

---

[59] *Práctica de procedimiento jurídico para inquisidores: El abecedario de Nicolás Rodríguez Fermosino*, 2015.

- La *Explicatio super officio inquisitionis*.
- *Doctrina de modo procedendi contra hereticos*, de finales del siglo XIII.
- *De auctoritate et forma inquisitiones*, de Bernardo Gui (1323).
- *De oficio inquisitionis, Tractatus super materia hereticorum*, de Zanglino Ugolini (1330).
- *Directorium Inquisitorum*, de Nicolás Aymerich (1376), que es el más importante y en él se recopilan la gran mayoría de textos relativos al procedimiento tales como «cánones, leyes, constituciones, aparatos, determinaciones, condenas, prohibiciones, aprobaciones, confirmaciones, consultas y respuestas, epístolas, indultos, consejos y análisis de los errores de los herejes», además de introducir formularios y modelos documentales. Más adelante nos referiremos a este manual. Fue reeditado en cinco ocasiones entre 1578 y 1607.

Otra fuente del derecho inquisitorial fueron las llamadas *Instrucciones emitidas por la autoridad suprema inquisitorial, en España el inquisidor general*, y que según Torquemada trataban de «cosas tocantes a la dicha santa Inquisición de la herética pravedad, así cerca de la forma de proceder, como cerca de otros actos tocantes al dicho negocio, conformándose con el derecho y la equidad».

Además de las instrucciones que antes hemos enumerado de Torquemada en España, se dictaron las siguientes instrucciones:

- *Instrucciones de Ávila* (1498).
- *Instrucciones de Diego de Deza* (1500).
- *Instrucciones de Burgos* (1504).
- *Instrucciones de Luis Mercader* (1514).
- *Instrucciones de Adriano de Utrecht* (1521).
- *Instrucciones antiguas compiladas por Manrique* (1536).
- *Instrucciones de Valdés* (1561), que fueron las que definitivamente unificaron el procedimiento y estuvieron vigentes hasta la desaparición de la Inquisición en el siglo XIX.

Por otra parte, para facilitar la tarea de los inquisidores surgieron los llamados «abecedarios», siendo el más conocido el de Nicolás Fermosino, que en sus propias palabras eran una «recopilación y sumario, de las Instrucciones, concordias, cartas acordadas, decisiones, orden de procesar, visitas, advertencias mandadas guardar por los señores inquisidores generales y Concejo de la Santa y General Inquisición, y autos acordados por el tribunal, assí para las causas y casos de fe, como para el exercicio de la jurisdicción del Santo Oficio en los negocios y causas civiles y criminales».

Delitos perseguidos por el Santo Oficio

La llegada de Carlos de Habsburgo a España para ostentar las coronas de los reinos peninsulares junto a su madre Juana, supuso en gran medida un cese de la persecución de los judeoconversos, sobre todo porque los delitos de herejía que estos cometían después de la expulsión de las personas que profesaban la religión judía en 1492 habían disminuido drásticamente; la actuación contra los judeoconversos había sido tremendamente eficaz y a principios del siglo XVI los posibles culpables de esta herejía habían sido procesados y el miedo que infunde la Inquisición impide que otros caigan en dicho delito. A partir de estas fechas ya únicamente la Inquisición enjuiciará casos aislados de criptojudaísmo.

A partir de la llegada de los Austrias al poder, el Tribunal del Santo Oficio se ocupará de otras herejías o delitos de herejía. Actuó contra herejías en el sentido concreto de la palabra tales como el mahometismo, el protestantismo, el alumbradismo y contra delitos de herejía que afectaban a la moral tales como la blasfemia, la bigamia, las supersticiones, la magia, la brujería, la sodomía, delitos cometidos por los clérigos y los cometidos contra el Santo Oficio.

En realidad, los inquisidores, bajo el nombre de herejía se ocuparon de una enorme variedad de asuntos que nada tenían que ver con su definición y que se refería a las costumbres, a la moral y a las normas de la Iglesia católica. Según su visión, los inquisidores trataban de salvar el orden social y político imperante entendiéndolo siempre como el bien colectivo superior.[60]

La Inquisición primero se ocupó de los judaizantes; posteriormente, desde mediados del siglo XVI, de la herejía de los moriscos, luteranos, calvinistas y demás protestantes. En el siglo XVII se preocupó de la superstición y de la brujería, y también de un rebrote de la herejía judaizante provocada por la llegada de judíos conversos procedentes de Portugal. Luego, en el siglo XVIII, persiguió el libre pensamiento de los ilustrados, la masonería y determinadas formas jansenistas.[61]

En relación con las costumbres y la moral, los inquisidores se ocuparon de aquellos que blasfemaban, decían palabras malsonantes o emitían juicios sobre asuntos de fe; de aquellos que dudaban del sacramento de la eucaristía, del culto a los santos, del sacramento de la penitencia o usaban de palabras lascivas y cometían el pecado de la sodomía, de los bígamos, etcétera.

---

[60] *Historia de la Inquisición española (1478-1834) Herejías, delitos y representación*, 1997.
[61] *Ibidem.*

Los judeoconversos

La expulsión de las personas que profesaban la religión judía tal y como hemos visto anteriormente debería haber acabado con este «problema». La ausencia de aquellos que podían influir a los nuevos católicos debería lograr que no se desviaran de su fe. Después de la expulsión el número de causas no bajó hasta más o menos 1525.

A partir de esa fecha, ya sea porque los conversos cambiaron sus hábitos y no llevaban a cabo prácticas judaizantes o no permitían que salieran a la luz, su procesamiento por la Inquisición bajó radicalmente. Una gran parte de ellos, para evitar estar en el punto de mira del Santo Oficio, cambiaron de apellido, de ciudad, de oficio, de amistades, se casaron con «cristianos viejos» a cambio de espléndidas dotes, accedieron a estamentos privilegiados de la nobleza y el clero, de forma que lograban importantes apoyos para que la Inquisición les dejara tranquilos.[62]

No sería hasta finales del reinado de Felipe II y principios del reinado de su hijo Felipe III cuando la Inquisición elevase el número de causas por motivos judaizantes.

La unión de las Coronas española y de Portugal en la persona de Felipe II en 1580 facilitó la entrada de numerosos judeoconversos en la Corona de Castilla. Hasta entonces los conversos portugueses habían vivido más o menos tranquilos, siendo tratados con cierta benevolencia, aunque es cierto que se procesó a muchos y se envió al brazo secular a otros tantos, las cifras no tenían nada que ver con lo que ocurría en el resto de la península ibérica.

Esta situación cambió a partir de la llegada al trono portugués de Felipe II. En 1586 fue nombrado inquisidor general de Portugal el cardenal-archiduque Alberto de Austria, cambiando la situación de los judeoconversos portugueses de forma radical, pues antes de llegar el año 1600 se celebran cincuenta autos de fe en los que se pronuncian ciento sesenta y dos relajaciones en persona, cincuenta y nueve en efigie y dos mil novecientas setenta y nueve sentencias menores.[63]

¿Y qué hicieron muchos de ellos? Tratar de esconderse en Castilla aprovechando que ahora eran súbditos de Felipe II, huyendo de la Inquisición portuguesa haciendo que iniciara la Inquisición española una nueva etapa de persecución de judeoconversos, en este caso portugueses, siendo hasta finales

---

[62] *La Inquisición española. Documentos básicos.*
[63] *Crónica de la Inquisición en España.*

del siglo XVII los procesados predilectos de la Suprema. En casi todos los autos de fe que celebraron durante el siglo XVI el mayor número de condenados solían ser portugueses.

> «Por ejemplo, en el auto de fe celebrado en Córdoba el 2 de diciembre de 1625, 39 de los 45 judaizantes penitenciados eran portugueses y los 4 relajados eran también de esa nacionalidad; otro auto celebrado en la misma ciudad el 21 de diciembre de 1627 incluyó a 58 judaizantes, todos ellos de Portugal, figurando portugueses en las 18 relajaciones, de las cuales 5 fueron en persona. En un auto celebrado en Madrid el 4 de julio de 1632, 17 de las 44 víctimas eran portuguesas, y, de manera similar, en el celebrado en Cuenca el 29 de junio de 1654, 18 de los 57 también lo eran».[64]

Volvieron a los tribunales de la Inquisición los crímenes rituales: en 1629, reinando Felipe IV, fueron detenidos unos judíos portugueses que supuestamente habían sometido a tormento y ultraje una estatua de Cristo. En las sentencias que se les leyó en el auto de fe que se celebró en Madrid el 4 de julio de 1632 todos fueron condenados a muerte, la casa que habían utilizada como sinagoga fue derribada y para reparación de la ofensa se erigió en el solar un convento de los capuchinos.[65] Durante el reinado de Carlos II el procesamiento de judaizantes siguió a buen ritmo hasta que la muerte del último de los Austrias, el 1 de noviembre de 1700, trajo el advenimiento de una nueva dinastía, los Borbones.

Durante los primeros tiempos de la llegada al trono de Felipe V la persecución de los judeoconversos se relajó y de hecho muchas familias judías se volvieron a instalar en España, pero el segundo matrimonio del rey con Isabel de Farnesio trajo de nuevo a la primera línea de la política a muchos personajes que habían sido esenciales en el reinado de Carlos II. Uno de ellos era Juan Camargo, que fue nombrado inquisidor general en 1720 pero que venía moviendo sus hilos desde 1715.

A principio de 1718 fueron apresados los miembros principales de la comunidad criptojudía que estaba asentada en Madrid gracias a las informaciones que un tal Antonio Rodríguez Carrasco, preso en las cárceles secretas del tribunal de corte, había obtenido de una judeoconversa llamada María de Tudela. En mayo de 1718 el Consejo de la Suprema dio la orden de la detención de todos los criptojudíos que estuvieran asentados en todos los tribunales de dis-

---

[64] *La Inquisición española.*
[65] *Crónica de la Inquisición en España.*

trito de Castilla. La mayoría de las familias de procedencia judía que se habían asentado en Madrid quedaron diezmadas por la actividad de la Inquisición.[66]

El mahometismo

Son considerados moriscos aquellas personas de religión musulmana que se convierten al cristianismo. Cuando los Reyes Católicos comienzan su reinado había unos veinticinco mil musulmanes que vivían dispersos por Castilla y más o menos el doble vivían en los reinos de Aragón y Valencia. Por supuesto, cuando Isabel y Fernando toman Granada el número de musulmanes se incrementará con los que allí residían.

Para abordar la cuestión de los mahometanos y la Inquisición española hay que diferenciar entre los que residían en Castilla, en Aragón y en el reino de Granada.

Los moriscos del Reino de Granada

En los pactos por los que los Reyes Católicos lograron que la ciudad de Granada fuera entregada, los musulmanes podían conservar sus costumbres, sus propiedades, sus leyes y su religión.[67] Muchos de ellos emigraron al norte de África, pero también fueron bastantes los que se quedaron.

El primer arzobispo de Granada después de la conquista de la ciudad fue Fray Hernando de Talavera, el cual trató de que los musulmanes se convirtieran al cristianismo sin utilizar la violencia, usando la palabra y la persuasión. Llegó a publicar una especie de catecismo en árabe y a exigir a sus predicadores que aprendieran el citado idioma.[68]

En el año 1499 los Reyes Católicos vuelven a Granada y se encuentran que sigue siendo una ciudad mora y dista bastante de convertirse en una cristiana. Les acompañaba el cardenal Cisneros, arzobispo de Toledo. Una vez que abandonan la ciudad, los monarcas ordenan a Cisneros que permanezca en ella y que investigue e informe acerca de la situación de aquellas personas que antaño eran musulmanas y que se han convertido al cristianismo.

Cisneros abandonó los métodos suaves de Fray Hernando de Talavera e impuso una política más dura. De hecho, consiguió que se produjeran bautis-

---

[66] Monteserín, 2020.
[67] *La Inquisición española.*
[68] *Crónica de la Inquisición en España.*

mos en masa y que las mezquitas del Albaicín fueran transformadas en iglesias. También ordenó que se quemaran en la plaza de Bib-Rambla un buen número de coranes y otros libros en árabe. Casi únicamente respetó los libros en dicha lengua que trataban de medicina.[69]

Esas medidas provocaron que hubiera revueltas en el Albaicín que se extendieron a las Alpujarras y que llevaron a los Reyes Católicos a considerar que los pactos a los que llegaron con el rey Boabdil habían sido rotos y ya no tenían por qué respetarlos.

En el año 1501 las conversiones al cristianismo habían sido tan numerosas que Granada era considerada el reino de los moros cristianos: los moriscos.[70] De todas formas, como existía una gran desconfianza, las autoridades les prohibieron llevar armas y trataron de que abandonaran toda manifestación externa e interna que pudiera tener que ver con la cultura musulmana.

Tal y como pasó con los judíos que se convirtieron al cristianismo, la educación cristiana que recibieron fue nula o muy deficiente. Los bautismos se llevaron a cabo de forma colectiva y los encargados de que fueran «buenos cristianos» solo les enseñaron a persignarse, santiguarse y a recitar el Padre Nuestro, el Ave María, el Credo y la Salve Regina, además de los diez mandamientos.

Hacia 1520 era fácilmente constatable que la política de conversión de los moriscos había fracasado. Realmente no se habían convertido, pues seguían practicando los principios fundamentales del islam en la clandestinidad. La gran mayoría no quería cambiar de religión ni formar parte de la sociedad cristiana a pesar de que formalmente habían recibido el bautismo. De hecho, muchos de los que recibían el bautismo, al llegar a su casa «solían lavarse el crisma y así desprenderse del sacramento, realizando en su lugar una ceremonia musulmana».[71]

Además, no es que practicaran una religión distinta a la de sus vecinos cristianos viejos, es que sacrificaban a los animales que comían con un ritual especial, no comían carne de cerdo, no bebían vino y tendían a vivir en comunidades aisladas.[72]

Carlos V se establece en Granada con ocasión de su luna de miel de junio a noviembre de 1526 teniendo la oportunidad de conocer el estado real de la con-

[69] *Crónica de la Inquisición en España.*
[70] *La Inquisición española.*
[71] *Ibidem.*
[72] *Ibidem.*

vivencia entre los cristianos viejos y los nuevos conversos moriscos. Reunidos en Junta el arzobispo de Santiago y electo de Granada con los obispos de Osma, Guadix y Almería, tres consejeros de Castilla, uno de Estado, el Comendador de la Orden de Calatrava, el vicario general de la diócesis de Málaga y el inquisidor general Diego Manrique en Granada, acuerdan que debe obligarse a los moriscos a abandonar sus costumbres y a acomodarse a las cristianas:

> «Hallaron que mientras se vistiesen y hablasen como moros conservarían la memoria de su secta (…) Mandárosles quitar la lengua y hábito morisco y los baños, que tuviesen sus casas abiertas los días de fiesta y los días de viernes y sábado, que no usasen las leylas y las zambras a la morisca».[73]

Además, la mayoría de los que se habían convertido habían apostatado del cristianismo y volvían a practicar su antigua religión:

> «Visitó el obispo comisario todo el reino, y halló ser cierto el motivo de las quejas, pero asimismo que no había siete católicos, porque todos habían reincidido en el mahometismo, ya por no haberles instruido bien en la religión cristiana, ya porque se les había dejado correr públicamente en el ejercicio de su secta».[74]

El hecho de que aquellos musulmanes hubieran recibido el bautismo, es decir, se hubieran convertido al cristianismo, permitía a la Inquisición actuar, pues ya no estábamos hablando de personas que profesaban la religión islámica y que quedaban fuera de su jurisdicción, sino de gentes cristianas que habían renunciado a su fe por muy nueva que fuera. Por dichas razones, la Junta que antes hemos mencionado ordenó que el Tribunal de la Inquisición de Jaén se trasladara a Granada.

La Inquisición se instaló en Granada, pero actuando desde el principio con una gran indulgencia sobre los delitos que pudieran cometer los moriscos. De hecho, en el primer auto de fe que tuvo lugar en la antigua ciudad nazarí, la gran mayoría de los sentenciados fueron judeoconversos y solo tres de ellos eran moriscos.[75] La mayoría de las causas que más adelante se abrieron contra los moriscos fueron por delitos leves que se perdonaban mostrando arrepentimiento.[76]

---

[73] *Historia de la rebelión y castigo de los moriscos en el Reino de Granada.*
[74] *Historia verdadera de la Inquisición.*
[75] *Crónica de la Inquisición en España.*
[76] *Historia verdadera de la Inquisición.*

El inquisidor general, el cardenal Manrique, concedió a los moriscos de Granada un periodo de gracia de unos tres años durante el cual se les permitió confesar sus pecados sin que fueran encarcelados, ni castigados con sambenito, sin penas pecuniarias, aunque reincidieran.[77]

Curiosamente la Inquisición persiguió a aquellos nobles que tenían en sus tierras a musulmanes por facilitarles que siguieran con sus costumbres:

> «En 1541 un grande de Valencia, el almirante de Aragón, Sancho de Moncada, fue juzgado por la Inquisición por haberles construido a sus moriscos una mezquita y por decirles que "en lo exterior fingieses cristiandad y en lo interior fueran moros". En 1569 fue puesto bajo arresto domiciliario durante tres años por proteger persistentemente a sus vasallos musulmanes contra el Santo Oficio. En 1571, el gran maestre de la Orden de Montesa salió en un auto de fe acusado de proteger a sus moriscos. En 1582, en Aragón, cuando el señor de Ariza, Jaime Palafox, oyó decir que la Inquisición había detenido a tres de sus vasallos, él y sus hombres penetraron por la fuerza en casa de un familiar de la Inquisición, lo golpearon y lo apuñalaron hasta dejarlo muerto; por este delito las autoridades lo desterraron de por vida a la fortaleza de Orán».[78]

Al menos en Granada se puede afirmar que el número de moriscos quemados en persona por haber caído en la herejía fue muy reducido si lo comparamos con los judaizantes. Solo doce personas fueron relajadas en doce autos de fe que tuvieron lugar en entre los años 1550 y 1580. De ellos seis fueron ejecutados por criminales de guerra. Únicamente fueron 70 los penitenciados con penas no pecuniarias y algún castigo corporal por haber cometido blasfemias, delitos relacionados con la sexualidad, insultos proferidos a empleados de la Inquisición, siempre que convencieran al Tribunal que habían actuado sin intención herética. En el caso de que no lo lograran eran confiscados sus bienes. Y no fueron pocos los que sufrieron la confiscación total de sus bienes, pues era difícil que un musulmán convenciera a los inquisidores de que había delinquido sin que en su mente estuviera cometer herejía.[79]

En 1567 el rey Felipe II promulga la *Pragmática Sanción*, conocida como la «antimorisca», que fue dada a conocer el mismo día de Año Nuevo en Granada y que limitaba las costumbres y tradiciones musulmanas de los moriscos con el fin de que se convirtieran realmente al cristianismo.

---

[77] *La Inquisición y los moriscos granadinos.*
[78] *La Inquisición española.*
[79] *La Inquisición y los moriscos granadinos.*

Según el resumen de Julio Caro Baroja de la pragmática que expuso en su obra *Los moriscos del Reino de Granada. Ensayo de historia social*, constaba de once disposiciones:

«I. Prohibir hablar, leer y escribir en arábigo en plazo de tres años.

II. Anular los contratos que se hicieran en aquella lengua.

III. Que los libros escritos en ella, que poseyeran los moriscos, fueran presentados en un plazo de treinta días al presidente de la Chancillería de Granada, y que, una vez examinados, se devolviera los que no tuvieran inconveniente en poseer personas creyentes para que sus propietarios los poseyeran otros tres años.

IV. Que los moriscos se vistieran a la castellana, no haciéndose "malotas", "almalafas" ni calzas, y que sus mujeres fueran con las caras destapadas.

V. Que en bodas, velaciones y fiestas semejantes siguieran las costumbres cristianas, abriendo ventanas y puertas, sin hacer zambras, ni leilas, con instrumentos y cantares moriscos, aunque estos no fueran contrarios al cristianismo.

VI. Que no celebraran el viernes.

VII. Que no usasen nombres y sobrenombres de moros.

VIII. Que las mujeres no se alheñasen.

IX. Que no se bañaran en baños artificiales y que los existentes se destruyeran.

X. Que se expulsase a los "gacis" (moros del norte de Africa) y que los moriscos no tuvieran esclavos de este linaje.

XI. Que se revisaran las licencias para poseer esclavos negros».[80]

Las tensiones que produjo la actuación de la Inquisición en Granada y sobre todo la *Pragmática Sanción* de 1567 desembocaron en la Guerra o Segunda Rebelión de las Alpujarras, que comenzó la Nochebuena de 1568 y duró hasta 1571, y que alcanzaría su punto más álgido cuando en 1570 venticinco mil moriscos estaban sublevados, primero dirigidos por Aben Humeya y luego por Aben Aboo, contando con apoyos musulmanes procedentes del norte de África, sobre todo bereberes, aunque también acudieron turcos procedentes de Argelia, por entonces un protectorado del Imperio otomano. Durante esta primera etapa los alzados torturaron y asesinaron a curas y sacristanes, destruyeron los conventos y templos cristianos y saquearon las casas de los cristianos. También esclavizaron a numerosos cristianos que fueron vendidos en el norte de África a cambio de armas.

En enero de 1570 Felipe II pone al frente de un ejército traído de Italia y de Levante para sofocar la rebelión a su medio hermano Juan de Austria. Contó

---

[80] *Los moriscos del Reino de Granada. Ensayo de historia social.*

también con ejércitos mandados por el segundo duque de Sessa, Gonzalo Fernández de Córdoba, y por Antonio de Luna. Los ejércitos cristianos sofocaron la rebelión sin miramientos destruyendo cultivos, matando a cuantos hombres musulmanes pudieron y haciendo prisioneros a las mujeres, niños y ancianos.

A partir de mayo de 1570 el triunfo de las armas cristianas provocó que los musulmanes comenzaran a rendirse en masa, aunque varios miles mantuvieron la resistencia tratando de refugiarse en cuevas, abundantes en las Alpujarras, de las que tuvieron que salir o morir en ellas cuando las tropas de Juan de Austria encendían hogueras en sus bocas. La rebelión quedó sofocada el año 1571.

Una de las medidas para evitar que se produjeran futuras rebeliones fue la expulsión del reino de Granada de los moriscos que comenzó en 1568. Fueron llevados hacia el interior de la Península, sobre todo a los antiguos territorios de la Corona de Castilla y a Andalucía oriental. Se expulsó a todos, no solo a los que habían participado en la rebelión. Cerca de 50.000 personas serían las que fueron expulsadas.

Los moriscos de Valencia

La actual provincia de Valencia contaba con el grupo más numeroso de población musulmana de toda la península ibérica. Habitaban sobre todo en las zonas rurales y trabajaban para los terratenientes. Del mismo modo que en Castilla los comuneros se rebelaron contra el emperador y rey Carlos, en Valencia también hubo revueltas que se conocen como Germanías o Hermandades. Los dirigentes de las Germanías consideraron que la forma de acabar con el poder de los nobles contra los que se habían levantado era liberando a sus vasallos musulmanes mediante el bautismo: al ser cristianos se les debía considerar hombres libres.[81]

Durante los años 1520 a 1522 millares de musulmanes fueron bautizados a la fuerza. Se trataba de bautizos inválidos y, una vez sofocada la rebelión, se deberían haber anulado volviendo los mal bautizados a ser musulmanes.[82]

Pero no fue así. Las autoridades y sobre todo la Inquisición entendieron que una vez bautizados ya no podían renunciar a su nueva religión a pesar de que la gran mayoría habían recibido el sacramento a la fuerza con el argumento de que, si habían elegido el bautismo para librarse de sanciones, habían ejercido su

---

[81] Kamen, *La Inquisición española*, 2000.
[82] *Inquisición española: poder político y control social*.

libre albedrío y por tanto era válido. En mayo de 1525 una junta de teólogos reunida en Madrid llegó a esa conclusión y al año siguiente optó por generalizar las conversiones obligatorias en toda la Corona de Aragón con un plazo de cuarenta años para asimilarse a los cristianos y renunciar a sus trajes, al uso de la lengua árabe…[83]

En el año de 1530 el Consejo de la Suprema envió a unos visitadores a Valencia para que examinaran la conversión de los moriscos. Constataron que los moriscos no habían abandonado sus costumbres y en gran medida su religión. Echaron la culpa a los nobles y terratenientes que, según los visitadores, los eximían de cumplir con las costumbres cristianas y alguno de ellos incluso les habían construido mezquitas para que pudieran seguir practicando su antigua religión.[84]

El plazo que había estipulado Carlos V para que los moriscos abandonaran sus costumbres y por ende su religión expiró en 1566, reinando su hijo Felipe II. Oficialmente ya solo debía haber únicamente católicos en España, pero no se tuvo en cuenta que la *Taqiyya* permitía a los musulmanes fingir la aceptación de una religión que les era impuesta por la fuerza y seguir practicando el islamismo en la intimidad. En Valencia, además, la amenaza militar del Imperio otomano a pesar de ser derrotado en Lepanto en 1571, confirmada por la piratería y por las incursiones costeras, empezó a favorecer que se escucharan voces que estaban a favor de acabar con los moriscos de la misma forma con que se había acabado con las personas que profesaban la religión judía: con su expulsión.

La expulsión de los moriscos

Tal y como hemos manifestado anteriormente, en septiembre de 1582 una junta de consejeros del rey Felipe II se reunió en Lisboa para tratar el problema de la conversión de los moriscos y acabó dictaminando que debían ser expulsados de España. Felipe II no aceptó tal posibilidad.

Su hijo, Felipe III, después de fracasar la toma de Argel en 1601 y el fracaso de una campaña de evangelización y conversión en Valencia que había sido preparada durante años, poco a poco se fue convenciendo de tal posibilidad, pero en aquel momento tenía la oposición de su valido, el duque de Lerma, y del confesor real, el dominico Javierre.

---

[83] Kamen, *La Inquisición española*, 2000.
[84] *Crónica de la Inquisición en España.*

Los temores de una posible invasión de la península ibérica por fuerzas otomanas procedentes del norte de África que pudieran contar con el apoyo de los moriscos hicieron que el Consejo de Estado se reuniera en 1608 y se discutiera sobre la posibilidad de la expulsión, mostrándose los consejeros mayoritariamente favorables. Únicamente la propuesta del confesor real de realizar una última campaña de evangelización y conversión pospuso la decisión. Dicha campaña no se llevó a cabo debido a que el confesor real falleció antes de que pudiera programarse. El 4 de abril de 1609 la propuesta de expulsión de los moriscos volvió a estudiarse en el Consejo de Estado. En esta ocasión se aceptó y se comenzó a estudiar la forma de llevarla a cabo.

La principal razón que se aduce para la expulsión es la apostasía de los moriscos. Se les acusa de forma global de que a pesar de que están bautizados siguen fieles a la fe musulmana. Además, en esta ocasión, tal y como ocurrió con las personas que profesaban la religión judía, no cabía la posibilidad de que los moriscos que se convirtieran antes de la expulsión pudieran quedarse, por la sencilla razón de que ya se habían convertido, eran cristianos apóstatas.

La expulsión fue decretada el 4 de abril de 1609 y se llevó a cabo por etapas hasta 1614. Primero se empezó por los moriscos de Valencia, que fueron llevados a los puertos de Vinaroz, Denia, Valencia y Alicante y una vez embarcados depositados en el norte de África. En total se expulsaría a unos 116.000 moriscos valencianos. Luego siguieron los moriscos andaluces, los murcianos, extremeños, los de Castilla, los granadinos, los aragoneses y los catalanes. En total serían expulsadas unas 272.000 personas.

Los alumbrados

Estaban principalmente establecidos en Toledo y Guadalajara, su gran mayoría eran de origen judeoconverso y pertenecían a la clase media urbana, contando entre sus filas con frailes mercedarios y franciscanos.

Las primeras personas que destacarán como cabecillas de los alumbrados serán Isabel de la Cruz y Pedro Ruiz de Alcaraz. Su herejía consistía en que creían únicamente en el Espíritu Santo, quien «alumbraba» sus conciencias sin que tuvieran ninguna autoridad ni Dios Padre ni su hijo Jesucristo. Negaban la Santísima Trinidad.

> «Sus miembros decían actuar movidos por el amor de Dios, sin voluntad propia. Mediante la oración llegaban al estado perfecto y, como era el Creador quien dictaba su conducta, no necesitaban practicar los sacramentos ni las buenas obras, pues resultaba impensable que fueran capaces de pecar. Las visiones y

experiencias místicas que describían provocaron que algunos fundadores luego canonizados, como Teresa de Jesús, resultaran sospechosos de herejía».[85]

Los alumbrados o dejados rechazaban toda manifestación externa de la fe como los ritos, las festividades religiosas, los ayunos, el rezo del Santo Rosario, las oraciones en voz alta. Estaban a favor de la religiosidad interior, sin ninguna exposición al exterior. Como bastaba con la oración mental para llegar a Dios, no concedían importancia a los sacramentos.

> «Profesaban los alumbrados cierto género de quietismo, al que suponían se llegaba por medio de la oración sublime, y para dedicarse a esta prohibieron todo género de ocupaciones y trabajo, pretendiendo ver a Dios materialmente siempre que oraban. Decían que por medio de la oración se llegaba pronto a un estado tan perfecto, que no eran necesarios los sacramentos ni la práctica de las virtudes, y admitiendo en este caso como lícitas todas las acciones, aseguraban que para la criatura colocada en semejante intimidad con Dios, no se habían dictado los mandamientos divinos y de la Iglesia».[86]

También negaban la jerarquía de la Iglesia y la organización eclesial. Los grupos de iluminados estaban formados por hombres y mujeres y las malas lenguas llegaron incluso a decir que en sus reuniones se llevaban a cabo degenerantes orgías.

El alumbradismo fue declarado herejía en el Edicto de Toledo de 1525. Isabel de la Cruz y Pedro Ruiz de Alcaraz fueron condenados junto a otros cinco alumbrados en un auto de fe que tuvo lugar en la ciudad imperial.

En Extremadura los alumbrados mantenían que el Mesías era el resultado de la unión de una doncella con los confesores o clérigos, justificando estas acciones en el alivio de las cargas espirituales de las beatas. El líder extremeño del alumbradismo fue el sacerdote Cristóbal Chamizo que acabó siendo condenado por la Inquisición a seis años de galeras. Animaban a que las mujeres se convirtieran en una especie de beatas:

> «Procuraban por todas vías que estas mujeres, siendo solteras, no se casen ni entren monjas, sino que se hagan beatas, diciendo ser mejor estado, y que se corten el cabello y se quiten las galas y chapines y vistan una saya parda y ciñan cordón y traigan manto negro sin cintas y traigan tocas blancas mal puestas y que anden desaliñadas y sucias y que hagan voto de castidad.

---

[85] *Historia de las Guerras de Religión.*
[86] *Historia verdadera de la Inquisición.*

Enséñanles que se recojan por la mañana y de noche en oración y contemplación una hora o dos, donde recen cinco Pater Noster y cinco avemarías, cada uno de ellos a una de las llagas de Nuestro Señor, y contemplen en cada una de ellas lo que padeció, y en la que se dieran más gusto, que allí se paren.

Las que hacen esta oración y excitan en ella, sienten calores y dolores en determinadas partes del cuerpo y ellos dicen que son de Dios y del Espíritu Santo.

Entre ellos y ellas pasa otro sentimiento extraño, y andando con aquellos ardores y fuegos que algunas veces llega a tanto, que tocando a la cera, la derriten como hace el fuego, si llegan los unos a los otros se encienden y ponen fuego y no pueden sufrir el allegarse.

Que se trata entre ellos que están mucho tiempo sin pecar venial ni mortalmente y alguno de ellos predicando dijo aquí estoy yo, que ya diez y ocho años que no siento pecado en mí y dicen que no confesamos pecados».[87]

Catalina de Jesús Beata del Carmen, natural de Linares y vecina de Sevilla, que era llamada por sus vecinos Madre Catalina, fue condenada por pertenecer a la secta de los alumbrados «y que como tal, con capa de santidad, enseñaba malas doctrinas», según la relación del auto de fe que se celebró en Sevilla en el Convento de San Pablo el Real el 28 de febrero de 1627. Entre los hechos por los que se la condenaba se le atribuían las siguientes expresiones:

— Que no era necesario tener imágenes para orar y tener devoción, sino amar a Dios, que haciéndolo así eran Templos de la Santísima Trinidad, y teniéndola dentro de ti, no había más que mirarla allí.
— Que la vida de las beatas era más perfecta y mejor que de la religión.
— Que mejor es servir a nuestro Señor acá fuera que en los monasterios.
— Que las obras de caridad eran impedimento para la perfección.
— Que enseñaba a menospreciar a los letrados y sus letras, teniéndolos por soberbios, y por ociosos sus estudios.
— Que la oración y la abstinencia no se pueden conservar juntas mucho tiempo si no era por milagro, porque como el amor es fuerte como la muerte, consume las fuerzas.
— Que no hacía falta guardar los mandamientos de la ley de Dios para salvarnos, sino que era menester tener mucha oración, sin la cual no podían salvarse.
— Que no se podían salvar las personas que llevasen galas.

---

[87] *Historia de la Inquisición española.*

- Que el rezado de cuentas era de poca importancia para la reformación de la vida y que mejor era la oración de entre el alma y Dios, y llamó cencerro al Rosario de la Virgen.
- Que por medio de la oración se había hermoseado a ella el cuerpo y el alma.
- Que no podía alcanzar el camino de la salvación quien no siguiese su doctrina.
- Que hacía repartir caballos suyos como si fueran reliquias haciendo entender que habían de hacer milagros.

A esta señora la condenó el Tribunal de la Inquisición de Sevilla «a salir en Auto público con insignias de penitente, y que abjure de levi y que se recluya seis años en Convento u Hospital que le fuere señalado, a donde irá para merecer comida. Y a rezar vocalmente todos los días de su vida, un tercio del Rosario de Nuestra Señora, y ayune los viernes de los dichos seis años, y confiese con el confesor que el Santo Oficio le señalare, y comulgue las Pascuas del año, y fiestas de nuestra Señora, y Apóstoles, por los dichos seis años. Y que se recojan por edictos públicos cualesquiera cosas de su persona, o vellos que hayan dado por reliquias, y cualquier retrato suyo, y todos sus efectos, de molde o de mano, y que no salga de esta ciudad por el tiempo de los dichos seis años».[88]

Luteranos

La Inquisición trató de evitar que se produjera la expansión de las tesis de Lutero desde que el papa León X las condenó mediante la bula *Exsurge Domine*, que por cierto, fue quemada públicamente por el alemán. Una vez comprobado que no se arrepentía de lo manifestado en sus escritos, el papa pronunció su excomunión y la de sus partidarios mediante la bula *Decet Romanum Pontificem*.

Para impedir esa expansión de las ideas de Lutero, el Santo Oficio se centró en la prohibición de obras y en la vigilancia de entrada de libros en la Península. A pesar de ese control no pudo evitar que los libros prohibidos llegaran y circularan.[89]

---

[88] *Relación del auto de fe que celebró el Santo Oficio de la Inquisición de Sevilla en el Convento de San Pablo el Real el 28 de febrero de 1627.*
[89] *Los desencuentros de la Reforma. La Inquisición española frente al luteranismo en tiempos de Carlos V.*

La prohibición de que los libros de Lutero circularan fue una orden que venía del Sumo Pontífice de 21 de marzo de 1521, por la que el inquisidor general Adriano de Utrecht mandó a todos los inquisidores recoger todos los libros protestantes. Más adelante, en 1530, otro inquisidor general, Alonso de Manrique, añadió que se investigaran todas las librerías y se recogieran y quemaran todos los libros que recogieran la doctrina de Lutero.[90]

Pero, aun así, no lograron que algunos libros luteranos tuvieran difusión. En los edictos de fe que se publicaban en las Iglesias para que los fieles supieran identificar esta herejía y delatar a aquellos que la estuvieran practicando, se identificaba a los luteranos como aquellos que dicen que no es necesario que se haga la confesión con un sacerdote, que basta confesarse solo con Dios, que ni el papa ni los sacerdotes tienen poder para absolver los pecados, que en la hostia consagrada no está el verdadero cuerpo de nuestro Señor Jesucristo, que no es necesario rogar a los santos, que no debe haber imágenes en las iglesias, que no existe el purgatorio, que no hay necesidad de rezar a los difuntos, que no son necesarias las buenas obras, basta con el bautismo para salvarse, que el papa no tiene poder para dar indulgencias, ni perdones, ni bulas, que los clérigos, frailes y monjas se puedan casar, que no hay fiestas más de los domingos, que no es pecado comer carne en viernes, ni en cuaresma, ni en vigilias porque no hay ningún día prohibido para ello o que hayan dicho o afirmado que es mejor el estado de los casados que el de los clérigos.[91]

En los años 1558 y 1559 aparecieron núcleos luteranos en Sevilla y Valladolid.

Valladolid

Las doctrinas de Lutero llegaron a Valladolid gracias a un italiano llamado Carlos de Seso, nacido en Verona y que se afincó en Logroño. A uno de los que convenció de las ventajas del luteranismo fue al párroco de Pedrosa, un pueblo cercano a Logroño. Por allí andaba también un tal Pedro Sánchez, que acabó como criado de Pedro de Cazalla, que vivía en Valladolid. Convencidos los Cazalla, se lanzaron a predicar el luteranismo junto con Pedro Sánchez, llegando a convencer a siete religiosas del convento de Nuestra Señora de Belén.

---

[90] *La Inquisición española.*
[91] *Ibidem.*

El hermano de Pedro de Cazalla, un canónigo y doctor de Salamanca llamado Agustín que había sido capellán de Carlos V en Alemania, también fue convencido y se convirtió en el portavoz del grupo, al que se unieron un dominico conocido como Fray Domingo de Rojas y un zamorano de nombre Cristóbal de Padilla, que se fue a predicar a la ciudad «que no se conquistó en una hora» y que resultó el primero que ingresó preso en las cárceles secretas de la Inquisición.

El resto del grupo también acabó en prisión al poco de la detención de Cristóbal Padilla. La mayoría de ellos se retractaron, pero los que no lo hicieron acabaron entregados al brazo secular para que fueran relajados. Se celebraron dos autos de fe en Valladolid. Al primero acudió a presidirlo el príncipe Carlos, hijo de Felipe II, y al segundo el propio rey.

En el que se celebró el día de la fiesta de la Trinidad de 1559, el 21 de mayo, fueron penitenciados dieciséis y se entregaron al brazo secular catorce, entre los que estaban Agustín de Cazalla, su esposa Juana de Silva, su hermana Beatriz de Vivero y Cristóbal de Padilla. Todos menos uno de los condenados a muerte se arrepintió, por lo que murieron por garrote en vez de en la hoguera. Solamente un abogado de Toro llamado Antonio Herreruelo no se arrepintió y murió quemado en la hoguera.[92]

En el segundo, que se llevó a cabo el 8 de octubre de 1559, hubo 12 relajados y 13 reconciliados. En este auto de fe resultó condenado Carlos de Seso, el introductor de las teorías de Lutero en Logroño y que acabaron propagándose por Valladolid. No se arrepintió a pesar de los esfuerzos de los inquisidores y murió en la hoguera. Se ha difundido que antes de ser ejecutado mantuvo un diálogo con Felipe II que se ha demostrado que es un bulo: «¿Cómo permitís que esto ocurra?», a lo que respondería el monarca «Si mi propio hijo fuera tan perverso yo mismo acercaría la leña a la pira para quemarlo».[93]

Sevilla

En Sevilla los principales propagadores de las ideas de Lutero fueron el doctor Juan Gil o Egidio, canónigo magistral de Sevilla desde el año 1537, y Constantino Ponce de la Fuente, también canónigo magistral que había servido como capellán de Carlos V en Alemania y que tenía gran habilidad en

[92] *Crónica de la Inquisición en España.*
[93] *La Inquisición española.*

predicar de palabra y por escrito. Las obras de Constantino acabaron llegando a oídos de la Inquisición y fue detenido en el año 1558, teniendo entonces noticia de que Juan Gil y Constantino Ponce habían logrado juntar una notable comunidad con dos focos principales: el monasterio de los Jerónimos, con su prior a la cabeza y doce monjes convertidos, y la casa de una tal Isabel de Baena. Entre los que más ayudaron a propagar el luteranismo en Sevilla también se encontraban un médico llamado Cristóbal de Losada, Juan Ponce de León, hijo del conde de Bailén, y un arriero llamado Julián Hernández —que era conocido como Julianillo— que se encargaba de introducir en la ciudad hispalense libros que contenían doctrina luterana procedentes de Francia.

Detenidos la mayoría de los implicados en el predicamento luterano, los procesos se iniciaron rápidamente. El 24 de septiembre de 1559 se celebró el primer auto de fe, siendo veintiún los que fueron relajados al brazo secular, siendo uno de ellos el hijo del conde de Bailén, al que le habían encontrado dos toneles de libros luteranos, que sufrió el garrote, pues se arrepintió en el último momento. El que sí fue quemado en la hoguera fue el predicador Juan González que estuvo hasta el último halo de vida tratando de que los demás condenados permanecieran en la fe protestante.[94]

El segundo se celebró en agosto de 1560, siendo quemadas en efigie las estatuas de Juan Gil y Constantino Ponce debido a que los dos habían fallecido antes de que terminaran los procedimientos inquisitoriales. Hubo después un tercer y un cuarto auto de fe, siendo relajadas otras 12 personas, una de ellas el prior del monasterio de San Isidro, Garci Arias. La comunidad protestante de Sevilla quedó destruida.

Una vez que la Inquisición acabó con los focos de Valladolid y Sevilla, el protestantismo, ya fuera luterano, calvinista o de cualquiera otra de sus ramas, no prendió en España. La mayoría de los que fueron condenados eran extranjeros y Joseph Pérez sostiene que los españoles que fueron encausados por seguir las ideas de Lutero realmente no lo hacían y si acabaron en autos de fe fue por un exceso de celo de los inquisidores. Sí fueron condenados por luteranismo varios extranjeros. Franceses, flamencos, ingleses, se las tuvieron que ver con la Inquisición y varios de ellos acabaron en la hoguera.[95]

La mayoría, más de la mitad, eran marineros llegados a España en buques mercantes que acababan en celdas inquisitoriales por la denuncia de un cató-

---

[94] *Crónica de la Inquisición en España.*
[95] *La Inquisición española.*

lico de un barco o por enemistades personales. También fueron condenados hombres de negocio y mercaderes, y franceses y flamencos instalados en suelo hispano.

Para evitar conflictos con las naciones protestantes, a fines del siglo XVI desde el poder civil se dieron instrucciones a los inquisidores para que en el caso de que los acusados de luteranismo fueran extranjeros se hiciera la «vista gorda».[96]

Bigamia

La bigamia fue otros de los delitos que persiguió la Inquisición. La razón de ello era que el hecho de contraer un segundo matrimonio sin haber roto el matrimonio anterior constituía una sospecha de herejía porque atentaba contra la doctrina cristiana.

Normalmente el delito de bigamia era cometido por hombres y solía llevarse a cabo en otra región donde se tenía el domicilio e incluso en otro país, siendo el bígamo perfectamente consciente de la gravedad y usando todo tipo de tretas para no ser identificado. Actuaba como soltero en el nuevo lugar de residencia, y pasado un tiempo, se casaba por segunda vez falsificando su documentación al adoptar un nombre distinto o valerse de algún vecino o pariente que testificaba que no estaba casado.

Usualmente se trataba de un delito cometido por personas con escasas posibilidades económicas y de baja extracción social que pretendían huir de su pasado.

Debió ser un delito relativamente frecuente, pues no existía la facilidad que tenemos en nuestros días a la hora de poder consultar registros, y también difícil de perseguir, sobre todo si el bígamo se instalaba en un lugar lejano a donde tenía registrado su primer matrimonio.

Un caso de bigamia contumaz fue el que protagonizó Antonio Martínez, natural de Campoamor y portugués. Se casó en catorce ocasiones viviendo su primera consorte y doce de sus sucesoras. El matrimonio legal tuvo lugar en Villadiego. A su esposa la abandonó para contraer matrimonio en Trijueque, luego en Esquivias, Villacorta, San Vicente, Berberana, Villaescusa, Rascafría, Villagomes, Rivachilla, Valdeolivas y Paules. En el procedimiento que se siguió contra el bígamo en el Santo Oficio de Valencia prestaron declaración trece mujeres y el acusado confesó que dos veces había usurpado el estado civil de

---

[96] *Crónica de la Inquisición en España.*

otras personas para disfrutar bienes que no les pertenecían y que además robó a las mujeres sus joyas y dinero antes de abandonarlas. Era mercader ambulante y para dejar a sus mujeres aducía que tenía que recorrer nuevos pueblos o comprar nuevos artículos para su venta.

Antonio Martínez fue condenado a doscientos azotes y a la pena de galeras a perpetuidad:

> «Fallamos atento los autos y méritos de dicho proceso, y culpa de ál resulta contra el dicho Antonio Martínez por haberse casado tantas veces siendo las mujeres vivas, que si el rigor del derecho hubiéramos de seguir le pudiéramos condenar en graves y rigurosas penas; y aunque parece era muy justo, según la mucha gravedad de sus delitos; más queriéndolos moderar con equidad y misericordia por algunas causas que a ellos nos mueven, que para en alguna enmienda y satisfacción de lo por hecho y cometido, lo debemos penitenciar y penitenciamos a que hoy día de su auto salga al cadalso con los otros penitentes, en cuerpo y una vela de cera en las manos, y una corona en la cabeza, con tantas insignias de casado, tantas veces como se casó; adonde sea leída esta sentencia y abjure de levi públicamente, y vuelto a las cárceles del Santo Oficio, mandamos que de ellas sea sacado de cinta arriba, caballero en una bestia de albarda y con su coroza en la cabeza, y una soga en la garganta, con voz de pregonero que manifieste sus delitos, y le sean dados doscientos azotes: y más le condenamos á que sirva en las galeras de la S.M. de remero sin sueldo, por todos los días de su vida, y remitimos al juez ordinario que de la causa pueda y deba conocer para que le declare con cuál de las mujeres ha de cohabitar: y por esta nuestra sentencia definitiva así lo pronunciamos y mandamos en estos escritos, y por ellos el Licenciado Juan de Arce y el Licenciado Mallon de Rueda. Dada y sentenciada fue esta sentencia por los señores inquisidores y Ordinario, que en ella firmaron sus nombres, estando celebrando auto público de la fe, en la Plaza mayor de esta villa de Valladolid en unos cadalsos de madera que en ella había, domingo día del señor S. Francisco, a cuatro días del mes de Octubre de mil quinientos sesenta y nueve años».[97]

El Tribunal de la Inquisición de Toledo condenó a la confiscación de sus bienes, a que salga como penitente en cuerpo con una vela entre las manos, soga al cuello y corona en la cabeza y que se ponga en el cadalso en lugar donde pueda ser visto, a recibir doscientos azotes por las calles de la ciudad y a servir en las galeras de Su Majestad por un tiempo de cinco años consecutivos al sastre Juan García, natural y vecino de El Corral de Almaguer, procesado en 1549 por bigamia. Se le condenó por ofender a la Iglesia y menospreciar el sacramento del matrimonio por casarse cuatro veces.

---

[97] *Historia verdadera de la Inquisición.*

Juan García se había casado por primera vez con la hija de un vecino de El Romeral consumando el enlace. Viviendo esta esposa se casó por segunda vez en la Villa de San Clemente, con bendición eclesiástica y consumando el matrimonio. Empleó distintos nombres para evitar ser reconocido, unas veces Juan García y otras veces Gonzalo Hernández. Se le acusó de hereje apóstata de la religión católica. Confiesa que se había casado dos veces estando viva su primera mujer pero también manifiesta que se había casado una tercera vez en la Calzada de Calatrava, donde había acudido para ejercer su oficio de sastre, estando vivas las dos primeras mujeres. Luego volvió a San Clemente donde se casó una cuarta vez. En su defensa adujo que la primera mujer se había muerto cuando se casó con la cuarta y que nunca llegó a cambiarse de nombre sino que tenía un compañero que se llamaba Gonzalo Hernández y que a veces lo llamaban a él así como error que, como vemos por la severidad de la sentencia, le valió de poco.

También fueron condenadas mujeres por este delito. Ricardo García Cárcel afirma que en la Corona de Aragón de cinco casos, uno era mujer la penada. Por ejemplo, tenemos el proceso seguido contra una barcelonesa llamada Inés Tavago, de treinta y dos años. Se casa en Barcelona y el marido, después de tres años de vida en común, se enrola en el ejército y se marcha para la guerra. Mientras el marido anda guerreando, Inés entabla amistad con Joan Grau. Al llegar rumores de que el marido ha muerto, Inés y Joan deciden contraer matrimonio y al poco tiempo reaparece el marido vivito y coleando.[98]

Sodomía, reos del delito de bestialidad y de incesto

La Iglesia solo permite las relaciones sexuales dentro del matrimonio. Como sacramento el matrimonio se instituyó en el año 1215 tras la celebración del IV Concilio de Letrán.

La jurisdicción civil entendía que estos delitos, llamados «delitos nefandos», estaban entre los más graves que se pudiesen cometer y por ello las autoridades civiles actuaban con sumo rigor. En algunas partes a los condenados por estos delitos se les castraba y eran suspendidos por los pies hasta que morían, pena que fue cambiada por los Reyes Católicos por la hoguera y la confiscación de bienes.[99]

---

[98] *Inquisición. Historia crítica.*
[99] *Delitos castigados por el Tribunal de la Inquisición.*

Así se estableció en las leyes que dictaron en Medina del Campo Don Fernando y Doña Isabel el 22 de agosto de 1497:

> «Porque contra los otros pecados y delitos que ofenden a Dios nuestro Señor e infaman la tierra, especialmente es el crimen cometido contra el orden natural, contra el qual las leyes y derechos se deven armar para el castigo deste nefando delito, no digno de nombrar, detruydor del orden natural, castigado por el juicio divino, por el qual la nobleza no pierde y el corazón se acobarda y se engendra poca firmeza en la fe y es aborrecimiento en el acatamiento de Dios, y se indigna a dar a hombre pestilencia y otros tormentos en la tierra, y nace del mucho oprobio y denuesto a las gentes y tierra donde se consiente, y es merecedor de mayores penas que por obra se pueden dar; y como comoquier que por los derechos y leyes positivas antes de agora establecidas… no son suficientes para estipar y del todo castigar tan abominable delito… establecemos y mandamos, que qualquier persona, de qualquier estado, condición, preeminencia o dignidad que sea, que cometiere el delito nefando contra natura, seyendo en él convendido por aquella manera de prueba, según derecho es bastante para provar el delito de herejía o crimen *laesae maiestatis,* que sea quemado en llamas de fuego…».[100]

La imposición de la máxima pena para este tipo de delito ya venía de lejos:[101]

- El *Levítico* precisa que la pena para los delitos de sodomía y bestialismo es la muerte.
- Las leyes romanas impusieron la misma pena a partir de Justiniano en el 544.
- El derecho consuetudinario romano castigaba al culpable con ablación del miembro implicado.
- El VI Concilio de Toledo castigaba a los sodomitas con la castración seguida del destierro.
- El Fuero Real del siglo XIII imponía la exhibición del condenado ante el pueblo y la suspensión del sodomita hasta que moría.
- Las *Partidas* del Alfonso X ratificaban la pena de muerte, pero perdonaban a los sodomizados a la fuerza y a los menores de catorce años.
- Los fueros de Jaime I estipulaban que los sodomitas tenían que ser quemados.

Por supuesto, si las relaciones extramatrimoniales entre personas de distinto sexo están prohibidas más lo están las que tienen lugar entre personas

---

[100] *La Inquisición española. Documentos básicos.*
[101] *Inquisición. Historia crítica.*

que tienen el mismo sexo, pues atentan contra el mandato divino de «creced y multiplicaos».

> «La sodomía, tanto entre hombre y mujer como entre dos hombres, se veía como un acto abominable, de ofensa a Dios, creador del hombre —a su imagen y semejanza— y de este de la mujer, dándoles la capacidad de continuar su obra multiplicadora de la especie humana, es decir, seguir poniendo en el mundo a nuevos hijos de Dios, a través del semen introducido en la mujer, en el lugar adecuado. Todo aquello que se alejase de esta función era contravenir el mandato divino y renunciar a tan alto fin, como son la sodomía con hombre, hombre con mujer, la bestialidad y el onanismo».[102]

No solo se perseguía la sodomía en relaciones entre hombres, sino también entre hombres y mujeres. Por ejemplo, Isabel Juana Ramírez testificó que en numerosas ocasiones había intentado el sexo anal con ella y que la había golpeado por negarse.[103]

La Inquisición penaba la sodomía con mayor benignidad que la jurisdicción civil, pues no eran sancionados con la pena de muerte sino con penas como la prisión, ser enviados a galeras, el destierro, confiscación de bienes o incluso recibir «únicamente» 100 o 200 azotes.

En cambio, el bestialismo, realizar el acto sexual con animales, se consideraba más grave que la sodomía, era visto por el común de las gentes con horror, y la Inquisición solía castigarlo con la pena de muerte hasta que hacia finales del siglo XVII se consideró la realización de estos actos como una aberración mental. Los culpables de estos delitos en su gran mayoría eran gente rústica, de muy limitada inteligencia y con difícil acceso a las mujeres, ya fuera a causa de su profesión o por vivir en zonas aisladas.

Un ejemplo de la comisión de este delito fue cometido por Jaume Ramón:

> «En el proceso de Jaume Ramón, mozo de mulas del lugar de Tárrega, de veinticinco años, la acusación fechada en 1666 señala que "trabajando con un par de mulas, una prieta y otra roja, sin calzón ni ropilla, teniendo la camisa echada al hombro comenzó a menear sus partes verendas (…) y se echó encima de dicha mula (…). haciendo movimientos como si conociese a una mujer". A causa de este testimonio, del que hemos omitido el minuciosísimo relato de los movimientos de Ramón, se le condenó a cien azotes y tres años de galeras».[104]

---

[102] *Sodomía e Inquisición, el miedo al castigo.*
[103] *Inquisición. Historia crítica.*
[104] *Sexualidad e Inquisición.*

De hecho, el Tribunal de la Inquisición de Zaragoza en los años que van del 1560 al 1570 impuso la pena de muerte a cincuenta y uno de los culpables de bestialismo de los 257 que condenó, siendo nada menos que el cincuenta por ciento de todos los condenados a muerte de ese periodo.

Los animales que se utilizaban para la consumación de este delito eran de lo más variados: con más frecuencia se utilizaron burras y mulas, pero también tuvieron que sufrirlo perras, jumentos, cabras, vacas, ovejas, cerdas, gallinas… Ahora bien, no pensemos que el delito era perseguido por la violencia que recibían los animales, sino más bien por el destino que el pecador delincuente imponía a su semen.

La Inquisición también persiguió el incesto, es decir, la relación carnal entre parientes dentro de los grados en que está prohibido el matrimonio, y el de las mujeres que, haciéndose pasarse por hombre, lograban casarse con una mujer. Este fue el caso de Elena de Céspedes, también conocida por «Eleno», que se casó con Cristóbal Lombardo, con el que tuvo un hijo del mismo nombre. Al morir su marido dejó a su hijo a cargo de una familia amiga y comenzó a vestirse de hombre llegando a luchar en la guerra de los moriscos de Granada, se examinó como cirujano y se casó con María del Caño ante el cura de Ciempozuelos. Después de ser procesada por el Tribunal de la Inquisición de Toledo, confesará todo lo que anteriormente hemos manifestado, siendo condenada a ser azotada por las calles de Yepes y Ciempozuelos, vistiendo las ropas alusivas a su delito y a prisión perpetua, que la cumpliría recluida de por vida como enfermera sin sueldo en un hospital de Ciempozuelos. Curiosamente, a su hospital acudieron muchos enfermos en la creencia de que su hermafroditismo era un símbolo de sanación.[105]

Blasfemia

Cometen blasfemia las personas que lanzan afirmaciones injuriosas contra Dios, la Virgen y los santos y todo aquello que pueda ser considerado sagrado.

Se distinguía entre dos tipos de blasfemias: heretical y simples. La primera era consecuencia de seguir alguna doctrina herética y las segundas de alguna circunstancia particular, como pudiera ser aquel que se enfada y dice «me cago en Dios».

A partir del siglo XVI, cuando la Inquisición no tiene que dedicarse casi exclusivamente a perseguir las herejías cometidas por los judaizantes y los

---

[105] *Los sastres en los procesos de fe del Tribunal de Distrito de la Inquisición de Toledo.*

moriscos, comienza a castigar las conductas de los cristianos viejos que podían atentar contra la ortodoxia católica. En concreto, desde 1560 los procesos de este tipo se multiplican debido en parte a que el clero reformista, principalmente los jesuitas, se preocupan de los bajos niveles existentes entre los fieles de la espiritualidad y la moral.[106]

La mayoría de las conductas que se comenzaron a perseguir eran verbales, consistían en expresar una opinión o lanzar un improperio. A estas conductas los inquisidores las calificaban como «proposiciones». Esos delitos verbales podían referirse a opiniones sobre el clero, sobre el sexo —principalmente cuando se afirmaba que la fornicación no era pecado— y sobre todo de las blasfemias, entendiéndose que se cometían estos delitos cuando existía dolo.[107]

La Inquisición castigaba con severidad aquellas conductas que caían en la blasfemia que para los inquisidores fueran graves, lo que hacía que la supuesta gravedad dependiera del criterio del inquisidor. De hecho, con el tiempo los inquisidores dieron al término una interpretación tan amplia que tanto las Cortes de Aragón como las de Castilla protestaron. Fueron miles los casos que la Inquisición juzgó en los que el procesado era sospechoso de haber dicho una blasfemia.[108]

Como pena la regla general era que al blasfemo se le condenara a salir en procesión en un auto de fe con vela en mano y soga al cuello y recibiera 100 azotes o sufriera el destierro. Si la blasfemia fuera leve bastaba con que acudiera a misa con cirio en mano y se le imponía la realización de ayunos, el rezo de oraciones o el pago de una multa.

Algunos ejemplos de blasfemias que acabaron en los tribunales de la Inquisición fueron:

- En 1612, a Juan de Magdalena mientras tenía una disputa por temas económicos se le ocurrió decir ante el argumento de otra persona que no «creía en ella, ni aun en Dios».
- En 1633 Clemente Suárez de Solís fue procesado por exclamar indignado que quienes habían ensuciado la puerta de su casa «eran unos cornudos, aunque lo hubieran hecho San Pedro y San Pablo y que les cortaría las orejas, y las freiría y se las comería».

---

[106] *La Inquisición española.*
[107] *Ibidem.*
[108] Kamen, *La Inquisición española,* 2000.

- En 1632 Bartolomé dijo en medio de una discusión que «él decía más verdad que el Evangelio».
- «María de Tévar, doncella, hija de Gaspar de Moya y de Isabel de Madrigal, vecinos del lugar de Tévar, de edad de 29 años, fue testificada por seis testigos, mujeres, de que había cinco o seis años, que, estando todas juntas, teniendo la dicha María de Tévar enojo con un muchacho por se había asomado a la pared de un corral suyo desde otra casa, había dicho "Reniego de Dios verdadero, si no se le ha de acordar", de que se escandalizaron todas las dichas mujeres. Y reprendiéndola una de ellas, había tornado a decir, "Muchos dioses hay de quien renegar que son dios Cupido y dios del amor". Llamada a la sala, en primera audiencia confesó que, habiendo tenido enojo con el dicho muchacho sobre la dicha razón, había dicho: "Reniego de Dios, si no me lo ha de pagar". Y declaró que estaban delante algunos de los testigos. Y en otra audiencia acabó de declarar la calidad que la faltaba, diciendo que había dicho, "Reniego de Dios verdadero". Y que, reprendiéndola, había respondido que "Muchos dioses había que renegar que eran dios Cupido y dios del amor". Acabose de sustanciar con ella su proceso y, concluso definitivamente, fue condenada por auto, reprehensión en la sala y tres mil maravedíes para gastos extraordinarios del Santo Oficio».[109]
- «Iván Martínez Gallego, natural de Santa Comba, feligresía del Padrón, y vecino de la ciudad, de oficio sastre. Fue acusado de haber dicho blasfemias hereticales. Que no se debía adorar la Cruz, ni otra imagen hecha de palo, diciendo que estando el palo cortado de donde nace, no tiene vida: y que los moros eran bautizados como nosotros, y que su bautismo era el mejor, por ser el primero que Dios había ordenado, y que tan bueno era la ley de Moros como la nuestra y otras cosas semejantes. Fue condenado a que salga en Auto público, en forma de penitente, abjure de lev, y en destierro de esta ciudad por cuatro años».[110]
- En 1635, encontrándose en su casa de Toledo el día de la Pascua de Resurrección de 1635, cuando Alonso Alarcón estaba muy enfermo y acababa de recibir la Extremaunción, tiró un crucifijo de madera al suelo e intentó golpear con él a unos vecinos. En otras ocasiones había afirmado que «Nuestro Señor trataba con la Virgen como los hombres con las mujeres»,

---

[109] *La Inquisición española. Documentos básicos.*
[110] *Relación del auto de fe que celebró el Santo Oficio de la Inquisición de Sevilla en el Convento de San Pablo el Real el 28 de febrero de 1627.*

que «Nuestra Señora la Virgen María no fue casada, sino amancebada y que se fornicó con muchos». Tenía 40 años, de profesión tejedor, estaba casado y era padre de tres hijas. Fue denunciado a la Inquisición por el cura de la iglesia de San Lorenzo. Francisco Tomás y Valiente cuenta cómo fue todo el proceso en el artículo *El proceso penal.*

Alonso fue detenido, ingresó en una cárcel secreta y fue sometido a tres audiencias o interrogatorios simples, sin tortura, ante el inquisidor. Cuando le preguntan que si sospecha de las razones por las que ha sido detenido, afirma que cuando estuvo enfermo cree que tiró un crucifijo y que dijo algunas herejías, pero que no se acuerda de nada más.

El fiscal de la causa redacta el escrito de acusación en base a los hechos que aparecen en la denuncia, entiende que Alonso es culpable de blasfemias de palabras y de obras, que durante su vida ha debido pronunciar más blasfemias que no ha manifestado ante el inquisidor, que a pesar de que se le ha tomado juramento de decir verdad en los interrogatorios a que se le ha sometido, no ha dicho la verdad, pues que no se ha reconocido culpable, y por ello, solicita que sea sometido a tormento y que sea condenado por hereje, blasfemo, sacrílego, perjuro, excomulgado, diminuto y falso confidente.

El calificador, un teólogo que se limitaba a calificar los hechos sin saber quién los había llevado a cabo, afirmó que las palabras pronunciadas por Alonso eran manifiestamente heréticas, impías y blasfemas, afirmando que quien lo había dicho era hereje, calvinista y puritano.

Los testigos de la defensa afirmaron que Alonso era un buen cristiano pero que está medio loco, se emborracha, que si dijo algo contra la Virgen sería no estando en su pleno juicio, que es hijo de madre loca y lunática y que por ello era también lunático y que ha sido visto como tal alborotando por el barrio, que tenía algo de locura por los disparates que se le han visto hacer y decir.

El abogado de Alonso incorporó a la causa testimonios de los médicos que le habían tratado afirmando que es cierto que tiró el crucifijo y blasfemó pero que lo hizo cuando no estaba en sus cabales.

Agotada la investigación el Tribunal decidió que se le aplicara tormento. Después de que el verdugo diera varias vueltas en el brazo izquierdo con las cuerdas una vez que se encontraba en el potro afirmó que:

> «Que es verdad que dijo de la Virgen Santísima que había fornicado con muchos y que no había estado casada y había mucha gente delante, más no se acuerda quienes. Y que es verdad que tiró un Santo Cristo a un

hombre. No sabe quién era. Y que es sí mismo verdad que por el tiempo que la monición dice, dijo este que Francisca su hija estaba más virgen que Nuestra Señora del Sagrario, y que tenía su hija mejor papo que Nuestra Señora la Virgen María, y también se acuerda que juró por los minutos de la Virgen. Y que es verdad que se fingió enfermo por que le diesen de comer. Y se dejó dar la Extremaunción y se fingió loco por solo que le diesen de comer».

A pesar de que iniciado el tormento Alonso hizo las manifestaciones que acabamos de transcribir, luego se contradijo y, además, quedó sin sentido, por lo que tuvo que ser suspendido y por tanto se acabó la tortura sin resultado probatorio contra el reo.

Después de un año de terminada la instrucción en el que estuvo en prisión preventiva, Alonso fue condenado por blasfemo y se le impuso la pena de oír una misa en público y con mordaza, abjurar de «levi», recibir cien azotes y ser desterrado de todo el reino de Toledo y villa de Madrid durante seis años.

Delitos contra el Santo Oficio

En este tipo de delitos se encontraban los que impedían el cumplimiento de las disposiciones de los tribunales de la Inquisición, por ejemplo, los que ocultaran a los fugitivos o los que amenazaran a los testigos. También cometían este delito los que de hecho o palabra atentaran contra el Santo Oficio o sus miembros.

Declarar falsamente, es decir, verter falso testimonio, y ocultar la verdad, incumplir sentencias o violar inhabilitación, también se consideraban delitos contra el Santo Oficio.

Evidentemente, que un testigo prestase falso testimonio era un problema que la Inquisición tenía que evitar, sobre todo porque las condenas en muchas ocasiones se basaban en los testimonios de los testigos. El falso testimonio era tratado como un delito grave, ya fuera por animadversión, interés, odio o cualquier otro motivo. Se consideraba como un gran delincuente a quien calumniaba a un cristiano presentándolo como si fuera hereje, al perjudicarlo en su honor y buena fama. También se perseguía a aquel que hubiera inducido a otro a dar falso testimonio. También se consideraban culpables de falso testimonio aquellos que declaraban ante el Tribunal y no decían toda la verdad, la ocultaban.

En las *Instrucciones* de 1498 se establecía «que los Inquisidores castiguen, y den pena publica, conforme a derecho, a los testigos que hallaren falsos», pues entre sus funciones estaba actuar con sumo cuidado y recelo para evitar que «fácilmente puedan recibir engaño».

Aunque algunos teólogos aconsejaban que al culpable de falso testimonio se le aplicara la «Ley del Talión», es decir, que si la conducta de la persona que había sufrido el falso testimonio tenía prevista una pena de azotes y destierro, al culpable de falso testimonio se le aplicara la misma pena, no ocurrió así.

En torno a 1520 se establecieron los castigos para este delito. Dependiendo de la gravedad del testimonio podía dar lugar a la relajación y confiscación de bienes, pena de azotes, condena a galeras, destierro y multas.[111] Aunque la pena más habitual para este tipo de delitos solía ser la de azotes unida a la de vergüenza pública. Por ejemplo, Alfonso Arias, vecino de Madrid, fue condenado a ambas penas, a la que se unió el destierro de Madrid, por haber testificado falsamente contra su suegro, un doctor en Madrid, induciendo a otros para que hicieran lo mismo.[112]

Muchos de los procesados por falso testimonio eran descubiertos cuando se procesaba a una persona por bigamia, pues para volver a casarse el bígamo necesitaba la presentación de testigos que afirmaran que la anterior esposa del procesado había muerto.

En muchas ocasiones se acusó a los Tribunales de la Inquisición de no actuar y de no hacerlo con la suficiente severidad contra los testigos falsos. De la lectura de los expedientes inquisitoriales se extrae que algunas personas se dedicaban de forma sistemática a levantar falsos testimonios. Esas personas eran conocidas por las que eran procesadas por la Inquisición, y por si acaso, las introducían en los escritos de tachas de testigos que podían presentar en su defensa. Así, por ejemplo, Mencía de la Peña recusó el posible testimonio de una de sus vecinas, María Blanca, porque era habitual levantadora de falsos testimonios y podía haber sido ella la que hubiera podido testificar en su contra. También Rodrigo Ajie expuso en sus tachas que el tundidor Alfonso Fernández era bien conocido por sus falsos testimonios y calumnias.[113]

También es cierto que en ocasiones la Inquisición actúo con gran dureza contra algunos perjuros. Por ejemplo, los judíos Ysaque Hadida y Abraham

---

[111] *El miedo al falso testimonio en los procesos inquisitoriales del Tribunal de Ciudad Real-Toledo (1483-1504).*

[112] Obradó, *La toma de decisiones en relación con las denuncias de criptojudíos ante los Tribunales de Ciudad Real y Toledo*, 2016.

[113] *Ibidem.*

Baquis fueron ajusticiados a causa de sus falsos testimonios, que fueron tachados de oficio por los propios inquisidores al no tener la duda de que eran mentira.[114]

El anonimato del que gozaban los testigos favorecía que se produjeran falsos testimonios. Dicho anonimato se defendía por la Inquisición como medio para impedir que los testigos fueran amenazados o agredidos por acudir a declarar ante el Tribunal.

También cometían delitos contra el Santo Oficio aquellos que incumplían alguna sentencia en la que se obligada a llevar sambenito o en el caso de ser familiar de un difunto que hubiera sido condenado por herejía, infringir las inhabilitaciones a las que hubiera lugar. Así, por ejemplo, el Tribunal de la Inquisición de Toledo acusa a Diego de Olivares, sastre avecinado en la villa de Daimiel, de desacatar las pragmáticas y leyes que, como nieto de condenado por el Santo Oficio, le inhabilitan para ejercer los oficios de mayordomo, procurador y alcalde de cofradías, oficios que había desempeñado conjuntamente con el de sastre.[115]

Los delitos cometidos por los familiares de la Inquisición fueran cuales fueran

Por ejemplo, estaban castigados con penas de muerte los que tuvieran algún comercio carnal con alguna de las mujeres presas.

El fornicario común, cuando había seducido a la parte, so pretexto de que la fornicación no era pecado

Una de las herejías que persiguió la Inquisición y que fue muy común consistía en creer que la fornicación no era pecado. La Inquisición no perseguía la fornicación, el acto sexual realizado fuera del matrimonio, sino la creencia de que no se trataba de un pecado mortal.[116]

Fue una de proposiciones heréticas más frecuentes entre las clases más humildes y fue perseguida a partir del siglo XVI al entenderse que era de influencia

---

[114] *Ibidem.*
[115] *Los sastres en los procesos de fe del Tribunal de Distrito de la Inquisición de Toledo.*
[116] *La Inquisición española.*

luterana. La Inquisición medieval no había perseguido este tipo de pecado o delito.[117]

Delitos cometidos por clérigos o religiosos que ocultare su estado y se casara o sin ocultarlo que convenciese a su cónyuge de que era lícito casarse

El voto de castidad impide que las personas ordenadas puedan casarse. Eran juzgados por la Inquisición y si eran hallados culpables podían ser condenados a abjurar «de levi» en la sala de audiencias o en auto de fe y podían ser sancionados con prisión, destierro o galeras.

Delito de solicitación en la confesión

En latín *sollicitatio ad turpia*. Cometía este delito el religioso que aprovechaba para pedir favores sexuales a quien confesaba, abusando, chantajeando, coaccionando o extorsionando con no absolverle los pecados o absolviéndole de inmediato si el confesado accedía a sus caprichos. Se consideraba un sacrilegio cometido en el transcurso de uno de los sacramentos fundamentales de la Iglesia.

El Concilio de Letrán de 1216 fue el primero que estableció la obligatoriedad de la confesión para los católicos al menos una vez al año. El confesionario, el habitáculo en el que se realizaba la confesión, apareció en el siglo XVI: en 1565 se prescribe su uso en Valencia y más adelante, en 1614, el ritual romano lo impuso en todas las iglesias.[118]

El delito de solicitación fue incluido en los edictos de fe que anualmente se leían en las Iglesias y que recordaban a los fieles su obligación de denunciar a los sospechosos de haberlos cometido a partir del año 1561, después de que el papa Pío IV enviara una instrucción al inquisidor general Fernando de Valdés para que instara a la persecución de estos delitos.[119]

El papa Gregorio XV, en su breve *Universi dominici gregis* de 30 de agosto de 1622, diferenciaba tres tipos de solicitación:

- La solicitación en el confesionario sin voluntad de confesar.
- La solicitación fuera del confesionario, pero en el marco de la confesión.

---

[117] *Inquisición. Historia crítica.*
[118] *Inquisición Historia crítica.* García Cárcel, 1990.
[119] *La Inquisición española.*

– La solicitación fuera de los lugares habituales, pero con gestos y apariencias que recordaban la celebración del sacramento.

En épocas en que el acercamiento a la mujer necesitaba de ciertos actos y ritos previos, la confesión era una oportunidad de insinuarse, sobre todo gracias a la información íntima que el confesor lograba.

Por ejemplo, en el año 1605 un franciscano de San Juan de los Reyes fue acusado de solicitar favores sexuales a las monjas que confesaba y de las que era capellán, de haberles dicho palabras blandas y amorosas, que por la ventanilla del comulgatorio había besado a una de ellas, que había tenido ayuntamiento con varias a las que castigó la madre superiora del convento cuando fueron descubiertas.[120]

Normalmente, los culpables de solicitación eran condenados a que su sentencia se leyera en la sala de audiencias ante los prelados de las órdenes, los compañeros confesores y los párrocos del municipio, a abjurar «de levi», a ser privados de confesar a las mujeres perpetuamente y a los varones durante un determinado tiempo, y también se les podía sentenciar a prisión y destierro.

Por ejemplo, en Lorca fueron procesados varios canónigos de la Colegial de San Patricio por el delito de solicitación. A uno de ellos se le impuso la siguiente sentencia:

> «Habiéndosele seguido en este tribunal causa de fe al dicho D. Pedro Thomas Montijo, en 28 de marzo de 1737 se pronunció y dio a sentencia por la que fue condenado a que en la sala del tribunal, a puerta cerrada, presentes los ministros del secreto y doce sacerdotes confesores, los quatros regulares, y ocho seculares, estando en forma de penitente con San Benito de media aspa, se leyese su sentencia con méritos, abjurase de vehementi, fuese absuelto ad cautelam, gravemente advertido, reprehendido, y conminado, y privado perpetuamente a confesar hombres y mujeres, de predicar y dirigir almas, así de palabra, como por escrito: recluso por un año en el convento que el Tribunal le señalase y por dicho año suspenso del exercicio de sus órdenes; y desterrado de esta ciudad, de la de Lorca y Corte de Su Magestad por tiempo de seis años con pedimento de la mitad de todos sus bienes y que por dicho año de reclusión fuese encomendado a persona docta que le instuiese, y fortificase en los misterios de nuestra santa fe, y desengañase de sus errores».[121]

---

[120] *El delito/pecado de solicitación y el tribunal de la Inquisición de Toledo.*
[121] *Murcia, crimen y castigo.*

A Juan Comes, párroco de Calonge, en el obispado de Gerona, le condenaron por dar un beso en la boca a una de sus feligresas:

> «Sabiendo que cierta mujer tenía disgustos con su marido, le envió a decir fuese a su iglesia con manto como solía irse a confesar y la aconsolaría; y luego que dicha mujer entró en la iglesia, se puso en el confesionario y arrodillándose dicha mujer y queriéndose persignar la dijo que no había para qué confesarse y dijo palabras de amores y que no se admirase, pues era hombre y ella mujer y, cogiéndola de las manos, la dio un beso en la boca».[122]

Durante el reinado de Felipe IV hubo un caso que acabó implicando al mismísimo monarca y a su todopoderoso valido, el conde-duque de Olivares. Un sacerdote llamado García Calderón, confesor de las monjas del Convento de San Plácido de Madrid, convenció a las religiosas con las que mantenía conversaciones eróticas de que eran visitadas por el demonio en forma de hombre, al que llamaban «el peregrino raro». También les inculcó la idea de que los besos y contactos lascivos entre hombres y mujeres no eran pecaminosos, sino al revés, haciéndose en caridad permitían lograr una mayor perfección.[123]

El proceso inquisitorial condenó al sacerdote a prisión perpetua y al ayuno forzoso durante tres días mientras las crédulas monjas fueron separadas y enviadas a varios conventos. El rey Felipe IV, famoso por sus escarceos amorosos madrileños con numerosas damas, fue uno de los varones que se benefició de las teorías del sacerdote García Calderón, gracias a que su válido puso en su conocimiento las actividades del sacerdote condenado por solicitación. Quizás por ello la condena fue tan leve.

Como suele pasar cuando el delito lo cometen compañeros de trabajo o de profesión, aunque debería haberse juzgado a los solicitantes con el mismo rigor que otras personas acusadas de pecados o delitos sobre los que tenía la jurisdicción, lo cierto es que el corporativismo clerical hacía que en estos casos casi nunca hubiera tormento ni cárcel secreta. Por otra parte, si bien se aplicaron penas severas cuando la Inquisición se hizo cargo del delito (reclusiones largas, multas, azotes e incluso galeras) con el paso del tiempo se fueron imponiendo penas espirituales que trataban de conseguir la reeducación del religioso.[124]

También hubo casos de mujeres que creían haber sido solicitadas por un sacerdote en el momento de la confesión, que trataban de provocar al sacerdote

---

[122] *Sexualidad e Inquisición.*
[123] *Historia de la Inquisición española.*
[124] *Inquisición. Historia crítica.*

para que las solicitara y que ante la negativa del religioso lo denunciaban ante el Santo Oficio. De todo hubo en la «viña del Señor».

Los seglares que desempeñaran oficios eclesiásticos

Realizar la celebración de una misa sin ser sacerdote debidamente ordenado o estar autorizado para ello también era perseguido por la Inquisición.

Los condenados por este delito debían salir en procesión en un auto de fe o aparecer como penitentes en una iglesia donde abjurarían de levi o vehementi, para después ser azotados y desterrados. Algún caso se dio además de ser enviados a prisión o a galeras por un determinado tiempo.

Juan Vicente Esquivel y Morales fue penitenciado por la Inquisición de Córdoba por primera vez en 1727. Ese era su nombre verdadero pero también usaba los de Casimiro de Austria, Conde de Saldaña, Vicente de Santa Teresa y sobre todo hermano José de Santa Teresa: se hacía pasar por cura dando misa. La primera vez que lo condenó la Inquisición fue condenado de forma muy leve. La segunda vez, en 1731, fue condenado a destierro, diez años de servir en galeras y doscientos azotes.[125]

Posesión de libros prohibidos

En los edictos de fe se pedía a los fieles que denunciaran a aquellas personas que hayan tenido o tengan libros de la secta y opiniones de Martín Lutero y sus secuaces, el Corán y otros libros de la secta de Mahoma, Biblias en romance u otros cualesquiera libros de los reprobados por las censuras y catálogos publicados por el Santo Oficio.[126]

Masonería

Según el diccionario de la Real Academia Española, la masonería es una asociación universalmente extendida, originariamente secreta, cuyos miembros forman una hermandad iniciática y jerarquizada, organizada en logias, de ideología racionalista y carácter filantrópico.

---

[125] *La Inquisición española.*
[126] *La Inquisición española. Documentos básicos.*

Históricamente surge en Gran Bretaña en 1717 cuando Desaguliers, Sayer y Payne fundan una organización que se basaría en la tolerancia y la fraternidad.

Los papas Clemente XII en 1738 y Benedicto XIV en 1751 se pronunciaron en varias bulas en contra de la masonería. El Santo Oficio de la Inquisición la prohibió en 1738 mediante edicto del inquisidor general Andrés de Orbe y Larreátegui, que remitió a todos los tribunales manifestando que incurrían en graves delitos todos aquellos que la practicaran y quedando fuera de la ley la primera logia que se fundó en España, el 15 de febrero de 1728, en la calle de San Bernardo por el inglés Duque de Wharton: «Las Tres Flores de Lys».

Ahora bien, a los inquisidores españoles se les ordenó que persiguieran la masonería, pero sin darles instrucciones concretas sobre lo que era. Lo único que tenían claro es que se trataba de una organización secreta, pero no existía una descripción de sus actividades o de los posibles pecados o delitos que cometían sus miembros para ser enjuiciados.

Entre las razones recogidas en la constitución promulgada por Benedicto XIV para prohibir la masonería en 1751 se hallan:[127]

– En las sociedades y reuniones de la masonería se juntan unos con otros hombres de cualquier religión y secta, lo que para el pontífice podía arruinar «la pureza de la religión católica».
– El pacto de secreto por el que se ocultan en las reuniones de los masones lo que hacen en ellas. Según el pontífice «lo honrado gusta siempre de la publicidad, la maldad es secreta».
– Por el juramento por el que se obligan a guardar secreto de forma inviolable cuando, según el pontífice, no se pueden negar cuando sean interrogados por la autoridad legítima para conocer si sus actividades van contra la religión, la república o las leyes.
– Por estar prohibido por el derecho civil todas las corporaciones y asociaciones constituidas al margen de la autoridad.
– Porque estas sociedades y reuniones tenían mala reputación entre los hombres prudentes y virtuosos, y a juicio del pontífice, «quienes se apuntasen a ellas se expondrían a ser considerados malos y perversos».

La única forma de perseguir a los masones que tenían los inquisidores era cuando eran delatados por pertenecer a una logia masónica. Una vez que se sabía que una persona estaba adscrita a una de esas organizaciones, analizaban

---

[127] *Ibidem.*

su comportamiento en busca de algún pecado o herejía que pudiera haber cometido, pues el secreto masónico no era un delito que podía ser castigado de una forma severa.[128]

La gran mayoría de los masones que había en España durante el siglo XVIII eran súbditos extranjeros, que se habían iniciado en la masonería en sus países de origen, que solían estar de paso y que desconocían la prohibición que existía sobre la masonería que regía en los territorios de la Corona de España.

A partir de 1789 y hasta la desaparición de la Inquisición en 1820, la masonería fue vista por la Inquisición de una manera totalmente diferente. A partir del triunfo de los revolucionarios franceses los masones serán considerados como disidentes políticos, liberales o como revolucionarios.

Brujas, hechiceros, fabricantes de filtros, fingidos santos y en general, todos los que trataban de explotar la credulidad del pueblo

Por increíble que parezca a los creyentes de la Leyenda Negra, la Inquisición española, una institución centralizada cuya autoridad principal era nombrada por el rey y sometida a confirmación papal, protegió a un gran número de personas acusadas de brujería.

Según Brian Levack «la Inquisición española era también una institución altamente centralizada en la que veintiún diferentes tribunales repartidos por todo el Imperio español estaban subordinados a un tribunal central, el Consejo de la Suprema en Madrid. Este Consejo aseguraba el cumplimiento de un conjunto de normas procesales criminales que hacían la condena y la ejecución de brujas mucho más difícil que en otras partes de Europa. El Consejo de la Suprema conocía también las apelaciones referentes a casos de brujería, lo cual permitía a las autoridades centrales pasar por encima del juicio de sus subordinados locales o regionales».[129]

Tanto en España como en Portugal y en los territorios que ocupa actualmente Italia, la mayoría de las sentencias de muerte contra personas que supuestamente ejercían la brujería fueron dictadas por tribunales civiles y no por los distintos tribunales de la Inquisición.[130]

---

[128] *La Inquisición española.*
[129] *Ibidem.*
[130] *Ibidem.*

En los Tribunales de la Inquisición en América no nos costa que hubiera alguna ejecución relacionada con la brujería, lo que no quiere decir que no se procesara a ninguna persona por delitos o pecados relacionados con la brujería, magia o hechicería. Fueron procesadas varias personas a las que les impusieron en su gran mayoría penas leves.

Según Contreras y Henningsen, en el periodo comprendido entre los años 1550 y 1700 las personas procesadas por la Inquisición española por brujería, hechicería y todas las variantes esotéricas fueron 3.532 personas, siendo en todos los tribunales la persecución de estos delitos inferior al 10 por ciento respecto a los demás. Únicamente en Aragón el porcentaje alcanzó el 32 por ciento.[131]

La centralización de la Inquisición española fue una de las razones por las que en España se procesó a un número escaso de acusados por brujería. Si en Alemania se ejecutaron a unas 25.000 personas por brujería, en España no llegó al centenar.

Pero ya saben, unos cardan la lana y otros se llevan la fama. Seguramente la mayoría de las personas que conviven con nosotros, incluidos algunos ciudadanos españoles, piensan que la Inquisición española fue la mayor responsable de la ejecución de acusados por brujería en Europa. Al principio de la instauración de la Inquisición sí se dieron casos en que este tribunal intervino en procesos de brujería, y siguiendo la costumbre secular de que las brujas debían ser quemadas, también las condenaron a la hoguera. Desde su instauración en 1478 y hasta 1522 se condenaron a cuarenta supuestas brujas.[132]

La política que la Inquisición llevaría más adelante sobre las brujas se concretó en una Junta de la Suprema que se celebró en Granada en 1526. El inquisidor general Manrique nombró una junta de diez hombres, entre los que se encontraban el letrado Hernando de Guevara y el futuro inquisidor general Valdés, para que se pronunciara sobre el «negocio de las brujas».

El informe presentado por la Junta establecía que «todos los más juristas de este Reyno han tenido por cierto que no hay brujas» a causa de que era imposible que hiciesen las cosas que decían.[133]

---

[131] *Ibidem.*
[132] *La brujería y la Inquisición.*
[133] *La Inquisición española.*

El Consejo de la Suprema dio una serie de instrucciones en fecha 14 de diciembre de 1526 que envió a los tribunales inquisitoriales y que debían aplicarse a todo proceso por brujería:[134]

- La Inquisición y no la justicia civil o eclesiástica será la competente para conocer las causas por brujería.
- Antes de proceder a cualquier detención se deben analizar cuidadosamente los hechos y averiguar si son ciertos sin que sean suficientes una simple denuncia, ni unos rumores ni la confesión de los propios sospechosos de brujería.
- Nadie debe ser arrestado en base a las confesiones de otras brujas.
- Si una supuesta bruja afirma haber participado en un aquelarre extendiéndose por el cuerpo alguna sustancia previamente, buscar el ungüento y analizarlo.
- Se debe preguntar a los demás residentes de la casa en donde viva la supuesta bruja si realmente se ausentaron de casa o si por el contrario estuvieron en ella toda la noche sin salir.
- Los inquisidores deben inclinarse a la misericordia antes que emplearse con severidad de forma que antes que creerse que la supuesta bruja tiene un pacto con el diablo preguntarse si más bien no fuera una enferma que conviene curar y no matar.
- Cualquier bruja que voluntariamente confiese y muestre señales de arrepentimiento, será reconciliada y readmitida en el seno de la Madre Iglesia, sin confiscación de bienes y recibiendo penas leves.
- Todos los casos, sobre todo los que implicaran una condena a muerte, debían ser enviados al inquisidor general y al Consejo de la Suprema para que fueran estos los que tomaran una decisión.

Con estas instrucciones España se libra de la caza de brujas que asoló gran parte de Europa, que hemos explicado líneas más arriba, que envió a la hoguera a miles de mujeres que habían sido juzgadas por sostener supuestos pactos con el diablo. Con la excepción de algún otro caso que expondremos más adelante y en los que se procedió sin consultar la causa y su sentencia con el Consejo de la Suprema, o en aquellos casos en que un juez civil o eclesiástico, eludiendo su obligación, decidió juzgar los delitos de brujería al margen de la Inquisición.[135]

---

[134] *La brujería y la Inquisición.*
[135] *La brujería y la Inquisición.*

Lo que persigue y castiga la Inquisición, más bien moderadamente, son casos de astrología, de hechicería, o mejor dicho, de embaucamiento.[136]

Un paréntesis en la benignidad con que trató la Inquisición a las brujas: el veredicto del auto de fe de Logroño de 1610

Una de las excepciones a la indulgencia con la que Inquisición española trató a las brujas y hechiceras tuvo un paréntesis en Logroño con el auto de fe que fue celebrado los días 7 y 8 de noviembre de 1610, donde fueron condenados a muerte cinco hombres y seis mujeres por brujería. De esas personas seis fueron quemadas realmente y cinco en efigie, de las cuales solo una de ellas había confesado: María de Zozaya. Nos referimos al famoso episodio de las brujas de Zugarramurdi que acabó en el citado auto de fe.

Todo comenzó cuando una mujer de veinte años natural de Zugarramurdi regresó a su pueblo después de residir con sus padres en un pueblo de la costa francesa llamado Ciboure. Había vivido hasta los dieciséis años en la localidad navarra. Volvía sola a su pueblo para servir en una de las casas más pudientes de la localidad. Esta mujer se llamaba María de Ximildegui.

Según afirmó una vez que se estableció en Zugarramurdi, cuando residía en Francia había sido miembro de una cábala de brujas, habiendo participado en los aquelarres que dichas brujas celebraban en las playas con la supuesta presencia del diablo. Un año y medio habría estado María participando en aquellas asambleas, habiéndose visto obligada a abjurar de su fe cristiana. Se habría apartado de aquellas señoras cuando se confesó con un sacerdote de Hendaya que le habría proporcionado grandes remedios espirituales para combatir al demonio, volviéndose a convertir a la fe de sus padres.[137]

La aparición de María de Ximildegui en Zugarramurdi coincidió con el inicio de una caza de brujas instigada por Pierre de Lancre precisamente en Ciboure, el pueblo de donde procedía María, y en el vecino pueblo de San Juan de Luz. El tal Lancre fue el responsable de los procesos que por mandato del rey Enrique IV de Francia tuvieron lugar en la provincia francesa de Labort para «purgar del país de todos los brujos y brujas bajo el imperio del demonio» y que llevaron a la ejecución de casi doscientas personas, en su mayoría mujeres, acusadas de brujería, pactos con el diablo y magia negra, y a tres curas

---

[136] *La Inquisición española.*
[137] *El abogado de las brujas. Brujería vasca e Inquisición española.*

por celebrar la misa del diablo. Lancre estaba convencido de que los habitantes de aquella zona estaban bajo la influencia maligna de una secta secreta que adoraba al diablo en reuniones nocturnas, los llamados aquelarres, donde se entregaban a toda clase de excesos.[138]

María de Ximeldegui contaba a todo aquel que la quería escuchar que cuando se encontraba en Francia practicando la brujería había asistido a dos aquelarres en Zugarramurdi, por lo que tenía conocimiento de las personas que ejercían la brujería en el pueblo en que ahora residía. Una de esas personas era María de Juruteguía, casada con un campesino llamado Esteve de Navarcorena. Obligada a carearse con Juruteguía, Ximeldegui mantuvo su acusación con tantos detalles que las personas que estaban presentes acabaron convencidas de que la pobre mujer del campesino era realmente una bruja, obligándola entre todos a que confesase. María de Juruteguía, ante la presión que le ejercían sus familiares y vecinos, acabó confesando que había sido bruja desde que era pequeña debido a que la había iniciado su tía María Chipia de Barrenechea.

María de Jureteguía fue obligada a confesar con el párroco fray Felipe de Zabaleta, monje del monasterio de Urdax que también era comisario de la Inquisición[139]. Este impuso a María la penitencia de repetir su confesión en público en la iglesia de Zugarramurdi, donde tuvo que pedir perdón a todos sus vecinos por haber sido miembro de una secta diabólica.[140]

Después de la confesión de María de Jureteguía, una histeria colectiva se extendió por todo el pueblo en busca de nuevas personas que pudieran ser brujos, llegando incluso a irrumpir en las casas de los vecinos buscando pruebas de su dedicación al arte de la brujería. Ante la presión, más de cincuenta personas acabaron reconociendo que eran brujos, determinando el párroco que si confesaban en público y pedían perdón quedarían reconciliados con la fe católica y el asunto quedaría zanjado.[141]

En aquella iglesia confesaron Graciana de Barrenechea y dos de sus hijas, María y Estevanía de Yriarte, el pastor Miguel de Goiburo con su hijo Juanes y su sobrino, el criado Juanes de Sansín, que por entonces tenía veinte años. También estuvieron presentes en aquel templo Estevanía de Navarcorena de

---

[138] *Una relación inquisitorial sobre la brujería navarra.*
[139] *Los secretos de Zugarramurdi 1609-1610.*
[140] *El abogado de las brujas. Brujería vasca e Inquisición española.*
[141] *Una relación inquisitorial sobre la brujería navarra.*

ochenta años y su hija Juana de Telechea de treinta y seis años.[142] Aparte de estos, que excepto el último fueron todos mencionados anteriormente, estuvieron también Estevanía de Navarcorena, mujer de ochenta años, viuda de un campesino, y su hija Juana de Telechea, de treinta seis años, casada con un molinero; y María Pérez de Barrenechea, de cuarenta y seis años, mujer de un carpintero.[143] La gran mayoría de esas personas estaban emparentadas entre sí, bien de forma directa o por matrimonio.

Pero el asunto no quedó zanjado. El asunto llegó a oídos del Consejo de la Inquisición, probablemente gracias al abad del monasterio de Urdax, fray León de Araníbar.[144] Navarra por aquel tiempo se encontraba bajo la jurisdicción territorial del Tribunal de la Inquisición de Logroño, estando por aquel entonces al frente los inquisidores Juan del Valle Alvarado, Alonso de Becerra Holguín y Alonso de Salazar y Frías, el único de los tres que era licenciado en derecho canónico.

Las primeras personas del pueblo en ser encarceladas fueron Estevanía de Navarcorena, María Juretegía, María Pérez de Barrenechea y Juana de Telechea, que fueron trasladadas a Logroño, que estaba a más de ciento cincuenta kilómetros de Zugarramurdi. Después fueron detenidos Graciana de Barrenechea, sus dos hijas María y Estevanía de Yriarte, Juanes de Goiburu, marido de la anterior, Miguel de Goiburu y María Chipia de Barrenechea, que se habían presentado voluntariamente en Logroño para protestar por las detenciones de las primeras. Después de las declaraciones y de las delaciones que las detenidas hicieron entre ellas, acabaron encausadas otras cuarenta personas.

Las cuatro primeras detenidas confesaron que practicaban la brujería desde su niñez, y una de ellas, Estevanía de Navarcorena, llegó a afirmar que había dado muerte con polvos envenenados a su propia nieta en venganza por haberla manchado un delantal y a un mozo de Zugarramurdi que la había llamado puta vieja.[145]

Los seis siguientes no confesaron, pero después de un tiempo en las cárceles secretas lo acabaron haciendo. Así, por ejemplo, Estevanía de Yriarte afirmó que su madre la había hecho bruja y su hermana María que también lo era y

---

[142] Henningsen, *El abogado de las brujas. Brujería vasca e Inquisición española*, 2010.
[143] *Ibidem.*
[144] *Ibidem.*
[145] *Ibidem.*

que durante su primer aquelarre había besado al diablo y renunciado a su fe. Esta última también confesó que había causado nueve infanticidios.

El auto de fe de esta causa se celebró los días 6 y 7 de noviembre de 1610 en la plaza mayor de Logroño, asistiendo nada menos que treinta mil personas que procedían en su mayoría de varios lugares de España y también de Francia. Teniendo en cuenta que por entonces en Logroño residían seis mil personas, aquellos días se quintuplicaron las personas que se encontraban en la actual capital de la Comunidad Autónoma de La Rioja.

Para cuando se celebró el auto, varios de los acusados habían fallecido en prisión.

> «Cincuenta y tres personas que fueron sacadas al Auto en esta forma. Veinte y un hombres y mujeres que iban en forma y con insignias de penitentes, descubiertas las cabezas, sin cintos y con una vela de cera en las manos, y los seis de ellos con sogas a la garganta, con lo qual se significa que habían de ser azotados. Luego se seguían otras veinte y un personas con sus sambenitos y grandes corazas con aspas de reconciliados, que también llevaban sus velas en las manos, y algunos sogas a la garganta. Luego iban cinco estatuas de personas difuntas con sambenitos de relaxados, y otros cinco atahudes con los huesos de las personas que se significan por aquellas personas. Y las últimas iban seis personas con sambenito y corazas de relaxados, y cada una de las dichas cincuenta y tres personas entre dos Algualciles de la Inquisición, con tan buen orden y lucidos trages, los de los penitentes, que era cosa muy de ver. Tras ellos iba, entre quatro Secretario de la Inquisición en muy lucidos caballos, una acémila, que un cofre guarnecido de terciopelo llevaba las sentencias; y en lo último iban a caballo los Señores Inquisidores, Doctor Alonso Becerra Holguin, Licenciado Juan del Valle Alvarado y Licenciado Alonso Salazar y Frias, llevando en medio al más antiguo, acompañados del estado Eclesiástico al lado derecho, y de la Justicia y regimiento al lado izquierdo, y un poco delante iba, en medio de la procesión, el Doctor Isidoro de San Vicente con el estandarte de la fe, puestos en muy buen orden, que representaba todo grande autoridad y gravedad. Llegados al cadalso los penitentes, fueron puestos en unas gradas muy altas que estaban en él, por baxo de la Santa Cruz: las once personas que habían de ser relaxadas, que eran cinco hombres y seis mujeres, en las alta grada, y luego los reconciliados, y lo mas baxo los que habían de ser penitenciados».[146]

Después del auto fueron entregadas al brazo secular seis personas que fueron ejecutadas en la hoguera. Otras cinco habían sido condenadas, pero al

[146] *Auto de fe celebrado en la ciudad de Logroño el los días 7 y 8 de noviembre del año 1610.*

morir antes de que se le celebrase el auto de fe se quemaron estatuas y sus restos mortales.

«¿Qué pasó en Logroño en 1610? Es más que probable que los inquisidores, o por lo menos dos de ellos, ya que el tercero Alonso Salazar y Frías, se opuso desde el principio a sus colegas, se inclinaron ante una opinión pública exasperada y excitada por lo que estaba ocurriendo al otro lado del Pirineo, donde los magistrados enviados por el Parlamento de Burdeos estaban quemando centenares de brujas. Se creó así a un lado y otro lado de la frontera una especie de histeria colectiva a la que los inquisidores de Logroño fueron incapaces de oponerse. Se vieron arrastrados por el celo de la justicia seglar y por la campaña que había realizado Pierre de Lancre en el vecino país de Labour».[147]

De los tres inquisidores que juzgaron a los procesados en Logroño, uno de ellos se había opuesto a las condenas de muerte: Alonso de Salazar y Frías, que no creyó lo que contaban los supuestos brujos sobre aquelarres y demás ceremonias diabólicas y consideraba nulas la mayoría de las declaraciones que se habían efectuado durante el proceso, sobre todo la de los menores; pensaba que muchas de las personas que habían declarado contra los reos lo habían hecho por enemistad o ignorancia y pensaba que en Navarra no apareció la brujería «hasta que se comenzó a hablar y escribir de ello», entendiendo que había sido el celo de los propios inquisidores y comisarios el que habían creado el problema.[148]

En palabras de Julio Caro Baroja, «don Alonso no creía en los cargos acumulados en el proceso de las brujas. No creía porque consideraba nulas la mayoría de las testificaciones de niños y menores, incapaces de decir la verdad en aquellas circunstancias. No creía porque tampoco daba fe a los viejos, a las mujeres, en gran parte, y a otras personas notadas de enemistad, ignorancia, etc».[149]

Alonso de Salazar y Frías había nacido en Burgos en 1564, siendo su padre abogado y funcionario. A los quince años se trasladó a Salamanca a estudiar y a los cinco años ya tenía el grado de bachiller en derecho canónico. En 1588 obtuvo la licenciatura en Sigüenza y dos años después se ordenó sacerdote y entró al servicio del obispo de Jaén, Francisco de Sarmiento de Mendoza, de quien fue consejero jurídico. En 1595 fue enviado por el cabildo de Jaén a Madrid para que defendiese los intereses del obispado frente a un pleito con

---

[147] *Crónica de la Inquisición en España.*
[148] *Ibidem.*
[149] Caro Baroja, 1994.

el obispado de Granada. Ganó el pleito en dos años y representó a Jaén en un sínodo en Madrid donde empezó a tener fama por sus grandes dotes de diplomático y negociador.

De vuelta a Jaén, se encontró con que había fallecido Francisco de Sarmiento de Mendoza, siendo el nuevo obispo Bernardo de Sandoval y Rojas, quien después pasó a ser inquisidor general. A partir de entonces Salazar fue un protegido del obispo que le nombró agente y procurador de los obispos castellanos en Madrid, cuando este fue nombrado arzobispo de Toledo. Salazar llegó a ser uno de los abogados de más éxito en la corte de Madrid. Cuando Bernardo de Sandoval fue nombrado inquisidor general, el primer nombramiento fue para Salazar, que fue destinado a Logroño para ocupar la vacante del tercer inquisidor de Logroño, contando con toda la admiración del prelado.

> «Salazar no se daba nunca por vencido, pese a las dificultades e incluso la oposición de máximas autoridades, fuese el Rey o el Papa… Hacía un estudio previo de las cuestiones que se le proponían para solo defender aquellas que consideraba justas… Valoraba las pruebas documentales considerando que sin ellas no se podía ir adelante en ningún proceso, lo que le llevaría en alguna ocasión a la búsqueda de documentos en archivos». Cuando Salazar se encargaba de una causa «no regateaba esfuerzos, ni dejaba cabo suelto, y desde aquel momento vivía en permanente vigilia para conseguir un resultado satisfactorio».

Después del proceso de Zugarramurdi salieron a la luz nuevos casos de brujería y se instaron nuevos procesos, por ejemplo, en Arráyoz (Navarra) en 1611. El escepticismo del obispo de Pamplona y de la Suprema hicieron que esta última delegase en Alonso de Salazar para que recorriera las comarcas de Navarra en las que se sospechaba la presencia de brujas y, provisto de un edicto de fe, hiciera que los sospechosos de herejía se desdijeran de sus errores. Su misión empezó en 1611 y acabó en enero de 1612 reconciliando a 1802 personas, llegando a las siguientes conclusiones:[150]

> «No he hallado certidumbre ni aún indicios de que (se pueda) colegir algún acto de brujería que real y corpóreamente haya pasado. Sino sobre lo que yo solía antes sospechar de estas cosas, añadido en la visita nuevo desengaño: que las dichas testificaciones de cómplices solas, sin ser coadyuvadas de otros actos exteriores comprobados con personas de fuera de la complicidad, no llegan a ser bastantes ni para proceder por ellas a ninguna captura; y que las tres cuartas partes de ellas; y aún más, se han delatado a sí a los cómplices con toda verdad.

---

[150] Kamen, *La Inquisición española*, 2000.

Y así también tengo por cierto que en el estado presente, no solo nos les conviene nuevos edictos y prorrogaciones de los concedidos, sino que cualquier modo de ventilar en público estas cosas, con el estado achacoso que tienen, es nocivo y les podría ser de tanto y mayor daño como el que ya padecen. No hubo brujas ni embrujados».

A su entender, los temas de brujería era mejor no revolverlos, pues los habitantes de aquellas zonas tendían a creer lo que oían pero en realidad no estaba sucediendo. En las conclusiones de su visita por las comarcas de Navarra manifestó que lo que había sucedido con el triste final del proceso de Zugarramurdi se debió a la violencia popular, al abuso de poder por parte de los comisarios, rechazo de revocantes, exclusión de la comunión de los acusados, testificaciones falsas con difamaciones de los acusados y de sus parientes.[151]

Con anterioridad a Salazar, el inquisidor general Bernardo de Sandoval y Rojas había comisionado a Navarra a Pedro de Valencia, que hizo un informe fechado en abril de 1611 que si bien no negaba la realidad de la brujería, afirmaba que en los hechos ocurridos hubo una fuerte influencia de enfermedades mentales y afirmaba «parece más de locos que de herejes y que se debe curar con azotes y palos más que con infamias y sambenitos», y que debería tenerse cuidado en encontrar hechos ciertos que pudieran ser constitutivos de delito, pues se corría el riesgo de enjuiciar hechos que realmente no se habían cometido.[152]

Siguiendo las indicaciones de Salazar, la Suprema redactó unas nuevas instrucciones en agosto de 1614 establecidas en 32 artículos que contenían casi en su totalidad las sugerencias que había manifestado el inquisidor de Logroño de forma casi calcada salvo en cuatro de los artículos.

En esas instrucciones se ordenaba al Tribunal de Logroño que no se expusieran en los templos ni en ninguna parte jamás los sambenitos de las personas que habían sido relajadas o reconciliadas en el auto de fe general de 1610 «tanto por la tradición de haberse omitido de poner otras veces en tales ocasiones de brujería, cuanto por los nuevos motivos que de la imperfección de los procesos han obligado a declararlo y añadir con esto nuevo recato en lo porvenir».[153]

También se ordenaba que no requisaran los bienes de los condenados o relajados que se habían establecido en sus sentencias, que no se siguieran los procesos contra las personas que habían fallecido en las cárceles, que no afectara

---

[151] Henningsen, *El abogado de las brujas. Brujería vasca e Inquisición española*, 2010.
[152] Kamen, *La Inquisición española, op cit.*
[153] Henningsen, *op. cit.*

a los descendientes las condenas de sus familiares y que fueran liberados y se dejase sin efecto las condenas a destierro a aquellos que en 1614 siguieran en prisión o desterrados.[154]

En 1614 Salazar era ya el inquisidor que llevaba la voz cantante en el Tribunal de Logroño, pues era por entonces el más antiguo, dado que sus otros dos colegas con los que tantas disputas había tenido o habían fallecido o se habían jubilado. Fue por tanto el encargado de hacer saber al resto de los inquisidores las nuevas instrucciones de la Suprema. En 1617 Salazar elaboró una guía especial aprobada por la Suprema que debían utilizar los comisarios en las causas de brujería en adelante. Se componía de 14 artículos y llevaba el siguiente encabezamiento: *Instrucción que han de guardar los comisarios del Santo Oficio en las declaraciones y testificaciones que recibieren tocantes al crimen de brujería.* En dichas instrucciones se fijan las normas para las causas de brujería ordenando que no se hicieren caso de las exageraciones, que las supuestas brujas confesaran después de ser torturadas y que antes de condenar había que tener pruebas y demostraciones fidedignas no siendo suficientes simples rumores, declaraciones de niños y hombres y mujeres presas de la histeria colectiva.[155]

Salazar fue trasladado al tribunal de Murcia en 1618, desde marzo de 1619 estuvo en el tribunal de Valencia comisionado por la Suprema, regresó a Logroño con el cargo de Inquisidor mayor en 1622, en 1628 ascendió a fiscal de la Suprema y en 1631 fue nombrado miembro del Consejo y, como tal, estuvo presente en el auto de fe general que se celebró en Madrid en la Plaza Mayor en 1632. Falleció el 9 de enero de 1632, siendo miembro de la Suprema y canónigo de la catedral de Jaén.[156]

Tal y como escribe Javier Santamarta en su libro *Siempre tuvimos héroes*: «gracias al enconado trabajo de Alonso de Salazar y Frías, la Iglesia llegaría a prohibir tal caza de brujas, a la que Inocencio VIII empezará dando rienda al reconocer la existencia de las brujas en la bula *Summis desiderantes affectibus*, llegando al final a prohibir explícitamente tales persecuciones con la bula *Pro Formandis* de 1657, cuarenta y tres años tras la asunción total de las recomendaciones por parte del Consejo de la Suprema Inquisición de España».[157]

[154] *Id. Ibidem.*
[155] Pérez, 2002.
[156] Henningsen, *op. cit.*
[157] Santamarta del Pozo, 2017.

La Inquisición española no fue el «tribunal sediento de sangre» que nos vende la Leyenda Negra

La organización del Santo Oficio

El inquisidor general

En la cúspide de la Inquisición española se encontraba el inquisidor general, cargo que como hemos visto al principio recayó en Fray Tomás de Torquemada, cuyo poder venía directamente por delegación directa del papa.

> «El inquisidor general podía procesar a todos los bautizados; los expertos no dudan en afirmar que, dentro de la Cristiandad su autoridad era la más amplia después de la del Papa. Entre sus atribuciones se encontraban las siguientes: perseguir y juzgar al hereje o sospechoso de herejía, fuese quien fuese (incluyendo autoridades civiles y eclesiásticas); castigar a los que ayudaran a herejes o leyeran sus obras; reprender a quienes se opusieran al Santo Oficio; nombrar y sancionar a sus colaboradores; revisar y modificar sentencias».[158]

Todas esas funciones que el inquisidor general tenía por delegación directa del Santo Padre, las delegaba en los tribunales inferiores, cuyo nombramiento tenía atribuido. Así, por ejemplo, nombraba a los inquisidores de distrito y también actuaba como juez último en las causas en que los tribunales inferiores se inhibieran. También, en un principio, era el inquisidor general quien tenía todos los poderes importantes en relación a la administración económica.

¿Y cuál era el procedimiento para el nombramiento del inquisidor general?

Primero los reyes proponían al papa la persona que deseaban que fuera designada inquisidor general, una vez que esa persona había aceptado la designación real. Si el papa no pone objeciones, el nombramiento se confirma por un breve pontificio.[159]

---

158 *La Inquisición española.*
159 *Los inquisidores generales y la «doble legalidad» como excusa para incumplir normas,* 2019.

Una vez que llega el documento papal a la corte, el consejo de la Cámara de Castilla emite una Real Cédula en la que en nombre del rey avisa a la Suprema del nuevo nombramiento.

Hasta que no toma posesión, el nombramiento del inquisidor general no surte eficacia. El acto tenía lugar en la Suprema. Después de que la Suprema aceptase el nombramiento tras una votación de sus miembros, el consejero más antiguo colocaba la Real Cédula sobre su cabeza y decía que el Consejo aceptaba el nombramiento y cumplía con lo ordenado por Su Majestad.

En ese momento entraba el nuevo inquisidor general con el breve pontificio doblado en su mano y decía que el papa le ha hecho merced de nombrarle por inquisidor general en los reinos y señoríos de Su Majestad. El secretario más antiguo leía el documento papal, los presentes se quitaban los bonetes, y después de leído el nombre del pontífice se lo volvían a poner.

El nuevo inquisidor general se ponía la bula en la cabeza, descubriéndose para ello, decía que la aceptaba y estaba presto a cumplir lo que por ella le comete y manda su Santidad.

El Consejo de la Suprema y General Inquisición

La Suprema formaba parte de la estructura de la administración central del reino y constaba de un presidente (cargo que solía estar detentado por el inquisidor general), varios consejeros, secretarios, fiscal y varios secretarios reales, del consejo y de cámara.

En un principio era un órgano meramente consultivo, no tenía poder legislativo y de hecho cuando Torquemada confeccionó las primeras instrucciones no utilizó al Consejo como órgano de consulta y asesoría, sino que reunía a los inquisidores y asesores de los tribunales, con quienes discutía las cuestiones y formulaba las cuestiones del procedimiento.[160]

La carga de trabajo en las apelaciones hizo que Torquemada delegara su autoridad en la creación del Consejo supremo. Sus primeros consejeros fueron el obispo de Mazara (Sicilia), Alfonso Carrillo, y los doctores en derecho civil y canónico Sancho Velázquez de Cuéllar y Poncio de Valencia, a los cuales agregó a dos consejeros de Castilla. Más adelante se sumaron una plaza de consejero para un padre dominico y otra para las demás corporaciones regulares que debían desempeñar el cargo por turno riguroso.[161]

---

[160] *Historia de la Inquisición española*, 2020.
[161] *Historia verdadera de la Inquisición.*

La importancia de la Suprema se incrementó en las *Instrucciones de Ávila* de 1498, en las que se establece que cuando se planteen cuestiones dudosas o difíciles en los tribunales, los inquisidores consulten al Consejo y le presenten y remitan toda la documentación siempre que así se ordene.[162]

Cuando falleció Torquemada el Consejo de la Suprema se convirtió en un órgano vital en la organización del Tribunal del Santo Oficio. Las nuevas instrucciones se elaboran con la participación, opinión y voto del Consejo y a partir de 1499 se estableció que, si alguna de las partes comparecía ante él para interponer apelación, le daría audiencia y administraría justicia, según su leal y saber entender, cuestión que confirmó una bula papal de León X del 1 de agosto de 1516 por la cual atribuía a los miembros del Consejo, juntamente con el inquisidor general, la potestad de entender de todas apelaciones derivadas de casos de fe.[163]

A partir de entonces la Suprema contaría con un presidente que en los casos de vacante actuaba como inquisidor general y poco a poco se encontró en situación de irse apropiando de las funciones del inquisidor general alcanzando con el tiempo el poder dominante en la Inquisición. De hecho, el inquisidor general podrá designar por sí mismo a todos los funcionarios, excepto a los miembros del Consejo, cuyos nombres son presentados al rey.

El Consejo de la Suprema controlaba el funcionamiento de los tribunales inferiores. Para ello nombraba a uno de sus ministros para que reconociese a dichos tribunales. Este examinaba las causas en tramitación, los archivos, los libros y la contabilidad, visitaba las salas del secreto y las cárceles e interrogaba reservadamente a los presos, a los jueces, a los notarios y demás oficiales, haciéndoles las observaciones que considerara oportunas sobre el desempeño de su cargo. Una vez visitado el tribunal, formaba un cuaderno de cargos para entregarlo en el Consejo de la Suprema.

También se ocupó de castigar las faltas de los jueces provinciales y sus subalternos. Además, entendió sobre todos los asuntos graves y casos no previstos en las instrucciones de la Inquisición, creando la jurisprudencia necesaria. Se ocupaba además de controlar que los autos de prisión fueran de acuerdo a derecho.

Hasta el siglo XVII no tuvo un lugar concreto para reunirse y dependía de dónde se establecía la corte. Cuando se asentó en Madrid lo hizo en un edificio que ahora no existe pero que se encontraba en la actual calle de Isabel la Cató-

---

[162] *Historia de la Inquisición española*, 2020.
[163] *Ibidem.*

lica, en su número 4. En 1780 se trasladó al número 14 de la calle de Torija. Existe una placa en la fachada.

Los tribunales territoriales

Los tribunales locales, los que hoy llamaríamos juzgados de primera instancia o instrucción en España, fueron los que se relacionaron y juzgaron las causas que correspondía a su jurisdicción.

En un principio fueron itinerantes, al modo de los juzgados de tiempos medievales: acudían a los diversos lugares en función de la necesidad. Los inquisidores viajaban con el acompañamiento de todos los funcionarios del tribunal y estaban facultados para tomar posesión de los edificios que estimaran oportunos para llevar a cabo sus funciones y conseguir alojamiento.[164]

Más pronto que tarde, se los convirtió en permanentes asentándolos en una localidad de referencia. Torquemada estableció que un tribunal debería estar formado por dos inquisidores, un asesor, un alguacil y un fiscal, además de notarios y secretarios.[165]

En tiempos de Felipe II el personal del tribunal se amplió a dos o tres inquisidores, un fiscal, un alguacil, un auditor, un juez de confiscaciones, cuatro notarios del secreto, un notario de secuestros, un receptor, un mensajero, un portero, un alcalde de la cárcel secreta y otro de la penitencia, un notario del juzgado o sala de confiscaciones, un abogado del fisco, un procurador del fisco, dos capellanes, un médico, un barbero, un cirujano y un camarero para los presos pobres. Estos eran los funcionarios con sueldo a los que habría que añadir aquellos que no tenían sueldo fijo: consultores, calificadores o censores, abogados de los acusados, familiares, comisarios y notarios. Más adelante se añadieron el notario de lo civil o secretario de casos civiles, el notario de actos positivos en asuntos de limpieza de sangre, el depositario, el superintendente de secuestros, el proveedor de alimentos para los presos, y en algunos tribunales también prestaban servicios un cerrajero y un albañil.[166]

El inquisidor era el encargado del tribunal. Eran nombrados por el inquisidor general y ejercían la jurisdicción en su territorio en nombre de este. Tenían la facultad de designar a las personas que formaban parte del tribunal de su dis-

164 *Ibidem.*
165 *Ibidem.*
166 *Ibidem.*

trito y le correspondía el gobierno, dirección y representación de la institución inquisitorial en todo el territorio dependiente del tribunal.[167]

Debía tener más de treinta años, buena reputación, descendiente de cristianos viejos, experto en Teología o cánones y con conocimientos jurídicos sin que en un primer momento tuvieran que ser eclesiásticos: simplemente bastaba que fueran hombres de Dios y con buena conciencia. Los laicos podían ostentar el cargo de inquisidores, pero siempre que fueran solteros, pues se consideraba difícil que un hombre casado pudiera mantener el secreto absoluto. El rey Felipe II sería el que ordenara en una instrucción de 1595 que los inquisidores y fiscales tenían que pertenecer a una orden sagrada y su hijo Felipe III dispuso que nadie fuera nombrado inquisidor o fiscal si no estaba en posesión de un título de graduado en leyes.

En su práctica totalidad los inquisidores eran hombres de formación universitaria versados en leyes civiles y derecho canónico, hombres de iglesia, en su gran mayoría clérigos seculares, pero sobre todos juristas. Eran expertos en resolver pleitos en el campo de lo civil y de lo criminal, en los conflictos sobre los bienes confiscados, en la defensa de los «familiares y comisarios» cuando estos eran acusados por las autoridades ordinarias o cuando eran ofendidos, en resolver apelaciones, en asegurar la cobranza de las rentas que producían las canonjías «reservadas» al Tribunal y en resolver los pleitos con deudores y acreedores de la institución.[168]

Los inquisidores que prestaban servicios en un mismo tribunal no podían estar emparentados entre sí, no podían ejercer destino extraño al Santo Oficio y conservaban su antigüedad aunque fueran trasladados a otro tribunal. Tenían tratamiento de Señoría y tenían que vestir con traje eclesiástico. No podían comprar en las subastas de los bienes incautados, ni recibir regalos del sospecho o condenado, ya fuera directamente o a través de terceras personas como podían ser familiares o amigos. En caso de que fueran sorprendidos recibiendo regalos tenían que pagar una multa de veinte mil maravedíes, devolver el regalo junto el doble de su valor y perdían el empleo.[169]

El edificio sede del tribunal estaba compartimentado en el secreto y en habitaciones o apartamentos exteriores y debía poder tener espacio para las habitaciones privadas de los inquisidores.

---

[167] *Los Inquisidores del Tribunal de Valladolid en tiempos de Felipe II.*
[168] *Historia de la Inquisición española (1478-1834). Herejías, delitos y representación*, 1997.
[169] *Historia verdadera de la Inquisición.*

Las habitaciones del secreto eran un archivo en el cual se guardaban los papeles y documentos. Este lugar tenía gran importancia pues la desaparición de los legajos era fervientemente querida por los descendientes de los reos. No se podía coger un documento si no era en presencia de los notarios del secreto y del fiscal.[170]

Cada cierto tiempo los responsables de los tribunales tenían que visitar los pueblos de su distrito acompañados de un notario para vigilar que no estuvieran cometiendo abusos sus comisarios y familiares, a los que podían imponerles multas después de tomar pruebas testificales contra esos funcionarios. Se trataba de la actividad más penosa para los inquisidores, pues los viajes por aquel entonces no eran precisamente confortables.

Tenían que hacer estas visitas a partir de los primeros días de febrero. Las visitas duraban cuatro meses y debían mandar un informe al Consejo de la Suprema del estado de las causas ultimadas, penitencias, relación de las condenas pecuniarias, bienes confiscados… Si no lo hacían podían perder sus sueldos.

El fiscal

Su rango en el tribunal era inmediatamente inferior a inquisidor y tenía que actuar siempre bajo las órdenes de este. Además, tenían que mantener limpio y en buen orden el secreto y encargarse de su apertura y cierre.

También tenía que enviar un informe mensual a la Suprema que debía incluir todos los casos pendientes con un resumen de lo que se había actuado en cada caso, desde el principio.

Se sentaban en la sala de audiencias en un asiento más pequeño que los inquisidores, lateral y sin cojines, y tenían el tratamiento de merced.

Al igual que los inquisidores, al principio no tenían que pertenecer a ninguna orden sagrada, pero a en tiempos de Felipe II ya no podían esquivar esa pertenencia y con Felipe III tenían además la obligación de ser juristas, ser graduados en leyes.

Los familiares

Eran un cuerpo de ayuda de los tribunales formado por personas laicas habitantes de la localidad en donde estaba establecido el tribunal que no debían

---

[170] *Historia de la Inquisición española*, 2020.

tener tacha en cuanto a la limpieza de sangre y virtud, que actuaban auxiliando a los inquisidores ya fuera tomando parte en detenciones o en persecuciones, espiando a posibles acusados o siendo confidentes de los Inquisidores sobre los asuntos que llegaban a sus oídos.[171] Debían estar casados, ser cristianos viejos y pacíficos, se les autorizaba a portar armas, sus bienes se protegían y solo podían ser detenidos en caso de flagrante delito.

Su origen proviene de la Inquisición medieval: los inquisidores tenían derecho a rodearse de hombres armados, ya fuera para protegerse de posibles ataques o para ejecutar sus órdenes. Se les consideraba miembros de la familia del inquisidor, de ahí el nombre de familiares, lo que les proporcionaba inmunidad frente a la justicia.[172]

Tenían que estar siempre listos para ayudar al Tribunal de la Inquisición y nacieron por la necesidad de contar con auxiliares laicos capacitados para ayudar en las diligencias o en un arresto. Por ello el acta de su nombramiento venía acompañado de una autorización explícita de llevar armas.[173]

Los familiares estaban regulados por normas pontificias y reales que les concedían inmunidades y privilegios, sobre todo en el uso de las armas, la inmunidad respecto a la jurisdicción civil e incluso tenían derecho a exenciones fiscales. Su familia estaba protegida, tenían licencia para testificar solo ante sus propios tribunales, posibilidad de no acudir a la guerra, el acceso a la jerarquía eclesiástica y la absolución de crímenes y excesos.

En Castilla, el fuero criminal de los familiares no era aplicable a los delitos de lesa majestad humana, rebelión, desobediencia a los mandatos reales, falsificación de los anteriores, desacato y resistencia a las autoridades, alevosía, violación, rapto de mujeres, robo público, asalto a domicilio, iglesia o monasterio, incendio doloso de casas o campos y otros crímenes considerados «delitos mayores».[174] Para acogerse al fuero particular de los familiares estos debían estar incluidos en una lista que la Inquisición entregaba a las autoridades civiles.

El procedimiento para optar al cargo era muy similar al de los caballeros de las órdenes ecuestres. Se presentaba la solicitud, se comprobaban las condiciones, se llamaba a los testigos, se realizaban pruebas de admisión y de limpieza de sangre, se aprobaba el auto, se concedía el beneficio y se prestaba el juramento.

[171] *Historia de la Inquisición española.*
[172] *Crónica de la Inquisición en España.*
[173] *Inquisición española: poder político y control social.*
[174] Peñas, *Aproximación al estudio de la denuncia o delación como inicio del proceso inquisitorial*, 2015.

En vista de esos privilegios el cargo de familiar era algo deseado por buena parte de la sociedad. Por ejemplo, el ilustre escritor de comedias Lope de Vega fue familiar de la Inquisición. Ante la alta demanda para ser familiar, su número creció considerablemente y alguno de ellos abusó de su condición llegándose a vender el cargo y poniéndolo en manos de delincuentes que trataban de huir de la acción de la justicia aduciendo su condición de familiar.[175]

Varias inspecciones que se realizaron en los tribunales de la Inquisición se encontraron que los propios inquisidores instaban a que se pagara un precio por el nombramiento de familiar cobrando una cantidad o recibiendo regalos de los pretendientes. Ese fue el caso del inquisidor de Sevilla Alonso de Hoces, que en 1611 tuvo que responder ante acusaciones de este tipo.[176]

Además de lo anterior, el ejercicio de las funciones de familiar chocó en ocasiones con la justicia seglar, por lo que hubo que regular su número para evitar problemas. Así lo hizo Felipe II antes de ser rey, cuando actuaba de regente de su padre en 1553:[177]

> «Entendiendo que convenía al servicio de Nuestro Señor y de Su Majestad y mío darse en ello una buena orden para que cesasen todas las diferencias y supiesen los inquisidores y las justicias seglares en los casos y delitos en que cada uno podía conocer y que no estorbasen ni impidiesen los unos a los otros, mandé juntar sobre ello a algunas personas del Consejo Real y uno de la Santa y General Inquisición (…), fue acordado que se debía proveer y ordenar las cosas y capítulos siguientes:
>
> – Primeramente, que en las inquisiciones de Sevilla, Toledo y Granada haya en cada ciudad de ellas cincuenta familiares y no más y en la villa de Valladolid cuarenta familiares y no más, y en las ciudades de Cuenca y Córdoba otros cuarenta familiares en cada una de ellas; en la ciudad de Murcia treinta familiares y en la villa de Llerena y en la ciudad de Calahorra veinte y cinco familiares en cada una de ellas y en otros lugares del distrito de dichas inquisiciones en que haya tres mil vecinos se nombren hasta diez familiares en cada lugar y en los pueblos hasta mil vecinos seis familiares y en los lugares de quinientos vecinos donde pareciere a los inquisidores que hay de ellos necesidad dos familiares y no más y si fuere puerto de mar el lugar de quinientos vecinos abajo u otro lugar de frontera haya cuatro familiares.

[175] *Historia de la Inquisición española.*
[176] *Inquisición española: poder político y control social.*
[177] *Crónica de la Inquisición en España.*

- Ítem, que los que hubieren de ser proveídos por tales familiares sean hombres llanos y pacíficos, cuales convienen para ministros de oficio tan santo, y para no dar en los pueblos disturbios y, para que de este número no se exceda y sean las personas de los familiares cuales es dicho, el inquisidor general y el Consejo de la General Inquisición tengan el cuidado que convenga y despachen sobre ello las provisiones necesarias.
- Ítem, que en cada distrito de la Inquisición se den a los regimientos copia del número de los familiares que allí ha de haber y que los corregidores entiendan y puedan reclamar cuando los inquisidores excedieren del número y que asimismo se dé la lista de los familiares que cualquier corregimiento se proveyeron para que los corregidores sepan aquellos son los que han de tener por familiares».

A pesar de esos privilegios que hemos comentado, a muchos de ellos no les vino a cuenta su cargo de familiares, pues actuar como delatores a algunos los llevó a sufrir represalias, venganzas y el desprecio de sus vecinos, por lo que no en todos los sitios, sobre todo en el ámbito rural, abundaba su número.[178]

Los familiares no tenían competencia para detener a los sospechosos de herejía salvo que se dieran tres condiciones excepcionales:[179]

- El supuesto delito fuera de una materia cuya competencia correspondiera de manera clara a la Inquisición.
- La información fuera tan fiable que no permitiera dudas sobre los hechos.
- Que existiera riesgo de fuga del sospechoso.

La condición se perdía por suspensión si había duda en el mantenimiento de la fe católica o la limpieza de sangre, por revocación cuando había un matrimonio sin licencia de la Inquisición o por renuncia si el familiar cambiaba de domicilio.

Los comisarios

Al igual que el cargo de familiar, el comisario no trabajaba a sueldo para la Inquisición, su nombramiento se basaba en su gran prestigio social y gozaba de inmunidades y privilegios parecidos a los que tenían los familiares.

---

[178] *Historia de la Inquisición española.*
[179] Peñas, *Aproximación al estudio de la denuncia o delación como inicio del proceso inquisitorial*, 2015.

«Los privilegios reales concedidos en España y Portugal a los oficiales y familiares de la Inquisición a lo largo del siglo XVI se caracterizaban por la exención de impuestos; de obligaciones comunitarias; del servicio militar o del alojamiento de tropas; por autorización de usar vestuarios de seda; por la licencia para llevar armas defensivas; y por el reconocimiento de jurisdicción privada en la mayor parte de los crímenes y disputas judiciales en las que pudiesen verse envueltos».[180]

Entre sus funciones destacan las de ser el alter ego de los inquisidores en lugares lejanos de la sede del Tribunal, en la inspección de barcos en los pueblos costeros, eran los que se encargaban de visitar las librerías en busca de libros prohibidos y también resolvían pleitos de poca importancia.[181]

Tenía el encargo de recibir denuncias, acumular pruebas y las debía remitir al inquisidor. Sí puede llevar a cabo detenciones salvo en casos muy específicos, según lo que se establece en las normas para la *Instrucción y orden de procesar, que han de guardar los comisarios y notarios del Santo Oficio de la Inquisición en las causas, y negocios de fe, y de limpieza, y los demás que se ofrecieran*:

«Los comisarios no pueden prender por cosas de fe, y sería grande exceso hacerlo, salvo concurriendo tres cosas. La primera, que toque el caso muy concretamente a este Santo Oficios. La segunda, que haya suficiente información. La tercera, que se tema la fuga: para lo cual (porque no se yerre, atento de que errarse en esto se podrían seguir muchos inconvenientes) se le advierte, que antes de proceder a prisión, miren con gran consideración si concurren todas las tres dichas cosas; y en duda, lo más seguro será enviar primero la información al Tribunal: y quando concurriendo las dichas tres cosas, prendieren alguno sin hacer secreto de sus bienes, procuren, que no se oculte, ni haya fraude en ellos: y sin enviarle, ni tomarle confesión, remitirá la información al Tribunal, para que se provea lo que convenga en todo».[182]

Es decir, no podían practicar detenciones salvo que se dieran tres condiciones a la vez: que la jurisdicción del caso fuera del Santo Oficio, que existieran amplias pruebas y hubiese riesgo de fuga. Al detenido tenían que enviarlo en la forma más breve posible a la sede del Tribunal bajo la custodia de familiares y con las pruebas recabadas.

---

[180] *La Inquisición en la época moderna, España, Portugal, Italia, siglos XV y XVI.*
[181] *Inquisición. Historia crítica.*
[182] *Instrucción y orden de procesar, que han de guardar los comisarios y notarios del Santo Oficio de la Inquisición en las causas, y negocios de fe, y de limpieza, y los demás que se ofrecieren.*

En esas instrucciones también existen reglas para transcribir las denuncias, la forma de examinar a los testigos, normas para examinar las duplicidades de matrimonio en el caso de que existan sospechas de un delito de bigamia, sobre el secuestro de bienes, sobre la custodia de los papeles... Tienen la totalidad de las instrucciones citadas en el apéndice documental del presente libro.

También era el encargado de distribuir las órdenes del Tribunal por el territorio que tenía a su cargo y de recoger datos que pudieran tener trascendencia para procesos presentes y futuros.

Solía ser un sacerdote rural, titular de una parroquia que aparece como puente entre familiares e inquisidores que conforme los tribunales inquisitoriales se establecen en un lugar y dejan de ser itinerantes son cada vez más necesarios, pues llegan a tener las competencias de los inquisidores, pero sin poder dictar sentencia de forma que también tendrá a su cargo notarios, alguaciles y familiares a los que él mismo nombra en muchas ocasiones.[183]

No estaban previstos en las *Instrucciones* de Torquemada y aparecieron en los años 30 del siglo XVI en el distrito de Valencia debido a la extensión de su jurisdicción y las dificultades para la comunicación. En un principio tenían la facultad de publicar edictos y tomar testimonios y ratificaciones ante notario.[184]

Aunque el cargo no tuviera sueldo, lo que no significa que no tuvieran derecho a cobrar honorarios, era un cargo muy deseado debido a la inmunidad y porque podía resultar bastante lucrativo: por ejemplo, eran los encargados de probar limpieza de sangre de sus vecinos más próximos, para lo que tenían que hacer una investigación genética que por supuesto cobraban al solicitante del certificado. También si el comisario ostentaba el cargo en un puerto podía conseguir grandes ingresos gracias a los reconocimientos que se hacían para impedir la entrada de herejes y de libros heréticos. También ostentar el cargo de comisario les permitía tener a su alcance una información muy sensible con la que podían poner en situación incómoda a sus vecinos al conocer sus genealogías.[185]

Los notarios o secretarios

Eran también muy importantes para el tribunal, pues ponían por escrito todas las actuaciones de los procesos, todas las audiencias concedidas por los

---

[183] *El comisario del Santo Oficio en las instrucciones inquisitoriales.*
[184] *Historia de la Inquisición española*, 2020.
[185] *Ibidem.*

acusados con sus interrogatorios y respuestas, todas las pruebas de los testigos y sus ratificaciones, y conservaban las actas estableciendo un elaborado sistema de indexación para hallar el nombre de cualquier reo y su genealogía.[186]

En comparación con otros funcionarios estaban bien remunerados, lo que prueba la importancia que tenían para el Tribunal.

Existían tres clases de notarios en función de las tres «salas» en que se dividía el Tribunal en función de su jurisdicción y áreas de trabajo:[187]

- Causas de fe:
  Aquí trabajaban los llamados notarios del secreto que ponían por escrito todas las actuaciones que se llevaban a cabo en los procesos, transcribían todas las audiencias realizadas a los acusados con sus interrogatorios, todas las pruebas de testigos, todo lo que sucedía durante el tormento y las ratificaciones de las confesiones.
  En cada tribunal tenía que haber dos y tenían que vestir con traje negro. En caso de que no formaren la causa o la tuvieran de forma desordenada, eran multados.[188]
- Actuaciones y causas económicas derivadas de las confiscaciones:
  El notario de secuestros debía estar presente cuando se practicaban detenciones para que pudiera realizar el correspondiente inventario de la propiedad incautada.
- Causas civiles y criminales generadas por cobertura jurisdiccional de oficiales y comisarios:
  Los notarios de causas civiles se hicieron necesarios a medida que los familiares y comisarios eran investigados, pues los tribunales de la Inquisición eran los únicos que tenían jurisdicción para instruir este tipo de causas.

Los abogados

Tenían la consideración de funcionarios y solía haber dos o tres a disposición del tribunal. Estos tenían derecho a honorarios que nunca eran una elevada cantidad por lo que se les daba la libertad de ejercer fuera del ámbito de la Inquisición.

---

[186] *Ibidem.*
[187] *La Inquisición. Viejos temas, nuevas lecturas.*
[188] *Historia verdadera de la Inquisición.*

Alguacil

Era el oficial ejecutivo del Tribunal y en los actos públicos tenía precedencia sobre los secretarios. Su cargo le permitía llevar una vara que suponía una distinción honorífica de la jurisdicción del Santo Oficio. Ejecutaba las exacciones e incautaciones y percibía honorarios por sus servicios.[189]

Portero

Su función era entregar citaciones, notificaciones de autos de fe, decretos y otros cometidos semejantes, y se le prohibía tener actividades mercantiles o de cualquier género.[190]

Carcelero

Tenía sueldo fijo, privilegios e inmunidades. Durante la primera época de la Inquisición podía actuar también como verdugo en los tormentos, pero con posterioridad se prefirió que se encargase de esas tareas el verdugo público. A mediados del siglo XVI se les comenzó a llamar «alcaides de las cárceles secretas».[191]

Médico

Tenía que estar presente antes y después de que se llevase a cabo el tormento para reconocer al sospechoso. También tenía que examinar a los presos que manifestaran síntomas de locura. Tenía que guardar secreto sobre las intervenciones que realizara y por ello tenía que ser una persona de confianza.[192]

Sacerdotes

Antes de que se iniciaran las actividades diarias se tenía que celebrar una misa, por lo que era necesario su presencia. También se ocupaban de confesar a los penitentes y de dar la extremaunción a los presos que estuvieran en peligro de muerte.[193]

---

[189] *Inquisición. Historia crítica.*
[190] *Historia de la Inquisición española*, 2020.
[191] *Inquisición Historia crítica.*
[192] *Ibidem.*
[193] *Ibidem.*

Receptor

Se encargaban de recibir los bienes confiscados, de venderlos o de alquilarlos en almoneda pública. Acompañaban al alguacil y al notario en los secuestros de bienes.[194]

Tenían que prestar una fianza de trescientos mil maravedíes y en caso de que demoraran la presentación de cuentas y estados se suspendía el pago de sus sueldos.[195]

Calificador o censor

Se pronunciaban sobre si los actos o palabras de un denunciado podían ser considerados herejía o sospecha de ella cuando se habían recogido los primeros indicios. Tenían que ser eclesiásticos, mayores de cuarenta y cinco años, graduados en teología, cánones o leyes y maestros cuando eran religiosos. Su cargo era gratuito y aunque no había un número fijo solían designarse ocho para cada tribunal. Únicamente tenían que examinar los escritos que les aportaran sobre los denunciados y emitir dictamen sobre lo que podrían considerar o no herejía u otro tipo de falta.[196]

Nuncio

Era un mensajero o correo que llevaba despachos a la Suprema y a otros tribunales. Cuando el servicio de correo se desarrolló pasaron a ser un asistente doméstico que podía ser también el portero y que se ocupaba de encender las chimeneas y demás trabajos serviles.[197]

El procedimiento inquisitorial

Por raro que les parezca a los legos en la materia, la Inquisición española ofrecía a los acusados más garantías que los tribunales civiles de la época. Debemos insistir en que era una institución de su época que difícilmente podemos comprender los contemporáneos del siglo xxi.

---

[194] *Ibidem.*
[195] *Historia verdadera de la Inquisición.*
[196] *Ibidem.*
[197] *Historia de la Inquisición española,* 2020.

Pero tal y como afirma Ricardo García Cárcel, «conviene tener en todo momento presente que la Inquisición fue, ante todo, un tribunal que funciona de acuerdo a derecho, un derecho perfectamente regulado en textos. En la base de este derecho estaba el derecho común, conjunto de normas y técnicas derivadas del derecho romano y de la práctica de disposiciones de Bonifacio VIII (1298) y Juan XXII (1317). Estas normas generales aplicables a todas las Inquisiciones, que fueron elaborando los primeros inquisidores generales: las ordenanzas (1484, 1485, 1488 y 1498); de Deza (1500) y de Valdés (1561) que se incrementarían con las adiciones de Francisco Peña a la obra de Aymerich (1578)».[198]

Las normas más importantes que afectarán a la Inquisición española serán las *Instrucciones* de Torquemada publicadas en Sevilla, Ávila, Valladolid y Barcelona en los años 1484, 1485, 1488, 1493 y 1498. Más adelante los inquisidores generales Diego de Deza y Cisneros seguirán con el impulso legislativo que culminará el inquisidor general Fernando de Valdés en 1561 con unas instrucciones que estarán vigentes hasta que la Inquisición fue abolida en el siglo XVIII.

Además, en un principio, la Inquisición más que el castigo de los herejes buscaba su arrepentimiento para reconducirles al seno de la Iglesia y por ello las penas severas solo se aplicaban contra los contumaces, a los que consideraba un peligro para los fieles.

También es cierto que en la Inquisición primó el *principio in dubio pro fide* en vez del *in dubio pro reo*. La ortodoxia católica debe triunfar sobre cualquier duda, contrario al principio que rige nuestro procedimiento penal: en caso de que el juez tenga dudas sobre la culpabilidad de un acusado, la sentencia debe favorecerle. Y para que triunfe la fe se permitían todo tipo de coacciones sobre los sospechosos y testigos.

De todas formas, según Francisco Tomás y Valiente, la Inquisición perseguía y juzgaba herejes, blasfemos o bígamos de la misma forma que cualquier juez o tribunal de la misma época perseguía y enjuiciaba a ladrones, traidores u homicidas.

La Inquisición española adoptó el modelo inquisitorial, *inquisitio*, para perseguir los delitos que estaban sometidos a su jurisdicción. A diferencia de la *acusatio,* en la que el instructor del procedimiento actúa por denuncia de un particular sobre un posible culpable, en el modelo de la *inquisitio*, el instructor

---

[198] *La Inquisición.*

trata de averiguar de una manera activa si en un determinado lugar se dan conductas que pudieran ser incardinadas en algún tipo penal, en el caso de los instructores de la Inquisición española, relacionadas con la herejía o con la moral.[199]

> «El sistema de Inquisición, en contraprestación con el sistema acusatorio, es, dice el P. Jerónimo Montes, "la investigación del crimen hecha por el juez de oficio en virtud de su autoridad y en cumplimiento de la obligación que tiene de velar por los intereses que tiene encomendados. Aplicado al crimen de herejía, es la investigación del juez inquisidor acerca de este delito, ya para saber si existe en una determinada localidad o región, ya por fama pública y sin necesidad de que preceda acusación o denuncia"».[200]

El juez, el inquisidor general, investiga los hechos, dirige la investigación, busca a los culpables, junta pruebas contra ellos y además, juzga a los presuntos culpables y establece sus penas. Evidentemente no se cumple como en la actualidad que el juez que instruye el procedimiento contra el acusado no puede ser el mismo que le juzgue, de forma que no son dos tribunales los que se ocupan de todo el procedimiento sino un único juez sobre el que pesarán en el momento de juzgar las convicciones por él sostenidas durante su actividad investigadora. Se incumple el principio del proceso penal actual por el que el acusado tiene derecho a un juez imparcial, de forma que quien ha instruido, quien ha investigado si existen pruebas o indicios contra el finalmente procesado, no puede juzgar los mismos hechos que ha investigado.

Según nuestro Tribunal Constitucional en sentencia de fecha 26 de septiembre de 1988, entre otras, «la actividad instructora, en cuanto pone al que la lleva a cabo en contacto directo con el acusado y con los hechos y datos que deben servir para averiguar el delito y sus posibles responsables puede provocar en el ánimo del instructor, incluso a pesar de sus mejores deseos, prejuicios e impresiones a favor o en contra del acusado que influyan a la hora de sentenciar. Incluso aunque ello suceda es difícil evitar la impresión de que el Juez no acomete la función de juzgar sin la plena imparcialidad que le es exigible».

Otra de las características del procedimiento inquisitorial español es el secreto. El acusado no sabía las razones por las que había sido detenido o encausado casi hasta el final del procedimiento, ni el nombre de sus testigos, lo que dificultaba enormemente su defensa. Además, una persona podía ingresar

---

[199] *La Inquisición española.*
[200] *Ibidem.*

en una prisión del Santo Oficio sin que su familia, amigos o vecinos tuvieran derecho a saber dónde se encontraba. Evidentemente el secreto ha sido una de las razones que más ha contribuido a la Leyenda Negra que existe en torno a la Inquisición española.

Fase inicial del procedimiento inquisitorial

«Si alguien conociere a algunos herejes o algunos de los que celebran ocultas reuniones, o a los que se apartan del común trato y de las costumbres de los fieles, sea diligente en denunciarlos a su confesor o a otra persona que él crea que hará llegar la noticia a su prelado; aquel que no cumpliere incurrirá en pena de excomunión». Constitución apostólica dictada por Gregorio IX el 20 de agosto de 1229

El Edicto de Gracia

En los primeros tiempos de existencia del Santo Oficio, antes de que se iniciara el procedimiento inquisitorial propiamente dicho, se dictaba el edicto de gracia mediante el cual se concedía a las personas que hubieran cometido algún pecado o delito (la Inquisición no hacía distingos entre uno y otro) un plazo para confesar. Si así lo hacían lo normal es que la penitencia impuesta fuera leve.

Dicho periodo se iniciaba con un sermón que solía darse en una de las iglesias de más importancia de la jurisdicción del Tribunal. En ese sermón también se animaba a los fieles a delatar a aquellos que pudieran haber cometido algún delito:

«En la iglesia más importante o catedral del lugar se alentaba a la conversión durante un sermón dominical, animando a los presentes a delatar a los sospechosos bajo pena de excomunión. Se iniciaba así el periodo de gracia, en el que los infractores podían reconciliarse con Dios, con la Iglesia y con la comunidad a través del sacramento de la Penitencia».[201]

---

[201] *Ibidem.*

El periodo de gracia solía durar entre treinta y cuarenta días y todo aquel que confesara sus pecados y delitos al inquisidor durante este lapso de tiempo sería absuelto con una simple penitencia y sin que le fuera impuesta pena alguna. Ahora bien, el arrepentimiento debía ser sincero, el católico debía abjurar pública y solemnemente de sus pecados rechazándolos de forma fehaciente y por escrito ante los inquisidores. Para probar que el arrepentimiento fuera sincero el inquisidor podía llamar a testigos que confirmaran lo manifestado en la confesión.[202]

Las penitencias eran públicas, de forma que las que se cumplían en la intimidad no tenían ningún valor a los efectos del periodo de gracia. Por otra parte, confesar durante el periodo de gracia tenía una gran ventaja: además de no recibir pena alguna, los bienes del confesante no eran confiscados.

Pero no siempre era así. Los penitentes tenían que haber declarado plenamente sobre sí mismos y sobre las demás personas. Tenían que ayudar al castigo de todos los herejes, incluso de sus más allegados y queridos. Y la delación durante el periodo de gracia de otra persona les hacía más culpables, se podía entender que su arrepentimiento era falso y la reconciliación prometida en el edicto podía acabar en detención y en condena.[203]

Durante los primeros años de vida de la Inquisición española, cuando muchos de los tribunales no estaban establecidos en una localidad, se buscaba a los posibles herejes de forma itinerante. Por ello, cuando llegaban a una población dictaban los edictos que estamos tratando en este apartado. Tenían la necesidad de darse a conocer y necesitaban también asegurarse la cooperación y ayuda de las autoridades civiles para lograr sus fines.

Cuando los tribunales se asentaron en un lugar, no tenían esa necesidad, y las denuncias fueron la forma habitual por las que se iniciaba el proceso inquisitorial. A pesar de ello, las visitas de los inquisidores a los pueblos de la jurisdicción se siguieron haciendo, primero cada cuatro meses, luego cada año, hasta que a principio del siglo XVI las visitas comenzaron a espaciarse tanto que casi dejaron de llevarse a cabo. ¿La razón? El coste para la Inquisición de los desplazamientos, la incomodidad de los viajes por los caminos de aquellos tiempos y la inseguridad de los mismos. La vigilancia de la observancia del cumplimiento de los mandamientos de la Iglesia quedó en manos de comisarios y familiares que vivían en aquellos lugares.

---

[202] *Inquisición. Procesos criminales y de fe (s. XV - XVIII).*
[203] *Historia de la Inquisición española, 2020.*

Además, los edictos de gracia dejaron de tener sentido, pues aquellos que en un principio se habían acogido a ellos con el tiempo quedaban en una situación peor de la que estaban, ya que sus confesiones se recogían en actas y en caso de reincidencia podía hacer que se les considerase como impenitencia. Lo normal es que las gentes que estuvieran avisadas del proceder de la Inquisición dejaran de confesar pecados gracias a estos edictos.

El edicto de fe

Al mismo tiempo que se establecía el periodo de gracia, o en primer lugar cuando este se dejó de anunciar, se publicaba el edicto de fe, que se pronunciaba de forma oral en la Iglesia quedando una copia para que los fieles lo pudieran leer en algún lugar visible, normalmente en la puerta.

> «Se explicaba detalladamente en qué consistía la herejía y en que se conocía que uno era un hereje y se conminaba a los que hubiesen incurrido en aquel delito a confesarlo espontáneamente ante los inquisidores durante un plazo – el tiempo de gracia- con la promesa de que aquella confesión espontánea les valdría la indulgencia del tribunal».[204]

El edicto de fe recogía los pecados, delitos o desviaciones de la fe que eran jurisdicción del Santo Oficio, que normalmente llevaba una descripción de cada uno de ellos, y como el propósito del edicto era que los vecinos denunciaran a aquellos que podrían estar cometiendo una herejía o una conducta contraria a la fe, daba ejemplos de las actividades que podían identificarles. Por ejemplo, en el caso de «la secta de Mahoma» los fieles estarían obligados a denunciar a sus vecinos, bajo pena de excomunión si no lo hicieran, si les hubieran visto hacer determinadas actividades que suelen hacer los mahometanos:

> «Si saben que algunas personas hayan dicho o afirmado que la secta de Mahoma es buena, y que no hay otra para entrar en el paraíso, y que Jesucristo nuestro señor no es Dios, sino profeta, y que no nació de nuestra señora, siendo virgen antes del parto. O que se hayan hecho algunos ritos y ceremonias de la secta de Mahoma por guarda y de la masa y la echasen a quemar por sacrificio. O si cuando alguna persona en el artículo de la muerte le volviesen a la pared a morir y muerto, le lavasen con agua caliente, rapándole la barba y debajo de los brazos y otras partes del cuerpo, amortajándolos con lienzo nuevo, calzones y camisa y capa plegada por cima…».[205]

---

[204] *Crónica de la Inquisición en España.*
[205] *La Inquisición española. Documentos básicos.*

En el edicto de fe, que fue regulado para que en todos los lugares se diera publicidad por el mismo orden, se describían las conductas por las que se podría identificar a las personas que podían realizar prácticas o pertenecían a las siguientes confesiones: judaizantes, moriscos que podrían no haber abandonado la «secta de Mahoma», personas que podrían pertenecer a la «secta de Lutero», fieles que habían caído en la «secta de los alumbrados».

Escuchado el edicto de fe, muchas personas se denunciaban a sí mismas. Tal es el caso de Catalina Zapata, una mujer de treinta años, esposa de Juan de Moya, sastre de Alcalá, que se denuncia espontáneamente a los inquisidores el 29 de septiembre de 1564 porque recuerda haber dicho, doce o trece años atrás, sin saber lo que decía: «No me ves en la miseria de este mundo; no verás penando en otro». Al escuchar el edicto de fe, el Tribunal le impone una simple reprimenda y la condena a ayunar dos viernes y a rezar cuatro veces el rosario durante la próxima semana.[206]

Posteriormente describía desviaciones de la fe o errores que podían haber cometido los cristianos de la jurisdicción de la Iglesia donde se publicaba el edicto de fe: bigamia, blasfemias, brujería, solicitación, bigamia, posesión de libros prohibidos, masonería... En el apéndice documental de este libro transcribimos el texto de un edicto de fe.

> «El edicto de fe se leía lentamente y en voz alta en el ofertorio de la misa, después de lo cual, el predicador explicaba que todos tenían el deber de denunciar lo que supieran de todos, "los vivos presentes o ausentes o difuntos", familiares o extraños, de quienes se podía pensar que habían cometido el crimen de herejía, amenazando con penas graves a los que no cumplieran con aquellas recomendaciones».[207]

El Edicto de Anatema

Con mucha frecuencia el edicto de fe no obtenía las delaciones deseadas por los inquisidores y tenían que recurrir al edicto de anatema, en el que se amenazaba con penas gravísimas a aquellos que conocieran la existencia de un delito y no lo pusieran en conocimiento del tribunal.[208]

---

[206] *Los sastres en los procesos de fe del Tribunal de Distrito de la Inquisición de Toledo.*
[207] *Crónica de la Inquisición en España.*
[208] *La Inquisición española.*

La denuncia y la «inquisitio»

Transcurridos los plazos que se establecían en el edicto de gracia, de fe y en el de anatema, el fiscal pasaba a analizar las denuncias presentadas. No siempre era necesaria una denuncia, bastaba con el rumor público de que un católico hubiera cometido alguna herejía o incorrección para que se iniciara el procedimiento. Ahora bien, para que el rumor pudiera iniciar el procedimiento, se debía redactar un documento público con los hechos que debían ser atestiguados al menos por dos personas.

En el caso de que la denuncia tuviera verisimilitud, cierta gravedad a ojos de los inquisidores y no fuera anónima, se procedía a la detención preventiva del acusado. Debemos partir del hecho, al contrario de lo que es norma para el derecho penal actual, de que por aquel entonces se presumía que las denuncias eran ciertas. No regía el principio en base al cual el denunciado no era culpable hasta que se demostraran los hechos de que le acusaban. Era al revés: se presumía que el denunciado era culpable hasta que se demostrara su inocencia.

Tres fueron los colectivos que más denuncias presentaron ante la Inquisición: los vecinos y conocidos de los denunciados, los religiosos y sacerdotes, y personas que se encontraban detenidas que, en el curso de sus interrogatorios, ya fuera por los tribunales seglares o de la Inquisición, que denunciaron a otras personas.[209] De todos los anteriores, la mayoría de las denuncias procedían de personas del entorno cercano a la persona denunciada, normalmente vecinos de la persona denunciada y de religiosos y sacerdotes, lo que se explica por su convivencia cercana con los laicos.

Si los hechos no eran graves o simplemente los inquisidores tenían dudas sobre la certeza de la denuncia y no existía riesgo de fuga, se citaba al denunciado, pero lo normal es que el primer paso de los inquisidores fuera la detención.

Torquemada exige en sus *Instrucciones* que para detener de forma preventiva a un sospechoso de herejía los inquisidores tienen que estar seguros de que existen firmes indicios de su culpabilidad. Por dicho motivo estableció un plazo de diez días durante los cuales se tenían que verificar dichos indicios y estaba totalmente prohibido que se encarcelara a una persona sin que se hubiera iniciado el procedimiento.

La denuncia luego era pasada a los calificadores, los cuales no eran informados del nombre del acusado. Se ocupaban de determinar si los hechos que

---

[209] Peñas, L. M., *Aproximación al estudio de la denuncia o delación como inicio del proceso inquisitorial*, 2015.

aparecían en la denuncia eran suficientes para que el acusado fuera detenido y se dictase contra él auto de prisión.

«Nos los inquisidores, etc. mandamos a vos, algualzil de este Santo Oficio, que luego que este mandamiento nos fuere entregado, vais a la villa de… y a otras qualesquier partes y lugares que fuere necesario y prendáis el cuerpo de "fulano", vezino de… donde quiera que lo halládres, aunque sea en iglesia, monasterio u otro lugar sagrado, fuerte o privilegiado. Y assí preso y a buen recaudo, lo traed a las cárceles deste Santo Oficio y lo entregad al Alcayde dellas, al qual mandamos los reciba de vos, por ante uno de los notarios del secreto, y lo tenga preso y al dicho buen recaudo, y no lo de suelto ni en fiado sin nuestra licencia y mandado, y le secreste todos sus bienes, muebles y raíces, donde quiera que los tuviere y los halládres, con asistencia del recetor de este Santo Oficio, y por ante fulano, notario de los secretos, y los poned en poder de personas legas, llanas y abonadas, a contento del dicho receptor… Y assí mismo, traeréis del dicho secreto una cama de ropa, en el que el susodicho "fulano" duerma y los vestidos y ropa blanca que huviere menester para su persona, lo qual se entregue al dicho Alcayde por ante el dicho notario de secrestos"».[210]

Detenido el acusado, los inquisidores abrían un periodo de información con el fin de recoger testimonios que pudieran corroborar o no la denuncia y si el acusado pudiera haber cometido más delitos que el que le había llevado a prisión provisional. Normalmente para continuar con el procedimiento bastaba con la declaración de dos testigos íntegros que corroborara la acusación. Por supuesto, los testimonios tenían que ser concordantes y se prefería al testigo que había visto los hechos al que suponía su existencia solo de oídas.

«Los testigos tenían que ser cristianos (los infieles solo podían testificar contra infieles), mayores de catorce años, gozar de plenas facultades mentales, suficientemente ricos como para no podérseles suponer soborno, no enemigos del acusado ni parientes próximos. Su fiabilidad, en definitiva, la decidía el criterio de los jueces. Hubo bastantes reticencias hacia el testimonio de mujeres: dos únicos testimonios femeninos no permitían condenar a la pena ordinaria».[211]

Al detenido no se le informaba en este momento de que estaba acusado, ni tampoco quién le había denunciado ni se le podía dar informaciones sobre los

---

[210] *Orden que comúnmente se guarda en el Santo Oficio de la Inquisición, acerca del procesar en las causas que en él se tratan, conforme a lo que está proveído por instrucciones antiguas y nuevas.* Recopilado por Pablo García, Secretario del Consejo de la Santa General Inquisición.

[211] *La Inquisición española.*

motivos por los que estaba detenido. En muchas ocasiones, incluso, se negaba que determinada persona estuviera presa en los calabozos de la Inquisición.

Insistimos en que las denuncias no eran anónimas. En el sumario constaba el nombre y apellidos de los denunciantes.

> «En todos los trámites es esencial el mantenimiento del más riguroso secreto para evitar que el reo y sus cómplices estén prevenidos cuando sea objeto de interrogatorio, o que pueda influir en las personas que sabe conocedoras de su delito en orden a que falseen sus testimonios ante el Santo Oficio, que opte por huir del distrito, obstaculizando con ello, a veces, irremisiblemente, la acción del Tribunal».[212]

Nada más ser detenido el acusado, sus bienes eran secuestrados. El receptor, junto con el notario del secuestro y el alguacil, hacían inventario de sus bienes que a partir de ese momento pasaban a ser administrados por el tribunal. Hasta las *Instrucciones* de 1485, para el Santo Oficio, desde el momento de la detención los bienes ya no pertenecían al sospechoso de herejía, sino que pertenecían al tribunal y no era hasta la sentencia cuando se podía determinar si tenían que ser devueltos.[213]

Las instrucciones de 1485 ordenarán que una vez que los bienes han sido secuestrados no pasen a propiedad de una persona ajena a la Inquisición, sino que permanezcan en custodia de una persona recta y fiable que los conservara hasta que hubiera sentencia condenatoria o absolutoria.

El acusado quedaba prisionero en un calabozo secreto completamente incomunicado tanto del exterior como de otros presos. Ciertamente no eran los antros de terror que muestran en algunas películas influidas por la Leyenda Negra contra España. El detenido era tratado acorde a sus recursos económicos, siendo el trato que recibían en estas cárceles mucho mejor que el que recibirían si hubieran sido detenidos por la autoridad civil.

El secreto

Según Francisco Javier García Rodrigo, «la Iglesia tuvo por conveniente aprobar el secreto establecido en las instrucciones acordadas para los procedimientos judiciales de la Inquisición de España; porque se consideró indispensable esta disposición, en vista de los asesinatos y atropellos que ocasionaba

---

[212] *El secreto en la Inquisición española.*
[213] *La Inquisición española.*

la publicidad, llegando el temor a tanto grado por las frecuentes venganzas cometidas, que hubo época de no ser posible incoar autos ni formar pruebas en las causas de oficios, por negarse los testigos a descubrir hechos que comprometían su seguridad».[214]

Francisco Javier García Rodrigo es un autor propenso a defender los motivos y los métodos de la Inquisición española, por lo que, si bien pudiera tener algo de verdad lo que manifiesta, quizás sea conveniente mantener las correspondientes reservas.

Lo que es evidente es que la falta de conocimiento del nombre de las personas que le habían denunciado impedía al acusado disponer del pleno ejercicio del derecho a la defensa, pero también es cierto que estamos hablando de causas que tuvieron lugar en los siglos XVI, XVII o XVIII y en los tribunales civiles también se abusaba del secreto cuando el delito por el que se acusaba era de carácter grave.

La Inquisición española castigaba con severas penas a los denunciantes y testigos que cometían perjurio. Por ejemplo, a los denunciantes y testigos que actuaron contra un tal José Pereira de Meneses, se les instruyó procedimiento, se les aplicó tormento y fueron condenados a galeras los primeros y los demás fueron encerrados en un presidio de África por una larga temporada. Existen ejemplos de testigos condenados por haber cometido perjurio que fueron relajados al brazo secular «premiados» con cientos de azotes antes de tener que cumplir condena en las galeras reales.

Pero el secreto no se refería únicamente, como en nuestros tiempos, a que se mantuviera el sumario sin que lo pudiera conocer el reo y su abogado, implicaba también la prisión provisional del sospechoso que ingresaba en las llamadas cárceles secretas.

La existencia de las cárceles secretas de la Inquisición, en donde se encerraba a las personas sospechosas de haber cometido herejía y que no habían pasado por todo el proceso que determinaba si eran culpables, ha sido una de las razones por las que la Leyenda Negra inquisitorial se ha mantenido hasta nuestros días.

La argumentación de la existencia de las cárceles secretas para los sospechosos aparece en el número V de las *Instrucciones* dadas en Valladolid el 27 de octubre de 1488:

> «Acatando la intención de los Derechos, y los inconvenientes y cosas de
> mal ejemplo, que la experiencia no ha mostrado se han seguido en los tiempos

---

[214] *Historia verdadera de la Inquisición.*

pasados, de dar lugar que personas de fuera vean y hablen con los presos por razón del dicho delito, fue acordado que de aquí en adelante los inquisidores, alguaciles o carceleros, ni otras personas algunas, no den lugar ni consientan que personas de fuera vean y hablen a los dichos presos. Y que los inquisidores tengan mucho cuidado de saber si lo contrario se hiciera, y de dar la pena a quien a ello diere lugar, salvo, si fueren personas religiosas o clérigos que, por mandado de los inquisidores, los puedan visitar, para consolación de sus personas y descargo de sus conciencias».[215]

Nadie que no fuera el inquisidor, el alguacil o el carcelero podía tener contacto con el preso, tampoco los demás presos. Para que estas instrucciones se cumplieran el inquisidor tenía que visitar las cárceles al menos cada quince días. Ninguna persona que no fuera las que hemos mencionado podía entrar sola en las cárceles, con el objeto de que no pudiera hablar con los presos que allí se encontraban.

Pero hay más, se pretendía también que el arresto del sospechoso se hiciera con el mayor sigilo posible, tratando de que nadie se enterara de su detención. En la medida de lo posible, el alguacil que acuda a detener al sospechoso a su casa, tiene que intentar que nadie se entere y luego «le pondrá a tal recaudo que ninguna persona le pueda ver, ni hablar, ni dar aviso por escrito, ni por palabra. Y lo mismo hará con los presos si prendiere muchos, que no los dejará comunicar unos con otros, salvo si los inquisidores le hubieren avisado que de la comunicación entre ellos no resultará inconveniente, en lo cual guardará la orden que por ellos le fuere dada». (*Instrucciones* de 1561).

Además, el abogado, que es designado entre los que el Tribunal pone a disposición del sospechoso, y que tiene que hablar con su defendido en presencia del inquisidor y en la sala de la audiencia para que este no pueda recibir noticias del exterior de la prisión, desconoce la identidad de los testigos y no puede interrogarlos. Tampoco el abogado puede estar presente cuando su defendido sea llamado a confesar, no puede consultar con nadie las dudas que tenga sobre la forma en que se está llevando el proceso, no puede sacar copia de las actuaciones ni hablar con nadie del proceso en que está participando.[216]

Si es necesario que un médico acuda a la prisión para visitar a algún preso, debe prestar juramento de secreto, algo que también deben hacer los confesores que incluso deberán revelar a los inquisidores todo aquello que les dijera el

---

[215] *El secreto en la Inquisición española.*
[216] *Ibidem.*

preso que entiendan que no esté amparado por el secreto de confesión, además de manifestarle que «está preso por hereje, si no manifiesta su herejía judicialmente, siendo culpable, no puede ser absuelto».[217]

Los alcaides deben tratar a los presos «con caridad y humanidad, asistiéndoles en cuanto lo necesiten, dándoles la comida a su tiempo, y no teniendo con ellos más conversaciones que las necesarias para este fin». Es decir, cuanto menos se hable con el preso, mejor.

Además, en el caso de que el espacio disponible en la cárcel no permitiera que un preso estuviera en su celda solo, «los presos que una vez se pusieron juntos en un aposento, no se deben mudar a otro aposento sino todos juntos, porque se excusen las comunicaciones de la cárcel; porque se entiende que mudándoles de una compañía a otra dan cuenta unos a otros de todo lo que pasa. Y cuando sucediera causa tan legítima que no se pueda excusar, asentar se ha en el proceso del que así se mudare, para que conste de la causa legítima de su mudanza, porque es muy importante, señaladamente cuando sucedieron revocaciones, o alteraciones de confesiones». (*Instrucciones* de 1561). De esta forma el compañero que tocara al preso cuando ingresó en la cárcel le correspondería durante todo el tiempo que se encontrara encerrado provisionalmente. No se debía permitir que los presos que se hallan en celdas distintas se den recados unos a otros y mucho menos que hablen sobre sus experiencias durante su estancia en prisión.

El interrogatorio

Los inquisidores podían tener noticias de la comisión de un particular por la denuncia de otro particular. La denuncia puede ser anónima, en escrito firmado pero sin comprobantes y justificada con documentos, o designando los testigos que son conocedores de los hechos. En los dos primeros, casos como hemos manifestado con anterioridad, los inquisidores se abstenían de investigar.

Únicamente se admitían las denuncias escritas y firmadas, siempre que se pudieran comprobar con documentos que llevaran anejos o se designaran a los testigos que pudieran ser conocedores de los hechos. El Consejo de la Suprema también ordenó que las denuncias no solo se presentaran por escrito, sino que fueran autorizadas por un escribano público y jurando ser verdaderas.

---

[217] *Ibidem.*

Además, era necesario para cursar la denuncia que tanto el denunciante como los posibles testigos fueran personas de una reputación intachable y por ello el inquisidor se veía obligado a recoger informes sobre tales extremos.[218]

También podían investigar los inquisidores la comisión de un delito cuando fuera notorio, siempre que existieran contra el sospechoso datos y pruebas racionales. En este caso no era necesaria la denuncia.

Una vez detenido y secuestrados sus bienes, el tribunal interrogaba al acusado en la que algunos autores llaman la «sala del secreto».[219] En esta sala se encontraban en un estrado los inquisidores junto al fiscal, y en mesa aparte el notario dando fe de las manifestaciones de todas las partes.

Primero se preguntaba al acusado por su identidad, su estado civil, su genealogía, profesión y residencia. Luego por las razones por las que estaba detenido. Como he indicado más arriba, los inquisidores no advertían a los acusados de los hechos por los que estaban en prisión, por lo que al no saber de qué defenderse muchos de los detenidos confesaban pequeños delitos con el objeto de que el procedimiento no se alargara en demasía y salieran más o menos indemnes del envite.

Si el reo no adivinaba los motivos por los que estaba preso, después de tres admoniciones, volvía a ser encerrado en los calabozos. Pasados unos días volvía a ser interrogado.[220]

Acusación y nombramiento de abogado

Después de este nuevo interrogatorio el fiscal procedía a la lectura de la acusación con todos los cargos que hasta ese momento se acumulaban contra el acusado. Si negaba los cargos, si no confesaba, el Tribunal procedía a nombrarle un abogado, lo que reforzaba a pesar de las circunstancias del proceso que estamos narrando tan alejadas al procedimiento penal un derecho a la defensa. El acusado no podía nombrar libremente a su abogado, tenía que contentarse con el que le nombraba el tribunal del que dependía.

Los abogados formaban parte de la plantilla del tribunal y eran los únicos que tenían permiso para poder defender a los acusados por el Santo Oficio. No actuaban como un letrado al uso del siglo XXI: no podían estar presen-

---

[218] *Historia verdadera de la Inquisición.*
[219] *La Inquisición española.*
[220] *Ibidem.*

tes en las declaraciones de sus defendidos ni de los testigos y más que un defensor su misión consistía más en asistir al acusado para que confesara sus culpas.[221]

Es más, el abogado tenía que andarse con ojo de no acabar acusado de ser un sospechoso de defender a herejes si ejercía su profesión con demasiado celo.[222]

Además, el abogado no participaba en el proceso durante todo el procedimiento: lo hacía después de que se hubiera formulado la acusación contra el sospechoso. El abogado se encargaba de realizar una respuesta escrita a la acusación. Anteriormente tenía que haber animado al acusado a decir verdad y le había informado sobre su situación legal frente al tribunal.

No valía, por cierto, cualquier confesión. Tenía que ser perfecta, sin equívocos, verosímil y sin contradicciones. En este momento es cuando el acusado podía sufrir tormento. Lo explicaremos más adelante.

Presentado el escrito de defensa, las partes solicitaban que se practicaran las pruebas, que normalmente consistían en la ratificación de lo manifestado por los testigos cuando el acusado no había sido detenido.

En ese escrito de defensa el abogado debía informar de los testigos que deseaba valerse y deberían ser citados junto con las preguntas que deberían formulárseles. Era conveniente que no fueran familiares del acusado, pues su credibilidad a juicio del tribunal era mayor.

También podía tachar a aquellos testigos del fiscal que el acusado entendía que eran sus enemigos y que podían declarar contra él por razones espurias. El problema era que como los nombres de los testigos de la acusación eran secretos, más que otra cosa se trataba de una «adivinación», de forma que la defensa se limitada a enumerar en una lista a aquellas personas que consideraba eran sus enemigos y que, a lo mejor, formaban parte de la lista de testigos de la acusación. Además de la lista, en el escrito debían aportarse las preguntas que deberían hacerse a esos testigos. Evidentemente, si ninguno de los testigos que aparecían en la lista a tachar formaba parte de los testigos de cargo, el tribunal hacía caso omiso de la lista y de las preguntas. Y no bastaba con redactar una lista, había que manifestar las causas por las que podía existir una enemistad entre los testigos propuestos por el fiscal y el acusado.[223]

---

[221] *La prueba procesal en el derecho de la Inquisición.*
[222] *Ibidem.*
[223] *Ibidem.*

Además, en el escrito de defensa, el abogado defensor podía recusar al inquisidor si consideraba que este había actuado de forma maliciosa para perjudicar a su defendido. Ahora bien, la causa de recusación tenía que ser gravísima, dado que se presumía la probidad y honorabilidad de todos los funcionarios que estaban a cargo del Santo Oficio. El proceso no se suspendía, pero mientras se decidía la recusación, otro inquisidor tenía que ponerse al frente.[224]

Lo anteriormente manifestado con respecto al nombramiento de otro inquisidor y la suspensión del procedimiento mientras se nombraba tenía sus riesgos, pues podía suceder que el procedimiento se paralizase durante un tiempo largo e incluso larguísimo, como le ocurrió al arzobispo de Toledo Carranza, que estuvo años en prisión preventiva hasta que se solventó su incidente de recusación. Más adelante narramos cómo se sustanció aquel proceso inquisitorial.

El abogado podía introducir también en el escrito de defensa circunstancias eximentes o atenuantes de la responsabilidad criminal de su defendido. Dichas circunstancias podían ser[225]:

– La ignorancia: el acusado desconocía de forma involuntaria y con buena fe que su conducta podía ser una herejía o era contraria a la doctrina de la Iglesia, a pesar de haber desplegado diligente interés en averiguar la verdad. No podía recaer sobre verdades de derecho divino como son las verdades confesadas en el Credo, la virginidad de María, el misterio de la Trinidad. Raramente se admitía y en el caso de que así fuera el hombre debía tener la edad mental de un niño o «ser un mentecato». También se admitía la ignorancia como atenuante en los hijos de padres herejes que habían sido instruidos por estos en el error, discípulos de maestros perniciosos y los bautizados que capturados de pequeños habrían sido educados por herejes.
– La locura: la falta de juicio del acusado suponía también una eximente porque al no tener intelecto ni voluntad el loco no puede incurrir en el delito de herejía. Tampoco se debía castigar al que se vuelve loco después de cometer el delito mientras no recuperara la cordura. Ahora bien, la locura no debía nunca presumirse, tenía que ser el defensor el que la probara pues en muchos casos era fingida para evitar el castigo.

---

[224] *Ibidem.*
[225] *Las circunstancias atenuantes de la responsabilidad criminal en la doctrina jurídica de la Inquisición.*

- La embriaguez: pues se consideraba que el ebrio se hallaba en un estado mental de confusión que le impedía discernir correctamente sobre la realidad y le evitaba tener responsabilidad sobre sus actos. La embriaguez tenía que ser magna, es decir, la que priva del entendimiento y excusa de todos los actos pues se asemeja a una locura, pues la leve solo excusaba al acusaba de parte de su responsabilidad. La embriaguez magna también tenía que ser probada por el abogado y no tenía que haber sido buscada por el culpable para delinquir.

- Encontrarse en una situación que perturba transitoriamente el ánimo como puede ser la ira, el dolor corporal o el espiritual podía dar lugar a una atenuante de la responsabilidad del acusado, que debía proceder de una causa justa como la muerte de un familiar o haber sido afectado por un algún golpe o injusticia (por ejemplo, no se podía aducir cuando un jugador lanzara una blasfemia después de haber perdido en una partida de cartas). Se podía aplicar a los blasfemos que lanzan palabras heréticas o blasfemas bajo los efectos de una fuerte conmoción de ánimo, pero siempre han mostrado una conducta intachable como católicos. Siempre debía ser probada por el abogado y era raro que el acusado quedara totalmente libre de toda sanción en el caso de se demostrara, pues dependía de la calidad de la persona, el escándalo producido, etcétera.

- Ser menor de edad: dado que, por ejemplo, el delito de herejía necesitaba para su perfección una mínima madurez intelectual, no se podía aplicar a los menores de veinticinco años la pena ordinaria siempre que abjurasen de su error y siempre que hubieran cumplido catorce años los hombres y doce las mujeres (en estos casos la eximente de responsabilidad era completa). También se aplicó esta atenuante en otros delitos. De todas formas, si la malicia del reo era superior a lo que cabía esperar por su edad o no quisiera volver al seno de la Iglesia, no se aplicaba la eximente y podía ser entregado a los jueces seculares para que ejecutasen la sentencia.

- La senectud: la vejez daba también lugar a un trato benevolente distinguiendo entre la senectud propiamente dicha, es decir, entre los cincuenta y los sesenta años, y la decrepitud o vejez extrema, de los sesenta años en adelante. El anciano quedaba equiparado en su responsabilidad al menor de edad siempre que no se probara que estaba en plenitud de sus facultades gracias a la opinión de dos médicos.

- El sexo del condenado también podía ser una atenuante a la hora de aplicar la pena. Las mujeres no podían ser condenadas a galeras por razones de orden biológico y para evitar una promiscuidad indecorosa con los galeotes. Pero también podía ser un agravante: a partir de los doce años se consideraba a las mujeres responsables.

- El parentesco podía ser una atenuante, en cuanto a que el condenado podría haber actuado por emociones nacidas por los profundos afectos que se sienten hacia personas con las que se tienen lazos de familia, amistad estrecha, pasión amorosa o sentimientos de odio. Estos casos se refieren sobre todo a la falta de obligación que los padres tienen de denunciar a sus hijos y viceversa y la ayuda prestada al hereje que es consanguíneo próximo o amigo íntimo, a los que se aplicaría una pena menor a la ordinaria pero que no quedarían sin castigo.

- El miedo, la coacción o la fuerza física que incidían sobre un ser humano para cambiar su comportamiento también podían ser considerados como eximentes o atenuantes. Por ejemplo, se eximía totalmente de responsabilidad a aquellos que habiendo sido apresados por los musulmanes son obligados a realizar prácticas heréticas, pues no eran herejes ni pecadores al no poder responder de esas acciones.

- El estado de necesidad, es decir, cuando el condenado ha llevado a cabo la conducta delictiva presionado por una urgencia imperiosa. Por ejemplo, sería aplicable esta eximente o atenuante cuando el reo estando hambriento se hubiera introducido en una fiesta judía para comer sus manjares y saciar su apetito, no teniendo ninguna intención de celebrar un acto religioso.

- El buen comportamiento del condenado antes de cometer el delito era también considerado una atenuante. Por ejemplo, que fuera el primer delito podía ser un presupuesto para librarse de la pena ordinaria y ser castigado por una inferior.

- El arrepentimiento después de cometer el delito siempre que no hubiera delinquido con anterioridad podía lograr que fuera condenado a una pena inferior a la ordinaria. Para ser considerado en su plenitud, esta circunstancia obligaba a que el arrepentimiento fuera anterior al procesamiento y versar no solo sobre lo hecho sino también sobre las motivaciones que llevaron a cometerlo y que fuera espontáneo. Los arrepentidos de forma espontánea, incluso habiendo cometido herejía, no serían condenados a cárcel perpetua, ni desterrados ni se le confiscarían los bienes siempre que no tuvieran intención.

- La obediencia debida. Cuando el sujeto delinquía obedeciendo ordenes de un superior del que había recibido un mandato era considerado una eximente siempre que los delitos fueran de un tipo menor. Por ejemplo, un criado que había llevado a cabo prácticas heréticas por orden de su señor. El responsable real de aquellos actos era quien lo había ordenado.

La ratificación de los testigos

Los testigos de cargo

La ratificación se realizaba sin que el acusado estuviera presente, por lo que a estas alturas seguía sin conocer quiénes eran las personas que le acusaban de los delitos que le habían llevado a prisión.

Sí que tenían que estar presentes dos inquisidores y dos personas religiosas y el notario. Todas estas personas garantizaban que lo que daba fe el notario fuera cierto. Sin ratificación del testigo, la declaración que se había producido antes de la detención del sospechoso no tenía validez. El testigo tenía que jurar sobre los evangelios que diría la verdad con advertencia del grave pecado que podría suponer difamar a un inocente. También se le hacía saber en este momento procesal las consecuencias terribles que su declaración podía tener para el acusado y la posibilidad de retractarse de lo anteriormente declarado.[226]

> «Que juréis por Dios Nuestro Señor, y por la Señal de la Cruz (y siendo de Orden Sacro) por los Ordenes Sacros, que recebistes que diréis verdad enteramente de todo lo que supieredes, entendieredes, o hubieredes visto, o oído decir, que alguna persona, o personas, assi vivas, como difuntas, ayan fecho, o dicho, que sea, o parezca ser en ofensa de Dios Nuestro Señor, o contra nuestra Santa fe Católica, Ley Evangelica que tiene, guarda, predica, y enseña la Santa Madre Iglesia de Roma, o contra el recto, y libre ejercicio del Santo Oficio, sin encubrir cosa alguna, ni levantar falso testimonio, diga: si juro».[227]

Al testigo se le leía la declaración que había realizado en la instrucción del procedimiento antes de que el sospechoso fuera detenido y se le pedía que la ratificara, si tenía que rectificar algo de lo manifestado o si tenía que añadir algo más e incluso si se retractaba de lo dicho. En caso de que así lo hiciera, se exigía al testigo una explicación creíble sobre el cambio en su declaración y si no lo era podía implicar para el mismo que se le aplicara el tormento y ser castigado como testigo falso.

---

[226] *La prueba procesal en el derecho de la Inquisición.*
[227] *Ibidem.*

Ratificadas las declaraciones de los testigos el notario redactaba un escrito que contenía las declaraciones en esencia de los testigos de cargo que tenían valor probatorio y que se conocía como «la publicación». Dicho documento se le entregaba al acusado para que en el plazo de seis días pudiera alegar lo que estimase conveniente para demostrar su inocencia. Con el paso del tiempo este documento cobró vital importancia en el proceso, pues los inquisidores lo fueron considerando casi prueba plena y era muy difícil que cualquier otro medio de prueba les pudiera hacer cambiar el veredicto de culpabilidad que ya rondaba en sus cabezas. Realmente el plazo de seis días que se daba al acusado para alegar lo que considerase conveniente con respecto al escrito denominado «la publicación», se daba para que este recapacitara, confesara y se arrepintiera de sus pecados o delitos.[228]

Es en este momento en el que se entrega al acusado una copia de las actuaciones, sin los nombres de los delatores, y cuando conoce exactamente de lo que se le acusa.

Sigue sin saber los nombres de los denunciantes y tampoco conoce la identidad de las personas que han declarado contra él. La única posibilidad que tiene el acusado para defenderse de lo manifestado es poner en conocimiento del tribunal los nombres de las personas que él considera sus enemigos, por si algunas de ellas fueran los testigos, los motivos de la enemistad —tratando de demostrar que no eran fiables— y pedir que se cite a testigos que puedan declarar a su favor.

Los testigos de la defensa

«Luego los Inquisidores con diligencia se ocuparan en tomar las defensas que el reo tiene pedidas, y que le puedan releuar, recibiendo, y examinando los testigos de sus abonos, e indirectas, y los que presentare para prouar las tachas de los testigos que contra el reo despusieren. Y harán con muy grande diligencia las cosas que conuenga a la liquidación de su inocencia, con igual cuidado, que huuieren hecho lo que toca a la aueriguacion de la culpa, teniendo gran consideración a que el reo por su prisión, no puede hazer todo lo que hauia menester, y haría si estuviese en su libertad para seguir su causa».[229]

---

[228] *Inquisición. Procesos criminales y de fe (s. XV–XVII).*
[229] *Instrucciones de D. Fernando Valdés. Compilación de las Instrucciones del Oficio de la Santa Inquisición hechas en Toledo, año de 1561.*

Los testigos podían ser de abono o indirectos:

- Los testigos de abono son aquellos con cuyo testimonio se busca hacer ver que el procesado es un cristiano con buenas costumbres y de vida honesta que, por ejemplo, guarda las fiestas, ayuna los días que sean menester, acude a misa o que realiza actos de piedad. No tenían mucha importancia a la hora de rebatir los cargos de la acusación, pues difícilmente podían enfrentarse a aquellos testigos de cargo que manifestaban que el procesado había llevado a cabo un hecho concreto. Si el número de testigos de este tipo era notorio, y a juicio de los inquisidores de «calidad», podían decantar la balanza a favor del procesado y favorecer su absolución.
- Testigos indirectos o «prueba de indirectas»: mediante estos testigos se trataría de demostrar que sucedieron hechos, coartadas, que evidencian que las afirmaciones de los testigos de cargo son falsas. De existir estos testigos es probable que se desmonte la acusación.

Otra posibilidad que tenía la defensa era tachar a los testigos de la acusación alegando la existencia de algún motivo por el cual debe invalidarse la declaración de alguno de ellos, como puede ser la enemistad manifiesta o los intereses espurios. Alegar la tacha contra un testigo que había declarado era bastante complicado, pues como hemos comentado ni el abogado ni el procesado conocían los nombres de los testigos de cargo, aunque a estas alturas del proceso podían sospechar quiénes podían ser.

Para tachar a los testigos el abogado tenía que presentar una lista con los nombres de las personas que podían ser enemigos de su defendido y con una lista de preguntas para los testigos de la defensa que podían acreditar que las causas de enemistad eran ciertas. Dichas causas también debían relatarse expresando las circunstancias de tiempo y de lugar. Evidentemente, el escrito únicamente era considerado por el Tribunal cuando algún nombre de la lista coincidía con algún testigo de cargo. Si se probaban esas causas de enemistad la declaración del testigo recusado dejaba de tener efecto.

Aun siendo difícil adivinar el nombre de los testigos de cargo, en la práctica inquisitorial el escrito de tachas fue la prueba de descargo que logró que más procesados fueran absueltos.

Para que sus testigos fueran examinados por el Tribunal, el abogado tenía que presentar el llamado cuestionario, que se preparaba después de reunirse con el procesado y su familia y contenía tres elementos esenciales:[230]

---

[230] *Los conversos ante el Tribunal de la Inquisición.*

- Preguntas de orden personal: se preguntaba a los testigos si conocían al procesado, desde hace cuánto que lo conocían y si era un buen cristiano. También preguntaban sí conocían al fiscal para tratar de saber si este había hablado con él para pedirle que le ayudara con la acusación.
- Preguntas que iban encaminadas a que el testigo afirmara que no había visto cometer ningún acto que pudiera ser considerado una herejía o contrario a las buenas costumbres. Si por ejemplo la acusación en un proceso iniciado por llevar a cabo prácticas judaizantes manifestaba que el acusado había sido visto respetando el sábado, las preguntas irían encaminadas a demostrar que realmente trabajaba los sábados.
- Preguntas que iban encaminadas a demostrar que el acusado era fiel a la religión católica y a las normas de la Iglesia, si daba limosnas a cristianos pobres, si hacía peregrinaciones, si le habían visto rezar ante santos, si acudía regularmente a misa…
- Preguntas encaminadas a demostrar que los testigos de la acusación eran enemigos del acusado. Los testigos de la defensa podían corroborar que así era para que no tomase esas declaraciones a la hora de resolver el proceso.

El problema para el abogado era que tal y como hemos dicho anteriormente, las preguntas no las realizaba personalmente, sino que eran los jueces u otras personas del Tribunal las que se encargaban de realizarlas. No podía repreguntar. En cambio, los jueces sí podían hacerlo y llevar el interrogatorio a que el testigo diera detalles que pudieran empeorar la situación procesal del acusado.

La confesión

Las instrucciones de la Inquisición daban a la confesión un papel fundamental en el proceso. Tanto el veredicto de culpabilidad como de absolución se basaban principalmente en lo que pudiera manifestar el procesado, pues al ser el delito de herejía un delito de pensamiento, un delito de opinión se trata de un delito subjetivo, si el procesado confiesa poco o nada más hay que probar.

Además, si el procesado confesaba ya se podía buscar su arrepentimiento, pues siendo el Santo Oficio de la Inquisición un tribunal religioso era lo que debía buscar: la contrición que diera lugar al reingreso en la Iglesia del fiel y la salvación de su alma. Como hemos manifestado, el procedimiento inquisitorial no se regía por el principio *in dubio pro reo* (en caso de duda siempre hay que favorecer al procesado) sino por el principio *in dubio pro fidei* o *favor fidei*, es decir, se primaba la defensa de la fe por encima de otros intereses, de forma que si el procesado confesaba, uno de los objetivos del procedimiento inquisitorial ya estaba cumplido, luego solo faltaba el arrepentimiento.

El proceso inquisitorial imita el sacramento de la penitencia en el cual el pecador consigue el perdón, pero antes es necesario que confiese sus errores, que los reconozca como tales, que se arrepienta, que muestre propósito de enmienda, que solicite el perdón y que a cambio se encuentre dispuesto a cumplir con la penitencia que se le imponga.[231]

Las instrucciones de la Inquisición obligaban a dar audiencia al reo las veces que las pidiere con el fin de que pudiera confesar:

> «Porque desde la sentencia de prueba hasta hazer la publicación de los testigos suele a ver alguna dilación, todas las veces que el preso quisiere audiencia o la embiare a pedir con el Alcayde (como se suele hazer) se le deve dar audiencia con cuidado, así porque a los presos les es consuelo ser oydos, como porque muchas veces acontece un preso tener un día propósito de confesar o decir otra cosa que cumpla a la averiguación de su justicia y con la dilación de la audiencia le vienen otros nuevos pensamientos y determinaciones».[232]

Por otra parte, aunque el Santo Oficio de la Inquisición está dispuesto a perdonar al procesado si confiesa sus delitos, dependiendo del momento en que lo haga la pena que deberá cumplir será más o menos grave:[233]

– Si abierto un periodo de gracia o sin existir dicho periodo, sin que existiera denuncia o delación, sin que hubiera sido llamado y sin que existiera ninguna noticia de su delito, el creyente se presentaba ante el Tribunal de forma voluntaria y ponía en su conocimiento los delitos o pecados que hubiera cometido, será tratado benévolamente y se le impondrán simples penitencias espirituales que no serán mayores a las que le hubiera impuesto un sacerdote en el sacramento de la confesión.

– Si confiesa en las primeras audiencias cuando no conoce ningún detalle sobre lo que se le acusa y la confesión coincide con los testimonios de los denunciantes o de los testigos que antes de iniciarse el procedimiento corroboraron que había cometido un delito, los inquisidores entendían que el procesado había dicho la verdad y se le podía aplicar una penitencia con una amplia dosis de misericordia.

---

[231] *Consideraciones sobre el secreto del proceso inquisitorial.*

[232] *Instrucciones de D. Fernando Valdés. Compilación de las Instrucciones del Oficio de la Santa Inquisición hechas en Toledo, año de 1561.*

[233] *Consideraciones sobre el secreto del proceso inquisitorial.*

— Si el acusado niega hasta el momento en que se le notifica la acusación que ha cometido un delito o pecado, cuando confiesa y ya conoce los cargos, cuando todos los testigos ya han declarado, los inquisidores están obligados a entender que la confesión no es sincera y que solamente se ha producido para tratar de escapar a un castigo mayor. Aun así, tendrán en cuenta su confesión para dulcificar la pena que hubieran impuesto si nunca hubiera confesado.

En la relación del auto de la fe celebrado en Murcia en el año 1584 encontramos el caso de una condenada llamada María Cabida por prácticas mahometanas. Seguramente si hubiera confesado el caso se hubiera quedado en una pequeña penitencia, pero al confesar después del tormento, la pena fue mayor y con confiscación de bienes:

«María Cabida, morisca granadina, mujer de Geronimo Ximenez Alpuya, morisco granadino natural de benicandon, alistado en Sanct Clemente, de edad de veintitrés años. Fue testificada por los dichos Diego Carrillo y Magadalena Ruiz, su mujer, de que viviendo juntos en una casa con otros moriscos también cómplices, habían ayunado el ayuno del ramadán. Fue presa con secuestro de bienes y en todo el discurso de su causa estuvo negativa. Votose a tormento y persevero en su negativa. Después, habiendo pedido audiencia confesó el dicho ayuno, y declaró cómplices. Y que en el reino de Granada le habían enseñado tres oraciones de moros que dijo y confesó la intención, declarando el tiempo que en ella había estado, y todo con demostración de arrepentimiento de ellos. Y de haber confesado tan tarde, que sea admitida reconciliación en auto público, con confiscación de bienes, con aviso y cárcel por dos años».[234]

En última instancia la confesión valía para evitar la hoguera como más adelante veremos. El reo que se arrepiente y reconoce su delito en el momento en que se va a llevar a cabo la ejecución, será ejecutado por garrote en vez de ser enviado a las llamas, consiguiendo además el perdón de los pecados y la salvación de su alma del fuego del infierno.[235]

Ahora bien, también podía ocurrir que el acusado confesara un delito del que no tuviera conocimiento el Tribunal. Como veremos más adelante, sobre todo el proceso hasta el escrito de acusación regía el secreto: el procesado no sabía ni quién le acusaba ni de qué se le acusaba. Si confesaba un delito ajeno

---

[234] *Ibidem.*
[235] *Las circunstancias atenuantes de la responsabilidad criminal en la doctrina jurídica de la Inquisición.*

por el que se le estaba procesando su situación procesal se agravaba, pues añadiría un delito más por el que podría ser condenado.

Si existían indicios razonables de que el procesado era culpable de los delitos de los que había sido acusado, pero no existía prueba plena, la confesión se podía obtener utilizando la tortura.

La tortura en la instrucción de los procedimientos

Cuando en una película de Hollywood sale de manera tangencial o directa la Inquisición, lo más probable es que el guionista y el director nos muestren una escena que representa a los acusados sufriendo tormento. Se olvidan, o más bien desconocen, que la tortura se aplicaba en todos los procedimientos penales, fueran civiles o religiosos, en los tiempos en que estuvo funcionando el Santo Oficio.

> «Es un verdadero anacronismo, ininteligible en un historiador serio, en desatarse en diatribas sobre la Inquisición española por el hecho de emplear en sus juicios el tormento (…) La Inquisición española no inventó el empleo del tormento, como no inventó la pena de muerte contra los herejes. En su tiempo empleaban el tormento todos los tribunales legítimamente establecidos. Por lo tanto, al emplearlo ella en sus juicios no hacía otra cosa que seguir la costumbre universalmente admitida».[236]

Los procesos de la Inquisición española estudiados hasta ahora han demostrado que la tortura se utilizaba en raras ocasiones, entre otras cosas, como es lógico, porque no se fiaban de que mediante la confesión realmente se pudiera obtener la verdad. Una persona coaccionada es fácil que diga cualquier respuesta con tal de dejar de estar sufriendo.

La tortura se utilizaba como un medio para obtener la confesión de los procesados y no se prohibió en la mayoría de los códigos penales europeos hasta el siglo XVIII. Además, por raro que parezca a las mentes absorbidas por la Leyenda Negra, el Tribunal de la Inquisición utilizaba la tortura en raras ocasiones y si lo hacía, empleaba una serie de precauciones y garantías para el acusado que los tribunales civiles no tomaban.

> «La tortura inquisitorial no es más que una vicisitud del procedimiento penal "clásico". Sigue estando muy limitada en sus modalidades como en sus

---

[236] *La Inquisición española.*

ámbitos de aplicación. Por escasa frecuencia, cuando excepcionalidad (¿un 10 por ciento de los casos en total?), es un procedimiento que no justifica la terrible reputación de la Inquisición».[237]

Por supuesto, la tortura no es un invento de la Inquisición española y mucho menos fue introducida en el proceso penal en la península ibérica:

> «Aunque la tortura fue admitida y parcialmente regulada tanto por el Derecho romano como por más antiguos ordenamientos, la institución fue definitivamente construida por la doctrina italiana de la Baja Edad Media. Después de las fragmentarias reflexiones de los primeros glosadores sobre la tortura, apareció en Bolonia entre 1263 y 1286 una obra anónima y sin título que fue unánimemente citada como *Tratactus de tormentis*; la tortura recibía en ella un tratamiento sistemático, examinándose sucesivamente su concepto, sujetos pasivos, grados, efectos, etcétera».[238]

El rey Alfonso X el Sabio ya menciona la tortura y recuerda que fueron «sabios antiguos» los que la emplearon para conocer la verdad:

> «Cometen los homes, dicen, e facen yerros grandes e males encubiertamente, de manera que non pueden ser sabidos nin probados. E por ende tovieron por bien los sabios antiguos que ficiesen tormentar los omes por que pudiesen saber la verdad entre de ellos».

Tampoco fue precisamente la Inquisición española la que introdujo el tormento en los procedimientos penales religiosos. El papa Inocencio IV, en la bula *Ad extirpanda* en el año 1252, autorizó a la Inquisición Pontificia el uso de la tortura y lo hizo porque «los herejes eran ladrones y asesinos de almas, y que no debían ser tratados mejor que si fuesen literalmente ladrones y asesinos».

De todas formas, la tortura no se estableció como un modo de castigo, sino como un método para extraer la verdad. El límite impuesto para la tortura era *citra membri diminutionem et mortis periculum*, es decir, no podía causar la pérdida de vida o miembro o poner en riesgo la vida del acusado. Además, la tortura debía ser aplicada una sola vez y únicamente cuando existiera certeza de que el acusado no hubiera dicho la verdad. También es cierto que en algunas ocasiones no se aplicaba una vez, sino cada vez que existieran nuevas evidencias.

---

[237] *Inquisición española: poder político y control social.*
[238] *La tortura en España.*

«En comparación con la crueldad y las mutilaciones que eran normales en los tribunales seglares, la Inquisición se nos muestra bajo una luz relativamente favorable, este hecho, en conjunción con el usual buen nivel de las condiciones de sus cárceles, nos hace considerar que el tribunal tuvo poco interés por la crueldad y que trató de templar la justicia con la piedad».[239]

Nicolás Aymerich fue un dominico y teólogo catalán nacido en Gerona en el 1320, que llegó a ser inquisidor general en 1356 y capellán del papa Gregorio XI. Elaboró el *Manual de los Inquisidores* cuando era inquisidor general del Reino de Aragón. En el capítulo V regula la tortura:

«Se enviará al suplicio:
1. Al acusado que dé diferentes respuestas acerca de las circunstancias, negando el hecho principal.
2. A quien teniendo fama de Hereje y habiéndosele probado su deshonra, tenga un testigo en su contra (aunque fuera uno) que declare haberlo oído decir o hacer algo en contra de su fe, ya que tanto ese testigo como la mala fama del Acusado constituyen una semiprueba y son indicios suficientes para aplicarle tomento.
3. Si en vez del testigo que acabamos de suponer se añaden a la difamación de herejía otros indicios de peso (o aun uno solo), se debe asimismo aplicar el tormento.
4. Aun cuando no existiese difamación de herejía, bastará un solo testigo que hubiese visto o escuchado decir algo en contra de la fe y uno o varios indicios de peso, para someter el Acusado al suplicio.

Sin embargo, existen excepciones a lo que acabamos de decir, que la mala reputación no basta por si sola para la aplicación de las torturas:
1. Cuando la mala reputación va acompañada de las malas costumbres, ya que las gentes que a ellas se abandonan caen fácilmente en la herejía, sobre todo en los errores que autorizan su vida criminal. Así ocurre, por ejemplo, con quienes siendo incontinentes y con gran inclinación por las mujeres, se persuaden fácilmente de que la simple fornicación no es un pecado.
2. Cuando el Acusado hubiera huido, este indicio, junto con la mala reputación, basta que para que se le aplique el tormento».

Antes de llevar a cabo el tormento había que dictar la sentencia de tortura que, según el *Manual* de Aymerich, tenía el siguiente contenido:

«Nos inquisidor, por la gracia de Dios, etc., considerando cuidadosamente el proceso que se sigue contra vos, viendo que cambiáis vuestras respuestas y que hay contra vos indicios suficientes, a fin de saber la verdad por vuestra propia

---

[239] *La Inquisición española.*

boca, y de que no sigáis fatigando los oídos de vuestros Jueces, juzgamos, declaramos y decidimos que tal día a tal hora seréis sometido al tormento».

Una vez dictada, según el *Manual* de Aymerich, se procedía de la siguiente manera:

1. «Cuando haya sido dictada la sentencia de tortura y mientras los Verdugos se preparen a ejecutarla, el Inquisidor y otras personas de bien harán nuevos intentos para obligar al Acusado a confesar la verdad. Los torturadores desvestirán al criminal con una especie de turbación, precipitación y tristeza capaz de atemorizarlo, y cuando lo hayan despojado totalmente de sus ropas se lo dejará aparte, exhortándole una vez más a que confiese. Se le prometerá la vida a cambio de su confesión, a condición de que no sea relapso en cuyo caso no se le puede prometer tal cosa.
2. Si todo resultara inútil se lo someterá al tormento, durante el cual se le interrogará, primeramente, sobre los cargos menos graves de que se le acusa, ya que confesará fácilmente las faltas más benignas que las mayores.
3. Si se obstinara en la negativa, se le mostrarán los instrumentos de otras torturas, diciéndosele que tendrá que pasar por todas ellas si persiste en querer confesar la verdad.
4. Finalmente, si el Acusado no confesara, podrá continuarse con el suplicio durante el segundo y el tercer día, pero solo se proseguirá con las torturas, sin repetirlas, ya que esto no puede hacerse si no aparecen nuevos indicios.
5. Cuando un Acusado hubiese soportado el suplicio sin confesar, el Inquisidor deberá darle libertad mediante una sentencia en la que se indique que luego de examinarse cuidadosamente su proceso no se han encontrado pruebas legítimas contra él acerca del crimen de que se le acusaba.
6. Los que confiesen serán tratados como herejes penitentes no relapsos, los que lo hicieran por primera vez; como impenitentes, si no quieren abjurar; y como relapsos, si se trata de la segunda vez que caen en herejía».

De todas formas, Aymerich recuerda en su *Manual* que las confesiones pueden ser engañosas.

El Santo Oficio siguió el texto de Aymerich con algunos matices:

1. Solo es posible someter al reo a tormento si existen pruebas de su culpabilidad o se encuentran indicios legítimos.
2. Para eliminar la sospecha, existen otros métodos que los inquisidores pueden usar además del tormento, como son la abjuración y la purgación canónica.

3. Para atormentar al acusado era necesario haber agotado todos los medios posibles para provocar que el reo confesase, por ejemplo, usando promesas y amenazas.

4. Las confesiones obtenidas bajo coacción no son válidas salvo que el acusado ratifique su confesión al día siguiente de la sesión del tormento. En caso de no hacerse así, la confesión era considerada nula.

5. La orden de aplicar el tormento era comunicada al reo, que tenía la posibilidad de apelar ante el Consejo Supremo de la Inquisición, aunque también es cierto que rara vez la apelación resolvía a su favor.[240]

6. Un médico estaba siempre presente cuando se aplicaba el tormento. No se podía causar ninguna mutilación ni producir heridas al acusado. En ningún caso debía estar presente la sangre.

En caso de que los inquisidores determinaran que era necesario el tormento para obtener la confesión del acusado, lo primero que debemos hacer notar es que se buscaba producir un dolor muy agudo, pero nunca que el acusado sufriera mutilaciones y mucho menos la muerte como parecen sugerir los falsos museos de la Inquisición para extranjeros que se pueden ver en algunas ciudades de España.

También es cierto que la Inquisición española fue una de las primeras instituciones que abolió la tortura. A pesar de que en sus *Instrucciones* seguía estando prevista de la forma que hemos descrito en este libro, en la práctica dejó de utilizarse, de forma que Llorente, el principal urdidor de la Leyenda Negra contra la Inquisición, afirma que «es cierto que los inquisidores hace mucho tiempo que se han abstenido de decretar la tortura, de forma que casi se puede reputar abolida por el no uso».[241]

La Inquisición española utilizó para aplicar la tortura tres instrumentos, no los cientos que parecen indicar los museos que antes hemos mencionado: los cordeles, el agua en combinación con el burro y la garrucha.

La garrucha

Este método consistía en colgar al acusado de una cuerda que estaba atada en el techo y suspenderlo en el aire con unos pesos atados en los pies. Como se pueden imaginar el dolor que producía esta práctica resultaba bastante agudo. De vez en cuando se le alzaba y se le soltaba de golpe.

---

[240] *Ibidem.*
[241] *La Inquisición española (1218-1834).*

La tortura del agua o toca

El acusado era atado a un bastidor, se le forzaba a abrir la boca y se le introducía en la boca un paño o toca. Una vez con la boca abierta se vertía agua lentamente en la cavidad bucal de forma que el acusado tenía la sensación de que se ahogaba. La severidad de la toca dependía del número de jarros que se empleaban para llevarla a cabo.

El potro o cordeles

En este caso las extremidades del acusado se ataban a un bastidor. El tormento se llevaba a cabo por el verdugo apretando con las cuerdas los brazos o piernas del acusado, no estirándolas como aparece en varias películas que han tratado de representar las torturas de la Inquisición. Este fue el procedimiento común a partir del siglo XVI.

Del tormento, si los inquisidores entendían que debía aplicarse, no se libraban ni los nobles. Así se describe el tormento de cierto duque:

«Martes 1.º de Diciembre, se volvieron a juntar en casa del Sr. Presidente de Castilla, y el efecto de la primera y segunda junta parece fue haberse resuelto que se diese tormento a el Duque, el cual se ejecutó en presencia del Sr. D. Pablo de Amezqueta, y para hacerlo, y que corriese por los tiempos ordinarios se compraron unos calzoncillos de lienzo en la calle de las Postas; y con solo ese abrigo pasó el Duque al aposento en donde estaba prevenido el potro. Y antes de entrar dijo el Duque al Sr. D. Pablo que siempre le había tenido por su amigo, pero que en aquella ocasión le suplicaba no lo pareciese, supuesto que, a Junta compuesta de tan grandes ministros, a S.M. había parecido que hiciese con él semejante demostración. Diéronle seis vueltas de mancuerda, que sufrió con sumo valor sin hablar palabra, más que decir al principio no sabía más de lo declarado. Estuvo en el potro cinco cuartos de hora, y al cabo de ese tiempo se acostó en la cama, y reconociendo un alguacil de los que le asisten que tenía algunos temblores, le dijo: parece que tiembla V.E., y incorporándose en la cama le respondió: no es de dolor ni de miedo, sino de frío, que he estado mucho tiempo desnudo. Diéronle permiso para que le cursasen los médicos y cirujanos que quisiese escoger, y estos dicen no quedará con manquedad, pero que está muy lisiado y que ha tenido algunos accidentes, y le ha sobrevenido calentura».[242]

---

[242] *Historia verdadera de la Inquisición.*

Desde luego tener que sufrir tormento no era plato de buen gusto. Como la Inquisición tomaba nota de todo tenemos en los documentos oficiales muchos relatos de cómo se practicó la tortura a los encausados. Por ejemplo, a una mujer acusada de no comer carne de cerdo y de cambiarse de ropa los sábados, lo que podrían ser indicios de prácticas judaizantes:

> «Se ordenó que fuera puesta en el potro y ella preguntó "Señores ¿Por qué no me dicen qué tengo que decir? Señor póngame en el suelo ¿no he dicho ya que hice eso?". Le pidieron que lo dijera. Y ella respondió: "No recuerdo, quíteme de aquí. Hice lo que los testigos han dicho". Le pidieron que explicara con detalle qué es lo que habían dicho los testigos. Y ella explicó "Señor, como ya le he dicho, no lo se de seguro. Ya he dicho que hice todo lo que los testigos dicen. Señores, suéltenme, por favor, que no lo recuerdo". Le pidieron que lo dijera. Y ella respondió "Señores, esto no me va ayudar a decir lo que hice y ya he admitido todo lo que he hecho y que me ha traído a este sufrimiento. Señor, used sabe la verdad. Señores, por amor de Dios, tengan piedad de mí. ¡Oh Señor! Quité estas de mis brazos, señor, suélteme, me están matando". Fue atada en el potro con las cuerdas, y amonestada a que dijera verdad, se ordenó que fueran apretados los garrotes. Ella dijo: "Señor, no ve que estas personas me están matando. Lo hice, por amor de Dios, dejen que me vaya"».[243]

La Inquisición española no utilizó el fuego como se ve en algunos dibujos o grabados, ni se ataba al acusado a un brasero, ni existía una cámara del tormento donde se apilaban decenas de instrumentos de tortura, ni se utilizaba una rueda a la que se ataba al acusado, ni se empleaba la famosa doncella de hierro por el simple motivo de que el Santo Oficio buscaba la confesión del acusado, no su mutilación ni el descuartizamiento de su cuerpo o su muerte.

> «Durante el tormento, debe tenerse presente que los inquisidores estaban alerta para ver si alguno se debilitaba de tal manera que su vida corriera realmente peligro, pues en este caso se suspendía todo inmediatamente. Del mismo modo se suspendía también la tortura tan pronto como el reo se declaraba dispuesto a hacer alguna confesión. Una hora y poco más duraba la sesión de tortura, y normalmente el tormento se daba una vez para la misma cosa».[244]

Cuando se aplicaba el tormento al sospechoso de herejía evidentemente podía suceder que confesara o no. Si así lo hiciere, la confesión tenía que ser ratificada en las veinticuatro horas y los tres días siguientes a que se hubiere

---

[243] *La Inquisición española.*
[244] *Ibidem.*

producido para que pudiera ser considerada como prueba. Por supuesto, la ratificación se tenía que producir sin que se torturara de nuevo al infeliz que podía alegar que confesó por dolor o miedo.

En caso de que no confesara durante el tormento, se entendía que «había vencido», por lo que no se tenían en cuenta los indicios que pudiera haber en su contra y no podía ser condenado.

Con el tormento termina definitivamente el proceso y se dicta sentencia. Para dar esta, todo el tribunal tenía que reunirse con el ordinario del lugar o el delegado de este y los consultores; se leía íntegramente la causa, porque algunos de los presentes podían desconocer una parte y se votaba.

La terminación del procedimiento

La consulta de fe

Terminada la fase probatoria el procedimiento quedaba a expensas de que se dictase sentencia, pero antes tenía que pronunciarse la junta de asesores en materia de herejía que se ocupaba de revisar el proceso y verificar que todo el aparato del Santo Oficio había actuado de una forma correcta. Sin este dictamen los inquisidores no podían dictar sentencia.[245]

La junta de consultores solía estar formada por cinco teólogos y cinco juristas. Además, se permitía la participación del fiscal para informarlos del carácter del proceso y de la acusación.

Los consultores podían examinar los documentos del proceso, los nombres de los testigos, sus declaraciones y el método de defensa utilizado por el abogado. Una vez realizado el examen se reunían para expresar su parecer sobre el caso y emitir su voto. Además de informar sobre la legalidad del proceso, tomaban partido acerca de la inocencia o culpabilidad del acusado, pero su opinión no era tomada en cuenta por los inquisidores a la hora de dictar sentencia.[246]

Compurgación

Antes de que se dictara sentencia el acusado podía acudir a la «compurgación canónica», una figura legal procedente del derecho germánico que permi-

---

[245] *Inquisición. Procesos criminales y de fe (s. XV–XVII).*
[246] *Los conversos ante el Tribunal de la Inquisición.*

tía probar la inocencia *in extremis*. Consistía en presentar una serie de testigos cuyo número podía variar dependiendo de la gravedad del delito y que debían jurar que el acusado era inocente. Únicamente se podía acudir a la «compurgación» cuando el Tribunal no estuviera seguro de la culpabilidad. En el caso de que el acusado logrará que todos los testigos juraran a su favor, se le aplicaba la pena más benigna que pudiera imponerse conforme al delito cometido.[247]

Para que la compurgación tuviera efectos debía celebrarse una ceremonia en la que primero se hacía un careo entre el acusado y los testigos en el que dan fe de que se conocen y que aceptan la compurgación por iniciativa propia. Después se envía al acusado a prisión o a otra estancia y el Tribunal interroga a los testigos. Si pasa la prueba, se acepta la compurgación y se impone la pena más leve conforme al delito cometido.[248]

> «El que se ha compurgar, en presencia de los compurgadores, jure en forma de derecho sobre la cruz y sanctos evangelios de dezir verdad sobre lo que fuere preguntado; y hecho el dicho juramento, los inquisidores les digan: "Vos, fulano, fuistes acusado de tal y de tal delicto, expecificándole los delictos que saben heregía solamente, de los cuales estáis vehementer sospechoso, considerados los méritos del proceso. Preguntamos os, so cargo del juramento que hezistes, si cometistes o fecistes o creísteis estas cosas o alguna de ellas". Y recibida la respuesta del preso, en presencia de los compurgadores, vuélvanle a la cárcel. Y después reciban juramento de los compurgadores en forma, etc. Y les pregunten a cada uno por sí, so cargo del juramento, si creen que el dicho fulano preso dixo la verdad, y asiéntense en el proceso lo que dixeren y pasare sucesivamente».[249]

La sentencia

La sentencia se elaboraba después de la deliberación correspondiente del tribunal. Recogía de forma ordenada los hechos probados y todas las actuaciones y vicisitudes que habían ocurrido durante el proceso.

La sentencia podía absolver o suspender a los acusados, condenarlos obligándoles a ser penitenciados o condenarlos a la pena capital.

La absolución del acusado se daba en rara ocasión, pero ocurría, a diferencia de lo que pasaba en la Inquisición medieval, en la que el *Manual* de Aymerich recomendaba que siempre se condenara al acusado o se le suspendiera, puesto

---

[247] *La Inquisición española.*
[248] *Inquisición. Procesos criminales y de fe (s. XV–XVII).*
[249] *Instrucciones de 1561.*

que la absolución completa suponía que la Inquisición había cometido un error a la hora de encausar al enjuiciado.[250]

La suspensión era similar en sus efectos a la absolución, pero permitía al tribunal reanudar el procedimiento contra el acusado en cualquier momento. No se aplicaba lo que en la actualidad se conoce como «cosa juzgada», es decir, una vez absuelto y encontrándose firme la sentencia no se puede volver a abrir un proceso de nuevo contra el mismo acusado por la misma causa.

Si el acusado era condenado, el tribunal tenía que conseguir que se arrepintiera del delito cometido. Según el historiador Joseph Pérez habría en este caso que distinguir entre tres categorías de condenados:

> «1. Los simplemente convictos: existen contra ellos motivos para pensar que han cometido el delito de herejía, pero no hay pruebas suficientes y los interesados se niegan a confesar su culpa.
> 2. Los confitentes, es decir, los que han pecado y lo reconocen,
> 3. Los pertinaces. En esta categoría entran los que, después de haber sido reconciliados en un juicio anterior, reinciden en la herejía y también los que se niegan a confesar a pesar de las pruebas existentes contra ellos».[251]

Los que se arrepentían y abjuraban espiritualmente de sus delitos cometidos eran considerados penitenciados. La abjuración era considerada «de levi» si se trataba de un delito menor o «de vehementi» por uno grave. La segunda de las abjuraciones conllevaba que en caso de reincidencia el penitenciado se enfrentaría a un severo castigo. Por supuesto además tenía que sufrir una pena que podía consistir en llevar el famoso sambenito, una multa, azotes, el destierro o incluso la condena a prisión o galeras, además, por supuesto, de la confiscación de sus bienes en la mayoría de los casos.[252]

Los pertinaces se clasifican en tres clases:[253]

1. Los penitentes relapsos: son los que después de haber sido procesados una primera vez por herejía, haber confesado su delito, haber sido reconciliados, haber abjurado y hecho penitencia, recaen en la herejía.
2. Impenitentes no relapsos: son los que son procesados por primera vez, que ha sido probada su herejía, pero se niegan a admitirlo, a confesar y a arrepentirse.
3. Y los que son a la vez impenitentes y relapsos.

---

[250] *La Inquisición española.*
[251] *Crónica de la Inquisición en España.*
[252] *La Inquisición española.*
[253] Pérez, 2002.

A estos condenados les correspondía ser condenados a muerte en la hoguera, práctica que por cierto no inventó la Inquisición española y que era corriente en la cristiandad como veremos más adelante.[254]

La sentencia podía ser apelada ante el Consejo de la Suprema, pero tal y como afirma Bernardino Llorca «raras veces obtuvo resultado práctico, ya porque el mismo tribunal local lo consideraba fútil y no le daba curso, ya porque el Consejo Supremo hacía ordinariamente que prevaleciera el fallo de las Inquisiciones locales».

También se podía apelar ante el inquisidor general y la Santa Sede, pero los inquisidores encontraron una artimaña para que la apelación no pudiera llevarse a cabo: esperaban hasta el último momento para notificar la sentencia al reo, en pleno auto de fe, cuando ya no era posible la apelación.[255]

El proceso contra los reos ausentes

Este procedimiento se llevaba a cabo cuando la persona reclamada por la Inquisición no era hallada. Se inicia con la citación del acusado y en caso de que no acuda o no se le halle se le declaraba en rebeldía. Se hacían dos citaciones: una en el domicilio del acusado y otra en la misa del domingo o en la puerta de la iglesia. Si después de 30 días tras la última notificación el acusado no comparece, se consolida su condición de rebelde.

Primero declaraban los testigos ante notario que lo hacían tanto sobre los hechos de que se acusaba al rebelde como sobre su situación de rebeldía. El fiscal volvía a citar al acusado por el plazo de tres días. Transcurrido ese plazo, el Tribunal dictaba sentencia, que si era condenatoria requería el voto unánime de todos sus integrantes si era de muerte.

Dictada la sentencia se volvía a citar al acusado y si no comparecía la sentencia se convertía, en definitiva. La ejecución de la sentencia, si era a muerte, se hacía durante el auto de fe quemando una estatua que representaba al condenado.

Procedimiento contra reos difuntos

Al contrario de lo que nuestra legislación actual dispone, la responsabilidad penal no se extinguía con el fallecimiento del acusado.

---

[254] *La Inquisición española.*
[255] *Crónica de la Inquisición en España.*

El procedimiento se iniciaba citando por edictos a los hijos, herederos o cualquier otra persona que pueda hablar en defensa del acusado. Personadas se les leía la acusación. Si no comparecían en el plazo de quince días se les declaraba en rebeldía para defender la memoria del difunto.

Después se nombraba un abogado y si había acudido alguna persona en representación del difunto las actuaciones se desarrollaban frente al representante legal. A partir de este momento el procedimiento se desarrollaba como si el acusado estuviera vivo. Se examinaba a los testigos, el abogado elaboraba el escrito de defensa, los asesores dictaminan si el proceso había seguido los requisitos legales y los inquisidores dictaban sentencia.

Si el veredicto es absolutorio, se restituía la fama del procesado leyéndose la sentencia en auto de fe en presencia de sus herederos. Si es condenatorio conllevaba la excomunión del fallecido, la confiscación de los bienes que hubiere podido tener en vida y muy posiblemente, dependiendo de la gravedad del delito, la exhumación y la quema de sus restos, puesto que no se podía enterrar en lugar sagrado a herejes y apóstatas.[256]

La condena afectaba a los descendientes del difunto. Además de por perder los bienes que habían podido heredar al ser confiscados por la Inquisición, pues quedaban empobrecidos y muchos de ellos perdían sus medios de vida, los hijos se veían privados del derecho a detentar cargos públicos durante dos generaciones y a las hijas, durante una generación, también se les imponían restricciones.[257]

El auto de fe

El proceso terminaba con el auto de fe, es decir, «acto de fe», que consistía básicamente en un acto solemne con misa, sermón y lectura de las sentencias, que a medida que pasó el tiempo fue progresivamente haciéndose más barroco, con gran asistencia de público.

En el Museo del Prado se puede apreciar un cuadro de Francisco Rizi que representa el auto de fe que se celebró en la Plaza Mayor de Madrid en el año 1680 y al que acudieron el rey Carlos II y su esposa.

Las normas para la celebración de los autos de fe aparecieron por primera vez en las *Instrucciones* inquisitoriales de 1561: se estableció que los autos se

---

[256] *Inquisición. Procesos criminales y de fe (s. XV–XVII).*
[257] *Los conversos ante el Tribunal de la Inquisición.*

celebraran en días festivos para favorecer una gran asistencia, en especial, de los altos cargos y la aristocracia.[258]

Normalmente se celebraba un auto de fe con frecuencia anual, su convocatoria se hacía con un mes de antelación y se anunciaba en los lugares públicos más concurridos y en los pueblos limítrofes. Anteriormente habrían pedido autorización al Consejo de la Suprema, que era el organismo encargado de autorizarlos.

> «Sepan todos los vecinos y moradores de esta villa de Madrid, corte de S.M., estantes y habitantes en ella, como el Santo Oficio de la Inquisición de la ciudad y reino de Toledo, celebrará auto público de la fe en la plaza mayor de la corte, el domingo 30 de junio de este presente año, y que se les conceden las gracias e indulgencias por los sumos pontífices, dadas a todos los que acompañaren y ayudaren a dicho auto. Mándase publicar para que venga a noticia de todos».[259]

Se invitaba a los reyes, que si se encontraban en la ciudad solían acudir, además del obispo y del cabildo de la ciudad.

El día de la celebración del auto de fe se distribuía la lista de penitentes y condenados y se tenían preparados los hábitos de los penitentes con sus cruces y decoración especial para los condenados.

En la víspera se realizaba la procesión de la «cruz verde» por el mismo camino por donde pasarían al día siguiente los penitentes y condenados en la madrugada.

A los condenados a muerte en la hoguera su sentencia se les notificaba tres días antes a la celebración del auto de fe. Durante ese tiempo se les trataba de convencer para que mostrasen su arrepentimiento. Si así lo hacían, no eran perdonados, pero eran ejecutados normalmente mediante el método del garrote vil, no se les quemaba vivos.

Leídos los cargos que se tenía contra cada acusado, se entregaba a la justicia civil los reos impenitentes y relapsos, si los había. Después se procedía a la abjuración de los demás, es decir, a la retractación pública de los delitos que podía haber cometido cada acusado. Para ello se hincaban de rodillas delante de la cruz que se hallaba en el altar.

---

[258] *La Inquisición española.*
[259] *Crónica de la Inquisición en España.*

«Concluidas las abjuraciones, el inquisidor que presidía el auto, revestido de los ornamentos sagrados, dirigía a los penitentes las preguntas relativas a los artículos de nuestra santa fe: ¿Creéis que es Dios uno en esencia y trino en personas? ¿Creéis que el Padre es todopoderoso, no creado, ni engendrado, ni hecho? ¿Creéis...? Y a cada una de estas preguntas, cada uno de los penitenciados respondía: "Sí, creo". Después el mismo inquisidor rezaba el exorcismo, y unas oraciones muy devotas, al terminar las cuales hincábase asimismo de rodillas, entonándose entonces acompañado de la orquesta el salmo *Miserere mei*, en cuyo acto los comisarios del Santo Oficio, con unas varillas muy delgadas, daban en las espaldas a los reconciliados. En segunda recitaba el Inquisidor los versos y oraciones del Ritual e invocaba al Espíritu Santo con el himno *Veni Creator Spiritus*. En pronunciando estas primeras palabras, el velo de la cruz verde que hasta allí estaba cubierta, se descorría súbitamente, dejando ver en ella el signo de la Redención, y en el color que tenía, el símbolo de la esperanza».[260]

El auto de fe terminaba con la lectura de la sentencia a los condenados:

«Hacia las doce comenzaron a leer la sentencia a los delincuentes condenados. Primero se leyó la de los que murieron en prisión o estaban proscritos. Sus figuras de cartón fueran subidas a una pequeña tribuna y metidas en jaulas hechas con ese propósito. Luego prosiguieron leyendo la sentencia a cada delincuente, quienes seguidamente, eran metidos uno a uno en dichas jaulas para que todos los conocieran. La ceremonia duró hasta las nueve de la noche y cuando hubo acabado la celebración de la misa, el Rey se retiró y los delincuentes que habían sido condenados a ser quemados fueron entregados al brazo secular, y, siendo montados sobre asnos, fueron sacados por la puerta llamada Foncaral, y cerca de este lugar a medianoche, fueron todos ejecutados».

(*Descripción de un auto de fe celebrado en Madrid*).[261]

La elevación del número de procesados originó una forzosa selección de los de más relieve, que eran despachados fuera de auto. En 1566 en Valencia, por ejemplo, salieron al auto de 3 de febrero 53 personas, mientras que 14 eran despachadas en la sala de la Audiencia.

---

[260] *La Inquisición.*
[261] *Ibidem.*

Así describía un auto de fe el historiador del siglo XIX Francisco Javier García Rodrigo:

«Ejecutábanse los autos de un modo imponente a causa de su aparato, porque los pecados públicos exigen pública satisfacción; y era necesario comprendiese un pueblo preocupado el mentido poder de aquellos falsificadores de prodigios, que habían explotado su credibilidad. Alguna fuerza militar procedía siempre a los hermanos de San Pedro Mártir, que llevando su pendón, caminaban alineados en dos filas: seguíanles muchos caballeros y vecinos, de riguroso luto; las comunidades religiosas y eclesiásticos seculares; los calificadores llevando una cruz verde cubierta con negro crespón; y cerraba la marcha el Tribunal con el pendón de la fe, los Fiscales, Secretarios, Ministros titulares, Notarios y demás Familiares, llevando cirios de libra encendidos. El algualcil mayor iba montado y con escolta llevando a los reos cubiertos con hábitos penitenciales de tela amarilla, en que por delante y por la espalda aparecía de color rojo la cruz aspa de San Andrés, y cubrían sus cabezas unas corozas con llamas pintadas, o sin ellas, según la pena que habían merecido. Rodeábanles algualciles, y muchos religiosos que excitaban su arrepentimiento y se les guardaba grande consideración, conduciéndoles a pie, sin ataduras y cada uno de los penitentes con su cirio apagado: únicamente a los blasfemos se ponía mordaza y una soga en el cuello. Colocábase un tablado con bancos para la comitiva, reservando a los reos un lugar aparte, y bajo dosel de terciopelo negro los sillones para el tribunal: un tapete morado con las armas del Santo Oficio cubría la mesa, cuyos lados ocupaban los Secretarios, y la verde cruz de la Inquisición se colocaba en altar lujosamente preparado. Leíanse los procesos y sentencias, y cada uno de aquellos reos comparecía por última vez ante el tribunal. Los que abjuraban sus errores eran destinados a un monasterio para instruirse en la doctrina cristiana y cumplir con sus penitencias canónicas: el que había cometido crímenes ordinarios debía cumplir su condena, pero contra los impenitentes y contumaces en el error, se pronunciaba sentencia de relajación, entregando sus personas al brazo secular, que en ellas ejecutaba las penas impuestas por el código civil».[262]

La relajación al brazo secular

Por raro que nos parezca, la Inquisición no aplicaba las penas, ni siquiera debía establecerlas. Lo único que debía hacer era sentenciar que una persona había incurrido en herejía, en bigamia, etcétera.

Las penas estaban establecidas por la ley civil. Si a un hereje se le quemaba era porque así estaba establecido en una norma que nada tenía que ver con el derecho canónico. La Inquisición entregaba al reo al poder civil y este

---

[262] *Historia verdadera de la Inquisición.*

era el encargado de ejecutar las penas. La Inquisición no podía ejecutar sus sentencias.

Al menos desde tiempos de las *Partidas* de Alfonso X estaba prevista la pena de hoguera para los herejes:

> «Débenlos juzgar (los jueces eclesiásticos) por herejes y darlos después a los jueces seglares. A ellos deben (estos) darles pena y débenlos quemar en el fuego».

«Relajar al reo al brazo secular» significaba entregarlo a las autoridades civiles para que se ejecutaran las penas que la legislación tenía prevista para el delito cometido por el hereje condenado por la Inquisición. Además, entregando a los condenados por herejía a la jurisdicción civil se suponía que los inquisidores se lavaban las manos, quedando ellos ajenos a toda responsabilidad sobre lo que le pudiera pasar al reo. De hecho, en el momento de la entrega rogaban que fuera tratado con moderación y que se evitara «toda efusión de sangre y todo peligro de muerte» en aplicación del principio *Ecclesia abhorret a sanguine*, pero evidentemente los inquisidores sabían que la justicia civil iba aplicar la máxima severidad posible a esas personas.

Por más que nos haya llegado la imagen de que en el autos de fe se quemaba a los herejes, no era así. Así se explica por ejemplo en la reseña que se conserva del auto general de fe celebrado en la ciudad de Córdoba en 1625:

> «Manuel Lopel, portugués, estando siempre en su dureza y obstinación, fue sentenciado a relajar en persona, entregado al brazo de la justicia real para quemarle vivo. Serían ya las nueve de la noche cuando la justicia real tenía prevenido el verdugo, algualciles, ministros y pregoneros y cabalgaduras en que subieron a los relajados y los llevaron fuera de la ciudad, a un sitio diputado para quemadero, que llaman el Marrubial».[263]

Las cárceles de la Inquisición

Tal y como afirmamos en el prólogo del presente libro, muchos reos capturados por las autoridades civiles preferían acusarse de haber cometido delito competencia de la Inquisición para evitar las cárceles civiles. Y los comisarios de la Inquisición estaban advertidos de ello y debían impedirlo:

> «Que los comisarios del Santo Oficio deben estar advertidos de que algunas personas que se hallan presas en las cárceles reales por orden de los jueces seculares,

---

[263] *La Inquisición española (1218–1834).*

y por delitos graves, suelen fingir y suponer que tiene que hacer denunciaciones o declaraciones de si mismos delitos que han cometido contra nuestra santa fe, o contra otras personas, cuyo conocimiento toque al Santo Oficio, y con este pretexto pretenden ser llevados y sueltos de la cárcel a causa de los comisarios, para por este medio poder hacer fuga, ser reos del Santo Oficio (en perjuicio del castigo que justamente merecen por sus delitos), lo cual no ha de permitir los comisarios».

(*Instrucción que han de guardar los comisarios y notarios del Santo de Inquisición del Perú, recopilada en 1750*).[264]

Las cárceles de la Inquisición no eran aquellos agujeros oscuros y malolientes que nos pinta la Leyenda Negra. El teólogo calvinista Pierre Jurieu es uno de los que dibujó las cárceles de la Inquisición de la forma más lúgubre y sucia posible:

«No tiene luz alguna; es un calabozo subterráneo, adonde jamás se sabe si es de día, o no; que se parece al infierno, que no tiene el consuelo de que se le permita leer, ni ocuparse de cosa alguna. Que está lleno de inmundicia que apesta, que no hay la forma de ver ni hablar a persona alguna; y lo más que sucede es, que si sienten otro paciente, procuran entretenerse por los golpes que dan las murallas, contándolos por las letras A, B. C, D. y que esto aún se les impide, si los guardas lo sienten. Que sobre este encierro, mil veces peor que la muerte, los visitan con frecuencia, y no les permiten cuchillo, tijeras, ni cosa alguna con que puedan darse la muerte, y esto lo hacen, porque hay muchos ejemplos de presos que se han quitado la vida».[265]

En el capítulo número LXXV de la instrucción acordada en Toledo en el año 1561 se establecía que los reos tenían que estar provistos de ropas, buenas camas y debían recibir alimentos sanos y abundantes; ordenaba que la asistencia a los enfermos debía ser esmerada, teniendo a su disposición médicos de su confianza y elección y sin que escaseasen gastos para medicinas que su cuidado exigiese.

El propio Juan Antonio Llorente, precisamente urdidor de la Leyenda Negra que sufre la Inquisición española gracias a las «inexactitudes» que aparecen en su obra *Histoire critique de l'Inquisition espagnole*, señala:

«No eran calabozos profundos, húmedos, inmundos y malsanos, como sin verdad escriben algunos, engañados por relaciones inciertas y exageradas de los que padecían en ellas, pues, por lo común son buenas piezas, altas, sobre bóvedas, con luz, secas y capaces de andar algo».

---

[264] *La Inquisición española.*
[265] *Defensa crítica de la Inquisición contra los principales enemigos.*

Evidentemente no eran un hotel de cinco estrellas, pero no eran las «cloacas» que aparecen en películas o novelas.

> «Los encierros son unos cuartos cuadrados con bóvedas blancas, propios y claros por medio de una ventana con su reja: todas las mañanas abrían las puertas desde las seis hasta las once a fin de que entrara el aire y se purifiquen. Los prisioneros están bien alimentados, pues les dan de comer tres veces al día: esto es, a las seis almuerzo, a las diez comida y a las cuatro la cena, y la comida es propia y acomodada a la complexión de cada uno… El que no tiene bienes esta bien tratado como el más rico. Lo de ser las cárceles de la Inquisición prisiones tan horrorosas es sin fundamento. El médico e Isaac Martin lo sabían por experiencia y nos dicen que son claras, bien blancas y que de día están abiertas para que pase el aire: y los prisioneros que tengan bienes o no, son tratados muy bien, pues les dan tres comidas, y con gran prolijidad explican las horas, y lo que en cada comida se les da, y todas las demás providencias que están dadas para que estén asistidos con mayor puntualidad y propiedad».[266]

Curiosamente se dio algún caso de sentenciados a cárcel perpetua (lo cual no significaba que el condenado quedara preso de por vida, como veremos más adelante) que cumplida la condena no querían abandonar la celda, pues acostumbrados a ese régimen de vida preferían permanecer en prisión que tener que buscarse un alojamiento por el que tuvieran que pagar un alquiler.[267]

Cuando se abolió la Inquisición por Fernando VII, obligado por el pronunciamiento de Riego al restablecerse la Constitución de 1812, decenas de ciudadanos madrileños irrumpieron en el edificio que alojaba el Consejo y Tribunal del Santo Oficio, que se encontraba en la hoy conocida como calle de Isabel la Católica de Madrid y donde tenía la Inquisición sus cárceles, esperándose encontrar con un «museo de los horrores». Y no fue así:

> «En aquellos memorables días 7, 8 y 9 de marzo del año 20 fueron forzadas estas puertas por el pueblo, ávido de encontrar en ellas las horrendas señales de los tormentos y las víctimas desdichadas de aquel Tribunal; pero, en honor de la verdad, debemos decir que solo se hallaron en las habitaciones altas, que daban al patio, dos o tres presos o detenidos políticos, uno de ellos el padre don Luis Ducós, cura del hospitalito de los franceses, bien conocido por su realismo exagerado; y en los calabozos subterráneos, que corrían largo trecho en dirección de la plazuela de Santo Domingo, nada absolutamente que indicase

---

[266] *Historia verdadera de la Inquisición.*
[267] *Las cárceles inquisitoriales del Tribunal de Córdoba.*

señales de suplicios, ni aun de haber permanecido en ellos persona alguna de mucho tiempo atrás».[268]

Los franceses también habían entrado en las cárceles de la Inquisición cuando en 1808 ocuparon España y quedaron sorprendidos pues «apenas hallaron reos en sus cárceles y fue extraña su sorpresa a la vista de las preocupaciones de hogueras y tormentos...».[269]

> «Abriéronse las cárceles del Santo Oficio, que los jefes del ejército invasor y autoridades civiles reconocieron cuidadosamente, sin hallar calabozos, víctimas ni señales de bárbaros suplicios; vieron habitaciones amuebladas con decencia, bien acondicionadas de luz y ventilación, que nada ofrecieron de repugnante y horroroso a su curiosidad, y contaron sorprendidos el reducido número de presos, pudiendo convencerse de que su alimentación era sana y abundante».

Ahora bien, hay que distinguir las cárceles secretas de aquellas en las que se cumplía la condena. En las primeras se ingresaba a los presos preventivos, aquellos que quedaban sin libertad a la espera de que se estudiara y resolviera su caso, y como bien saben, ese periodo no tenía que ser precisamente breve. Por ejemplo, la vida en las cárceles secretas en Córdoba era muy dura debido a la falta de limpieza de las celdas que se encontraban en el Real Alcázar de los Reyes Católicos. Lo piojos causaban más molestias a los presos preventivos que la falta de libertad, las celdas eran incómodas, tenían que afrontar el encierro en soledad sin ningún compañero con el que hablar, sin que se les proporcionara ropa, calzado y con jergones que poco a nada les libraban de la dureza del piso. Ello provocó que numerosos presos cayeran enfermos y que al final del encierro su salud estuviera realmente minada, si es que no murieran durante el encierro.[270]

Además, el encierro incomunicado en esas condiciones provocaba que un buen número de los presos se volvieran locos, que perdieran la razón. El hecho de encontrarse encerrados sin saber realmente el motivo podía perjudicar seriamente su salud mental. En estos casos, cuando el carcelero se cercioraba del problema mental de la persona encerrada, llamaba a los inquisidores, que normalmente lo enviaban al hospital de orates más próximo y si no era peligroso, a una casa particular. A otros, si no escandalizaban los dejaban en prisión a la espera de que fueran sentenciados, pues si bien no podían ser ejecutados en

---

[268] *Antiguo Madrid. Paseos históricos anecdóticos por las calles y casas de esta villa.*
[269] *La Inquisición española (1218-1834).*
[270] *Las cárceles inquisitoriales del Tribunal de Córdoba.*

caso de que fueran condenados a la relajación, los inquisidores pensaban que tampoco podían quedar impunes.[271]

Descripción de las penas

Lo primero que debemos decir con respecto a las penas que imponía el Tribunal de la Inquisición es que no existía un código al uso actual en el que se describieran las conductas que podían dar lugar a una condena y donde se establecieran las penas como estamos acostumbrados hoy en día.

En muchas ocasiones las penas que imponían los inquisidores eran ajenas a la responsabilidad del delincuente y se imponían atendiendo más bien a razones de política criminal. No existían las sanciones prefijadas, que no se podían imponer según la discreción de cada tribunal de distrito, por ejemplo, de la Inquisición. Las únicas penas invariables correspondían a los herejes relapsos, aquellos que, habiendo sido perdonados o condenados por un delito grave, reincidían: en este caso solo cabía la pena de muerte, ya fuera en el garrote si se arrepentía o en la hoguera, y la confiscación de bienes.[272]

Además, las penas que aplicaban los inquisidores se moderaban en función de tres circunstancias:[273]

– La confesión por propia voluntad, que conllevaba penas que no solían ser graves.
– La confesión en tormento, que llevaba a imponer penas más graves que si se hubiera confesado con anterioridad y de forma voluntaria, pero menores que si el acusado hubiera negado siempre el delito cometido.
– La delación de los cómplices cuando se confesaba el delito.

La infamia

Se trataba de una pena accesoria que solía acompañar a penas más graves pero que era muy temida por sus consecuencias, pues podía implicar la privación de todos los cargos y oficios públicos y la pérdida de cualquier beneficio de los que pudiera gozar el condenado, que además se transmitía a los descendientes del mismo por vía paterna hasta el segundo grado y por la materna hasta

---

[271] *Locura e Inquisición en la España del siglo XVII.*
[272] *Más allá de la hoguera: penas no capitales de la Inquisición española.*
[273] *Inquisición y vida cotidiana en Durango.*

el primer grado, de manera que la condena de infamia de un antepasado masculino convertía en infames a sus hijos y nietos y la de una mujer a su hijos.[274]

Además de estar vetado a los «infames» disfrutar de determinados cargos o poder trabajar en su oficio, también tenían prohibido vestir ropas de lujo, portar espada, lucir joyas, casarse con personas que no hubieran sufrido la pena de infamia, montar a caballo...[275]

Una pena de infamia era tener que portar el famoso sambenito. Más adelante nos referiremos a ella.

La confiscación de bienes

Un autor favorable a la Inquisición escribe de la siguiente forma sobre esta pena:

> «Considerando el gran apego que los hombres tienen a sus bienes y lo mucho que sienten el perderlos, el temor de quedarse sin ellos los retrae de lo que puede ocasionar su pérdida, sirviendo, por lo tanto, la confiscación de saludable freno. Y si se atiende a la índole de avara de los judíos, seguramente que el temor de aplicación de esta pena los haría recatados en extremo».[276]

La confiscación de bienes no era exclusiva de la jurisdicción inquisitorial, los tribunales civiles también la aplicaban y sin ninguna restricción. La confiscación de bienes de los condenados por la Inquisición solo se aplicaba a los condenados por herejía y tenía una larga historia: había sido establecida por el emperador romano Graciano con la autoridad de San Agustín, quien la fundaba sobre las leyes romanas de la traición. Inocencio III invocó las razones por la que había que castigar a los herejes con la confiscación de bienes en una afirmación dirigida a los magistrados de Viterbo, el 25 de marzo de 1190:

> «Según la ley civil, dice el pontífice, los criminales de lesa majestad son castigados con la pena capital y sus bienes son confiscados, es únicamente por piedad que se perdona la vida a sus hijos. Con cuanta razón aquellos que, desertando de la fe, ofenden a Jesús, el Hijo del Señor Dios, deben ser apartados de la comunión cristiana y despojados de sus bienes, porque es infinitamente más grave ofender la majestad divina que herir la majestad humana».[277]

---

[274] *Más allá de la hoguera: penas no capitales de la Inquisición española.*
[275] *Inquisición española: poder político y control social.*
[276] *La Inquisición española.*
[277] *Los orígenes de la Inquisición medieval.*

En definitiva, si la jurisdicción civil castigaba los crímenes más graves, como por ejemplo atentar contra la vida del rey con la confiscación de bienes, crímenes aún más graves como son los que atentan contra Dios deberían tener una pena igual o superior.

Aquellos que abjuraban de sus errores recuperaban la plena propiedad de sus bienes, devolviéndoles las rentas que se habían generado mientras la Inquisición las había administrado.

Fue aplicada únicamente a los reos pertinaces. La confiscación tenía una duración de cuarenta años, incluidas las rentas, de las que se destinaban una considerable parte para atender a los alimentos y vestidos de la familia y educación de los hijos. No se confiscaban los bienes procedentes de una dote, pues la Inquisición entendía que ninguna responsabilidad alcanzaba a las mujeres en los procesos de sus maridos.[278]

El sambenito

La palabra sambenito ha llegado a nuestros días y está plenamente incorporada a nuestra forma de hablar. Nada tiene que ver con San Benito; procede de «Saco bendito», una vestimenta penitencial que utilizaba la Inquisición medieval y que recuperó la española. Solía ser un traje amarillo que llevaba pintado una o dos cruces de San Andrés y que tenía que ser llevado por los condenados a portarlo por un periodo que abarcaba varios meses o toda la vida. El color amarillo del sambenito evocaba la traición de los herejes. El rojo de la cruz simbolizaba el color de la sangre de Cristo vertida en la cruz.

Que te condenaran a llevar un sambenito toda la vida no era literal, pues dependía del criterio del inquisidor decidir qué significaba. Normalmente la condena era conmutada en un periodo breve de tiempo, al igual que ocurría con las penas a prisión perpetua. Si el condenado había sido por herejía y se arrepentía, llevaba sobre el sambenito amarillo una cruz entera. La media cruz se reservaba para aquellos sobre los que habían tenido que abjurar «de vehementi» por recaer en ellos graves sospechas.

Los condenados a muerte también tenían que llevar uno, pero era negro y estaba decorado con llamas del infierno, demonios u otros motivos similares. Si las llamas se pintaban hacia abajo es que el reo se había arrepentido, lo que no significaba que no le fuera aplicada la condena a muerte, sino que

---

[278] *Historia verdadera de la Inquisición.*

antes de la hoguera pasaría por el garrote vil tal y como hemos manifestado anteriormente.

El condenado a llevar un sambenito tenía que ponérselo desde que salía de su casa hasta que volvía. Podían circular libremente por la ciudad para acudir a misa, atender asuntos propios o negocios pero siempre tenían que llevar puesto el sambenito. Terminada la condena era colgado en su Iglesia, normalmente una réplica con su nombre, pues la prenda original sufría con el uso.

De esta forma se señalaba a las familias que entre sus integrantes habían tenido algún familiar condenado a llevar un sambenito, lo que conllevaba durante generaciones deshonra y vergüenza. Tener un sambenito en la familia impedía matrimonios, ocupar determinados cargos municipales, eclesiásticos y académicos, condicionaba amistades y los negocios, conllevaba mofas, escarnio... por lo que las familias trataban de hacerlos desaparecer a la mínima ocasión que se les prestaba; por ello, una de las obligaciones de los inquisidores era que los sambenitos estuvieran siempre colocados en las iglesias y en buen estado. De hecho, en el siglo XIX todavía se encontraban colgados un buen número de ellos.

En la instrucción numero 81 del inquisidor general Fernando de Valdés hecha en Toledo en el año de 1571, se explica lo que debe hacerse con la renovación de los sambenitos:

> «Manifiesta cosa es que todos los sambenitos de los condenados vivos y difuntos, presentes o ausentes, se ponen en las iglesias donde fueron vecinos y parroquianos al tiempo de la prisión, de su muerte o de su fuga, e lo mismo se hace en los de los reconciliados, después de que han cumplido sus penitencias y se los han quitado, aunque no los hayan tenido más de por el tiempo que estuvieron en el tablado y les fueron leídas sus sentencias, lo cual se guarda inviolablemente, y nadie tiene comisión para alterarlo: siempre se encarga a los inquisidores que los pongan y renueven señaladamente en los partidos que visitaren porque siempre aya memoria de la infamia de los herejes y de su descendencia; en los cuales se ha de poner el tiempo de su condenación y si fue de judíos o moros su delito, o de las nuevas herejías de Martin Lutero y sus secuaces. Pero no han de poner sambenitos de los reconciliados en tiempo de gracias, porque como un capítulo de la dicha gracia es que no les pondrán sambenitos e nos los tuvieron al tiempo de su reconciliación no se les deben poner en las iglesias, porque sería contravenir a la merced que se le hizo al principio».[279]

---

[279] *Crónica de la Inquisición en España.*

Quitarse el sambenito podía ocasionar que a los condenados se les considerase pertinaces y relapsos, lo que podía llevar al infractor a la hoguera por reincidir en la herejía. Suerte tendrían de ser únicamente azotados o condenados a cadena perpetua.

Vergüenza púbica, flagelación, azotes y argolla

La vergüenza pública fue una pena frecuentemente empleada por la Inquisición junto con la flagelación: normalmente consistía en ser llevado en público por las calles más concurridas de la ciudad a lomos de una bestia —que solía ser un burro o un asno— vestido con el sambenito que indicaba el delito que había cometido, o desnudo de cintura para arriba si el condenado tenía que ser también azotado y un cucurucho en la cabeza que más adelante describiremos.

La pena de flagelación o azotes era una pena que frecuentemente imponían los tribunales ordinarios y civiles a ladrones y agresores. Eran la forma más común de castigo físico. Dado que la jurisdicción civil la tenía en su catálogo de penas, la Inquisición también la utilizaba.

Normalmente la Inquisición condenaba al reo a la pena de azotes mientras recorría las calles, desnudo de cintura para arriba y montado sobre un asno, por lo que a la pena física se le unía la humillación de sufrirla de esa guisa. También llevaban una cuerda con nudos al cuello. Cada nudo significaba 100 azotes. Las mujeres también podían ser condenadas a la pena de azotes. El condenado recibía como máximo 200 azotes y la condena más común era a 100 azotes, pero se han encontrado casos en los que se dieron más.[280]

Esta pena se aplicaba al día siguiente de haber sido leída la sentencia, normalmente en el auto de fe. Los acompañaba un familiar del Santo Oficio que iba pregonando el castigo que se aplicaba y el delito cometido por la personas que iban azotando. Los condenados a ser azotados, fueran hombres o mujeres, desfilaban montados en burros con la cabeza cubierta por una especie de cucurucho en el que se habían escrito sus pecados y sujeta por un soporte llamado «pie de amigo» que les impedía ocultarla para evitar su vergüenza, mientras se les flagelaba con un látigo de cuero.

El recorrido en burro de los condenados entre el gentío provocaba para los penitenciados situaciones realmente peligrosas, pues era frecuente que los espectadores aprovecharan para emprenderla a tomatazos, naranjazos y pedra-

---

[280] *La Inquisición española.*

das que no siempre acertaban en el pobre penitenciado y alcanzaban a algún funcionario inquisitorial.[281]

Esta pena se solía aplicar a los reos de blasfemia, a las mujeres bígamas, a las que realizaban sortilegios y a las que prestaban falso testimonio, pues era una alternativa a la pena de galeras.[282]

La Inquisición fue uno de los primeros tribunales que dejó de aplicar la pena de azotes. La fue limitando a bígamos y para aquellos que huían de sus prisiones.

La pena de argolla consistía en exponer ante el público al reo sujeto por el cuello por dicho utensilio. Fue aplicada principalmente a bígamos y hechiceros antes de que entraran en prisión. La razón de la imposición de la argolla a los hechiceros era con el fin de demostrar que no tenían ningún poder y no se podían soltar.

El destierro

Otro tipo de condena era alejar al condenado de su lugar de residencia. La pena de destierro podía tener una duración de un año en adelante. El reo incluso podía ser condenado a ser desterrado a perpetuidad. Se contaba en leguas la distancia en la que el condenado tenía que instalar su nueva residencia. Y la distancia podía ser desde su antigua ciudad de residencia, todo el distrito de la Inquisición donde había sido condenado, todo el reino o no poder acercarse a una determinada ciudad.

Curiosamente, a los moriscos se les prohibía que se acercasen a determinado número de leguas de las costas con el fin de que no huyeran al norte de África.[283]

Diego Pacheco fue condenado a destierro perpetuo en la isla de Juan Fernández:

«Por los de 1715, poco más o menos, nació en la antigua capital del Perú un Diego Pacheco, que ingresó en la Orden Franciscana; siendo en ella corista profeso, lo expulsaron de uno de los conventos, y desde entonces, por diez y siete años, recorrió hasta cuarenta y siete pueblos del virreinato, simulando ser fraile ordenado de presbítero o sacerdote secular. Tuvo a su cuidado varias parroquias interinamente, sirvió en otras de teniente de cura, y algunos años hizo el oficio de

---

[281] *Historia de la Inquisición española.*
[282] *Más allá de la hoguera: penas no capitales de la Inquisición española.*
[283] *Sodomía e Inquisición, el miedo al castigo.*

Santo Domingo y los albigenses, de Pedro Berruguete. La Inquisición medieval nació en 1184 como un instrumento para acabar con la herejía cátara.

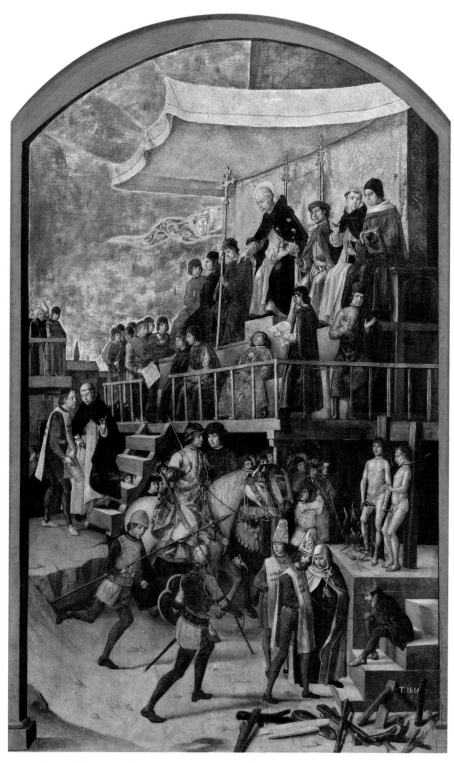

Auto de Fe (1495), por Pedro Berruguete. Frente a la Leyenda Negra extendida contra la Inquisición española, el número de ejecuciones llevadas a cabo por esta fue mucho menor que la de la justicia civil o los tribunales de los países protestantes.

El escudo de la Inquisición española. Con una cruz en el centro, a un lado la espada simboliza la lucha contra la herejía y al otro la rama de olivo la reconciliación con los arrepentidos. Lo rodea la leyenda «EXURGE DOMINE ET JUDICA CAUSAM TUAM. PSALM 73» («Álzate, oh Dios, a defender tu causa. Salmo 73»).

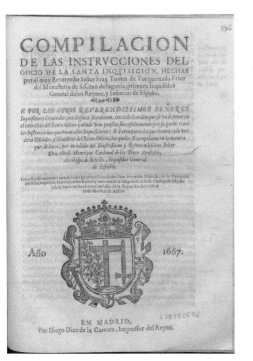

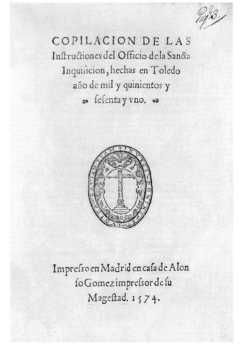

Compilación de las Instrucciones del Oficio de la Santa Inquisición realizadas por el Inquisidor General Fray Tomás de Torquemada en el año 1494. Portada de la edición de 1667.

Compilación de las Instrucciones del Oficio de la Santa Inquisición hechas en Toledo (1561) y redactadas por el entonces Inquisidor General Fernando de Valdés.

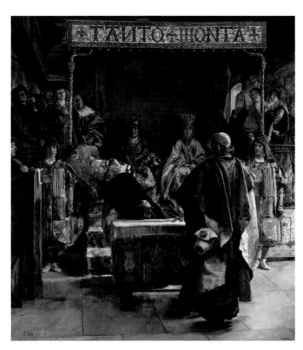

Expulsión de los judíos, obra de Emilio Sala (1889). La pintura representa a Fray Tomás de Torquemada en presencia de los Reyes Católicos en 1492.

Martín Lutero representado por Lucas Cranach el Viejo en 1529. El luteranismo sería, junto al judaísmo y el mahometanismo, la gran amenaza a la que habría de enfrentarse la Inquisición española.

Grabado que representa la crucifixión del Santo Niño de la Guardia (Toledo), un caso que investigó la Inquisición en 1480, que sirvió para acelerar la expulsión de los judíos y en el que se acusaba a estos de sacrificar a un niño cristiano.

Cubierta del texto *Directorium Inquisitorum*, el «Martillo de las Brujas» confeccionado en 1376 por el inquisidor general de la Inquisición de la Corona de Aragón, el dominico nacido en Gerona Nicolás Aymerich.

El papa Inocencio VIII promulgó el 5 de diciembre de 1484 la bula *Summis desiderantes affectibus*, donde reconocía la existencia de la brujería y que sería el detonante para la gran persecución en muchos países del viejo continente.

La Pragmática Sanción de 1567 fue un edicto promulgado por el rey Felipe II que endurecía las leyes contra los moriscos que mantuvieran sus costumbres y tradiciones. El dibujo representa los vestidos de paseo de mujeres moriscas.

Embarque de moriscos en el Grao de Valencia, por Pedro Oromig (1613). La expulsión de todos los reinos hispánicos fue decretada por orden de Felipe III en 1609.

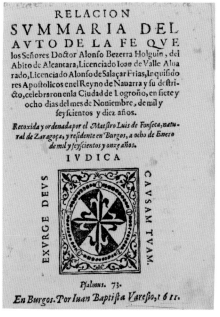

El *Index Librorum Prohibitorum* («Índice de Libros Prohibidos») fue una lista confeccionada por la Iglesia católica que incluía aquellas publicaciones consideradas heréticas, inmorales o perniciosas. El primero fue impreso en Venecia en 1564.

Relación del auto de fe celebrado en Logroño los días 7 y 8 de noviembre de 1610 y donde fueron ejecutadas varias personas acusadas de brujería de la localidad navarra de Zugarramurdi.

El martirio de San Pedro de Arbués por Murillo (1664). Representa el asesinato de este inquisidor por un grupo de judeoconversos en la Seo de Zaragoza en 1485. Considerado mártir, fue canonizado en 1867.

Retrato del cardenal Bernardo de Sandoval y Rojas. Fue el Inquisidor General que comandó el proceso judicial de las brujas de Zugarramurdi. Fue también Arzobispo de Toledo y por tanto primado de España.

Grabado de un auto de fe realizado por M. Robert Fleury. Durante siglos se extendió la Leyenda Negra acerca de la Inquisición española, una imagen que aún hoy perdura en el imaginario colectivo.

«Toro de Falaris» que se expone en el Museo de la Inquisición del Palacio de los Olvidados de Granada. Al pobre reo se le introducía en su interior y se le cocía gracias al fuego. No existe ninguna evidencia arqueológica que acredite su existencia.

Alonso de Salazar y Frías. Fue uno de los religiosos que formó parte del tribunal de la Inquisición española de Logroño en 1610. Destacó por su oposición a dar credibilidad a las hipótesis por brujería.

Grabado que muestra una cámara secreta donde la Inquisición realizaba torturas con los reos. Aunque el tormento fue utilizado por el Santo Oficio, la mayoría de los instrumentos de tortura que les atribuyen son fruto de la Leyenda Negra.

Auto de fe en la Plaza Mayor de Madrid. El cuadro representa el auto de fe que se celebró en la capital el 30 de junio de 1680 con la presencia del rey Carlos II y su esposa, la reina María Luisa de Orleans.

La cuna de Judas, uno de los instrumentos de tortura que en los llamados «Museos de la Inquisición» se afirma erróneamente que utilizó el Santo Oficio con los reos.

«Doncella de Hierro» que se expone en el Museo de la Inquisición de Granada. Este supuesto instrumento de tortura no fue utilizado por el Santo Oficio ni por ninguna otra institución. Se trata de un invento del siglo XIX para exponer en ferias.

Fray Luis de León fue denunciado a la Inquisición por dos profesores de la Universidad de Salamanca por la traducción sin autorización del *Cantar de los Cantares* y varias proposiciones heréticas. Fue uno de los más célebres procesos de la Suprema.

Condenados por la Inquisición, óleo sobre lienzo realizado por el pintor español Eugenio Lucas Velázquez hacia 1860. Los penitenciados, con capirote y flagelados, son sometidos a escarnio público a lomos de un burro.

Carlos II de Austria, retratado por Juan Carreño de Miranda (1685). Durante su reinado se celebró el proceso contra su confesor, fray Froilán Díaz, a causa de varios exorcismos que se realizaron al monarca.

Bartolomé Carranza. Arzobispo de Toledo y Canciller Mayor de Castilla, fue acusado de herejía por su enemigo el Inquisidor General Fernando de Valdés en 1559 en uno de los procesos más complejos, largos y célebres del Santo Oficio.

El aguafuerte titulado «Aquellos Polvos», de la serie de Los Caprichos de Francisco de Goya y Lucientes, muestra a un penitenciado por el Santo Oficio con sambenito y capirote.

Grabado que muestra la ejecución en Inglaterra del radical protestante Edward Underhill durante el reinado de María I.

Isabel I de Inglaterra, la «Reina Virgen». Durante su gobierno se produjo una implacable persecución del catolicismo en las islas británicas.

Grabado que muestra el Árbol de Tyburn, una pequeña aldea en el condado de Middlesex, lugar donde se ejecutaba a los católicos ingleses a partir del siglo XVI, durante el reinado de Isabel I.

Masacre del día de San Bartolomé, por François Dubois. Tuvo lugar la noche del 23 al 24 de agosto de 1572 en París cuando el rey Carlos IX ordenó una matanza de hugonotes.

Grabado que muestra la ejecución del anabaptista Félix Mantz por ahogamiento en Zúrich el 5 de enero de 1527, considerado el primer mártir de la Reforma radical.

Portada de la obra *Institución de la Religión Cristiana* (1536), de Juan Calvino. Los comentarios críticos de Miguel Servet a su contenido llevaron al teólogo protestante a iniciar un proceso implacable contra el español.

Ejecución de Miguel Servet. El médico español fue acusado de herejía por los protestantes, con Juan Calvino a la cabeza. Fue quemado el 27 de octubre de 1553.

La toma de la Bastilla el 14 de julio de 1789, que dio inicio a la Revolución Francesa. A pesar de lo que afirma la Leyenda Negra, durante la misma murieron muchas más personas que en toda la historia de la Inquisición española.

Auto de Fe de la Inquisición por Francisco de Goya. En la pintura se aprecia a los reos ataviados con sambenito y capirote, prendas que vestían por orden del Santo Oficio durante los autos de fe.

Guillermo de Orange retratado por Antonio Moro en 1555. El noble neerlandés sería uno de los principales instigadores de la Leyenda Negra contra España en su obra *Apología*, publicada en 1580.

cuaresmero. En todas estas ocasiones casó y veló, predicó, bautizó, administró el Viático y la Extremaunción, y cometió graves excesos en el confesionario. Preso y traído al Santo Tribunal, se le formó el correspondiente sumario, recayendo en él la sentencia de destierro perpetuo en el presidio de la isla de Juan Fernández, a ración y sueldo; condenósele además a confiscación de la mitad de su peculio, y a que, al día siguiente del auto saliese a la vergüenza pública con sambenito de media aspa, coroza y soga al cuello, y en bestia de alabarda».[284]

La prisión

Las sentencias que condenaban a los reos a prisión podían establecer que el encierro fuera por meses, por años e incluso de por vida, la pena perpetua e irremisible. Que la Inquisición te condenara a pasar el resto de tu vida en la cárcel no significaba que nunca volvieras a ver la luz del sol, como la condena que sufre el Conde de Montecristo en la famosa novela de Dumas. Lo normal era que pasados unos meses o años (casi nunca se superaban los tres años), si el acusado se arrepentía, quedara en libertad.

La condena a prisión tampoco significaba que el reo la tuviera que cumplir en las cárceles de la Inquisición. El inquisidor tenía la facultad de confinar al condenado en su propia casa o en instituciones como monasterios o conventos. Si ingresaban en una prisión, el régimen más común era el régimen abierto, es decir, los presos podían salir a la calle, trabajar en sus oficios durante el día y regresar a la prisión para dormir.[285]

> «Los Inquisidores podían, a su arbitrio, reducir el tiempo de la penitencia de cárcel, aún siendo perpetua, en vista de la humildad del penitente y del dolor sufrido. Así lo solían hacer a los tres años. Si la pena de cárcel fue impuesta como irremisible, trascurridos los ocho los Inquisidores suelen rebajar al reo».[286]

Además, los inquisidores podían cambiar la pena de prisión por otras penitencias más leves como por ejemplo ayunos, limosnas o peregrinaciones. En ello influía la edad del condenado, su vejez, que hubiera actuado sin dolo, el arrepentimiento espontáneo, etcétera.[287]

---

[284] *La Inquisición española.*
[285] *Ibidem.*
[286] *La Inquisición española (1218-1834).*
[287] *Ibidem.*

La galera

Normalmente la pena de galeras podía durar de tres a cinco años (en ocasiones, dada la gravedad del delito, la duración establecida fue mayor). Los tribunales civiles la imponían a perpetuidad, aunque lo normal era que cuando pasaran diez años en el remo fueran indultados. También era muy difícil que un galeote superara los diez años de vida remando en una galera.

La podían sufrir los menores de sesenta años y los mayores de veintitrés siempre que tuvieran la suficiente fortaleza para poder soportarla. Curiosamente el que lograba escapar de un naufragio siendo galeote recuperaba su libertad si había sido condenado por la Inquisición. Los que enfermaban estando embarcados también la recuperaban.

Era una pena exclusivamente masculina pues las mujeres no podían sufrirla. En los casos que fuera aplicable la pena de galeras en base al delito cometido, la mujer sufría azotes, destierro o encarcelamiento.

La pena de muerte (la hoguera)

La pena de hoguera para los herejes fue establecida en tiempos de Roma y aparecía también en las *Partidas* de Alfonso X el Sabio. Es anterior a la Inquisición medieval más o menos en doscientos años. La primera vez que la Iglesia condena a dos herejes a la muerte en la hoguera es en el Concilio de Orleans que se celebró en 1022 y era una práctica común a los tribunales civiles y a los eclesiásticos.[288]

Santo Tomás de Aquino, «Doctor Angélico, Doctor Común y Doctor de la Humanidad» para la Iglesia, que vivió en el siglo XIII, justificaba que los herejes sufrieran la máxima pena:

> «Respondo diciendo que en relación con lo heréticos dos cosas deben ser consideradas, una por parte de los mismo heréticos y otra por parte de la Iglesia. Por parte de los mismo heréticos, es pecado por el que merecen no solo ser separados de la Iglesia mediante la excomunión, sino aún excluidos del mundo por la muerte. Por qué es más grave corromper la fe, que es la vida del alma que falsificar la moneda que es medio de subvenir a la vida temporal. De donde, si los falsos monederos u otros malhechores son justamente castigados a la muerte por lo príncipes seculares, con más fuerte razón los heréticos, desde que ellos están convencidos de herejía, pueden ser no solamente excomulgados, sino justamente asesinados.

---

[288] *La Inquisición. Viejos temas, nuevas lecturas.*

En cuanto a la Iglesia, como ella es misericordiosa y busca la conversión de los culpables, ella no condena inmediatamente al herético, pero lo exhorta una primera y una segunda vez, como de el Apóstol (Tit. 3,10) al arrepentimiento. De manera que, si el herético permanece obstinado y si la Iglesia desespera de su conversión, la Iglesia proveerá a la salud de los otros separándolos por medio de la excomunión y el abandono al juicio secular para que este los extermine del mundo por la muerte».

Santo Tomás entiende que los herejes deben ser ejecutados, pero no habla de la forma de esa ejecución. ¿Por qué motivo los herejes deben ser quemados? La respuesta a esta pregunta se encuentra según Aymerich, Enrique de Suso y Juan de Andrés, en el evangelio de San Juan:

«Al que no sigue conmigo, lo tiran como a un sarmiento y se seca, los echan al fuego y los queman».[289]

El castigo a la muerte en la hoguera venía establecido además por las legislaciones civiles. Numerosos autores afirman que la Inquisición se limitaba a poner en manos de las autoridades civiles a las personas que consideraba herejes y en las que se daban dos circunstancias además de la gravedad del delito cometido:

- Ser un hereje impenitente, es decir, aquellos que no se arrepentían.
- Ser un hereje relapso, es decir, aquellos que, habiendo sido perdonados de un delito grave, habían reincidido y se les juzgaba como relapsos en herejía.

Bernardino Llorca no está de acuerdo con esa versión, pues «el Estado no hacía otra cosa que sino de servir de ejecutor y ministro de una sentencia que podía revestirse con fórmulas más o menos eufemísticas, pero en resumidas cuentas significaba la muerte de los ajusticiados. Prueba de ello es que los ministros a quienes entregaban los reos de la Inquisición invariablemente ejecutaban las sentencias y aun eran amenazados con excomunión en el caso de que se resistieran a cumplirla».[290]

Según entiende el derecho canónico, la herejía es un crimen de lesa majestad divina, el más grave de los delitos, y del mismo modo que el crimen de lesa majestad humana, como puede ser el asesinato del Rey o del presidente de la República, se entendía que debía ser castigado con la muerte. La razón de que

---

[289] *Los orígenes de la Inquisición medieval.*
[290] *La Inquisición española.*

la Inquisición no se ocupara directamente de ejecutar la sentencia era que la Iglesia no puede derramar sangre ni pronunciar sentencias de muerte. Por ello entregaban al reo «al brazo secular».[291]

De todas formas, no eran muertos en la hoguera todos los que eran condenados a muerte. Antes de que se ejecutara la sentencia tenían la oportunidad de arrepentirse en confesión, lo cual no les libraba de la muerte, pero sí les permitía no morir abrasados: eran estrangulados mediante garrote. Gracias a que existía la oportunidad de arrepentirse antes de acabar en las llamas, podemos afirmar que fueron una minoría los condenados que así lo fueron. Ya sea por evitar una muerte bajo los terribles dolores que puede causar el fuego o porque se produjera un verdadero arrepentimiento, la gran mayoría se arrepentía y era ejecutada mediante el garrote vil. Por ejemplo, Schäfer afirma que de los 220 protestantes que fueron condenados a muerte en los distintos tribunales de la Inquisición, apenas una docena murió a causa del fuego.[292]

Lo cierto es que las personas que fueron condenadas a la hoguera durante la vigencia de los Tribunales de la Inquisición no alcanzan ni mucho menos las cifras que nos ha hecho creer la Leyenda Negra, que se basa fundamentalmente en las cifras que Llorente publicó en sus libros *Anales de la Inquisición española* e *Historia crítica de la Inquisición española*, en donde exagera de forma notable las víctimas mortales de los Tribunales del Santo Oficio.

> «La Inquisición, durante la mayor parte de su existencia, estuvo lejos de ser una máquina de muerte, tanto por sus propósitos como por lo que realmente podía llevar a cabo. Las cifras dadas anteriormente en lo que respecta a castigos en Valencia y Galicia apuntan a un porcentaje de ejecuciones ("relajaciones" en persona) para el periodo 1540-1700 inferior al 2 por ciento. Por poco que tal cifra se aproxime a la verdad, resulta que durante los siglos XVI y XVII, fueron ejecutadas anualmente menos de tres personas al año en la totalidad de los territorios de la monarquía española, lo cual representa un porcentaje inferior a cualquier tribunal provincial español o europeo. Cualquier comparación entre tribunales seculares y la Inquisición no puede por menos arrojar un resultado favorable a este en lo que a rigor respecta».[293]

Además de lo manifestado por Kamen, algunos autores afirman que muchos delincuentes que estaban en manos de la Inquisición, una vez juzgados y entre-

---

[291] *Crónica de la Inquisición en España.*
[292] *La Inquisición española.*
[293] *Ibidem.*

gados al brazo secular, fueron sentenciados a muerte por los tribunales civiles y que dichas muertes engrosaron los números de ejecuciones causadas por la actuación de los Tribunales del Santo Oficio.[294]

También se han llegado a contabilizar como víctimas de la Inquisición aquellos que eran quemados en efigie, es decir, haciendo arder una estatua o figura que los representaba al estar prófugos o fallecidos antes de que se dictara sentencia.

Por otra parte, la ejecución en la hoguera no fue una forma de pena de muerte única de España. En Francia, por ejemplo, fueron quemados en la hoguera el gran maestre de los templarios Jacques de Molay, Juana de Arco y Simón Morín, además de muchas personas condenadas por herejía por tribunales civiles. En Suiza Calvino mandó quemar a Servet y a un buen número de personas que consideró herejes y en Gran Bretaña el rey Enrique VIII ordenó quemar a decenas de católicos, aunque la condena más común en Inglaterra fuera la conocida como *hanged, drawn and quartered,* que consistía en atar al condenado a un caballo, llevarlo a rastras hasta el lugar de la ejecución, ahorcarle hasta dejarle cerca de la inconsciencia y cortarle sus partes pudendas.

Por supuesto, no es intención de este trabajo convencer de que la muerte en la hoguera no era una forma de ejecución terrible. La verdad es que no se me ocurre ninguna más cruel, sobre todo porque el condenado no moría nada más prenderse las llamas, podía pasar un largo tiempo hasta que falleciera, incluidos intentos de escapar a la muerte durante la ejecución. Juan José del Castillo, escribano del Ayuntamiento de Sevilla, describió en 1612 el caso de la ejecución de un portugués condenado por judaizante llamado Juan Antonio de Mendoza que no deja indiferente al que lo lee:

> «Le arrojó el ejecutor encima de la hoguera que estaba ardiendo. Se levantó de ella y se arrojó del quemadero abajo y habiéndole vuelto a subir y a exhortar repetía llorando como de miedo las mismas palabras, y habiéndole vuelto a arrojar a la hoguera con un cordel atado a los pies y estado en ella más tiempo de un credo, luego que se quemó el cordel volvió a salir de ella y a arrojarse del quemadero abajo, donde uno de los soldados que había en dicho sitio le dio con cañón de un mosquete en la cabeza y lo atolondró y se volvió a subir y a echar en las llamas vivo, siendo las cuatro de la tarde poco más donde se esparcieron por el aire, durando todo ello hasta las dos de la tarde del día siguiente».[295]

---

[294] *Historia verdadera de la Inquisición.*
[295] *La Inquisición. Viejos temas, nuevas lecturas.*

En el procedimiento penal actual la muerte del imputado o procesado extingue la responsabilidad penal. En el procedimiento inquisitorial no ocurría así. Desde el concilio de Albi en 1254 estaba previsto que si la Inquisición encontraba culpable a un difunto que era hereje al tiempo de su muerte, debía exhumarse su cadáver o huesos, a fin de que fueran quemados públicamente, lo que Torquemada expresará de la siguiente manera en sus *Instrucciones*:[296]

> «Otrosí que ni por los procesos de los vivos se deben dejar de facer los de los muertos é los que se fallaren aver seydo é muerto como herejes ó judíos los deben desenterrar para que se quemen y dar lugar al fisco para que ocupe de los bienes según que de derecho se debe facer».

---

[296] *Ibidem.*

Procesos célebres

Fray Luis de León

Nacido en Belmonte, provincia de Cuenca, en 1528, en una familia acomodada de origen converso, cursó primero estudios en Madrid y Valladolid para llegar a la Universidad de Salamanca en 1541. Ingresó en el convento agustino de San Pedro de Salamanca en 1543 sin abandonar sus estudios universitarios. En 1560 logró el grado de licenciado y en junio del mismo año consiguió alcanzar el título de Teología por Salamanca. Un año antes había logrado la cátedra de Durango, aunque ya llevaba dando clases en la universidad desde 1561.

Fue denunciado junto a otros dos profesores de Salamanca[297] por los dominicos Castro y Bartolomé de Medina, por haberse tomado ciertas libertades heréticas en sus clases, por poner en duda la traducción *Vulgata* de la Biblia afirmado que el texto hebreo era superior al latino y por traducir el *Cantar de los Cantares* como una canción de amor profana en vez de un cántico divino.[298]

El motivo que llevó a las cárceles de la Inquisición al celebre Fray Luis fue, como hemos adelantado y entre otros cargos, la traducción que hizo del hebreo al castellano de uno de los libros del Antiguo Testamento: el *Cantar de los Cantares*. La Iglesia tenía prohibida la traducción de la Biblia sin contar con su autorización y la Inquisición velaba por castigar a quienes incumplían el mandato.

¿El motivo de aquella prohibición? La Iglesia trataba de impedir que se difundieran traducciones inexactas que atentaran contra la católica interpre-

---

[297] Los otros dos profesores que fueron denunciados eran Gaspar de Grajal y Martín Martínez de Cantalapiedra.
[298] *Historia de la Inquisición española.*

tación de los textos sagrados. En palabras de Francisco Javier García Rodrigo, autor del siglo XIX favorable a la Inquisición y al que conviene acudir para saber cuáles podían ser sus razones:

> «Las interpretaciones bíblicas no pueden confiarse al criterio particular de cada hombre, y es indispensable que la Iglesia vigile cuidadosamente la traducción de los libros inspirados. No es que prohíba la lectura de la Biblia en el idioma vulgar, es que desea revisar estas traducciones para cerciorarse de exactitud, porque en ellas han consignado los herejes notables variantes acomodadas a errores gravísimos: obras inexactas cuya lectura es necesario impedir, siendo este el motivo que la potestad pontificia tiene para prohibirlas y condenar a sus autores».[299]

La traducción del *Cantar de los Cantares* de Fray Luis de León, que un principio iba dirigida de forma confidencial a la persona que se había encargado, se difundió por toda Salamanca y buena parte del resto de España, y llegó a manos de un sujeto que le denunció al Santo Oficio.

Fray Luis de León fue hecho preso el 27 de marzo de 1572, permaneció encarcelado mientras se resolvía su proceso y fue liberado en diciembre de 1576, tras ser sentenciado —después de retractarse de algunas de las afirmaciones que le habían llevado a ser procesado— a recibir una dura amonestación que venía a confirmar que no había graves cargos contra él.

> Consejo de la Suprema:
> «En la villa de Madrid, a siete días del mes de diciembre de mil quinientos y setenta y seis años, habiendo visto los señores del Consejo de S.M, de la Santa general Inquisición, el proceso de pleito criminal contra Fr. Luis de León, de la Orden de Sant Agustín, preso en las cárceles secretas del Santo Oficio de la Inquisición de Valladolid: mandaron que el dicho Fr. Luis de León sea absuelto de la instancia deste juicio, y en la sala de la audiencia sea reprendido y advertido que de aquí en adelante mire como y adónde trata cosas y materias de la cualidad y peligro que las que deste proceso resultan, y tenga en ellas mucha moderación y prudencia, como conviene para que cese todo escándalo y ocasión de errores; y que se recoja el cuaderno de los Cantares traducido al romance y ordenado por el dicho Fr. Luis».[300]

Como es bien sabido, cuando logró volver a su cátedra de Salamanca, el 29 de enero de 1577, pronunció sus palabras más famosas: *Dicebamus hesterna*

---

[299] *Historia verdadera de la Inquisición.*
[300] *La Inquisición española.*

die («Decíamos ayer»). Cuentan que durante su encierro escribió los siguientes versos:

> «Aquí la envidia y mentira
> Me tuvieron encerrado;
> Dichoso el humilde estado
> Del sabio que se retira
> De aqueste mundo malvado,
> Y con pobre mesa y casa
> En el campo deleitoso
> Con solo Dios se compasa
> Y a solas sin vida pasa
> Ni envidiado ni envidioso».

BARTOLOMÉ CARRANZA DE MIRANDA

Nació en Miranda de Arga en el 1503. Su tío Sancho Carranza era catedrático en la universidad de Alcalá de Henares, lo que le permitió estudiar Latinidad y Súmulas. Ingresó en la Orden Dominica en Benalaque y en 1525 ingresó en el colegio de San Gregorio de Valladolid, donde estudió Teología logrando el título de maestro. Llegó a ser calificador del Santo Oficio, predicador y director de conciencias. Carlos V lo eligió como teólogo para el Concilio de Trento, en 1548 fue prior de Palencia, luego provincial de Castilla en 1550 y calificador de la Inquisición de Valladolid.

Felipe II lo escogió para llevarlo a Inglaterra con ocasión de su boda con María Tudor en 1554 y colaboró en el retorno de Inglaterra a la obediencia romana. Finalizada su tarea en la Gran Bretaña, Felipe II le envió a Flandes, donde llegó a descubrir una red de infiltración de protestantes en España.

De vuelta en la península ibérica el 1 de agosto de 1588, estuvo presente junto a Carlos V el último día de su vida en Yuste y llegó a darle la Extremaunción. En octubre de 1558 tomó posesión de su cargo como arzobispo de Toledo, sorprendiendo por su austeridad y por sus limosnas.

Al año siguiente, el 25 de agosto de 1559, fue apresado por la Inquisición mientras se encontraba de visita en Torrelaguna, siendo trasladado a Valladolid, de donde habían partido las denuncias que le llevaron a prisión: el inquisidor general Fernando de Valdés, enemigo de Carranza, aprovechó algunas declaraciones de los protestantes vallisoletanos procesados en las que se le invocaba para proceder contra el arzobispo de Toledo.

En esas declaraciones los supuestos luteranos vallisoletanos procesados afirmaron que entre ellos había un arzobispo y como Carranza había vivido en Valladolid, el inquisidor general Valdés aprovechó para formar una acusación en su contra; y en el momento de su detención al arzobispo de Toledo se le acusó también por el trato que había tenido con los herejes de Inglaterra y Alemania cuando acompañó primero a Carlos V y luego a su hijo Felipe II.[301]

Valdés hizo que una obra de Carranza, *Comentarios sobre el Catechismo christiano,* escrita en 1558 y editada en Amberes, fuera examinada por los padres Melchor Cano, Domingo de Soto, Domingo Cuevas y Pedro Ibarra, y todos encontraron que el libro contenía «proposiciones censurables». También envió la obra a Pedro de Castro, obispo de Cuenca, que afirmó que el libro contenía «proposiciones luteranas en artículo de justificación» y añadió «que había formado muy mal concepto acerca de la creencia del autor porque le había oído hablar en el Concilio Tridentino en el mismo sentido; y aunque no creyó entonces que admitiese Carranza en su corazón el error, ahora lo cree, porque las proposiciones luteranas son muchas y muy frecuentes, lo que manifesta sentimiento interior, y porque contribuyen a esto otras especies que ya tiene manifestadas al doctor D. Andrés Péres, consejero de la Suprema Inquisición».[302]

Lo primero que hizo Carranza fue recusar al inquisidor general por animosidad personal, lo cual no debía ser falso, pues los jueces árbitros del incidente de recusación le dieron la razón, siendo nombrado Gaspar de Zúñiga, arzobispo de Santiago de Compostela, que delegó sus atribuciones en el licenciado Cristóbal Fernández de Valtodano y el Dr. Diego de Simancas, reservándose la sentencia definitiva.

Realmente por su condición de obispo el control del procedimiento correspondía a Roma, al Vaticano. Y así lo hizo ver el papa Pío IV que en 1565 envió una delegación especial para negociar la entrega de Carranza.[303] La delegación, que estaba formada por tres prelados que en el futuro llegarían a ser los papas Gregorio XIII, Urbano VII y Sixto V, fracasó en su misión, pues el rey Felipe II veía la solicitud papal como una injerencia en los asuntos internos de España.

El papa Pío IV fallece en Roma el 9 de diciembre de 1565 y asciende al papado con el nombre de Pío V el cardenal Antonio Michele Ghislieri. Este

---

[301] *Historia verdadera de la Inquisición.*
[302] *Ibidem.*
[303] *La Inquisición española.*

ordena a las autoridades españolas que envíen al obispo Carranza y toda la documentación del caso a Roma, bajo pena de excomunión en caso de no obedecer su mandato.

Al fin Felipe II cedió, Carranza fue enviado a Roma, donde fue confinado en el castillo de Sant'Angelo. Nueve años tendría que estar preso el bueno del arzobispo, aunque en mejores condiciones que en España.

Pío V falleció en 1572 sin tomar una decisión sobre el caso. Fue su sucesor Gregorio XIII el que al final «puso la guinda al pastel». La sentencia la dictó el 14 de abril de 1576: *Comentarios sobre el Catechismo christiano* fueron condenados y prohibidos y Carranza abjuró de todos sus «errores». Pasó otros cinco años en un monasterio y luego tuvo que recorrer todas las basílicas de Roma en visita penitencial. Falleció el 2 de mayo de 1576 en el convento de Santa María sobre Minerva, donde en un inicio fue enterrado.

El papa Gregorio XIII ordenó poner el siguiente epitafio sobre tu tumba: «Bartolomé Carranza, navarro, dominico, Arzobispo de Toledo, Primado de las Españas, varón ilustre por su linaje, por su vida, por su doctrina, por su predicación y por sus limosnas; de ánimo modesto en los acontecimientos prósperos y ecuánime en los adversos».

Carranza estuvo diecisiete años preso antes de que se dictara su sentencia.

Antonio Pérez del Hierro

Como es bien sabido Antonio Pérez llegó a ser el secretario de Felipe II. Había nacido en mayo de 1540 en Torrejón de Ardoz (Madrid). Era hijo natural de Gonzalo Pérez, secretario del emperador Carlos V y más tarde de su hijo Felipe. También es cierto que esta paternidad no está del todo probada y que incluso hay indicios de que pudo ser hijo natural del príncipe de Éboli, Ruy Gómez de Silva.

Su infancia la pasó en tierras propiedad del señorío de Éboli en las proximidades de Pastrana para posteriormente estudiar en la Universidad de Alcalá de Henares, pasando después por las de Lovaina, Venecia, Padua y Salamanca, lo que le permitió tener una excelente educación y gran cultura.[304]

Antonio Pérez fue nombrado en 1553 secretario del por entonces príncipe Felipe, manteniendo su cargo cuando el emperador Carlos decidió abdicar en su hijo Felipe los reinos de Castilla, Aragón, Borgoña y el ducado de Milán.

---

[304] *Historia de la Inquisición española.*

Su padre, secretario de Estado con el emperador Carlos y luego con su hijo Felipe, fallece en 1566 y su hijo Antonio le sucede en el cargo, aunque únicamente con el encargo de ocuparse de los asuntos de los Países Bajos, Francia, Inglaterra y los territorios que actualmente ocupa Alemania.

En el año 1578 Juan de Austria, medio hermano de Felipe II, era gobernador de los Países Bajos. El héroe de Lepanto tenía como secretario a Juan de Escobedo, un personaje de una catadura similar a Antonio Pérez. Escobedo era conocedor de los tejemanejes y corruptelas de Antonio Pérez al frente de la Secretaría de Estado. Por ello, Pérez urdió un plan para deshacerse de él. Convenció al rey de que su medio hermano Juan de Austria trataba de erigirse como señor independiente de los Países Bajos e incluso propietario del trono, a lo que era incitado precisamente por Escobedo.

Primero Pérez intentó envenenar a Escobedo pagando a su mayordomo y paje para que así lo hicieran. Al no lograrlo, el secretario del monarca dispuso que fuera muerto a estocadas. El 31 de marzo de 1578, cuando Escobedo se retiraba a sus aposentos cercanos al Alcázar de Madrid, siete asesinos le siguieron desde la plazuela de Santiago y en las cercanías de la parroquia de Santa María cuatro de ellos le hirieron de muerte mientras otros quedaban de reserva por si acaso los primeros fracasaban. La familia del fallecido, persuadida por el presidente del Consejo de Castilla y Hacienda Mateo Vázquez, acusó a Antonio Pérez de urdir el asesinato y denunciaron el caso a la Justicia. El 28 de julio de 1579 Pérez es detenido junto a su supuesta amante, la princesa de Éboli, que acabó en un primer momento encerrada en el castillo de Pinto.

Como hemos escrito anteriormente, la tortura no era solo propia del procedimiento inquisitorial, más bien este había tomado ejemplo del proceso civil o seglar. Antonio Pérez es sometido a tormento y acaba confesando la autoría del asesinato de Escobedo, aunque argumentando que lo había hecho por razones políticas.[305]

Antonio Pérez pasó por varias cárceles: Madrid, Torrejón de Velasco, Pinto y Turégano (Segovia). De esta última logró escaparse el 19 de abril de 1590 para dirigirse a Aragón, en concreto a Caluyud, donde se hospedó en el convento de Dominicos. Alegó que descendía de una familia de ascendencia aragonesa gracias a su abuelo Bartolomé Pérez y por ello solicitó acogerse al llamado «Privilegio de Manifestación».[306]

---

[305] Walker, J. M., *Historia de la Inquisición española*, Madrid, Edimat libros, 2001.
[306] *Ibidem.*

El exsecretario de Felipe II quedó entonces bajo la jurisdicción del Justicia Mayor, por entonces Juan de Lanuza, quedando preso en la cárcel foral o de los Manifestados sin que Felipe II pudiera hacer nada, pues los fueros le protegían frente al rey. Además, para más inri, el exsecretario comenzó una campaña para ganarse el favor de la opinión pública aragonesa.

Al rey Felipe II solo le quedaba un recurso: acudir al Tribunal de la Inquisición. A pesar de que los alcaldes de corte Gómez y Rodrigo Vázquez sentenciaron el proceso que se inició en Madrid el 1 de julio de 1590 condenándolo a muerte, nada podía hacer en Aragón, pues no tenía ninguna influencia sobre la jurisdicción civil.

Las razones que tuvo la Inquisición para iniciar las pesquisas las encontramos en el libro de Francisco Javier García Rodrigo *Historia verdadera de la Inquisición* que, como hemos dicho anteriormente, es un autor que estaba a favor del Santo Oficio:

> «Diez personas que le trataban familiarmente declararon las conversaciones impías de Pérez y Mayorini, los cuales, sin recato alguno hacían gala de sus relaciones con los calvinistas domiciliados en el Bearné, sostenido correspondencia contra la política de España y sus doctrinas ortodoxas. El tribunal del Santo Oficio formó las diligencias indagatorias, resultado procedente su traslación a la cárcel secreta; más antes de llevarla a efecto remitió los autos al Consejo Supremo y este centro de justicia, presidido por D. Gaspar de Quiroga, los pasó a su calificador fray Diego de Chaves, hombre conocido por su virtud, sabiduría y justificación, completamente ajeno a los negocios diplomáticos y justificantes, reparando que eran muy dignos de censura ciertos conceptos consignados en diversas cartas y representaciones autógrafas de Pérez. El calificador juzgó blasfemos e impíos muchos pensamientos del género siguiente: "Parece que Dios duerme en estos mis negocios, y si Dios no hiciese milagro en ellos, estaría cerca de perder la fe… Reniego de la leche que mamé ¡Y esto es ser cristiano!... Descreería de Dios si esto pasase así… Sí Dios Padre se atravesara en medio llevaría las narices, por haber permitido". El destituido Secretario culpaba de su desventura al Ominipotente, escribiendo: "… Debe ser burla esto que nos dicen que hay Dios: no debe haber Dios". Y para que su calificación de impiedad fuera indudable repetía: "Muy al cabo traigo la fe…"».[307]

Siendo a vistas del calificador fray Diego de Chaves que las palabras de Antonio Pérez podían constituir blasfemias, la Inquisición ya podía procesarle y los inquisidores solicitaron su detención:

> «Nos los Inquisidores contra la herética pravedad y apostasía en el reino de Aragón mandamos a vos Alonso de Herrera y Guzmán, alguacil de este Santo

---

[307] *Historia verdadera de la Inquisición.*

Oficio, que prendáis el cuerpo de Antonio Pérez, secretario que fue del Rey nuestro Señor, donde quiera que lo halláredes, aunque sea en iglesia o en monasterio, u otro lugar sagrado, fuerte, o privilegiado: y así preso y a buen recaudo le traed a las cárceles de este Santo Oficio, y le entregad al alcalde de ellas, el cual mandamos le reciba de vos por ante de los notarios del secreto... etc. Dado en el Palacio Real de la Aljafería de la ciudad de Zaragoza, etc.

Firmado: L. Medina de Medrano, Doctor Antonio Morejón,
L. Hurtado de Mendoza».[308]

El 24 de mayo de 1591 Antonio Pérez fue trasladado de la cárcel de los Manifestados a la cárcel de la Inquisición en Zaragoza. Cuando los partidarios de Antonio Pérez conocieron la noticia lograron enardecer a un buen grupo de zaragozanos que acudieron a la cárcel donde se encontraba el exsecretario, logrando sacarlo de la prisión y a su vez causaron graves heridas al virrey de Aragón, el marqués de Almenara, que terminó muriendo en el plazo de quince días. Ante aquellos graves hechos el rey Felipe II envió un ejército castellano a Zaragoza que sometió la ciudad y ejecutó al Justicia Lanuza el 20 de diciembre de 1591, y más adelante a los cabecillas de la rebelión.[309]

Antes de que las tropas reales hubieran sometido a las tropas federales aragonesas, Antonio Pérez ya había huido camino de Francia, cuya frontera cruzó en la noche del 22 al 23 de noviembre de 1591. A partir de entonces y hasta su muerte en París el 3 de noviembre de 1611, estuvo exiliado viviendo en Francia y Gran Bretaña y uniéndose a la campaña de propaganda contra España y el rey Felipe II. La Inquisición lo único que pudo hacer es conformarse con juzgarle en rebeldía y quemarle en efigie en la Plaza del Mercado de Zaragoza el 20 de octubre de 1592.[310] En su sentencia se le condenaba por:

«Convicto de herejía, pertinaz, fautor y encubridor de herejes, que había incurrido en excomunión mayor, por cuyo delito, y vista su contumacia, se le sentencia a ser relajado al brazo secular».[311]

La sentencia que acabamos de mencionar fue revocada previa petición de Gonzalo Pérez, hijo del condenado, por el Tribunal de la Inquisición de Aragón, al presentarse una serie de pruebas el 21 de febrero de 1612 que demostra-

---

[308] *Ibidem.*
[309] *La Inquisición española.*
[310] *Ibidem.*
[311] *Historia verdadera de la Inquisición.*

ban que su padre había «fallecido cristianamente cumpliendo en la parroquia de San Pablo de París los deberes católicos, presentando el testamento firmado el 29 de octubre de 1611, consignando su protestación de fe, y eligiendo para sepultura el convento de los Celestinos, con la disposición ordinaria de funeral y misas».[312]

«Fallamos, atentos los nuevos autos del dicho proceso, que debemos revocar y revocamos dicha sentencia dada y pronunciada contra el dicho Antonio Pérez en todo y por todo como en ella se contiene, y declaramos deber ser absuelta su memoria y fama, y que no les obste a sus hijos y descendientes del dicho Antonio Pérez el dicho proceso y sentencia de relajación para ningún oficio honroso, ni debemos obstar a los dichos hijos y descendientes lo dicho y alegado por el Fiscal de esta Inquisición contra su limpieza, y por esta nuestra sentencia definitiva, juzgando así, lo sentenciamos, pronunciamos y mandamos, pro tribunal sedendo el Dr. Miguel Santos de S. Pedro, el Dr. Juan Delgado de la Canal, el Licenciado D. Fernando de Valdes y Llanos». [313]

FRAY FROILÁN DÍAZ

Nació en León en 1648. Siendo catedrático de la Universidad de Alcalá de Henares, en el año 1688 fue nombrado confesor del rey Carlos II, el que injustamente muchos ahora conocen como el hechizado, el último de los Austrias.

Fray Froilán no era precisamente una persona inculta, se había formado en el convento de San Pablo de Valladolid, tomado el hábito dominico en Palencia, fue regente del Colegio de Alcalá de Henares (Madrid), profesor en las Universidades de Alcalá de Henares y Valladolid. Ocupó las cátedras de Vísperas y Prima de Teología en la Universidad alcalaína y el 28 de abril de 1698 había sido nombrado consejero de la Suprema de la Inquisición por el inquisidor general Juan Tomás de Rocaberti, el día 28 de abril de 1698.[314]

Fray Froilán se convenció de que la frágil salud del rey Carlos II se debía a un hechizo y no se le ocurrió otra cosa que ordenar que se practicaran una serie de exorcismos al monarca para acabar con un maleficio que supuestamente estaba sufriendo provocado por la reina Mariana de Neoburgo y el valido Manuel Joaquín Álvarez, conde de Oropesa. Dichos exorcismos contaron con la supervisión general del inquisidor general.

---

[312] *Ibidem.*
[313] *Ibidem.*
[314] Real Academia de Historia.

Lo cierto es que la opinión de que el rey estaba hechizado era un rumor que corría por toda la corte y que incluso llegó a oídos del mismísimo Carlos II, y encargó al inquisidor general que tratara de ponerle remedio, pues sufría de ataques que se repetían cada tres o cuatro días, normalmente al hacer la digestión, a los que la medicina no lograba hacer frente y estaban aniquilando su salud[315]:

> «Llegó a entender el rey a lo que se atribuía su falta de salud; y con el recelo de que pudiese ser cierto o con el deseo de mejorar (que en todos es tan natural), llamó al inquisidor general por uno de los días del mes de enero de 1698 y, en audiencia secreta le dio cuenta de este temor, encargándole mucho se aplicase, con el mayor sigilo a averiguar lo que en esto había, si era cierto para discurrir el remedio, y si era falso, para salir del cuidado, de que se infiere que Su Majestad entonces pudo sospecharlo, mas de ningún modo creerlo».[316]

El inquisidor general Juan Tomás de Rocaberti puso en conocimiento de la Suprema lo que le había manifestado el rey pero el Consejo aconsejó que no se llevara a cabo ninguna actuación que pudiera escandalizar a la corte y, sobre todo, porque entendían los consejeros que los padecimientos del monarca pertenecían al orden físico y no debían buscarse remedios fuera de la medicina[317]. En definitiva, que era mejor dejar las cosas correr.

El inquisidor general decidió no hacer caso a la Suprema, tomó cartas sobre el asunto por su cuenta y puso en conocimiento de fray Froilán los padecimientos del rey y su deseo de ponerles remedio. Resulta que el confesor mantenía una correspondencia con un antiguo compañero llamado Antonio Álvarez Argüelles, padre vicario de Cangas de Onís, que estaba llevando por aquel tiempo un exorcismo sobre tres monjas supuestamente endemoniadas. Pensando fray Froilán que la mejor solución para acabar con los males del rey era preguntar directamente a los demonios cuál era el origen de la enfermedad, pidió autorización al inquisidor general para que su amigo de Asturias preguntara a las monjas supuestamente poseídas si podían lograr que el diablo les dijera cuáles eran los males del rey.

Las preguntas que las monjas hicieron al demonio supuestamente tuvieron respuesta:

> «Las revelaciones de satanás se reducían a esto: el rey se halla, en efecto doblemente ligado por obra maléfica, para engendrar y para gobernar. Se le hechizó

---

[315] *Historia verdadera de la Inquisición.*
[316] «La causa inquisitorial contra el Confesor de Carlos II, fray Froilán Díaz».
[317] *Historia verdadera de la Inquisición.*

cuando tenía cuatro años con un chocolate en el que se disolvieron los sesos de un hombre muerto para quitarle la salud y los riñones (…) para corromperle el semen e impedirle la generación. Los efectos del bebedizo se renuevan por lunas y son mayores durante las nuevas. La inductora fue Doña Mariana de Austria, madre de la víctima, poseída de ambición por seguir gobernando, Valenzuela sirvió de correo. La mujer que procuró el hombre muerto se llamaba Casilda Pérez, siendo casada y con dos hijos, pero cuando cometió el crimen había enviudado ya, y sus hijos no vivían con ella en la calle de los Herreros. Se advirtió al demonio no existir en la coronada villa, vía ninguna urbana que llevase tal nombre, y rectificó precisando referirse a la de Cuchilleros, en la actual apacible Puerta Cerrada, tan inofensiva que está abierta».[318]

El religioso de Cangas de Onís se ofrecía además a exorcizar al rey en la Basílica de Atocha. Para ello era necesario que viniera a Madrid acompañado de las tres monjas para poder ponerse en contacto con el diablo. Enterado el inquisidor general denegó inmediatamente el permiso para disgusto de fray Froilán, que sí creía que la solución dada por su amigo era la respuesta para los males del monarca.

A partir de este momento entra en juego otro religioso: fray Mauro Tenda, capuchino, natural de Saboya, que llegó a España precedido por la fama de haber exorcizado a una endemoniada que le manifestó que el rey de España estaba poseído por el demonio. «Realmente» se lo dijo el demonio, pues este «hablaba» por boca de la pobre señora.[319] Vino recomendado por el confesor de la reina, fray Gabriel de Chiusa, también de la Orden capuchina.

Nada más llegar a España en el mes de junio de 1698, se puso en contacto con el inquisidor general y con fray Froilán. El agravamiento de la enfermedad un año después hizo que el confesor del rey se hablase con la reina Mariana para que permitiera que fray Mauro fuera recibido en audiencia por el monarca, a lo que esta accede siempre que ella estuviera presente y la audiencia fuera secreta.

La primera impresión que le produjo al rey Carlos la presencia del religioso italiano fue de espanto. Tuvo que ser convencido por fray Froilán diciéndole que era «obligación de un monarca, para con sus súbditos, poner medios para procurar su sanación».[320]

318 *La causa inquisitorial contra el confesor de Carlos II, fray Froilán Díaz.*
319 *Ibidem.*
320 *Ibidem.*

Tranquilizado el rey, fray Mauro le aplicó los conjuros ordinarios:

> «Fray Mauro procedió entonces con S.M. como se acostumbra con los ende-
> moniados, ordenando al demonio en nombre del Todopoderoso que le pinchase
> la rodilla derecha; y apenas lo hubo oído comenzó S.M. a gritar: "¡Ya lo siento!
> ¡Ya lo siento!". Repitió luego esta misma experiencia en el hombro y en la mano,
> advirtiendo el rey cada vez y cesando el dolor cuando el padre lo ordenaba».[321]

Terminada la audiencia, el rey Carlos estaba convencido de que estaba
endemoniado y Fray Mauro «recetó» al monarca «confesar y comulgar cada
dos días y recibirle a él cada tres para proseguir la obra comenzada y llevarla,
con la misericordia de Dios, a término feliz».[322]

En la segunda audiencia supuestamente el demonio «obedeció» a fray Froilán, aunque al terminar la sesión, afirmó que pensaba que el rey no estaba endemoniado, pero sí era víctima de algún hechizo que estaba provocado por una
bolsita que el rey tenía siempre bajo su almohada. La reina se apoderó de la bol-
sa y en ella «hallaron todas las cosas que se suelen emplear en los hechizos, como
son las cáscaras de huevo, uñas de los pies, cabellos y otras por el estilo».[323]

Fray Mauro entendió que había cumplido con su trabajo, que había dejado
al rey Carlos libre del demonio y le entregó un escrito con la siguiente receta:
«hacer tres señales seguidas sobre la cabeza o la parte del cuerpo que le duela,
apenas comience a sentir el dolor, pronunciando el conjuro ordinario y ordenando al demonio en nombre del Todopoderoso que se vaya de allí».[324]

Pero la historia de los exorcismos no acaba aquí. En septiembre de 1699,
tres meses después de la visita de fray Mauro al rey, una mujer fuera de sí logró
atravesar las puertas del Alcázar de Madrid atropellando a porteros y guardias y
llegando hasta la antecámara de los aposentos del monarca. D. Carlos escuchó
el alboroto y quiso ver qué estaba pasando. Se encontró con una energúmena
en evidente estado de demencia que fue preciso reducir para expulsarla.

El rey ordenó seguir a la mujer y por ello se averiguó que vivía en la calle
Silva con otras dos mujeres que decían tener sometida a la persona real a su
voluntad. Vamos, que lo tenían encantado. Enterado el monarca pensó que
podía ser posible y encargó a fray Mauro que las exorcizara encontrándose
enterado el confesor real, que acudió al lugar donde tuvo lugar el exorcismo.

---

[321] «Documentos inéditos referentes a las postremerías de Carlos II».
[322] *La causa inquisitorial contra el confesor de Carlos II, fray Froilán Díaz.*
[323] *Ibidem.*
[324] *Ibidem.*

El resultado de este chusco episodio fue que el demonio que supuestamente poseía a las tres mujeres hizo saber al fraile saboyano que los maleficios que sufría el rey eran debidos a la acción de la reina y otras personas próximas a Dña. Mariana de Neoburgo, de lo que fue informado el rey; este lo puso en conocimiento a la reina que, enfurecida, se prometió acabar con la influencia que tenía fray Froilán sobre su esposo al responsabilizarle de todas las idas y venidas de fray Mauro con sus exorcismos y recetas.[325]

Parece ser que la reina logró que se nombrara inquisidor general a Baltasar Mendoza y Sandoval. El papa Inocencio XII expidió el breve confirmando su nombramiento el 31 de octubre de 1699, y Sandoval tomó posesión de su cargo el 3 de diciembre de ese mismo año.

Nada más ser nombrado ordenó que fuera arrestado fray Mauro Tenda, el exorcizador, prohibiendo que se examinara nada en relación con lo ocurrido con el rey y las tres mujeres que habían dicho que la reina era la responsable de los supuestos maleficios que sufría su esposo.

> «Que sea preso en cárceles secretas y se siga la causa hasta la definitiva, y al tiempo de la prisión se reconozcan los papeles que tuviere y se acumule lo que conduzere. Acordado que la prisión se ejecute con todo recato y prudencia precaviendo los medios».[326]

En un tiempo récord se terminó el proceso contra el saboyano. Fue condenado «a abjurar de levi, a destierro perpetuo de estos reinos y privado para siempre del ejercicio de exorcista». Hasta que se ejecutó la pena de destierro, a fray Mauro Tenda se le tuvo incomunicado en una celda.[327]

Luego ordenó que fueran arrestados José del Olmo y su hijo. Del Olmo era el propietario de la casa donde tuvo lugar el exorcismo que fray Tenda hizo a aquellas tres mujeres que dijeron que la reina era la responsable de los supuestos maleficios que sufría en rey.

También ordenó que fray Froilán fuera interrogado por los sucesos que acontecieron en casa de José del Olmo, pero el religioso se negó a declarar argumentando que su silencio estaba justificado porque lo había hecho por orden del rey y solo él podía autorizarle para contar lo sucedido; y si S.M. le daba permiso «desde luego estaba pronto a decir con toda claridad, cuanto

---

[325] *Historia verdadera de la Inquisición.*
[326] *La causa inquisitorial contra el confesor de Carlos II, fray Froilán Díaz.*
[327] *Ibidem.*

hubiese pasado, pues no hallaba, que en nada hubiese faltado a su conciencia, y obligaciones de religioso; y con esta diligencia pareció al Consejo, no había que hacer otra cosa».[328] Es decir, al nuevo inquisidor general no le quedó más remedio que dejar tranquilo al confesor del rey. De momento.

Pero pronto llegó otra denuncia contra fray Froilán. El padre provincial de los dominicos en Asturias, fray Nicolás de Torres y Padmieta, denunció al confesor del rey al Consejo de la Suprema por la correspondencia que mantuvo con aquel prelado de Cangas que estuvo en contacto con aquellas mujeres que habían dicho que el rey sufría un maleficio.[329]

Fray Froilán fue suspendido como consejero de la Suprema y como confesor del rey y le fue ordenado que se confinara en el convento de San Pablo de Valladolid hasta que se resolviera la causa. El exconfesor del monarca desobedeció el mandato y huyó a Roma. Inmediatamente el embajador de España en Roma reclamó al prófugo, que fue puesto a disposición de las autoridades españolas y remitido a España con destino al puerto de Cartagena, siendo encerrado en la cárcel secreta del Tribunal de la Inquisición de Murcia.

Los calificadores de la Inquisición, sin saber que los hechos se le atribuían a fray Froilán, según lo establecido, manifestaron:

> «…que habiendo considerado todo lo que resultaba del proceso y examen, que se había hecho de aquella persona en él incluía, eran de sentir y parecer, que no había censura teologicia, ni calidad de oficio contra los hechos y dichos de la persona en el auto mencionada, ni la hallaban con nota alguna, que poder objetarle, ni consideraban que pudiese ser por lo referido reo de fe y así se suscribió este auto».[330]

Es decir, los calificadores entendían que no se podía entablar una causa contra fray Froilán y por tanto el Consejo de la Suprema desestimó el cargo que se había pretendido hacer contra la persona delatada. Pero el inquisidor general Mendoza no estaba de acuerdo y votó en contra, pretendiendo hacer valer su voto singular frente a los de los consejeros, lo que no logró.

A pesar de lo que hemos descrito, el inquisidor general Mendoza, el 8 de julio de 1700 ordenó que se leyera en el Consejo un auto de prisión contra fray Froilán y exigió que todos los consejeros lo firmaran para que se llevase a cabo el encarcelamiento del religioso, a lo que los consejeros se negaron.

---

[328] *Ibidem.*
[329] *Historia verdadera de la Inquisición.*
[330] *La causa inquisitorial contra el confesor de Carlos II, fray Froilán Díaz.*

El inquisidor general ordenó que todos los consejeros se reunieran en sus estancias. Les suplicó que firmaran el auto, a pesar de que no hubieran votado, a lo que los consejeros volvieron a negarse proponiendo que se nombrase una nueva junta de calificadores para que examinaran los delitos que podía haber cometido fray Froilán. Tampoco le pareció buena idea a Mendoza, pues lo único que le valía era que los consejeros firmaran de una vez el auto de prisión y terminó a gritos y amenazas la asamblea.[331]

El inquisidor general ordenó entonces que tres de los consejeros quedaran confinados en sus casas, absteniéndose de asistir al Consejo y a otro le obligó a ingresar en la cárcel de familiares. Más tarde ordenó que fueran jubilados. De esta forma Baltasar Mendoza y Sandoval se convirtió en dueño absoluto del Consejo de la Suprema.

El inquisidor general ordenó al tribunal de Murcia que se siguiera la causa contra fray Foilán. Y así lo hizo, pero el 4 de enero de 1704 el tribunal murciano le envió una carta en la que comunicaba su decisión de dejar en libertad al religioso y suspender la causa. Mendoza entonces respondió a esa misiva manifestando que no habían obrado bien y que habían usurpado la jurisdicción que tenían sobre fray Froilán y ordenó que remitieran la causa al inquisidor de corte Francisco Cossío para que volviera a iniciar el procedimiento.

Los miembros del Tribunal del Murcia decidieron entonces explicar las razones por las que habían absuelto a fray Froilán[332]:

- La primera denuncia que se inició por la Inquisición de Valladolid fue desestimada por falta de pruebas «contra un hombre que cuantos empleos literarios, puestos y encargos administró después de orden del rey y su provincia en el curso dilatado de doce años tiene a su favor tantos públicos e incorruptos testigos que le abonan y califican».
- La segunda denuncia que fue instada por el dominico fray Cristóbal Donaire era consecuencia de una conspiración sin que encontraran nada punible contra fray Froilán.

El día 1 de noviembre de 1700 muere Carlos II heredando sus reinos el borbón Felipe V. El nuevo rey ordenó a Mendoza que se retirara a su obispado de Segovia, quedando los asuntos contenciosos y de justicia en manos del consejero Folch de Cardona. Durante cinco años más se tuvo a fray Froilán en

---

[331] *Ibidem.*
[332] *Ibidem.*

prisión, más que nada por la terquedad del inquisidor general, que dilató todo lo que pudo el proceso para evitar que se dictara una sentencia definitiva con consultas a Roma.

Por fin, el 17 de noviembre de 1704 se celebró una vista que, teniendo en cuenta el dictamen de los cinco calificadores nombrados primero en Madrid y de los nueve de Murcia, pronunció sentencia absolutoria resaltando «la tropelía que injustamente se había hecho padecer a su persona»:[333]

> «En la villa de Madrid, a 17 de noviembre de 1704, juntos y congregados en el Supremo Consejo de la santa Inquisición todos los Ministros que le componen, acompañados de los asesores del Real de Castilla, se hizo exactísima relación de esta causa criminal, fulminada contra el P. Fr. Froilán, del Orden de Predicadores, Confesor del señor Carlos II y ministro de este Consejo; y hecho cargo este supremo senado de todo cuanto se le imputaba, como de la tropelía que injustamente se hacía padecer a su persona en el dilatado plazo de cuatro años, determino y sentencio esta causa en la forma siguiente: - Fallamos unánimes y conformes, nomine discrepante, atentos los autos y méritos del proceso y cuanto de ellos resulta, que debemos absolver y absolvemos al P. Fr. Froilán Díaz, de la sagrada Orden de Predicadores, Confesor del señor Carlos II y Ministro de este Consejo, de todas cuantas calumnias, hechos y dichos se han imputado en esta causa, dándole por totalmente inocente y salvo de ellas. Y en su consecuencia, mandamos que en el mismo día de la publicación de esta nuestra sentencia se le ponga en libertad, para que desde el siguiente, o cuando más le convenga, vuelva a ocupar y servir en la plaza de ministro que en propiedad goza y tiene en este Consejo, a la que reintegramos desde luego con todos sus honores, antigüedad, sueldos devengados y no percibidos, gajes, emolumentos y demás que le han correspondido en los referidos cuatro años, de modo que se ha de verificar la omnímoda y total percepción de todos sus sueldos, como si sin intermisión alguna hubiera asistido al Consejo de Inquisición; y asimismo mandamos que por uno de los ministros de este Tribunal (para mayor confirmación de su inocencia) se le ponga en posesión de la celda destinada en el Convento del Rosario para los confesores del Monarca».[334]

El 25 de abril de 1705 será destituido Mendoza por Felipe V del cargo de inquisidor general, nombrando a Vidal Marín, obispo de Ceuta.

---

[333] *Historia verdadera de la Inquisición.*
[334] *Ibidem.*

La Inquisición
en Hispanoamérica

Lo primero que debemos decir, a pesar de lo que piensan los amantes de la Leyenda Negra en los países hermanos de Hispanoamérica, es que la Inquisición instaurada en Nueva España, Lima y Cartagena de Indias, no tenía jurisdicción sobre los indígenas, al ser considerados neófitos. No pertenecían al fuero del Santo Oficio.

Por tanto, el Tribunal de la Inquisición en el Nuevo Mundo solo tenía jurisdicción sobre un reducido número de personas, en un principio únicamente sobre las nacidas en la península ibérica y con posterioridad sobre los criollos, africanos y mestizos de toda clase. Al no tener jurisdicción sobre toda la población, lógicamente su impacto en Hispanoamérica no podía ser el mismo que en España y fue mucho menor.

Además de una menor población sobre la que podía ejercer la Inquisición en Hispanoamérica, esas gentes se hallaban en un territorio enormemente más grande, con mucha más superficie que en la península ibérica. Por ejemplo, el Tribunal de la Inquisición de Nueva España tenía su jurisdicción sobre unos tres millones de kilómetros cuadrados, mientras que todos los Tribunales que ejercían en España lo hacían sobre 500.000 metros cuadrados. La efectividad del Tribunal de la Inquisición en Hispanoamérica a la fuerza tenía que ser mucho menor que en la Península.

Otra diferencia con respecto a España es que mientras en Europa la Inquisición tenía una serie de movimientos heréticos que perseguir, en Hispanoamérica los herejes en ningún momento supusieron un peligro para la fe católica. Por ello, la mayor parte de los inculpados ante los Tribunales de la Inquisición en el Nuevo Mundo lo fueron por delitos generalmente menores como la bigamia, blasfemia o hechicería.

Durante los primeros tiempos de la llegada de los españoles a América la Inquisición no estuvo organizada y esta era encargada a los obispos, que tenían que actuar como inquisidores en sus territorios episcopales. Así lo estableció un decreto fechado el 25 de julio de 1517 promulgado por el Cardenal Cisneros que delegaba facultades inquisitoriales en todos los obispos de las Indias a fin de que persiguieran a los católicos europeos que llevaran las prácticas heréticas al Nuevo Mundo.[335]

En los inicios de la Inquisición americana los obispos eran sus encargados, nombrados en algunos casos como Inquisidores apostólicos, actuando en colaboración con los obispos de su distrito, siendo una «Inquisición Episcopal» que funcionó de esta forma hasta 1571.[336]

El inquisidor general Adriano de Utrecht, por Real Cédula de 20 de mayo de 1520, siguiendo órdenes de Carlos V, nombró a los dos primeros inquisidores: Alfonso Manso, obispo de Puerto Rico, y fray Pedro de Córdoba, vicario general de los dominicos en La Española, con jurisdicción sobre «las Indias e islas del Mar Océano».

El primer auto de fe que se llevó a cabo en América tuvo lugar en La Española, siendo condenado por hereje a ser relajado al brazo secular y a ser confiscados sus bienes un tal Alonso de Escalante.

Las primeras personas condenadas en Nueva España lo fueron en 1527 y por blasfemia. Se dice también que en los años 1528 y 1529 fueron condenados por idolatría cuatro indios de Tlaxcala y dos soldados de Hernán Cortés por judaizantes, pero lo más probable es que fueran ejecutados por ser partidarios de Cortés, que por entonces ya no contaba con los favores del emperador.[337]

Al morir Manso, las indias se dividieron a efectos inquisitoriales en dos zonas: Antillas y México. En la primera zona se puso en un principio al frente a Alonso López de Cerrato, y en la segunda a Francisco Tello de Sandoval. Debido a la falta de medios se ocuparon de muy pocos asuntos.

El 6 de diciembre de 1528 arribó a México como obispo el franciscano Juan de Zumárraga, asumiendo funciones de inquisidor en 1535 con una política de gran dureza contra todo tipo de herejes.[338]

El primer tribunal que se instauró en Nueva España estuvo a cargo del primer obispo de México, el franciscano vasco Juan de Zumárraga. Instruyó unas ciento cincuenta causas: una tercera parte por blasfemia, hechicería, superstición, bigamia, criptojudaísmo, idolatría, etcétera. Por ejemplo, procesó a dos sacerdotes indios llamados Tacátetl y Taníxtetl, sacrificadores de hombres, que fueron condenados a ser montados en dos burros, atados de pies y manos, des-

---

[335] *La Inquisición española.*
[336] *Estado, Iglesia e Inquisición en Indias. Un permanente conflicto.*
[337] *Historia de la Inquisición española.*
[338] *La Inquisición en América (1569 1820).*

nudos hasta la cintura y azotados durante su caminar por las calles de México y Tlatelolco.[339]

También procesó por judaizante a un tabernero llamado Francisco de Millán denunciado por una esclava de su propiedad por flagelar imágenes. Después del tormento denunció a una docena de personas que según él eran también judaizantes y fue condenado a perder todos sus bienes y al destierro perpetuo de Indias.[340]

Zumárraga cometió el gran error de procesar y condenar a la muerte en la hoguera al cacique de Texcoco, que fue ejecutado el 30 de noviembre de 1539 por idólatra y amancebía a pesar de que tenía instrucciones de que no se ejerciera demasiado rigor sobre los nuevos cristianos de raza india. El inquisidor general remitió a Zumárraga dos cartas: una es la que le instruía «sobre el modo que se debía de tener en procesar contra los indios que hubiesen bautizado y después idolatrasen» y otra en la que le reprendía por «haber hecho prisionero contra un indio cacique por idolatría y haberlo sentenciado a muerte y quemándolo».[341]

Este hecho sin duda favoreció que en el futuro se excluyera de forma expresa a los indios de la jurisdicción del Tribunal de la Inquisición.[342]

El segundo arzobispo de México fue el dominico Alonso de Montúfar, que ejerció también facultades inquisitoriales centrándose contra el luteranismo, siendo el más famoso de los procesos el llevado a cabo contra Robert Tomson, ayudante del alcalde mayor, que fue acusado de irreverencias ante las imágenes y comentarios sobre la reforma del clero. Fue reconciliado en 1560.

En cambio, en el territorio que abarcaba el virreinato de Perú, desde el istmo de Panamá hasta la Tierra de Fuego, llevó a que la actividad inquisitorial inicialmente fuera casi testimonial.

Tenemos constancia de que fue procesado Francisco de Aguirre, colaborador de Pizarro y Valdivia en la conquista de Perú y Chile respectivamente y alcalde de Santiago de Chile. Fue acusado de nada menos que noventa delitos por, entre otras cosas, llamar al papa incompetente y afirmar que la misa no valía para nada. Estuvo dos años en la prisión hasta que se arrepintió y se reconoció culpable de todos los delitos de los que era acusado, siendo obligado a pagar 1500 pesos de plata.[343]

---

[339] *Ibidem.*
[340] *Ibidem.*
[341] *Proceso inquisitorial del cacique de Tetzcuco.*
[342] *Historia de la Inquisición española.*
[343] *La Inquisición en América (1569 1820).*

Entre los años 1550 y 1570 llegaron a la corte de Felipe II peticiones para que se establecieran en el Nuevo Mundo tribunales permanentes del Santo Oficio que dependieran directamente de la Suprema con sede en Madrid. El motivo principal era impedir los abusos que la Inquisición por entonces episcopal había cometido en su implantación en América con ministros elegidos directamente por el Consejo de la Suprema.

El 25 de enero de 1569 una cédula real de Felipe II ordenaba crear y establecer dos tribunales del Santo Oficio en Lima y en la ciudad de México con jurisdicción sobre los virreinatos de los que eran capital y sus capitanías generales vecinas. En el año 1610 se fundaría el Tribunal del Santo Oficio en Cartagena de Indias.

Tal y como hemos afirmado antes, estos tribunales no tenían jurisdicción sobre los indios, que eran la gran mayoría de la población, por lo que la Inquisición americana en un principio afectaba únicamente a unas 450.000 personas, españoles y europeos a los que posteriormente se unieron los negros y los asiáticos. Con el tiempo, esas personas fueron aumentando al quedar sujetas también a la Inquisición las personas que surgieron de las relaciones entre blancos, negros, indios, mulatos, es decir, los mestizos.[344]

Además, el Santo Oficio que llegó al Nuevo Mundo nada tenía que ver con aquel que se instauró en los primeros años en Sevilla caracterizado por la rigidez y las duras condenas. Como bien sabe el lector la Inquisición española se instauró para acabar con las herejías llevadas a cabo por los judeoconversos y los moriscos. Terminada esa «amenaza», cuando se instauró en América se estaba ocupando principalmente del protestantismo y de delitos menores como blasfemias, sacrilegios, bigamia, solicitación, sodomía.[345]

De hecho, el inquisidor general Diego de Espinosa, en las *Instrucciones* complementarias para México, pide a los inquisidores que actúen con «toda templanza y suavidad y con mucha consideración porque así conviene que se haga de manera que la Inquisición sea muy temida y respetada y no se dé ocasión para que con razón se le pueda tener odio».[346]

«Indios, no se proceda contra ellos en la Inquisición.
Item, se os advierte que por virtud de nuestros poderes no habéis de proceder contra los indios del dicho vuestro distrito, porque por ahora hasta que otra

[344] *Ibidem.*
[345] *Estado, Iglesia e Inquisición en Indias. Un permanente conflicto.*
[346] *Ibidem.*

cosa se os ordene, es nuestra voluntad que solo uséis de ellos contra los cristianos viejos y sus descendientes, y las otras personas contra quien en estos reinos de España se suele proceder, y en los casos de que conociéreles, iréis con toda templanza y suavidad, y con mucha consideración, porque así conviene que se haga, de manera que la Inquisición sea muy temida y respetada, y no se de ocasión para que con razón se la pueda tener odio».

Por otra parte, la inmensidad de aquellos territorios impedía que se llevara el control burocrático inquisitorial que se llevaba a cabo en la península ibérica quedando en la práctica vastas extensiones fuera de la jurisdicción de la Inquisición.

Esas circunstancias llevaron a que la actividad de la Inquisición en América, en cuanto a cifras, nada tuviera que ver con la que se llevó a cabo en España. Por ejemplo, en el Tribunal de la Inquisición de Perú se llevaron a cabo 1.500 procesos, en México 2.410 y en Cartagena de indias 979 a lo largo de dos siglos y medio. Por ejemplo, solo el tribunal de Barcelona llevó a cabo 5.425 procesos, 6.500 el de Murcia, 8.500 el de Cuenca…[347]

En cuanto a las víctimas mortales las cifras no tienen nada que ver con las de la península ibérica. El Tribunal de Perú relajó a 30 personas en dos siglos y medio, el de México a 45 y en el de Cartagena de indias únicamente a dos. En total en toda América la Inquisición ordenó que se aplicara la pena de muerte a 79 personas, es decir, un relajado cada tres años. Solamente en el Tribunal de Barcelona fueron 85 y 144 en Murcia.[348]

«Todas y cada una de las víctimas las considero un auténtico asesinato, sin paliativos, un holocausto cometido en nombre de la más brutal y fanática intolerancia religiosa, pero la intolerancia religiosa o política, es algo consustancial con la historia de la humanidad y lo que pretendo decir es que esa cifra es ridícula si la comparamos con la de cualquier revolución, contrarrevolución o acción militar de cualquier tipo de la propia Iberoamérica, donde el más insignificante de estos hechos causó víctimas cuya cifra supera como mínimo en diez o en veinte las de la Inquisición, y eso tan solo en unas horas o días, víctimas que eran mucho más inocentes que las relajadas por la Inquisición, pues estas sabían a lo que se exponían y absolutamente todas tuvieron en algún momento la opción de salvarse».[349]

---

[347] *Ibidem.*
[348] *Ibidem.*
[349] *Ibidem.*

El tipo de causas que se siguieron en América también refleja grandes diferencias con la Inquisición que actúo en la península ibérica. En el Nuevo Mundo tuvieron más importancia los casos de blasfemia, de bigamia, de solicitación en la confesión o en situaciones cercanas a la misma. Este último delito de solicitación adquirió proporciones que llamaron la atención en el Consejo de la Suprema. A causa de la conducta de varios de los sacerdotes que alejaba a las mujeres del sacramento de la penitencia, los inquisidores solicitaron a la Suprema el permiso para poder aplicar penas más severas de las que se venían imponiendo anteriormente.

En los tribunales del Santo Oficio en América también se procesaron en buen número a extranjeros, en su mayoría ingleses, apresados en los puertos acusados de protestantismo o luteranismo. Por ejemplo, en el auto de fe que se celebró en México el 28 de febrero de 1574, se condenaron a varios ingleses capturados que habían formado parte de una armada del corsario Hawkins por testificar y confesar que «durante la navegación habían hecho sus prácticas religiosas luteranas y en Inglaterra oído la doctrina y sermones que se predicaban»:[350]

> «Tomás Godal salió con vela, se aplicaron trescientos azotes y fue condenado a galeras, por diez años. Diósele tormento sobre la intención y venciólo.
> Jun Wilworth con la misma pena. Diósele tormento sobre la intención y venciólo.
> Juan Williams, la misma culpa y la misma pena: diósele tormento sobre la intención y venciólo.
> Pablo de León, cerrajero holandés, que había residido en Inglaterra siete meses antes de embarcarse en la armada, fue condenado en la misma pena que el anterior: a los dos se les rebajó el tiempo de galeras en atención a haber sido más llanos confidentes en los hechos. Diósele tormento sobre la intención y venciólo.
> Guillermo de Siles, natural de Honfler, que pertenecía a la tripulación de un navío francés que aportó a Yucatán después de robar ciertos barcos españoles, y tuvo que quedarse en tierra con diezinueve de su compañeros, todos los cuales anduvieron durmiendo en las iglesias, y en una robaron el cáliz y vinajeras y los ornamentos, de que fabricaron caperuzas, haciendo burla del Santísimo Sacramento, y diciendo palabras injuriosas contra el Papa y el Rey, a quienes llamaban poltronazos».[351]

También fueron procesados muchos portugueses acusados de judaísmo a partir de 1580, el año en que Felipe II ostenta también la corona de Portugal.

---

[350] *Historia del Tribunal del Santo Oficio de la Inquisición en México.*
[351] *Ibidem.*

Los portugueses se convierten en vasallos del rey «Prudente» y pueden moverse libremente por todos sus dominios. Antes de esa fecha la persecución de judaizantes en América había sido casi testimonial. La Inquisición americana estaba más preocupada de combatir el protestantismo que venía en barcos tripulados por ingleses y franceses.

Muchos de los portugueses que llegaban a puertos españoles ya fuera en la península ibérica o en Hispanoamérica eran criptojudíos que habían tenido que convertirse de forma forzada al catolicismo, pero que seguían en realidad profesando la religión judía.

El primer auto de fe en el que aparecen un gran número de judíos tiene lugar en México el 8 de diciembre de 1596. De los sesenta penitenciados, treinta y cinco lo serían por llevar a cabo prácticas judaizantes. Nueve fueron entregados al brazo secular. Todos ellos eran miembros de la familia Carvajal, cuyo miembro más conocido se llamaba Luis de Carvajal, sobrino del conquistador del Panuco, que no se limitaba a profesar la fe judía sino también a predicarla, consiguiendo un buen grupo de adeptos que acabaron siendo procesados por el Santo Oficio.

Más adelante, en 1625, se celebra un auto de fe en Lima donde se mostrarán a doce judaizantes portugueses, dos de los cuales serán entregados al brazo secular. Antes de celebrarse el auto dos judaizantes se habían suicidado en las cárceles de la Inquisición.

En muchas ocasiones coincidió que los portugueses procesados por la Inquisición eran acaudalados comerciantes que hacían sombra a los mercaderes locales y de la Península. En el año 1635 se detuvieron en Lima a cerca de 200 personas acusadas de prácticas judaizantes, entre las que estaban precisamente los principales mercaderes del reino, quedando durante un buen tiempo el comercio paralizado. Y en México se prendió a otras cuarenta personas relacionadas también con el comercio.

En un auto de fe que tuvo lugar en Lima el 23 de enero de 1639 se mostraron sesenta y dos penitenciados acusados de prácticas judaizantes. Siete abjuraron «de vehementi», cuarenta y cuatro fueron reconciliados con distintas penas y otros once fueron entregados al brazo secular para que les fuera aplicada la pena de muerte.

En otro auto de fe en México que se llevó a cabo el 11 de abril de 1649 se condenaron a cincuenta judaizantes de los que trece acabaron relajados. Uno de ellos sería una integrante de la familia Carvajal llamada Mariana.

Una vez que la Inquisición americana acabó con la «amenaza» del criptojudaísmo se ocupó casi exclusivamente de reprimir conductas contrarias a la fe católica, blasfemias, solicitaciones, algún caso de iluminismo, bigamia, de las ideas procedentes de la Ilustración... aplicándose en muy pocas ocasiones condenas severas.

El Tribunal del Santo Oficio quedó desbaratado en gran parte de Hispanoamérica en 1813 cuando se tuvo conocimiento del Decreto de las Cortes de Cádiz de enero de 1813 que procedía a su abolición. En México y en Perú siguió vigente hasta 1820.

La abolición de la Inquisición

L a Inquisición española fue suprimida en tres ocasiones antes de que se aboliera de forma definitiva el 17 de julio de 1834, durante la regencia de la reina María Cristina, madre de la reina Isabel II.

El primero que trató de abolir la Inquisición de forma definitiva fue Napoleón Bonaparte. Como es conocido los reyes Carlos IV y Fernando VII cedieron sus derechos a la Corona de España al emperador francés en virtud de dos acuerdos que fueron publicados en la *Gaceta de Madrid* el 20 de mayo de 1808. El 6 de junio de 1808 Napoleón publicó un decreto cediendo sus derechos y nombrando rey de España a su hermano José de Bonaparte, el cual comenzó a reinar de forma «legal» el 7 de julio de 1808, después de jurar la Constitución de Bayona que fue promulgada en la citada ciudad francesa el 6 de julio de 1808. En principio estaba previsto que la citada Constitución aboliera la Inquisición, pero realmente no lo hizo. José I tenía previsto hacerlo una vez que estuviera asentado en la corte de Madrid, pero la derrota de las tropas francesas en Bailén, el 22 de julio de 1808, le obligó a abandonar la capital de España lo más rápido posible.

También es conocido que los madrileños se rebelaron contra las tropas francesas el 2 de mayo de 1808. El Consejo de la Suprema, en vez de ponerse de parte de los madrileños, calificó aquellos actos como «alboroto escandaloso del bajo pueblo, de desorden revolucionario realizado bajo la máscara del patriotismo, destinado a causar un convulsión que destruía los sentimientos de humanidad y rompía los lazos de subordinación de los súbditos con su soberano en que está afianzada la salud de los Pueblos».[352]

A pesar de lo anterior, cuando los franceses volvieron a tener el control de Madrid gracias al ejército francés que el mismo Napoleón Bonaparte dirigió hasta la capital de España, el emperador firmó los llamados «decretos de Cha-

---

[352] *La Inquisición en España, agonía y abolición.*

martín», en los que reducía a un tercio los conventos y monasterios de España, eliminaba aduanas interiores y suprimía el Consejo de Castilla y la Inquisición.[353]

Los decretos fueron publicados en la *Gaceta de Madrid* el 11 de diciembre de 1811 siendo detenidos al día siguiente todos los miembros y personal del Consejo de la Suprema ordenándoles que entregaran toda la documentación que se encontrara en su poder. Dicha documentación cayó en manos del afrancesado Juan Antonio Llorente y con ella publicó en 1812 *Memoria histórica sobre qual ha sido la opinión nacional de España acerca del Tribunal de la Inquisición*, y más tarde, estando en el exilio, los *Anales de la Inquisición de España* y la *Historia crítica de la Inquisición de España*.

Por supuesto, en la España fiel al rey Fernando VII la abolición de la Inquisición por Napoleón no tenía valor y fue ignorada. Durante la guerra en aquellos territorios de España en los que las tropas napoleónicas no se impusieron, los tribunales de la Inquisición siguieron funcionando con escasos recursos, pues muchos de ellos aportaron fondos para sostener la guerra, y escaso personal. Su funcionamiento realmente fue testimonial.

A pesar de lo anterior, serán las Cortes de Cádiz las que abolirán la Inquisición en España por segunda vez al entender los diputados liberales que la Inquisición era contraria a los principios de libertad que se recogían en la Constitución de 1812, la llamada «Pepa», al violar la soberanía nacional, la división de poderes y los derechos individuales. En concreto, entendían que la Inquisición era contraria al artículo 12:

> «La religión de la Nación española es y será perpetuamente la católica, apostólica, romana, única verdadera. La Nación la protege por leyes sabias y justas, y prohíbe el ejercicio de cualquiera otra».

Además, la declaración de la libertad de imprenta, dispuesta por Decreto de 10 de noviembre de 1810, restringía las atribuciones de la Inquisición porque se crearon las llamadas «Juntas de Censura» que decidían incluso sobre la idoneidad de los libros en materia de la fe.[354]

El debate parlamentario sobre la abolición de la Inquisición se produjo durante todo enero de 1813. Los diputados favorables a la supresión de la Inquisición ganaron la votación por noventa votos a favor frente a sesenta en

---

[353] *Ibidem.*
[354] *Disposiciones abolicionistas del Tribunal del Santo Oficio.*

contra. El decreto de abolición de la Inquisición se publicó el 23 de febrero de 1813:

> «Las Cortes generales y extraordinarias, queriendo que lo prevenido en el artículo 12 de la Constitución tenga el más cumplido efecto y se asegure en lo sucesivo la fiel observancia de tan sabia disposición, declaran y decretan:
> Capítulo I.
> Art.I La Religión Católica, Apostólica, Romana será protegida por leyes conformes a la Constitución.
> Art. II El Tribunal de la Inquisición es incompatible con la Constitución».

Ahora bien, lo anterior no quiere decir que quedara sin castigo el delito de herejía, pues este seguía en vigor, se mantenía la censura al prohibir la entrada de libros prohibidos o contrarios a la religión pasando a los obispos las competencias que habían correspondido a los inquisidores: la jurisdicción en materia de fe, según el Derecho Canónico:[355]

> «III. En su consecuencia se restablece en su primitivo vigor la ley III, titulo XXVI, Partida VII, en cuanto deja expeditas las facultades de los Obispos y sus Vicarios para conocer en las causas de fe, con arreglo a los sagrados Cánones y Derecho común, y las de los jueces seculares para declarar e imponer a los herejes las penas que señalan las leyes, o que en adelante señalaren. Los jueces eclesiásticos y seculares procederán en sus respectivos casos conforme a la Constitución y las leyes.
> IV. Todo español tiene acción para acusar de delito de herejía ante el tribunal eclesiástico; en defecto de acusador, y aun cuando lo haya, el fiscal eclesiástico hará de acusador.
> V. Instruido el sumario, si resultare de él causa suficiente para reconvenir al acusado, el juez eclesiástico le hará comparecer, y le amonestará en los términos que previene la citada ley de Partida.
> VI. Si la acusación fuere sobre delito que deba ser castigado por la ley con pena corporal, y el acusado fuera lego, el juez eclesiástico pasará testimonio del sumario el juez respectivo para su arresto, este le tendrá a disposición del juez eclesiástico para las demás diligencias hasta la conclusión de la causa».

También se aprobó otro decreto por el que se ordenaba quitar todos los cuadros, pinturas o inscripciones que representen los castigos y penas impuestos que existen en los templos. Un ejemplo de esas representaciones eran los sambenitos. Los bienes de la Inquisición pasaban a ser propiedad de la Nación.

---

[355] *Ibidem.*

A su regreso de Francia, el rey Fernando VII promulgó en Valencia un Decreto de fecha 4 de mayo de 1814 declarando nulos y sin efecto la Constitución de 1812 y los acuerdos de las Cortes de Cádiz. También firmó el 21 de julio de 1814 el Real Decreto de restablecimiento del Tribunal del Santo Oficio, por el que volvía a estar en vigor el Consejo de la Inquisición y demás tribunales del Santo Oficio. En septiembre de 1814 nombró como inquisidor general al obispo de Almería Francisco Javier de Mier y Campillo. Este prometió mano de hierro y ejerció su cargo hasta su muerte en mayo de 1818 siendo nombrado para el cargo Jerónimo Castillón y Salas, obispo de Tarazona, que resultaría ser el último inquisidor general, pues tras el pronunciamiento de Riego y el restablecimiento de la Constitución de 1812 la Inquisición fue abolida por decreto de fecha 9 de marzo de 1820.[356]

En efecto, el rey juró la Constitución de 1812 el 8 de marzo de 1820 y al día siguiente promulgó una Real Orden por la que se suprimía el Tribunal de la Inquisición y el Consejo de la Suprema y se ordenó la inmediata liberación de todos los presos por opiniones políticas y religiosas. Se restableció la vigencia del Decreto de 1813.

El regreso del absolutismo al reinado de Fernando VII gracias a la intervención de los Cien Mil Hijos de San Luis no trajo de nuevo a la Inquisición, pues había sido abolida, pero sí la persecución a la herejía e incluso la condena de muerte. No volvió a estar vigente el Tribunal de la Inquisición, pero en su lugar se crearon en 1824 las llamadas Juntas de fe, que eran unos tribunales eclesiásticos diocesanos que venían a sustituir a los Tribunales de la Inquisición. La Junta de fe calificaba el delito e indicaba según la ley la pena correspondiente que debía ser ejecutada por la autoridad civil. Se crearon tres Juntas de fe: en Valencia, Tarragona y Orihuela.

La última persona ejecutada por un delito de herejía en España fue Cayetano Ripoll, que fue ejecutado mediante la horca por una sentencia de la Junta de fe de la diócesis de Valencia.

A la muerte de Fernando VII, durante la regencia de su viuda María Cristina de Borbón, la Inquisición fue definitivamente suprimida mediante Decreto Real publicado en la *Gaceta de Madrid* el jueves 17 de julio de 1834:[357]

«Deseando aumentar las garantías del crédito público de la nación por todos los medios compatibles con los principios de justicia: teniendo en con-

---

[356] *Ibidem.*
[357] *Historia de la Inquisición española.*

sideración que mi augusto Esposo (Q.E.G.E.) creyó bastante eficaz al sometimiento de la religión del Estado la nativa e imprescindible autoridad de los M. RR. Arzobispos y RR. Obispos, protegida cual corresponde por las leyes de la monarquía: que mi Real Decreto de 4 de Enero próximo pasado ha dejado en manos de dichos prelados la censura de los escritos concernientes a la fe, a la moral y disciplina, para que se conserve ileso tan precioso depósito: que están ya concluidos los trabajos del código criminal, en que se establecen las convenientes penas contra los que intenten vulnerar el respeto debido a nuestra santa religión: y que la junta eclesiástica, creada por mi Real Decreto de 22 de abril, se ocupa de proponer cuanto juzgue conducente a tan importante fin, para que provea Yo de remedio hasta donde alcance el Real Patronato, y con la concurrencia de la Santa Sede en cuanto menester fuere: en nombre de mi excelsa Hija Doña Isabel II, oído el consejo de Gobierno y el de Ministros, he venido en mandar lo siguiente:

Artículo 1º. Se declara suprimido definitivamente el tribunal de la Inquisición.

2º. Los predios rústicos y urbanos, censos u otros bienes con que le había dotado la piedad soberana, o cuya adquisición le proporcinó por medio de leyes dictadas par su protección, se adjudicará a la extinción de la deuda pública.

3º. Las 101 canonjías de dicho tribunal que estaban agregadas a la Inquisición, se aplican al mismo objeto, con sujeción a mi Real Decreto de 9 de Marzo último, y por el tiempo que expresan las bulas apostólicas sobre la materia.

4º. Los empleados de dicho tribunal y sus dependencias que posean prebendas eclesiásticas, u obtengan cargos civiles de cualquiera clase con sueldo, no tendrán derecho a percibir el que les correspondía sobre los fondos del mismo tribunal cuando servían en el sus destinos.

5º. Todos los demás empleados, mientras no se les proporcione otra colocación, percibirán exactamente de la Caja de Autorizaciones el sueldo que les corresponda según clasificación, que solicitarán ante la junta creada al efecto».

LAS VÍCTIMAS

La exagerada percepción del número de personas que fueron ejecutadas por la Inquisición española, quemadas en la hoguera, proviene de los cálculos que el afrancesado Juan Antonio Llorente expuso en su libro *Historia crítica de la Inquisición de España,* publicado en 1814 en su exilio de Francia, en base a los cuales exactamente 340.592 personas habrían sido condenadas, de las cuales 31.912 personas habrían sido quemadas en persona, 17.692 quemadas en efigie y 291.021 habrían sido penitenciadas. De esas 31.912 personas que habrían muerto en la hoguera, 8.800 lo habrían sido en el periodo en que Torquemada fue el inquisidor general, es decir, entre 1486 y 1498. Además, presenta sus cifras afirmando que «calcular el número de víctimas de la Inquisición es lo mismo que demostrar prácticamente una de las causas más poderosas y eficaces de la despoblación de España».[358]

El recuento de víctimas de Juan Antonio Llorente provocó que durante mucho tiempo se confundiera el número de personas ejecutadas por la Inquisición con el número de personas perseguidas, de forma que algunos autores del pasado llegaron a afirmar que las personas que sufrieron la pena de muerte alcanzarían las trescientas mil. También confunden las personas que realmente murieron ejecutadas por garrote vil o en la hoguera, con aquellas que lo fueron en efigie, es decir, personas a las que se «ejecutó» quemando una estatua que las representaba.

A estas alturas todos los autores que han tenido la oportunidad de estudiar los archivos de la Inquisición no dudan en afirmar que las cifras de Llorente adolecen de rigor y son enormemente exageradas. Siempre resultó curioso que esas cifras las hubiera sacado de unos expedientes que él mismo afirmó que se destruyeron.

---

[358] *Historia crítica de la Inquisición española.*

De hecho, Jaime Contreras y Gustav Henninsen llevaron a cabo una investigación a partir de las relaciones de causas que se encuentran en el Archivo Histórico de Madrid, como veremos más adelante, del año 1560 a 1700. Durante ese periodo habrían sido procesadas por la Inquisición española 49.092 personas. Si esos datos se extrapolan a todo el tiempo que el Tribunal estuvo activo, las personas procesadas serían unas ciento veinticinco mil, muy lejos de las cifras que difundió Juan Antonio Llorente.[359]

Henry Kamen, en su libro *La Inquisición española, Mito e Historia*, afirma lo siguiente:

> «El número relativamente pequeño de ejecuciones constituye un argumento eficaz frente a la leyenda que presenta a la Inquisición como un tribunal sediento de sangre. Por supuesto que nada puede borrar el coste de vidas humanas de sus primeros veintitantos años de existencia. Pero es evidente que durante la mayor parte de su historia la Inquisición distó mucho de ser un monstruo sanguinario ni por sus intenciones ni por su capacidad. Se ha calculado que en diecinueve de los tribunales existentes durante el periodo comprendido entre 1540 y 1700, aproximadamente un 1,8 por ciento fueron ejecutados».

Según ese cálculo, el número de ejecutados sería inferior al de cualquier tribunal provincial de justicia de España o de cualquier país de Europa. Durante toda la existencia del Tribunal del Santo Oficio, según la documentación existente, «fueron como máximo tres mil las personas que sufrieron la pena de muerte durante toda la existencia de la Inquisición española».

Por su parte, el hispanista, historiador, profesor y que fuera Director del Departamento de la Universidad de California, Philip W. Powell, afirma en su libro *El Árbol del Odio* lo siguiente:

> «El nombre de los ejecutados en nombre del Santo Oficio fue pequeño. El empleo de la tortura física era relativamente infrecuente si se compara con el cuantioso número de los procesos, y se aplicaba bajo estrictos reglamentos, con garantías y condiciones más humanitarias que la mayoría de semejantes procesos judiciales requería en la Europa de aquellos tiempos».

Lo primero que debemos decir es que es imposible saber a estas alturas la cifra exacta de las personas procesadas o de sus víctimas. La razón es sencilla, no se conservan todos los expedientes de la Inquisición. Únicamente se pueden realizar estimaciones, pues como afirma el historiador francés Jean Pierre

---

[359] *Crónica de la Inquisición en España.*

Dedieu, ni siquiera nadie sabrá la cifra total de sentencias pronunciadas por la Inquisición, pues los archivos centrales de la Suprema que se conservan a partir de 1499 no dicen casi nada sobre este asunto hasta 1560. A partir de esta fecha se conservan en el Archivo Histórico de Madrid las relaciones de causas que cada tribunal debía enviar a la Suprema de Madrid. Cada proceso se registraba de forma sucinta con los datos elementales del reo, si era extranjero o no, tipo de delito, sentencia pronunciaba. Antes de 1560 hay que examinar los archivos de los tribunales locales que en su gran mayoría se han perdido, salvo los de Toledo, Cuenca y Valencia.[360]

De fuentes procedentes de cronistas de los primeros tiempos de la Inquisición, entre los años 1480 y 1520, sabemos que un número importante de procesos acabó con el acusado condenado a muerte, siendo casi en exclusiva los perseguidos los judeoconversos. Entre los años 1525 y 1560 se produjo una disminución de la actividad procesal, iniciándose los procesos contra moriscos y proposiciones heréticas, disminuyendo drásticamente la persecución de los judeoconversos. Los años que van del 1560 al 1615 serían los años de apogeo de la Inquisición en relación con el número de procesos que se instruyeron persiguiéndose a moriscos y protestantes, sin que de ninguna manera se alcancen las cifras de ejecuciones de los primeros años. En el periodo comprendido entre 1625 a 1700 procesalmente se persiguen fundamentalmente delitos sexuales e ideológicos. Pasado el 1700, con la llegada de los Borbones, comienza la decadencia de la Inquisición, siendo todavía menos las personas ejecutadas en relación con cualquier otra época.

---

[360] *Inquisición española: poder político y control social.*

No existía la tolerancia en ninguna parte de Europa en los siglos xv, xvi, xvii y xviii

Los que se creen la Leyenda Negra contra España, propagada sobre todo desde Alemania, Gran Bretaña y Holanda, achacan a la España de Felipe II su «intolerancia religiosa», como si el resto de Europa hubiera sido un mar de paz y permisividad. Y no hay nada más lejos de la realidad.

Joseph Pérez lo explica de la siguiente manera:

> «No existía la tolerancia religiosa en ninguna parte de Europa. No admitían la pluralidad en ese tiempo. Para ser un buen español, un buen francés o alemán había que tener la misma religión que el rey. No existía sentimiento nacional según entendemos hoy, pero uno compartía con el rey la religión y esta comunidad de fe hacía mucho para federar el país. Los reyes ingleses tampoco permitían que hubiera católicos en su reino. Los católicos ingleses tuvieron que esperar hasta 1830 para tener los mismos derechos que los anglicanos. No tiene sentido hablar de un rey intolerante en Europa, cuando todos lo eran».

Las palabras de Joseph Pérez a las que hago mención en este epígrafe las pueden encontrar en esta entrevista en el diario *ABC*: «Lo del genocidio en América es una barbaridad, ¿por qué iban a matar a la gallina de los huevos de oro?»:

> «En ninguna nación existió libertad de conciencia ni libertad de culto. La famosa frase de Felipe II "no pienso ser señor de herejes", cualquier soberano de la época —católico o protestante— hubiera podido pronunciarla. El edicto promulgado en Nantes el 13 de abril de 1598 por Enrique IV no proclama la libertad de creencias en Francia, como se suele decir; en rigor no es una manifestación de tolerancia religiosa; lo que se propone es acabar con las guerras civiles, organizando para ello una convivencia pacífica entre católicos y protestantes, pero queda claro en el edicto que el catolicismo es, y seguirá siendo, la religión oficial en Francia».[361]

---

[361] *Crónica de la Inquisición en España.*

Por su parte, Julián Juderías también remarca el hecho de la inexistencia de la tolerancia religiosa en aquellos tiempos en su libro *La Leyenda Negra*.

La caza de brujas en Europa Central, Francia y Gran Bretaña causó más víctimas que la Inquisición española

Seguramente si hacen una encuesta en la calle de cualquier ciudad europea, incluida las españolas, si preguntan en qué lugar se persiguió a las «brujas» con más saña, les responderán que en España, que la Inquisición española las perseguía día sí y noche también. Pues no es así tal y como hemos afirmado con anterioridad: la represión de la brujería en Centroeuropa causó más víctimas que la Inquisición española durante toda su existencia.

Entre los años 1450 y 1750 miles de personas, siendo gran mayoría mujeres, fueron procesadas, juzgadas y condenadas por el delito de brujería. Más o menos la mitad de esas personas fueron ejecutadas en la hoguera. Los juicios tuvieron lugar en los tribunales eclesiásticos de Europa, pero la gran mayoría se desarrollaron en tribunales civiles.[362] Según Gustav Henningsen el 63 por ciento fue juzgado por las autoridades civiles, el 17 por ciento por tribunales episcopales, mientras que el 20 por ciento corresponde a la Inquisición.[363]

Para Gustav Henningsen la brujería es un sistema de creencias mágicas referentes a cierta categoría de individuos que tratan de destruir la sociedad desde dentro, que generalmente son mujeres, pero también pueden ser hombres, que no es un arte o técnica mágica que se puede aprender, sino un poder natural innato adquirido con el trato con algún ser sobrenatural y que permite a la bruja o al brujo dañar a personas o animales gracias a un tocamiento, una mirada malévola o simplemente por envidia.[364]

Solemos pensar que los juicios brujería se celebraron en plena Edad Media, pero no es cierto. Comenzaron en el siglo XV, disminuyeron durante el siglo XVI, incrementándose notablemente y alcanzando su cénit a comienzos del siglo XVII; dejándose de celebrar de forma gradual hasta principios del siglo XVIII.[365]

¿Y cuántas fueron las personas ejecutadas por brujería en Europa? Durante años se ha venido diciendo la absurda cifra de nueve millones de personas, número

---

[362] *La caza de brujas.*
[363] *La brujería y la Inquisición.*
[364] *Ibidem.*
[365] *La caza de brujas.*

que se sigue repitiendo machaconamente en publicaciones sensacionalistas, pero actualmente se calcula que el número de causas de brujería y magia alcanzaría los 100.000 y que habrían acabado en la hoguera unas 50.000 personas.[366]

Las mayores cazas de brujas tuvieron lugar en los territorios que actualmente ocupa Alemania, sobre todo en Europa Central. Allí la cifra total de ejecuciones por brujería fue superior a la de las demás zonas de Europa juntas. En algunos lugares se llegó a ejecutar al 10 por ciento de la población, como es el caso del condado de Vaduz, en Liechtenstein, donde se ejecutó a 300 personas, siendo la población de unos 3.000 hacia el año 1600.[367]

En los territorios que actualmente ocupa Alemania, durante los siglos XVI y XVII, se ejecutaron a unas 25.000 personas acusadas por brujería, de tener pactos con el diablo u otros espíritus malignos. Sobre todo, durante las primeras décadas del siglo XVII estalló en Alemania y en gran parte de Europa una enajenación colectiva que llevó a procesos masivos en los que condenados y ejecutados por brujería se contaban por centenares.

Durante esos años la mayoría de los europeos con cierta cultura creía que las brujas participaban en numerosas actividades diabólicas teniendo incluso un pacto con el mismísimo diablo. La formalización del pacto se producía en una ceremonia formal en la que se aparecía Belcebú a la bruja en forma de hombre bello y bien vestido y la seducía con la promesa de bienestar material o placer sexual. Para acceder a esos privilegios la bruja tenía que abjurar de su fe cristiana, normalmente pisando la cruz, siendo rebautizada por el demonio para posteriormente rendir homenaje al ángel caído besándole el trasero. La bruja quedaba tatuada por el demonio que le proporcionaría instrucciones, pócimas o ungüentos para que pudiera llevar a cabo su nueva ocupación.[368]

Después de realizar el pacto con el diablo, se creía que las brujas se reunían periódicamente con otras brujas en asambleas que podían agrupar a miles de ellas para llevar a cabo una serie de ritos blasfemos, obscenos y atroces en donde el diablo se aparecía en distintas formas acompañado de varios demonios subalternos. En estas asambleas llamadas aquelarres las brujas sacrificarían niños en honor del diablo cuyos cuerpos serían alimento del banquete, bailarían desnudas y tendrían sexo con Belcebú.[369]

---

[366] *Ibidem.*
[367] *Ibidem.*
[368] *La caza de brujas.*
[369] *Ibidem.*

También creían que las brujas se servían del poder del diablo para poder volar y de esa forma llegar a los aquelarres que hemos descrito anteriormente, los cuales se celebrarían en lugares muy alejados de la residencia de las brujas.[370]

Al contrario que en las zonas del centro de Europa, los países o regiones que adoptaron la Inquisición como nacional, tales como España, Portugal y los territorios que actualmente forman Italia, actuaron de una forma más racional frente a la brujería. Sumando las tres zonas las personas ejecutadas no superarían las 1300 siendo en su gran mayoría condenadas por tribunales civiles. Las víctimas atribuidas a tribunales inquisitoriales no superarían la centena.[371]

LA PERSECUCIÓN DE LOS CATÓLICOS EN INGLATERRA

Enrique VIII llegó al trono el 22 de abril de 1509. Sucedió a su padre Enrique VII. Era el tercer hijo fruto del matrimonio de su padre con Isabel de York. No siendo el primogénito su progenitor le tenía reservada una carrera en la Iglesia: pretendía que llegara a ser arzobispo de Canterbury.

La muerte de su hermano Arturo truncó los planes de su padre y Enrique se convirtió en heredero varón al trono, al que llegó con muy poca preparación, sin conocimiento de los asuntos reales y de la gestión administrativa.

El 11 de junio de 1509 Enrique VIII se casó con Catalina de Aragón, hija de los Reyes Católicos, con los que Inglaterra pretendía tejer una alianza. Catalina había sido la mujer de Arturo nada menos que desde el 26 de marzo de 1489 —se había casado con el inglés el 14 de noviembre de 1501—, pero su muerte la dejó viuda el 2 de abril de 1502 sin haber consumado el matrimonio. La pareja necesitó una dispensa papal para poder casarse, pues el derecho canónico prohibía que un hombre se casara con la viuda de su hermano. El hecho de que no se hubiera consumado el matrimonio permitió la autorización papal.

Catalina tuvo seis embarazos mientras estuvo casada con Enrique VIII, sufrió numerosos abortos y tuvo cuatro hijos de los que únicamente sobrevivió María. Uno de los hijos que tuvieron fue Enrique, el segundo de la pareja. La primera había nacido muerta. Enseguida se convirtió en duque de Cornualles y se esperaba que fuera Príncipe de Gales, rey de Inglaterra y el tercer rey de la Casa de Tudor, pero el 23 de febrero de 1511 el joven príncipe murió repentinamente.

---

[370] *Ibidem.*
[371] *La brujería y la Inquisición.*

En octubre de 1513 Catalina dio a luz a otro hijo que nació muerto. Al año siguiente dio a luz otro hijo al que llamaron también Enrique pero que murió en diciembre de 1514. Después de este fallecimiento y ante la imposibilidad de que Catalina le diera un hijo varón vivo, Enrique VIII comenzó a querer que se anulase su matrimonio con la española.

En 1525 Enrique VIII tenía 34 años y llevaba 16 en el trono. No tenía heredero varón y su esposa cumplía 40 años de edad. Si fallecía en ese momento heredaría el cetro inglés su hija María, que en ese momento tenía 9 años. No tenía ningún hermano menor ni parientes cercanos de la familia de su padre, por lo que no tenía asegurada la continuidad de la dinastía Tudor. Tenía un hijo ilegítimo, pero lógicamente no podía aspirar al trono.

En 1527 Enrique VIII comenzó sus intentos para lograr la anulación papal de su matrimonio. El argumento que trató de utilizar ante Roma consistía en que Catalina había estado casada con su hermano Arturo y por tanto se había creado una afinidad entre él y la hija de los Reyes Católicos, por lo que la esposa de su hermano, bajo la ley canónica, era su hermana. También afirmaba que la dispensa papal que obtuvo para celebrar su enlace con Catalina no era válida, pues se basaba en la hipótesis de que la actual reina seguía siendo virgen después de la muerte de su primer marido. Enrique afirmaba que aquello no era creíble, y que la dispensa papal debía ser retirada y el matrimonio anulado. Además de la anulación, Enrique VIII solicitaba una dispensa papal para casarse con Ana Bolena, una de sus amantes. Por cierto, la gente de la época denominaba al intento de Enrique VIII de anular su matrimonio con Catalina de Aragón el «gran asunto del rey».

Ana era hermana de María Bolena, una de las damas de la reina que fue su amante entre 1519 y 1525. De hecho, se sospecha que los hijos de María Bolena, Catherine y Henry, eran también del monarca. En el año 1525 Enrique VIII se enamoró de Ana, que también pertenecía al sequito de la reina. Al contrario que su hermana, Ana no quería yacer con el rey, no quería convertirse en amante del monarca si no estaba casada.

Las pretensiones de Enrique VIII de anular el matrimonio con Catalina de Aragón no fueron bien recibidas por esta, que se mostró desafiante. De hecho, cuando el monarca inglés sugirió a la reina que debía retirarse esta le dijo que «Dios nunca me ha llamado a un convento de monjas. Soy la esposa verdadera y legítima del rey».

Desde un principio la petición de Enrique VIII fue negada por el papa Clemente VII. Catalina era tía del emperador Carlos V y anular el matrimonio sería considerado una ofensa. Prefería que Enrique VIII incurriese en bigamia mandando a un convento a Catalina y casándose con Ana Bolena antes que anular el matrimonio.

El 7 de marzo de 1530 el pontífice emitió un breve prohibiendo a Enrique que tomara una segunda esposa y ordenó que se restituyeran sus derechos a Catalina.

El año 1531 la reina Catalina fue expulsada de la corte y Enrique VIII y Ana Bolena intercambiaron votos secretos. Más adelante, en 1533, el arzobispo de Canterbury, contraviniendo las órdenes del papa, declaró ilegítimo el matrimonio de Enrique con Catalina de Aragón y dio validez al enlace con Ana Bolena.

Enrique VIII promulga en 1534 el Acta de Supremacía nombrándose de forma oficial Cabeza Suprema de la Iglesia en Inglaterra en lugar del papa, confirmándose la ruptura oficial con Roma. A partir de entonces cualquier acto a favor del papa será considerado traición. Anteriormente el Sumo Pontífice había excomulgado al rey de Inglaterra.

Todos los que se opusieron a esta decisión de Enrique VIII fueron ejecutados, destacando Tomás Moro y el obispo de Rochester, Juan Fisher.

Tomás Moro era un teólogo, político y escritor inglés que había colaborado con Enrique VIII en la redacción de varias obras y que había sido nombrado por este en 1529 Lord Canciller. Era un gran opositor a la reforma protestante de Martín Lutero. En 1530 se negó a firmar una carta dirigida al papa en la que se solicitaba la anulación del matrimonio de Enrique VIII con Catalina de Aragón. En 1532 renunció a su cargo de Lord Canciller y al negarse a no aceptar el Acta de Supremacía de 1534 fue encarcelado en la Torre de Londres. Enjuiciado de forma sumarísima fue condenado a morir decapitado. Antes de ser ejecutado pronunció la siguiente frase: «Muero siendo el buen servidor del rey, pero de Dios primero».

Particularmente conmovedora en este primer período es la historia de la beata Margaret Pole, viuda con cinco hijos, último miembro de la casa real de Plantagenet, madre del cardenal Reginald Pole. Como su hijo había escrito desde Roma en defensa de la unidad de la Iglesia, se intentó probar que Margaret había tomado parte en una conjura contra el rey. No osaron llevarla a juicio, pues ningún jurado la hubiera considerado culpable. Sin embargo, el 28 mayo 1541, por ley especial del Parlamento, fue condenada y decapitada en Tower Hill.

Juan Fisher era obispo de Rochester cuando se opuso primero a la anulación del matrimonio real y cuando se negó a jurar el Acta de Supremacía. Era el confesor de Catalina de Aragón. Al igual que Tomás Moro fue encarcelado en la Torre de Londres. Fue enjuiciado por traición por no aceptar a Enrique VIII como cabeza de la Iglesia y decapitado el 22 de junio de 1535. Su cabeza fue expuesta en el Puente de Londres hasta que fue arrojada al río Támesis.

Las únicas órdenes religiosas que se opusieron al Acta de Supremacía fueron los franciscanos de estricta observancia y los cartujos. Los siete monasterios que los franciscanos regían en Inglaterra fueron clausurados, sus frailes expulsados y muchos de ellos martirizados.

Uno de los martirizados fue Juan Forest, uno de los confesores de la reina Catalina y predicador en la iglesia de San Pablo de Londres. Se opuso a la anulación del matrimonio real y escribió un tratado contra Enrique VIII al que acusaba de usurpar el título de Cabeza Suprema de la Iglesia de Inglaterra. Fue apresado cuando se encontraba en el convento de los Conventuales en Smithfield y condenado a la hoguera. Murió a la edad de 67 años suspendido sobre una hoguera mientras era asado a fuego lento.

En el monasterio de la Cartuja de Granada hay varios cuadros que hacen alusión a la historia de la Orden de los Cartujos. Uno de ellos representa el martirio de los padres Rotschester y Walworth. Fueron ahorcados por orden del rey de Inglaterra Enrique VIII por ser católicos. Los monjes de la Cartuja de Londres fueron descuartizados en la plaza de Tyburn. No les bastó con ahorcarlos, además fueron mutilados. Dieciocho fueron los cartujos ejecutados. Todos son reconocidos como mártires de la Iglesia católica.

En 1535 fue ejecutado san Juan Houghton, el prior de la comunidad de la Cartuja de Londres, y otros miembros que también se negaron a aceptar el Acta de Supremacía. Fue nombrado otro prior que sí firmó la supremacía, pero diez miembros de la comunidad se negaron y fueron apresados en mayo de 1537, encarcelados en Newgate y sometidos a condiciones infrahumanas, de tal modo que la mayoría murió ese mismo año. Uno de ellos, Guillermo Horne, sobrevivió, y aún soportó tres años más de cárcel, hasta que finalmente fue ejecutado en Tyburn en 1540.

Los abades de Glastonbury, Colchester, Reading y Woburn fueron también condenados a muerte, en este caso ahorcados. El último monasterio en cerrar fue la abadía de Waltham, en Essex, en marzo de 1540. La ruptura con la Iglesia de Roma, la supresión de los monasterios, provocó un levantamiento en Yorkshire, Lincoln y en las regiones del norte, donde la fe católica estaba más arraigada. La insurrección en el condado de York tomó el nombre de «Peregrinación de la Gracia», pues se consideraban peregrinos en defensa de la fe, tras el estandarte de las Cinco Llagas de Cristo.

Las razones del levantamiento no fueron todas relacionadas con la religión. Se debían también al aumento de impuestos, en la forma que el rey se había

deshecho de Catalina y después de Ana Bolena, que acabó condenada y decapitada por adulterio, brujería y traición. Tampoco estaban de acuerdo con que
los bienes de la Iglesia fueran confiscados y entendían que los principios de
la nueva religión estatal iban contra las creencias tradicionales de la gente del
norte de Inglaterra.

El líder de los insurgentes se llamaba Robert Aske y contaba con nueve mil
hombres que ocuparon la ciudad de York. Lograron que los monjes que habían
sido expulsados de sus monasterios volvieran, expulsó a los arrendatarios que
había impuesto el rey y regresó al catolicismo. Los nueve mil hombres llegaron
a ser treinta mil, momento en que el rey Enrique VIII se abrió a negociar con
los sublevados. Les prometió que sus demandas serían abordadas en el Parlamento en el plazo de un año.

Las promesas del rey no se cumplieron y en enero de 1537 comenzó una
nueva rebelión. El rey ordenó entonces apresar a Aske y a otros líderes de la
revuelta que fueron ejecutados acusados de traición. El cuerpo de Aske fue
expuesto colgado de unas cadenas en las murallas del castillo de York. En total
fueron ejecutadas 216 personas entre las que había seis abades, 38 monjes y
16 sacerdotes. En julio de 1537 Enrique VIII ya había acabado con la rebelión.
Grandes extensiones propiedad de la Iglesia fueron confiscadas y se repartieron
entre el rey y sus fieles.

Eduardo VI heredó el trono a la muerte de su padre, el 28 de enero de
1547, a la edad de nueve años. El duque de Somerset, tío del joven rey, ejerció
la regencia durante los seis años de su reinado. En este periodo se introdujo la
doctrina protestante en la Iglesia de Inglaterra, con lo cual al cisma se unió el
conflicto doctrinal.

Dada la minoría de edad de Eduardo VI las decisiones fueron tomadas por
regentes. En concreto, en 1549 se aprobó el Acta de Uniformidad. Gracias a
esta norma las iglesias inglesas tenían que utilizar el nuevo *Libro de Oración
Común* inglés, escrito por el arzobispo Thomas Cranmer. Este cambio llevó a la
«rebelión del libro de oración» que fue sofocada utilizando mercenarios alemanes. Hubo un gran número de ejecuciones sumarias que fueron llevadas a cabo
en los días de mercado en varias ciudades, quedando las cabezas de las víctimas
colocadas en los lugares más altos para que sirvieran de ejemplo.

Represión religiosa bajo María I

Eduardo VI falleció el 6 de julio de 1553 a los quince años de edad a causa
de unas fiebres que arrastraba desde enero. Actualmente se cree que murió a

causa de un tumor en el pulmón. En su lecho de muerte excluyó de la sucesión al trono a sus hermanastras María e Isabel a pesar de que la primera tenía todo el derecho a sucederle. Designó como heredera a Juana Grey, hija política de su ministro principal, John Dudley, duque de Northumberland, contraviniendo la Tercera Acta de Sucesión. Fue proclamada reina el 10 de julio de 1553. Era bisnieta de Enrique VII y sobrina segunda de Eduardo VI.

María Tudor no aceptó que Juana Grey heredara el reino y se autoproclamó reina el 10 de julio de 1553 en Kenninghall. En seguida se unieron a ella numerosos partidarios que tenían el objetivo de proclamarla reina en Londres y derrocar a Juana Grey. El caso es que el Consejo Privado cambió su opinión sobre quién debía regir los destinos de Inglaterra y proclamó reina a María el 19 de julio de 1553. Juana Grey había estado en el trono únicamente diez días. Esa decisión fue refrendada por el parlamento de Inglaterra en septiembre de 1553, cuando consideró a Juana Grey usurpadora del trono. María fue coronada reina de Inglaterra, Francia e Irlanda el 1 de octubre de 1553 en la abadía de Westminster.

El mismo día 19 de julio, Juana Grey fue encerrada en la Torre de Londres. Su suegro John Dudley fue ejecutado el 22 de agosto de 1553. Juana Grey, su marido, dos de sus hermanos y el obispo de Canterbury Thomas Cranmer fueron acusados de alta traición. Fueron juzgados el 13 de noviembre de 1553 y condenados a muerte. El 12 de febrero de 1554 se ejecutó la condena. Juana y su marido fueron decapitados. Según mantiene una tradición, una vez decapitada Juana Grey el verdugo levantó su cabeza y proclamó: «¡Así perecen los enemigos de la reina! ¡He aquí la cabeza de un traidor!». Solo tenía 17 años cuando fue ejecutada.

Thomas Cranmer, además de ser enjuiciado por alta traición, lo fue también por herejía. Fue trasladado junto a Hugh Latimer (obispo de Worcester) y Nicholas Ridley (obispo de Londres) a la prisión Bocardo en Oxford, donde sería juzgado después de diecisiete meses encarcelado. A pesar de que el juicio se realizó en Inglaterra, estaba bajo jurisdicción papal y el veredicto se emitiría en Roma.

Cranmer se retractó en varias ocasiones y llegó a someterse a la reina y a reconocer al papa como cabeza de la Iglesia. Afirmó que no había salvación fuera de la Iglesia católica y se confesó admitiendo sus pecados. De todas formas, tenía sobre su cabeza una condena por traición que le llevaba inexorablemente al cadalso. Se estaba jugando la muerte en la hoguera. La reina María nunca estuvo dispuesta a que se librase del fuego. A pesar de ello el día de su ejecución se le permitió dar un discurso. En un principio parecía que exhortaba a obedecer al rey y a la reina, pero terminó renunciando a las retractaciones que había formulado por escrito o firmado por su propia mano y renunció al papa «como el enemigo de Jesús y el Anticristo con toda su falsa doctrina». Fue quemado en la hoguera. Hugh Latimer y Nicholas Ridley también habían sido quemados seis meses antes.

María, nieta de los Reyes Católicos, hija de Catalina de Aragón, deseaba que Inglaterra se reconciliase con Roma y volviese al catolicismo. Su primera medida sería eliminar las leyes que favorecían a los anglicanos. El Acta de Supremacía fue abolida en 1554.

La hija de Catalina de Aragón se casará con el futuro Felipe II de España. Desea tener un heredero educado en el catolicismo para apartar a Inglaterra del protestantismo de forma definitiva. María no logró dar un hijo a Felipe, de forma que el propósito de lograr un heredero que impidiera a su media hermana Isabel, hija de Ana Bolena, acceder al trono, quedó truncado.

Volvieron a estar vigentes las «leyes de herejía» que habían estado derogadas durante los reinados de Enrique VIII y Eduardo VI. En vista de la política religiosa de María, unos ochocientos protestantes acaudalados huyeron de Inglaterra pero muchos de los que se quedaron acabaron sufriendo la aplicación de esa ley y terminaron su vida en la hoguera. Según el *Libro de los Mártires,* editado bajo el reinado de Isabel I, fueron 284 el número de los condenados a muerte por cuestiones de fe durante dicho periodo.

María solo reinó cinco años. En mayo de 1558 comenzó a sentirse mal con ataques de fiebre, dolores de cabeza y problemas de visión. A pesar de que había tratado de dar un heredero a la Corona con el objeto de que no la heredase su media hermana Isabel, no le quedó más remedio que nombrarla oficialmente heredera. Murió el 17 de noviembre de 1558 a los cuarenta y dos años. Seis horas más tarde Isabel fue proclamada reina.

Represión religiosa bajo Isabel I

La hija de Ana Bolena y Enrique VIII reinaría cuarenta y cuatro años y ciento veintisiete días. Mientras su hermana María reinó, fingió ser católica, pero nada más alcanzar el trono se manifestó abiertamente anglicana. Una de las razones de su decisión fue que bajo el catolicismo el matrimonio de sus padres era inválido, lo que implicaría la ilegitimidad de Isabel. Si ella era bastarda, no tenía derecho a heredar.

Isabel I elimina las leyes defensoras del catolicismo y modifica la manera de dar la eucaristía y los sacramentos. Además, restablece el Acta de Supremacía promulgada por su padre y se vuelve a la persecución contra aquellos que son leales al papa y se habían negado a aceptar a la nueva Iglesia anglicana. Pero también fueron perseguidos los protestantes que no adoptaban la nueve fe anglicana tales como calvinistas, baptistas, cuáqueros, congregacionistas, luteranos… Aquellos que deseaban seguir practicando su fe se vieron obligados a emigrar a América. De hecho, los colonos que llegaron en el *Mayflower* a Norteamérica eran calvinistas que huían de la persecución que Isabel I impuso a los que no la reconocían como cabeza de la Iglesia.

La «reina virgen» impuso la obligación de prestar el Juramento de Supremacía para todo aquel que ocupara un puesto de trabajo en el organigrama estatal y en la Iglesia. La violación de ese juramento podía llevar a la condena a muerte. La asistencia a los servicios religiosos anglicanos era obligatoria y era forzoso denunciar a aquellos vecinos que optaban por no presentarse.

En el año 1559 se publicó en Basilea *El Libro de los Mártires* escrito por John Foxe, que tuvo un gran éxito y fue la principal arma de propaganda de la iglesia anglicana. En una primera parte del libro se contaban exageradas historias sobre papas y monjes católicos que contribuyeron a alimentar los recelos anticatólicos en Inglaterra. En la segunda parte narraba de forma exagerada las persecuciones sufridas por los anglicanos y protestantes en la época de María I. Todas las iglesias anglicanas tenían una copia del texto y era exhibido en muchas parroquias junto a la Biblia. Como todo buen libro de propaganda de la época, estaba ilustrado con cincuenta grabados sensacionalistas.

La política religiosa de Isabel I llevó al cadalso a cerca de 800 ingleses católicos de 1559 a 1569. En el año 1570 el papa Pío V emitió la bula *Regnans in Excelsis* por la que declaraba depuesta a Isabel por herética. Además, se la excomulgaba junto a todas las personas que adoptaran la fe anglicana. La reina por su parte aprobó varias leyes que prohibían poseer objetos religiosos romanos o bendecidos por el papa, que el sucesor de la reina no fuera un hijo suyo o una persona elegida por ella y dispuso penas de cárcel para aquellos que defendiesen a un heredero diferente. Además, no se la puede llamar hereje bajo pena de prisión o incluso muerte.[372]

En el año 1568 el sacerdote William Allen, que había huido de Inglaterra cuando ascendió al poder Isabel I, funda en los Países Bajos, que se encontraban bajo la soberanía de Felipe II, el seminario inglés de Douai. Luego fundarían otros en Roma, Valladolid y Sevilla. En esos seminarios se formaba en el

---

[372] *Catolicismo Inglés. De la Guerra de las Dos Rosas a la actualidad.*

sacerdocio a exiliados ingleses que eran enviados de vuelta para actuar secretamente como misioneros en Inglaterra. Son conocidos por los «sacerdotes de seminario». Los primeros sacerdotes misioneros llegaron a Inglaterra en 1574. Si eran descubiertos eran martirizados, ahorcados y descuartizados.

El primer sacerdote ajusticiado fue Cuthbert Mayne. Fue detenido el 8 de junio de 1577 en Cornualles en posesión de objetos devocionales católicos. Fue encerrado en el castillo de Launceston y juzgado por enseñar la autoridad eclesiástica del papa, negar la autoridad suprema religiosa de la reina y traer a Inglaterra objetos religiosos bendecidos por el pontífice romano. Fue condenado a muerte acusado de traición. Se levantó una horca en el mercado de Launceston donde fue ejecutado el 29 de noviembre de 1577. Cuentan que antes de ser ejecutado besó una copia de la Biblia y declaró que «la reina nunca fue, ni es, ni será la Iglesia de Inglaterra». Fue ahorcado pero antes de morir fue descuartizado vivo.

También fueron ejecutados los sacerdotes Ralph Sherwin, Alexander Briant, John Paine, Luke Kirby, Richard Gwyn y otros. En total la Iglesia católica ha beatificado a 160 «sacerdotes de seminario».

Igualmente fue ejecutado Edmundo Campion. A la edad de 26 años era un estudiante de la Universidad de Oxford, donde conoce a la reina Isabel que se queda impresionada por su gran agilidad mental y sabiduría pese a su corta edad. Isabel le ofrece un alto cargo en su Iglesia, pues cree que las habilidades de Campion le pueden ayudar para consolidar el anglicanismo. Al tener fuertes creencias católicas no atiende el ofrecimiento de la reina, primero se traslada a Irlanda y cuando tiene conocimiento de que tratan de capturarlo enviados de la soberana escapa al continente. Peregrina a Roma y es ordenado sacerdote en la Compañía de Jesús.

Disfrazado de comerciante de joyas es enviado a Inglaterra donde administra sacramentos y ayuda a los más necesitados. Da sermones a la luz del día, en misas clandestinas, y logra que muchas personas se reconcilien con el catolicismo pasando a ser uno de los principales enemigos de la reina Isabel. El criado de uno de sus amigos le delata a las autoridades anglicanas, es detenido y encerrado en la Torre de Londres. Se le vuelve a ofrecer la posibilidad de entrar en la Iglesia anglicana y convertirse en un alto prelado siempre que reconozca públicamente haber rechazado el catolicismo. Rechaza esa posibilidad y es torturado para que confiese que realmente era miembro de una conjura con el objeto de acabar con el reinado de Isabel I.

Es juzgado y condenado a muerte. La sentencia se ejecuta el 1 de noviembre de 1580. Primero es maltratado, arrastrado por el suelo hasta el cadalso, ultrajado por los espectadores y finalmente ahorcado, pero antes de morir sus verdugos cortan la cuerda y aún con vida extraen sus órganos vitales, que serán expuestos en lugares relevantes de Londres para que sirva de advertencia a otros católicos.[373]

En el año 1585 el Parlamento de Inglaterra promulgó un decreto por el que obligaba a abandonar en cuarenta días el país a todos los sacerdotes católicos que aún no se hubieran ido. Ser sacerdote constituía delito de traición y conllevaba la pena de muerte. También incurrían en delito de traición aquellos que escondieran, dieran habitación, viandas o dinero a sacerdotes católicos. Bastaba con sorprender una reunión clandestina para celebrar misa, unas ropas para los oficios sagrados descubiertas en cualquier escondite, libros litúrgicos para los oficios, un hábito religioso o la denuncia de los espías y de malintencionados aprovechados para acabar en la horca acusados de traición.

Margarita Clitherow, conocida como la perla de York, se convirtió al catolicismo en 1474. Tuvo un hijo que se hizo sacerdote católico y con frecuencia se celebraba en su casa la Santa Misa. En base al decreto que hemos descrito anteriormente fue arrestada por el delito de acoger sacerdotes católicos. Evitó defenderse en el juicio para que sus hijos no tuvieran que declarar como testigos. Fue condenada a muerte. La condena se ejecutó mediante el método del aplastamiento: el 25 de marzo de 1586 sus verdugos la colocaron sobre una roca puntiaguda, pusieron una madera encima sobre la que cargaron una gran cantidad de piedras y rocas. Murió asfixiada a los quince minutos.

Tal y como hemos visto en los ejemplos de personas ejecutadas, la pena de muerte en Inglaterra era especialmente cruel. Lo más frecuente era que el condenado muriera *hanged, drawn and quartered*, es decir, ahorcado, arrastrado y descuartizado. Además, si el condenado era hombre tenía que sufrir en vida la amputación en vivo de sus órganos genitales. Esa pena la sufrió Roberto Southwell, un sacerdote que fue delatado en el año 1595 cuando estaba prohibido que los clérigos católicos estuvieran en Inglaterra.

El lugar de ejecución de los presos que eran condenados a muerte en Londres era Tyburn, una aldea cercana a la ciudad. Los días de ejecución acudían a presenciarla cientos de personas que pagaban para poder presenciar el martirio y el paso a mejor vida de los condenados. En alguna ocasión eran tantas las personas que acudían a ver las ejecuciones que los estrados en los que se encontraban cedían por el peso y resultaban heridos o muertos muchos de los espectadores.

---

[373] *Catolicismo inglés. De la Guerra de las Dos Rosas a la actualidad.*

Margarita Ward vivía en Londres sirviendo en una casa como dama de compañía de una distinguida familia. Allí tuvo conocimiento del maltrato al que era sometido un sacerdote católico llamado Richard Watson: se encontraba encerrado en la prisión de Bridewell encadenado y privado casi de alimentos. Margarita pidió permiso para visitar al sacerdote en la prisión y le fue concedido. En una de esas visitas logró introducir una cuerda en la celda y se la entregó a Watson, que logró huir descolgándose desde una ventana. Margarita fue detenida acusada de haber ayudado al sacerdote a escapar. Fue torturada, colgada por las manos y azotada, pero aun así se negó a confesar el paradero del huido. Fue condenada a muerte. A pesar de que se le ofreció el perdón a cambio de su arrepentimiento y de asistir a un servicio religioso anglicano, se negó a hablar y pidió que se cumpliera la sentencia. Fue ejecutada el 30 de agosto de 1588 en Tyburn junto a Edward Shelley, Richard Martin, Richard Leigh, Richard Lloyd y John Roche, otros mártires católicos.

Margarita Ball era viuda del Lord Mayor de Dublín cuando fue arrestada por su catolicismo. La había denunciado su hijo Walter Ball que había sido designado comisario para causas eclesiásticas en 1577. Margarita fue encerrada en una celda del Castillo de Dublín. Murió en la prisión aquejada de artritis después de pasar tres años en una celda fría, húmeda y sin luz natural.

La persecución contra los católicos se intensificó en Inglaterra tras el episodio de la Armada española de 1588 y aún más tras la publicación de la *Real Proclamación contra los Católicos* el 18 de octubre de 1591, ordenándose que se vigilara la circulación de todo tipo de personas. Para ello obligaba a que en las casas se llevara un registro de las personas que las visitaban o habitan en ellas, las conversaciones que se hubieran tenido con ellas, si iban a la Iglesia o de qué vivían.

Isabel I de Inglaterra falleció el 24 de marzo de 1603. Autores como William Cobbett afirmaron que la «reina virgen» causó más muertes que la Inquisición en toda su historia.[374]

Represión religiosa durante el siglo XVII

A Isabel I de Inglaterra la sucedió en el trono de Inglaterra el 24 de marzo de 1603 Jacobo I, que por entonces reinaba en Escocia como Jacobo VI. Isabel murió sin descendencia y su pariente más cercano en el momento de su muerte

---

[374] *Imperiofobia y Leyenda Negra.*

era el rey de Escocia, cuya madre, María Estuardo, era prima de Isabel. Por cierto, María I de Escocia había sido ejecutada por orden de la «reina virgen» al considerarla una amenaza para su presencia al frente del trono inglés. La tuvo dieciocho años presa y fue ejecutada en 1587 en el castillo de Fotheringhay.[375]

Jacobo I era anglicano y por tanto se convirtió en la cabeza de la Iglesia de Inglaterra. Cuando llegó al trono venía con la idea de aplicar una cierta tolerancia sobre los católicos, pero la llamada «Conspiración de la Pólvora» convirtió a los católicos «en la peor clase de villanos a los ojos del pueblo inglés».

Guy Fawkes fue un católico inglés que el 5 de noviembre de 1605 pretendía volar por los aires el Parlamento de Inglaterra. Supuestamente su objetivo era asesinar también al rey anglicano Jacobo I y a su familia. La voladura del Parlamento y el asesinato del rey Jacobo I de Inglaterra y VI de Escocia habría sido la señal para que los católicos ingleses se rebelaran e instauraran en el trono a un rey obediente a Roma y cesará la persecución anglicana hacia ellos.

Con el rey Jacobo seguían en vigor las normas anticatólicas que había promulgado Isabel I de Inglaterra que prohibían el culto, lo que podía llevar a ser ejecutado aquel que fuera sorprendido ayudando a sacerdotes católicos o practicando el catolicismo. Bastaba para ello ser sorprendido en una misa clandestina, que hallaran en tu casa hábitos religiosos, libros litúrgicos o que simplemente un enemigo te acusase de practicar la religión católica.

Guy Fawkes, «Guido» para sus amigos españoles, se había alistado en los Tercios luchando en Flandes a favor del bando católico en 1595 y en 1598 contra Francia. Trató de buscar apoyo para sus planes de derrocar al monarca inglés en la corte de Felipe III, pero no logró ninguna ayuda.

En 1604, junto a un grupo de católicos ingleses liderado por Robert Catesby, ideó asesinar al rey protestante Jacobo I y poner en el trono a la princesa Isabel, tercera en la línea sucesoria. Para ello alquilaron en 1605 un sótano debajo de las casas del Parlamento. Los conspiradores llenaron de pólvora el sótano. Para que estallasen los explosivos eligieron el día en el que en el Parlamento se encontrara el rey, la familia real y el mayor número de nobles protestantes posible: el día de su apertura solemne.

La apertura solemne del Parlamento de Inglaterra estaba prevista para el 28 de julio, pero una epidemia de peste la retrasó hasta el 5 de noviembre.

El 26 de octubre, a 10 días de la apertura del Parlamento, el católico barón de Monteagle recibió una carta anónima avisándole de que se mantuviera ale-

---

[375] *La Inglaterra moderna temprana.*

jado del Parlamento. El noble enseñó la carta al monarca Jacobo I un día antes de la apertura y este ordenó que se registrasen los sótanos.

El día 5 por la mañana los guardias enviados por el rey encontraron los barriles de pólvora y a Guy Fawkes pertrechado con material incendiario para prender la pólvora, que fue arrestado. Admitió su plan de hacer explotar el Parlamento pero no dio los nombres de sus cómplices.

Como era costumbre de la época en todas partes de Europa, y no solo en la Inquisición española, Guy Fawkes fue torturado en la Torre de Londres con grilletes y el potro. El católico acabó delatando a sus cómplices y contó con todo detalle los planes de la conspiración. Fueron detenidas otras 7 personas. El 27 de enero de 1606 fueron trasladadas en una barcaza por el Támesis junto a Guy Fawkes hasta Westminster, donde fueron juzgados y condenados a morir arrastrados por un caballo con la cabeza contra el suelo, previo corte de sus genitales.

La sentencia se cumplió el 31 de enero de 1606. Los condenados fueron arrastrados hasta el Palacio Viejo de Westminster. Al no morir durante el arrastre fueron ahorcados, menos Guy Fawkes, que cayó desde el cadalso y se rompió el cuello. Todos los cuerpos fueron descuartizados.

Esta conspiración inspiró leyes más restrictivas. En mayo de 1606 el Parlamento inglés aprobó un acta que requería a todos los ciudadanos un Juramento de Obediencia añadiendo la negación expresa de la autoridad del papa sobre el rey de Inglaterra.

Nicolás Owen era carpintero. Dos de sus hermanos mayores se hicieron sacerdotes. Estuvo 18 años construyendo escondites para ocultar a sacerdotes en casas en las que se profesaba la religión católica. Trabajaba de noche a la luz de las velas. Algunos de estos escondites no fueron descubiertos hasta el siglo XX y es probable que algunos aún no hayan sido descubiertos. Fue detenido y encerrado en la Torre de Londres; lo torturaron, pero no lograron sonsacarle nada. Murió mientras se le aplicaba la tortura del potro el 2 de marzo de 1606.

Tomás Garnet fue uno de los sacerdotes católicos que se ordenó en el continente europeo con el fin de regresar a Inglaterra para hacer de misionero. Lo arrestaron en un disturbio que se produjo tras la Conspiración de la Pólvora. Fue torturado con el fin de que delatase a otros sacerdotes, pero los verdugos no consiguieron sus objetivos. Fue ahorcado en Tyburn el 23 de junio de 1608.

John Roberts era galés y fue bautizado en la fe anglicana. Estudió en Oxford y en un viaje a Francia se convirtió al catolicismo en una visita a la catedral de Notre Dame en París. De allí se mudó a España e ingresó en el monasterio de san Benito en Valladolid, donde fue conocido como el hermano Juan de

Merioneth gracias a su lugar de nacimiento. Ordenado sacerdote fue enviado a Inglaterra en 1602. Al año siguiente fue detenido y desterrado el 13 de mayo. Logró regresar a Inglaterra pero fue sorprendido por las autoridades en casa de la primera esposa de Thomas Percy, uno de los implicados en la «Conspiración de la Pólvora». A pesar de que fue absuelto pasó siete meses encarcelado en la prisión de Gatehouse, en Westminster. Fue desterrado en varias ocasiones, pero siempre volvía a Inglaterra. El 2 de diciembre de 1610 fue detenido por última vez. Esta vez le sorprendieron dando misa en una casa. Fue juzgado y ahorcado, arrastrado y descuartizado el 10 de diciembre de 1610 en Tyburn. Como era costumbre, una vez ejecutado el verdugo extrajo su corazón y lo mostró al gentío diciendo: «¡Aquí el corazón del traidor!».

Carlos I de Inglaterra accedió al trono inglés el 2 de febrero de 1626. Acabó su vida en el patíbulo condenado por un tribunal aprobado por el Parlamento de Inglaterra que le condenó por los delitos de alta traición contra el pueblo y el ejercicio de un poder tiránico. Le afectó la revolución que los puritanos encabezaron en Inglaterra.

Los puritanos afirmaban que la iglesia anglicana no se había distanciado lo suficiente del catolicismo y querían depurarla de las costumbres que consideraban católicas. La mayoría eran seguidores de Juan Calvino y entre otras cosas, se oponían el uso del *Libro de Oración Común* por entender que tenía reminiscencias católicas, al uso de incienso y a la música en los servicios de culto. Incluso se oponían a la celebración de fiestas como la Navidad. Creían que la Biblia era la palabra de Dios y que tenían que seguir su vida lo más parecida posible a como vivió Jesucristo y sus doce discípulos. Los sábados no se podía realizar ningún trabajo o actividad de ocio. Prohibían la asistencia al teatro y los juegos de azar. Consideraban a las mujeres moralmente inferiores a los hombres debido a que, según ellos, estaban contaminadas por el espíritu de Eva, aunque debían ser respetadas por su condición de amas de casa y procreadoras de niños.

Si algún comportamiento no aparecía en la Biblia o no podía justificarse en algún texto de esta, no estaba conforme con la idea de Dios y debía ser repelido. Llegaban al punto de manifestar que la Iglesia anglicana era corrupta y estaba bajo la influencia de poderes satánicos por no adecuarse a la visión que ellos tenían de la religión cristiana.

Reinando Carlos I la persecución contra los católicos se debió más a las presiones protestantes puritanas que a la voluntad real. Bartholomew Roe nació en un hogar anglicano pero se convirtió al catolicismo cuando trató de convertir a un católico encarcelado que le convenció de que la suya era la verdadera religión. En 1615 se ordenó como sacerdote benedictino y se unió a las misiones de ayuda espiritual católica en Londres. Fue detenido y expulsado de Inglaterra en 1617. Volvió a ser detenido y estuvo 17 años en la prisión de Fleet. Se le permitía pasar el día fuera de la prisión teniendo la obligación de dormir en ella. Se le podía ver en las tabernas jugando a las cartas. En vez de dinero se apostaba con el resto de jugadores el pago en breves oraciones, haciendo muchos conversos al catolicismo. Denunciado por los puritanos fue encerrado en régimen cerrado en la prisión de Newgate. Fue juzgado en 1641 y declarado culpable de traición. Fue ejecutado el 21 de enero de 1642 en Tyburn junto al sacerdote Thomas Reynolds. Hizo ver al público que presenciaba su ejecución que se le ejecutaba a causa de su religión y no por traición. Su cuerpo fue arrastrado hasta el lugar de la ejecución y después fue descuartizado.

Henry Morse nació en 1595 en el seno de una familia anglicana. Estudiando leyes en Londres se convirtió al catolicismo y se ordenó sacerdote en Roma. Volvió a Inglaterra, fue encarcelado y desterrado a Flandes. Volvió a Inglaterra y fue detenido mientras atendía a enfermos de peste en 1536 acusado de tratar de conseguir la conversión de personas protestantes. Fue juzgado y condenado a muerte en 1645. Antes de ser ahorcado en Tyburn negó haber participado en conspiración alguna contra el rey.

Durante los días 2 al 5 de septiembre de 1666 se activó un fuego en Londres que arrasó la zona medieval de la ciudad. Se destruyeron 13.200 casas, 87 iglesias parroquiales, la catedral de San Pablo y muchos edificios públicos de la capital. Fue encontrado culpable un francés llamado Robert Hubert, al que se acusó de ser un agente del papa. La culpa del incendió era atribuida a los católicos. En un monumento conmemorativo del incendio se podía leer la siguiente inscripción: «El frenesí papista que provocó tales horrores, aún no se apaga».

Carlos II fue entronizado como rey de Inglaterra el 30 de enero de 1649 después de la muerte de Oliver Cromwell, el llamado «Lord Protector», un puritano que había vendido a su padre mandándolo al cadalso. El hijo de Carlos I restauró la monarquía. Durante su reinado Tito Oates, un sacerdote que había sido expulsado de la Iglesia católica por sus escasas dotes y que antes había sido ordenado como sacerdote anglicano siendo capellán de un navío de la armada inglesa, denunció un supuesto complot publicando una serie de panfletos en los que se manifestaba que unos papistas tenían la intención de asesinar al rey Carlos II con el objeto de que su hermano el duque de York ocupara su puesto y restaurara la religión católica en toda Inglaterra.

De la investigación del complot se ocupó el juez sir Edmund Berry Godfrey, pero sin que el asunto adquiera ninguna importancia hasta que el citado juez fue asesinado el 12 de octubre de 1678. Entonces llegó a la historia colectiva y los católicos también fueron acusados del asesinato del magistrado. Oates fue entonces considerado una especie de héroe de la patria, el rey Carlos II le hizo jurar ante el Parlamento que todas sus acusaciones eran ciertas y se instruyeron numerosos procedimientos en contra de los católicos que llevaron a muchos de ellos al patíbulo. La suerte de Oates comenzó a cambiar cuando el duque de York alcanzó el trono como Jacobo II en 1685. Fue detenido y condenado a cadena perpetua por perjuro.

Oliver Plunkett nació en Irlanda, en el condado de Mealt. Era arzobispo de Armagh y primado de toda Irlanda cuando fue arrestado en Dublín el 6 de diciembre de 1679 y encarcelado en su castillo. Fue acusado de conspirar contra el rey de Inglaterra. Supuestamente tenía previsto traer 20000 soldados franceses a Irlanda y estaba cobrando un impuesto a sus fieles para financiar la rebelión. Fue juzgado en Irlanda pero resultó inocente. Sabiéndose que nunca iba a ser condenado en Irlanda fue trasladado a Inglaterra repitiéndose de nuevo el juicio a pesar de que los tribunales ingleses no tenían jurisdicción sobre los acusados de crímenes cometidos en territorio irlandés.

Resultó condenado por alta traición, por planear la muerte del rey, querer provocar la guerra en Inglaterra, alterar la religión y traer una potencia extranjera al país. Fue condenado a muerte. El 11 de julio de 1681 fue ahorcado en Tyburn. Antes de que muriera asfixiado, en estado semiconsciente, fue destripado. Una vez muerto fue descuartizado y sus restos fueron rociados con brea y expuestos en las puertas de la ciudad.

John Plessington nació en una familia católica en Lancashire, un condado del noroeste de Inglaterra. Se ordenó en la ciudad española de Segovia el 25 de marzo de 1662. Regresó a Inglaterra en 1663 y fue detenido, encarcelado y juzgado tras la denuncia de la conspiración católica llevada a cabo por Tito Oates. Después de dos meses de prisión fue ahorcado, destripado y descuartizado en Boughton.

En 1780 ocurrieron los llamados «Disturbios de Gordon», en respuesta a la eliminación de sanciones y prohibiciones a los católicos. El nombre se debe a Lord George Gordon, un parlamentario que se opuso a esas disposiciones que favorecían a los católicos: a esas leyes se las conocía como papistas. Los disturbios generaron quemas de iglesias, casas, edificios públicos y agresiones a los católicos. Fueron asesinadas unas 700 personas.

Durante aquel tiempo se dictaron varias disposiciones legales conocidas como «Leyes Penales» que fueron aprobadas gracias a una campaña liderada por el miembro de la Cámara de los Comunes Daniel O'Connell. Esas leyes estuvieron vigentes hasta que se aprobó el *Acta de Ayuda Católica* por el Parlamento del Reino Unido el 24 de marzo de 1829. De todas formas, seguía la prohibición de votar para los católicos irlandeses.

Lutero y su «tolerancia» con los judíos

¿Sabían ustedes que Lutero, el reformista, el que muchos pintan como tolerante frente a la intolerancia católica, era un furibundo antisemita?

Martín Lutero escribió en el año 1543 un tratado antisemita llamado *Sobre los judíos y sus mentiras* en el que decía que las escuelas judías y las sinagogas debían ser quemadas, que se debían incendiar sus hogares y confiscar sus ingresos y propiedades. Llega incluso a escribir que Moisés «sería el primero en prender fuego las sinagogas y las casas de los judíos».

En ese libro Lutero también afirmó que debían ser enviados a Judea «para vernos por fin libres de ese repulsivo gusano. Para nosotros, ellos son una grave carga, la calamidad de nuestra existencia. Son una peste enclavada en nuestras tierras».

Otros ejemplos de la «tolerancia» de Lutero hacia a los judíos que aparecen en el texto referenciado:

> «Por lo tanto cuídate de los judíos, sabiendo que donde sea que tengan sus sinagogas, no se encuentra otra cosa que una guarida de demonios en la que se practican maliciosamente y sin escrúpulos el envanecimiento total de uno mismo, la pedantería, las mentiras, la blasfemia, y la difamación de Dios y los hombres. La ira de Dios los ha consignado a la presunción de que su fanfarronería, su arrogancia, su difamación contra el Señor, su insulto a todos los pueblos son una verdad y un gran servicio rendido al Señor—todo lo cual es muy pertinente y apropiado a sangre tan noble de los padres y santos circuncisos».
>
> «Tendremos que expulsarlos como perros rabiosos a fin de no convertirnos en cómplices de su abominable blasfemia y todos sus otros vicios y por ello merecer la ira de Dios y terminar malditos junto a ellos».
>
> «Abiertamente sueltan sus maldiciones contra nosotros cada sábado en sus sinagogas, y día a día en sus hogares. Ya en la infancia les enseñan a sus hijos, los instan y los entrenan, a continuar siendo los amargos, virulentos e iracundos enemigos de los cristianos. Esto os ofrece un claro cuadro de la concepción que los judíos tienen del quinto mandamiento y la observación que de él hacen. Por más de mil cuatrocientos años han sido sabuesos y asesinos de la cristiandad, sedientos de sangre en sus intenciones, y sin lugar a dudas, preferirían serlo en sus actos. Así, han sido acusados de envenenar aguas y pozos, y de esa manera aquietaban su ira con la sangre de los cristianos por todo a lo que han sido condenados a muerte por el fuego».

«Aconsejo que sus casas sean arrasadas y destruidas. Porque en ellas persiguen los mismos fines que en sus sinagogas. En cambio, deberían ser alojados bajo un techo o en un granero, como los gitanos. Esto les hará ver que ellos no son los amos en nuestro país, como se jactan, sino que están viviendo en el exilio y cautivos, como incesantemente se lamentan de nosotros ante Dios».

«¿Cómo puede ser que nosotros, pobres cristianos, alimentemos y enriquezcamos a gente tan inservible, malvada, perniciosa, estos blasfemos enemigos de Dios, sin recibir nada a cambio más que las maldiciones y la difamación y todos los infortunios que pueden infligirnos o nos desean?».

«A los judíos debe prohibírseles "bajo pena de muerte" alabar a Dios, darle las gracias, rezar y enseñar públicamente entre nosotros y en nuestro país. Pueden hacerlo en su propio país o donde puedan sin que nosotros nos veamos obligados a oírlos o saber que lo están haciendo. Esta prohibición se debe a que sus alabanzas, agradecimientos, plegarias y doctrina son pura blasfemia, maldiciones e idolatría porque su corazón y su boca llaman al Dios Padre Hebel Vorik, dado que así llaman a su Hijo, nuestro Señor Jesucristo».

Ya ven. Las apariencias engañan. Algunos afirman que este libro es el germen del nacionalismo alemán de los años 30 del siglo xx que llevó al asesinato de millones de judíos.

Leo que la nacionalista catalana Clara Ponsatí ha manifestado que Hitler se inspiró en el «primer episodio de antisemitismo de Estado», refiriéndose a la expulsión de España de los judíos no convertidos al catolicismo en 1492. Olvida que Hitler se inspiró en Lutero, un alemán.

Martín Lutero, que se pasó toda la vida equiparando a los españoles con los turcos y judíos, escribió *Sobre los judíos y sus mentiras* en 1543. En ese panfleto rebuznó que las escuelas judías y las sinagogas debían ser incendiadas, quemados sus hogares y confiscadas sus propiedades.

En dicho texto también afirmó que los judíos debían ser enviados a Judea «para vernos por fin libres de ese repulsivo gusano. Para nosotros, ellos son una grave carga, la calamidad de nuestra existencia. Son una peste enclavada en nuestras tierras».

Historiadores como Robert Mitchell afirman que casi todos los libros antijudíos impresos en el Tercer Reich contenían referencias y citas de Lutero. El propio Heinrich Himmler escribió con admiración acerca de los escritos y sermones de Lutero sobre los judíos.

Martin Brecht asegura: «su errada agitación tuvo el mal resultado de que Lutero fatalmente se convirtió en uno de los "Padres de la Iglesia" antisemitas, y por lo tanto proporciona material para el odio moderno a los judíos, justificado sobre la base de la autoridad del Reformador».

EL GENOCIDIO DE LOS CATÓLICOS IRLANDESES

La dominación inglesa de Irlanda comenzó cuando las tropas del rey Enrique II de Inglaterra acudieron en ayuda de Dermot MacMurrough, conocido por la historia como el «traidor más notorio de Irlanda», para ayudarle a recuperar el trono de Leinster frente a Tiernan O'Rourke, al que le había secuestrado a su esposa.

Derrotados aquellos que habían arrebatado el trono a McMurrough, de una forma que no queda suficientemente clara en las crónicas, el rey Enrique II aprovechó para nombrarse Señor de Irlanda, comenzando ocho siglos de dominación inglesa.

En 1534, el rey Enrique VIII de Inglaterra, que por entonces lo era también de Irlanda, logró que el Parlamento aprobase la I Acta de Supremacía por la que los monarcas pasaban a ser la cabeza de la Iglesia de Inglaterra quitando la autoridad al papa de Roma, como ya señalamos anteriormente.

Del mismo modo que Enrique VIII había impuesto el anglicanismo en Inglaterra, trató de imponerlo en Irlanda sin lograr que la mayoría de irlandeses abandonaran el catolicismo. Debido a esa resistencia, tal y como había hecho antes, suprimió numerosos monasterios y confiscó sus propiedades.

La primera hija de este monarca que accedió al trono inglés fue María Estuardo, ferviente católica, tal y como hemos escrito con anterioridad. A pesar de ello pensaba que la mejor forma de meter en cintura a los irlandeses era introducir colonos ingleses para que en algún momento superaran en número a los originarios irlandeses. Así que confiscó grandes propiedades y envió a dichos colonos a ocupar esas tierras.

La otra hija de Enrique VIII que accedió al trono de Inglaterra y por tanto al de Irlanda, Isabel I, era en cambio anglicana y como reina, cabeza de la Iglesia en Inglaterra. En 1560 se aprobó la Ley de Uniformidad de Irlanda que hacía obligatorio el culto anglicano y cualquiera que asumía un cargo en el Gobierno o en la Iglesia debía jurar las Leyes de Supremacía. En caso de violar dichas leyes la pena era el ahorcamiento y el descuartizamiento.

También intentó imponer el anglicanismo a la fuerza enviando a Irlanda a un buen número de soldados ingleses que, utilizando la violencia, expropiaron sus tierras a miles de irlandeses, tierras que fueron a pasar a manos de ingleses y escoceses que habían emigrado a Irlanda.

La injusticia provocada por los ingleses llevó a una revuelta en 1641 con el fin de recuperar las tierras expropiadas que causó una masacre de colonos ingleses. Se estima que perdieron la vida unos cuatro mil. Por ejemplo, en el Úlster grupos de irlandeses armados apresaron a unos colonos ingleses, los llevaron hacia la costa y los obligaron a embarcase hacia Gran Bretaña, pero otro grupo de irlandeses en Loughall llevó a unos colonos ingleses que se habían refugiado en una iglesia al puente del río Bann y los lanzaron a sus aguas heladas a punta de espada.[376]

Las clases terratenientes y el clero se unieron para tratar de librarse de la dominación inglesa y en 1642 se constituyó la Confederación Católica que pasó a regir en gran parte del territorio de Irlanda.

Para detener la revuelta Cromwell encabezó un ejército inglés que provocó en Irlanda una sangrienta represión y ayudó a que se llevaran a cabo nuevas confiscaciones de tierras a favor de los anglicanos, quedando en su poder el 86 por ciento de la propiedad cuando solo eran el 20 por ciento de la población.

Según una cita atribuida a Cromwell y que se puede leer todavía en algunos murales que decoran las casas de los protestantes en el Úlster, era necesario acabar con la iglesia católica en Irlanda: «El catolicismo es más que una religión, es un poder político. Por lo tanto, me hacen creer que no habrá paz en Irlanda hasta que la Iglesia católica sea aplastada».

El ejército del Parlamento inglés comandado por Cromwell arribó a Irlanda en agosto de 1649. Nada más llegar, el 3 de septiembre, asedió la ciudad amurallada de Drogheda en la costa este. Cuando la muralla logró ser asaltada, unos 6.000 soldados del Lord Protector se entregaron al asesinato y al pillaje. Mataron a unas 3.500 personas entre las que se encontraban soldados, funcionarios, sacerdotes, civiles e incluso niños. Unos supervivientes que se habían refugiado en la iglesia de San Pedro fueron quemados vivos cuando las tropas de Cromwell prendieron fuego al templo.

Los supervivientes de la masacre fueron embarcados, enviados a las Barbados y vendidos como esclavos para que trabajaran en las plantaciones. Esta forma de actuar era justificada por Cromwell en venganza de los colonos ingleses que habían sido asesinados por los irlandeses: «Este es el castigo de Dios para los bárbaros que se han manchado las manos con sangre inocente».

Tomada y saqueada Drogheda, las tropas de Cromwell se dirigieron al sur de la isla y asediaron Wexford. Mientras se estaba celebrando un parlamento con el fin de que la ciudad se rindiera, las tropas del Lord Protector entraron en la ciudad y mataron a todo aquel que se les cruzó en su paso quemando la mayoría de las viviendas de la localidad. Fueron asesinados cerca de 1.500 civi-

---

[376] *Las 50 grandes masacres de la Historia.*

les además de los soldados. Cromwell llegó a ordenar que se ahorcara a todo aquel que tocase música tradicional irlandesa o se le azotase por cada palabra que se pronunciara en gaélico.

El terror infligido por las tropas de Cromwell provocó que cuando las ciudades que formaban parte de la Confederación Católica tuvieron conocimiento de las masacres, se rindieron sin oponer la más mínima resistencia en cuanto fueron sitiadas por los ingleses.

A finales del siglo XVII el Parlamento irlandés, dominado por los protestantes y con el objetivo de erradicar el catolicismo preponderante en la isla, aprobó una legislación represiva hacia los católicos: las tierras de las zonas más ricas de Irlanda pararon a manos de colonos ingleses, a los irlandeses se les prohibía comprar tierras, ocupar puestos en el gobierno y practicar libremente su culto, llegando las tropas inglesas a asesinar a los sacerdotes católicos cuando eran capturados. Un gran número de irlandeses fueron condenados al hambre y a la miseria al ser deportados a Connaught, la zona más pobre y occidental de la isla. La intervención de Cromwell en Irlanda provocó la muerte o el exilio de aproximadamente el 20 por ciento de la población.

Una de las formas que tuvieron los irlandeses para seguir practicando las liturgias de su religión fue celebrar las misas en secreto en bosques, montañas y acantilados, en altares construidos con piedras o en grandes rocas que son conocidas como *Mass Rock*, es decir, rocas de misa.

Más adelante, cuando tuvo lugar la independencia de los Estados Unidos, esta legislación fue revisada permitiendo a los católicos acceder a la propiedad y el derecho al voto, pero se les prohibió acceder al Parlamento, ser miembros del poder judicial y de la alta administración del Estado. La mayoría católica de Irlanda solo podía malvivir trabajando como mano de obra barata en los campos propiedad de los protestantes.

En 1845 comenzó lo que se conoce en inglés como «Great Famine» y en español como Gran hambruna o hambruna irlandesa de la patata. Duró hasta 1849 y provocó que alrededor de un millón de personas muriera de hambre o de enfermedades como la difteria o el cólera, perdiendo Irlanda un 20 por ciento de su población. Otro millón de personas decidieron emigrar sobre todo a los Estados Unidos de América. La patata era el alimento principal de las clases más humildes de Irlanda, que cultivaban casi exclusivamente la variedad *Irish Lumper*. De hecho, a muchos trabajadores se le pagaba su salario en patatas. Una plaga provocada por un parásito provocó en los patatales una enfermedad conocida como tizón tardío que dejó la cosecha de la patata de 1845 como un erial. Para que nos podamos hacer una idea de lo que supuso la perdida de las cosechas, un hombre adulto irlandés consumía al día hasta seis kilos de patatas y una mujer cinco.[377]

Irlanda producía además de patatas gran cantidad de alimentos. Sobre todo producía trigo y maíz que eran exportados casi en su totalidad a la isla de Gran Bretaña. La plaga del tizón tardío también afectó a las plantaciones de patata de Inglaterra y Escocia. Las autoridades británicas, en vez de prohibir las exportaciones de alimentos como hizo en Escocia para poder alimentar a la población que se había quedado sin recursos, alentaron la exportación de alimentos de Irlanda a Gran Bretaña para atender los problemas de escasez que había provocado la plaga en la producción de patatas, olvidando la hambruna que había provocado entre los irlandeses. De hecho, el ejército británico envió 200.000 soldados para garantizar que se produjeran las exportaciones y surgieran estallidos de violencia.

Pero hay más, los periódicos de Londres, en vez de animar y exigir al Gobierno de Gran Bretaña que acabara con la hambruna y al menos dejara de permitir la gran exportación de alimentos, alentaban lo contrario. De hecho, el periódico *The Times* publicó un editorial titulado *Aniquilación total* afirmando que «pronto un celta será tan raro en las riberas del Shannon como el piel roja en las riberas de Manhattan».[378]

La actuación del gobierno británico favoreciendo que se enviara la gran parte de los alimentos que se producían a Gran Bretaña fue criticada por historiadores como Cormac Ó Gráda o Donnelly, que afirmaron que las políticas británicas sobre Irlanda no ayudaron en nada para poner fin a la terrible situación por la que tuvieron que pasar los irlandeses. Más bien al contrario, Irlanda quedó prácticamente abandonada a su suerte mientras se le obligaba a exportar alimentos que habrían paliado la hambruna.[379]

Por otra parte, la emigración irlandesa, sobre todo la que llegó a los Estados Unidos, una vez instalada favoreció el movimiento independentista irlandés, enviando dinero para la causa y dando refugio a los nacionalistas perseguidos por Gran Bretaña, lo que favoreció que en 1922 se creara el Estado Libre Irlandés.

---

[377] Morillo, E. D., *La emigración irlandesa decimónica tras la gran hambruna, parte intrínseca del carácter irlandés.*
[378] *Imperiofobia y Leyenda Negra.*
[379] Morillo, E. D., *op. cit.*

LAS GUERRAS DE RELIGIÓN EN FRANCIA; LA MATANZA DE SAN BARTOLOMÉ

Se conoce como Guerras de Religión a las ocho guerras civiles que tuvieron lugar en Francia y se sucedieron en el periodo que va de los años 1562 a 1598; luchas entre católicos y protestantes calvinistas conocidos en territorio francés como hugonotes propiciadas por las desavenencias entre dos casas nobiliarias francesas, los Borbón —protestantes—, y los Guisa —católicos—.

Las Guerras de Religión francesas tuvieron como caldo de cultivo las doctrinas de Juan Calvino, que calaron entre los miembros de la baja nobleza, necesitados de cambios para mejorar sus problemas económicos, y por los artesanos y burgueses de las ciudades, porque entendían que las doctrinas del protestante favorecían sus intereses económicos.

Poco a poco los enfrentamientos durante el siglo XVI entre católicos y hugonotes se fueron radicalizando hasta que estallaron en violencia cuando Francisco II falleció y en 1560 heredó el trono su hermano Carlos IX, de diez años, ejerciendo la regencia su madre Catalina de Médicis, que gobernó hasta la mayoría de edad del rey.

Antes de que Francisco falleciera dos facciones se enfrentaron tratando de tomar el control en su reinado: los Guisa, que tenían una influencia directa sobre el rey y los Borbón, que aspiraban a descabalgar a los primeros y vieron en la causa religiosa una oportunidad de lograr sus propósitos, por lo que simpatizaban con los hugonotes.

En marzo de 1560 los protestantes tienen un plan: van a secuestrar al rey Francisco II para sacarlo de la influencia de los Guisa, garantes de la religión católica y partidarios de la persecución como herejes de todo aquel que profese ideas protestantes. Cuentan con el aval del príncipe de Condé, Luis de Borbón, y de su hermano Antonio de Borbón.

El plan consiste en secuestrar al monarca en el castillo de Amboise pero los Guisa son avisados de la existencia del complot. El 10 de marzo son capturados los primeros conjurados y el 17 de marzo empezarán a ser ejecutados: la mayoría serán ahorcados en las balaustradas del castillo de Amboise, otros ahogados en el río Loira, otros lanzados a las turbas para que acaben con ellos y el que fue considerado líder de la revuelta, La Renaudie, descuartizado, quedando las partes de su cuerpo expuestas en las puertas de la ciudad.

En 1562 comenzó la primera de las Guerras de Religión entre católicos y hugonotes a pesar de que la reina regente, Catalina de Médicis, trató de conciliar las posturas de las dos partes e incluso hizo varias concesiones a los hugonotes que, en vez de calmar los ánimos, provocaron que los protestantes exigieran más prerrogativas y que a su vez los católicos estuvieran descontentos por las concesiones.

El 16 de marzo de 1562 veintitrés hugonotes fueron asesinados en una granja en Wassy por hombres del Duque de Guisa, que se presentó en Fontainebleau, lugar donde se encontraba la corte, para según él proteger al rey y a su madre haciéndolos tomar partido por los católicos. La violencia contra los hugonotes siguió en Sens, donde un centenar de ellos fueron degollados y en Tours fueron asesinados otros tantos a las orillas del Loira.

Los hugonotes por su parte no que quedaron quietos. Se levantaron en armas teniendo como líder al príncipe de Condé, Luis de Borbón, proclamaron su lealtad al rey estimando que había sido secuestrado junto con su madre por los partidarios de Guisa y también degollaron a católicos, quemaron y saquearon iglesias y pidieron ayuda a la reina de Inglaterra, por entonces la anglicana Isabel I.

Los católicos, también conocidos como realistas, pidieron ayuda al rey de España Felipe II y a los Estados italianos que también enviaron tropas. En un principio la guerra fue favorable a los intereses hugonotes, que se apoderaron de un buen número de ciudades importantes tales como Lyon, Orleans o Ruan. En todas las ciudades conquistadas procedían a quemar y destruir las iglesias.

El contraataque de los católicos dio sus frutos y una a una fueron recuperando todas las ciudades que habían sido tomadas por los hugonotes, matando incluso en Ruan a Luis de Borbón, quedando como heredero Enrique, educado en el calvinismo por su madre Juana de Navarra.

Más adelante, durante la batalla de Dreux que ocurrió el 19 de diciembre de 1562, fue hecho prisionero su hijo y dos meses después fue asesinado el líder de los católicos, el duque Francisco de Guisa, quedando las facciones descabezadas.

Este momento fue aprovechado por la regente Catalina de Médicis para proponer conversaciones de paz que terminaron en el Edicto de Amboise el 19 de marzo de 1563. Por este tratado se garantizó la libertad de culto a los hugonotes —de puertas para dentro de sus casas para el pueblo llano y abiertamente en las casas de los nobles—. Los hugonotes devolvieron el control de las ciudades de Ruan, Orleans y Lyon pero París y sus alrededores quedó vedado al culto protestante. Por cierto, ninguno de los dos bandos se había desarmado.

Pero las aguas no habían vuelto todavía a su cauce. El final de la guerra no acabó con los ánimos de venganza de aquellos que sufrieron los desmanes de los hugonotes y muchos de ellos fueron procesados tratando de que se hicieran responsables de los daños de las iglesias. Por su parte, los hugonotes no querían ser ciudadanos de segunda y pretendían que su culto fuera libre y abierto en cualquier parte de Francia.

El 28 de septiembre de 1567 volvió a estallar la guerra después de un intento de los hugonotes, liderados de nuevo por el príncipe de Condé, de apoderarse de la familia real y del cardenal de Lorena en Meaux. La reina regente ordenó que se castigara duramente a los traidores y los protestantes fueron nuevamente derrotados en Saint-Denis, pero en el combate los católicos perdieron a su comandante en jefe, el Condestable de Montmorency. A partir de entonces la guerra fue favorable a los intereses protestantes y la regente se vio obligada a buscar la paz, que se firmó en Longjumeau el 22 de marzo de 1568. Volvió a estar vigente el Edicto de Amboise a cambio de que los hugonotes se retiraran de los territorios que habían ocupado en la segunda Guerra de Religión.

Pero los hugonotes incumplieron lo pactado y se negaron a abandonar los territorios ocupados. La regente ordenó el 28 de julio de 1568 que el príncipe de Condé, Enrique de Borbón, fuera detenido y publicó la Declaración de Saint-Maur, que revocaba todas las concesiones del Edicto de Amboise y prohibía toda religión que no fuera la católica. Los católicos y realistas derrotaron a los hugonotes en Jarnac (15 de marzo de 1569) donde falleció Enrique de Borbón, quedando a la cabeza Gaspar de Coligny, y en Moncontour (3 de octubre de 1569) lo que obligó a los protestantes a fortificarse en torno a su baluarte de la La Rochelle.

Gaspar de Coligny formó el ejército de los vizcondes con nobles procedentes de Languedoc y los hugonotes volvieron a tener la iniciativa, lo que llevó a una nueva tregua: la Paz de Saint Germain, firmada el 8 de agosto de 1570 por la que se garantizaba la libertad de conciencia y culto, las propiedades incautadas serían devueltas, se acababa con la discriminación en la Administración del Estado por motivos religiosos y se permitía que La Rochelle, Coñac, Mountalban y La Charite quedaran en manos de los hugonotes.

Carlos IX había alcanzado la mayoría de edad. La vuelta del partido protestante a la corte y a la administración permitió que el almirante Gaspar de Coligny, líder de los protestantes, lograra entrar en el Consejo Real con gran influencia sobre el rey.

La matanza de San Bartolomé

Para consolidar el tratado de paz de Saint Germain ambas facciones acordaron el matrimonio de Margarita de Valois, hermana de Carlos IX e hija de la madre del rey, Catalina de Médicis, con Enrique de Navarra, protestante. La boda se debía celebrar el 18 de agosto de 1572 en París.

Los mayoría de los parisinos eran fervientes antihugonotes por lo que la elección del lugar para que tuviera lugar la boda no fue precisamente la más acertada. París se llenó de nobles hugonotes vestidos con ricas prendas cuya presencia no era grata para sus habitantes.

La boda efectivamente se celebró, pero a los cuatro días el almirante Coligny sufrió un atentado: le dispararon con un arcabuz y acabó perdiendo el brazo izquierdo. Los nobles hugonotes que se encontraban en París se presentaron en el Palacio Real exigiendo justicia y prometiendo venganza.

La presencia de unos cuatro mil soldados hugonotes al mando de un cuñado de Coligny hizo pensar a los católicos parisinos que se preparaba una matanza en venganza del atentado. Para evitar esa matanza el rey Carlos IX, su madre y varios príncipes ordenaron que todos los hugonotes que se encontraba en París fueran asesinados a excepción de Enrique de Navarra, que gracias a su boda se había convertido al catolicismo y se trajeron a París milicias católicas armadas para hacer frente a los hugonotes que pretendieran defenderse.[380]

Se cerraron todas las puertas de la ciudad, se proporcionaron armas a los ciudadanos y sobre las cuatro de la madrugada del 24 de agosto de 1572 las campanas de la iglesia de Saint Germain l'Auxerrois dieron la señal del ataque para que un grupo de mercenarios suizos iniciara la matanza irrumpiendo en los aposentos de los hugonotes en el palacio del Louvre, donde dormían plácidamente. Esta vez no pudo escapar a la muerte Coligny, que fue asesinado por el duque Enrique I de Guisa, que lo mató con una pica y lanzó su cuerpo por una ventana.

Los planes del rey de Francia únicamente pasaban por el asesinato de los hugonotes que habían acudido a la boda, pero cuando abrió el día la muchedumbre se lanzó en busca de los protestantes que vivían en París asesinando a hombres, mujeres y niños. La matanza duró varios días causando solo en París el asesinato de tres mil personas. Conocidos los hechos, la matanza de protestantes se extendió por toda Francia, y se asesinó de diez mil a quince mil personas hasta bien entrado septiembre.

El triunfo de los católicos fue momentáneo, pues el asesinato de los hugonotes en París no decapitó su partido. Los protestantes organizaron la resistencia en el oeste y en Midi, y La Rochelle acogió a los hugonotes que habían logrado escapar de la matanza de París.[381]

---

[380] *Las 50 grandes masacres de la Historia.*
[381] *Las Guerras de Religión.*

El ejército real trató de tomar La Rochelle pero fracasó y se volvió a firmar un nuevo tratado de paz en julio de 1573 para terminar la cuarta guerra, el Edicto de Boulogne, por el que se otorgaba libertad de conciencia a todos los protestantes y la libertad de culto únicamente en las plazas de La Rochelle, Nimes, Montauban, Sancerre y en las casas de algunos nobles protestantes.

El rey Carlos IX muere el 30 de mayo de 1574. Lo sucede Enrique de Anjou, hermano de Carlos, que había sido elegido rey de Polonia el 11 de mayo de 1573, por lo que tiene que volver precipitadamente de aquel país. Reinará como Enrique III y volverá a la política de represión contra los hugonotes que, siguiendo el ejemplo de La Rochelle, habían creado un estado casi independiente en el Languedoc.

Los hugonotes, con Condé a la cabeza, que había logrado huir de París donde estaba preso desde la matanza de San Bartolomé, consiguieron hacerse con un ejército mercenario gracias al Conde palatino del Rin, Juan Casimiro, e invadieron Francia desde la frontera del Sacro Imperio. A punto de perder el trono, Enrique III firmó el Edicto de Beaulieu o Paz de Monsieur el 6 de mayo de 1576: el culto protestante será autorizado en todas las ciudades y lugares del reino, países de obediencia y protección del rey, sin restricción de tiempo y de personas.[382] Las víctimas de la noche de San Bartolomé serán rehabilitadas recibiendo sus viudas y huérfanos pensiones reales durante seis años. Ocho plazas fuertes pasaban a manos hugonotas y Francia tuvo que pagar las soldadas de los mercenarios del conde palatino del Rin a los que Condé había hecho cruzar la frontera.

Los católicos vuelven a reorganizarse. Ahora fundan la Liga Católica y nombran líder a Enrique de Guisa. El rey Enrique III, que ve en peligro su trono ante la aparición en escena de Guisa, decide unirse a la Liga. Los Estados Generales se reúnen en Blois y el monarca afirma que «no tolerará más que una religión en su reino conforme lo había jurado en su consagración». Comienza la sexta Guerra de Religión que gracias a los triunfos católicos encabezados por el Duque de Anjou, hermano del rey, acaba desembocando en la paz de Bergerac. El Edicto de Poitiers promulgado el 8 de octubre de 1577 restringirá de nuevo la libertad de culto: el protestantismo solo puede ser practicado en los suburbios de las ciudades y en el interior de algunas urbes y terminaba con las concesiones que otorgaba a los hugonotes el Edicto de Beaulieu.[383]

¿Les parecen a ustedes pocas seis Guerras de Religión? Todavía nos quedan dos. La séptima comenzará fruto de los descontentos de los hugonotes y de

---

[382] *Ibidem.*
[383] *Ibidem.*

ciertos escándalos sexuales que tuvieron lugar en Nérac. Terminó con la toma de Cahors por Enrique de Navarra, esposo de Margot, la protagonista de los escándalos. Se firmó la Paz de Fleix el 26 de noviembre de 1580 y se prorrogaron seis años más los privilegios de las plazas fuertes de los protestantes.

La última guerra será las más sangrienta. El duque Anjou, hermano del rey, fallece el 19 de junio de 1584, siendo el nuevo heredero, al no tener hijos el monarca, el hugonote Enrique de Navarra, primo del monarca. Enrique III reconoce como heredero a su primo, pero la Liga Católica no. Quiere que el heredero sea el Cardenal de Borbón, católico.

Comienza entonces la octava Guerra de Religión o Guerra de los tres Enriques, pues en ella combatirán las fuerzas de Enrique III, Enrique de Navarra y Enrique de Guisa. En esta ocasión los hugonotes serán aliados de la Corona y la Liga Católica contará con la ayuda de España, haciéndose pronto con el control de todo el norte y noroeste de Francia y quedando París a merced de sus ejércitos. Enrique III se verá obligado a firmar el Tratado de Nemours el 17 de julio de 1585, por el que se derogaban todos los edictos de tolerancia, se prohibía el protestantismo y Enrique de Navarra quedaba excluido de la sucesión al trono por hereje gracias a una bula del papa Sixto V, despojándole también de su reino de Navarra.

Enrique de Guisa se hace con el control de París disolviéndose el Ayuntamiento. El rey Enrique III decide que el de Guisa debe ser asesinado, pues está socavando su poder. El 23 de diciembre de 1585 será acuchillado mientras se celebran los Estados Generales en Blois. Al día siguiente, su hermano correrá la misma suerte. Además, el rey se reconcilia con Enrique de Navarra para que acuda con un ejército a París que está bajo el control de los Guisa.

Enrique III es mortalmente herido durante el asedio de París el 1 de agosto de 1589. Enrique de Navarra será ahora rey de Francia siempre que se haga católico. Ante la presencia de un ejército español en las cercanías de París, Enrique de Navarra se decide por abjurar de su credo protestante en una ceremonia en Saint-Denis. Será consagrado en Chartres como rey de Francia el 27 de febrero de 1594 y será reconocido por la Facultad de Teología de París como «Rey Muy Cristiano». El 30 de agosto de 1595 el papa Clemente VIII otorga la absolución al rey de Francia y el 17 de septiembre será recibido en el regazo de la Iglesia de Roma.[384]

---

[384] *Ibidem.*

Después de una guerra con España tras la cual firmarán la Paz de Vervins el 2 de abril de 1591, el rey Enrique IV promulgará el Edicto de Nantes por el que se otorga la plena libertad de conciencia, se autoriza el culto protestante con restricciones y todos los cargos del estado serán accesibles a los miembros de las dos religiones.

CALVINO

Jean Cauvin, conocido en español como Juan Calvino, nació en Noyon, ciudad francesa que se encuentra a unos cien kilómetros al norte de París, el 10 de julio de 1509. Pertenecía a un familia católica y culta. Su padre era un distinguido jurista y procurador del cabildo de la catedral que, por una cuestión de dinero, tras ser excomulgado, murió en la pobreza. En 1523, cuando tenía catorce años, comenzó a estudiar humanidades y derecho en la Universidad de París y en 1532 se doctoró en derecho en Orleans.

En 1533 es cuando asimila el pensamiento de Martín Lutero, es decir, niega la autoridad de la Iglesia de Roma y adopta la Biblia como única regla de fe y de conducta. Durante esa época huye de París al llegarle rumores de que iba a ser apresado por sus ideas luteranas junto a su amigo y profesor de la universidad Nicolás Cop, al que había ayudado a redactar un discurso lleno de referencias luteranas.

Calvino fue invitado a establecerse en Ginebra por el pastor francés Guillaume Farel, un reformista que había influido en la expulsión de la ciudad de la Iglesia de Roma, donde había instaurado la teocracia al conseguir que sus ciudadanos rigieran sus vidas en torno a su interpretación de la Biblia, uniendo el poder religioso con el poder político. Cuando Calvino llega a Ginebra tiene veintiséis años y es conocido en todo el continente por el éxito de su primera obra, *Institutio Christianae Religionis*. Se establece en la ciudad suiza como lector de la Santa Escritura en la iglesia de San Pedro.

En esta primera etapa ginebrina Calvino residió en la ciudad únicamente dos años. Junto a Guillaume Farel elaboró un código moral y litúrgico de veintiún puntos que el pueblo tenía que aceptar bajo juramento tan férreo que el Consejo de Ginebra acabó expulsándolos de la ciudad al negarse a dejar de predicarlo.[385]

Después de residir en varias ciudades francesas, entre ellas Estrasburgo, donde se casaría con Idelette de Bure, viuda de un anabaptista, volverá a Ginebra en 1541, donde ya permanecerá hasta su muerte.

---

[385] *Imperiofobia y Leyenda Negra.*

El Consejo de la ciudad le había llamado porque entendía que Calvino podía arreglar el caos en el que se encontraba Ginebra. Para atender el encargo impuso un puritanismo que afectaba a todos los aspectos de la vida de los ginebrinos.

«La Iglesia calvinista lo interviene todo. Se organiza un servicio de espionaje que se adentra hasta la intimidad más profunda de los hogares. Se hacen visitas de inspección casa por casa e interrogan a cada uno de sus habitantes sobre el alcance de su fervor evangélico. Regulan lo que se ha de consumir en cada comida: dos platos, uno de verduras y otro de carne, sin postres. (…) Calvino, como todos los dictadores, no crea más que desconfianza entre los vecinos. Se evaporan la buena fe y la cordialidad, incluso dentro de las familias. Solo persisten el recelo y la hipocresía».[386]

Sin tener ningún cargo político se las arregló para ser la máxima autoridad en Ginebra, arrogándose incluso el derecho a excomulgar, y logró eliminar cualquier sospecha de oposición a sus teorías.

«Solo en los primeros cinco años bajo el dominio de Calvino en la relativamente pequeña ciudad de Ginebra fueron colgadas trece personas, diez decapitadas, treinta y cinco quemadas, además de setenta y seis a las que fueron arrebatada la herencia, sin contar con los muchos que escaparon a tiempo del terror. Pronto estarán las cárceles tan llenas en la "nueva Jerusalén", que el alcalde ha de comunicar al magistrado que ya no pueden recibir más presos. Y en cuanto a estos horribles martirios, no solo se aplican a los condenados sino también a los que simplemente son sospechosos, de modo que los acusados prefieren quitarse la vida antes que dejarse arrastrar hasta la cámara de tortura. Finalmente el Consejo ha de dictar una disposición según la cual los presos deben llevar esposas día y noche para evitar sucesos de este tipo. Sin embargo, ni una sola vez se tiene noticia de que Calvino haya suprimido tales horrores. Al contrario, por expresa sugerencia suya se incluye en el terrible castigo, junto a las empulgueras y el potro, la quema de las plantas de los pies».[387]

Toda la vida de los ciudadanos de Ginebra pasa por el tamiz del sistema impuesto por Calvino, que arma un conjunto de prohibiciones tan tupido que es casi imposible vivir en la ciudad suiza y no acabar en la cárcel o pagando una multa:

«Pronto sentirse seguro en Ginebra resulta imposible, pues el consistorio declara que es pecado hasta el más despreocupado aliento. Basta con hojear las

---

[386] Miguel Servet.
[387] *Castellio contra Calvino.*

actas del Consejo para apreciar lo refinado del método de intimidación. A un ciudadano que se ha reído durante un bautizo: tres días de cárcel. Otro que, agotado por el sopor veraniego, se ha dormido durante el sermón: a la cárcel. Unos trabajadores han tomado empanada en el desayuno: tres días a pan y agua. Dos ciudadanos han jugado a los bolos: a la cárcel. Otros dos, a los dados, tomando un cuarto de vino: a la cárcel. Un hombre se ha negado a bautizar a su hijo con el nombre de Abraham: a la cárcel. Un violinista ciego ha bailado mientras tocaba: es expulsado de la ciudad. Otro ha alabado la traducción de la Biblia hecha por Castellio: también es expulsado. A una muchacha la pillan patinando; una mujer se ha arrojado sobre la tumba de su marido; durante el servicio de Dios, un ciudadano ha ofrecido a un vecino una pizca de tabaco. A todos ellos: citación ante el Consistorio, exhortación y multa. Y así sucesivamente, sin pausa».[388]

Sin duda alguna el episodio por el que será siempre recordado Calvino es por conseguir que Servet acabara muriendo ejecutado en la hoguera. ¿Y quién fue Miguel Servet Conesa?

Nació en Villanueva de Sijena, en la actual provincia de Huesca, por tanto aragonés. Era hijo de Antón Serveto Meler, notario de Sijena, y de Catalina Conesa. Tuvo dos hermanos menores: Pedro, que eligió el notariado como profesión y Juan, que fue sacerdote. Conocedor de las lenguas clásicas, a los catorce años entró al servicio del franciscano Juan de Quintana, doctor por la Universidad de París y confesor del emperador Carlos V, con el que viajaría durante los años 1525 y 1526 a Toledo, Valladolid y la Alpujarra. Con diecisiete años fue enviado a estudiar leyes a la Universidad de Toulouse, donde también estudió el Antiguo y el Nuevo Testamento y textos prohibidos, es decir, libros de doctrina luterana. Con la comitiva imperial de su mentor Quintana se desplazó a Estrasburgo donde tuvo contactos directos con teólogos protestantes como Melanchthon o Bucero, con los que no estuvo de acuerdo.[389]

El desacuerdo principal con aquellos protestantes se basaba en la existencia de la Santísima Trinidad, un dogma en el que no cabía discusión ni para católicos ni para luteranos y que a la postre sería lo que le llevaría a la hoguera. Servet se oponía a que «solo hay un ser divino, eterno, indivisible, infinito y todopoderoso, en el que hay tres personas igualmente divinas y eternas, Dios Padre, Dios Hijo y Dios Espíritu Santo».

Esas ideas le ponían en el punto de mira de la Inquisición y por ello se apartó de la comitiva imperial y se fue a vivir a la ciudad de Basilea, donde

---

[388] *Ibidem.*
[389] Real Academia de la Historia.

escribió en 1531 su obra *De Trinitatis erroribus,* en castellano *Sobre los errores de la Trinidad.* Por este libro se convirtió en uno de los herejes más buscados por la Inquisición.[390]

Servet estudia medicina en la Universidad de París, aunque termina estos estudios en la Escuela de Medicina de Montpellier. Entra al servicio del obispo Pierre Palmier en Vienne del Delfinado (Francia) como su médico oficial. Durante esa época es cuando descubre la circulación de la sangre por los pulmones que, por cierto, no la documentó en ninguno de los libros de medicina que publicó, sino en la página 170 de su obra teológica *Christianismi Restitutio.*

¿Y qué le hizo Servet a Calvino para que este lograra que fuera ejecutado? En 1533 Servet escribió su obra *Christianismi Restitutio* y se la envió a Calvino para que le diera su opinión. Como respuesta el francés le envió su obra *Institutio Religionis Christianae.*

Como ya hemos manifestado, en el siglo XVI no existía la tolerancia religiosa ni de ningún otro tipo en Europa, ni entre católicos ni entre protestantes. De hecho, antes de que fuera apresado por orden de Calvino, Servet fue preso por la Inquisición de Lyon y se salvó de la hoguera porque logró escapar. Fue quemada su efigie.

A Servet aquello no le debió parecer muy bien y devolvió a Calvino su libro con unas anotaciones tan críticas en los márgenes que enfadaron al francés. De hecho, escribió a un amigo en 1546: «Si Servet viene aquí, si mi autoridad sirve de algo, nunca le permitiré que salga vivo».

Dicho y hecho. Después de escapar de la Inquisición de Lyon, Servet hizo escala en Ginebra camino de Italia el 13 de agosto de 1553 y fue a la iglesia donde predicaba Calvino, que lo reconoció, lo denunció por herejía y logró que fuera encarcelado a la espera de juicio. Calvino había escrito en su libro *Defensio orthodoxae fidei de Sacra Trinitate* que «al hereje se le debe imponer la pena capital basándose en textos de la Biblia y sentencias de los Santos Padres y el Código de Justiniano».

Servet no tuvo derecho a abogado (la Inquisición española le hubiera proporcionado uno) y fue maltratado en prisión. Fue condenado por hereje al no arrepentirse sobre todo de dos de sus ideas: no existía la Santísima Trinidad y el bautismo se debe recibir en edad adulta.

En casi toda Europa en el siglo XVI la pena para los herejes era la hoguera gracias a una interpretación del evangelio de San Juan: «Al que no sigue con-

---

[390] *Ibidem.*

migo, lo tiran como a un sarmiento y se seca, los echan al fuego y los queman». Una lectura bastante radical, por cierto.

«Te condenamos, Miguel Servet, a ser conducido encadenado hasta Champel y a ser quemado vivo en la hoguera, y contigo tanto el manuscrito de tu libro como el mismo impreso, hasta que tu cuerpo haya quedado reducido a cenizas. Así has de terminar tus días, para dar ejemplo a todos aquellos que se atrevan a cometer un delito semejante».[391]

A Servet le ataron a un palo con una argolla impregnada en azufre rodeado de leña verde y húmeda. En una cadena de hierro se colgaron sus libros. El médico aragonés que había descubierto la circulación de la sangre por los pulmones tardó una hora en morir.

> «Servet, extenuado, es suspendido por una cadena de hierro y atado con cuatro o cinco vueltas de cuerda. Entre su cuerpo aún vivo y la soga que le corta de una manera horrible, los mozos meten a presión el libro y el manuscrito que Servet enviara a Calvino, pidiéndole su fraternal opinión. Finalmente, le encasquetan en la cabeza una odiosa corona de pasión impregnada de azufre. Con estos terribles preparativos termina el trabajo del verdugo. Solo falta encender el montón de leña y con ello comienza el asesinato. Cuando las llamas se elevan por todas partes, el torturado lanza un grito tan horrible que por un momento los hombres que están a su alrededor se apartan estremecidos por el espanto. Pronto, el humo y el fuego envuelven al cuerpo que se arquea en medio del tormento, pero del fuego que devora lentamente la carne surgen sin cesar y de modo cada vez más penetrante los alaridos de dolor del que sufre de modo indecible y, al fin, estridente, el último grito pidiendo ayuda con la unción: "¡Jesús, hijo de Dios, ten piedad de mí!". Esta lucha con la muerte, espantosa e indescriptible, dura una media hora. Solo después se extinguen las llamas, el humo se desvanece y en el poste requemado, de cadena al rojo vivo, cuelga una masa negra, humeante y reducida a carbón, una horrenda gelatina, que no recuerda a nada humano».[392]

La ejecución de Félix Mantz en Suiza

El 3 de enero de 1527 fue ejecutado el líder anabaptista Félix Mantz por el Consejo de Zúrich. Había sido condenado a morir ahogado. Los verdugos introdujeron a Mantz en una barca con las manos atadas por debajo de las rodillas y colocaron un palo entre ellas para impedirle nadar y lo lanzarlo al lago de Zúrich en el río Limmat.

---

[391] *Castellio contra Calvino.*
[392] *Ibidem.*

Antes de lanzarlo al agua, un ministro protestante le dio la oportunidad de retractarse de sus ideas. Como no lo hizo, fue arrojado al agua y murió ahogado. Todas sus propiedades fueron confiscadas y su cuerpo enterrado en el cementerio de St. Jakobs.

¿Qué crimen había cometido Félix Mantz? Predicó que el sacramento del bautismo no podía imponerse a los niños pues entendía que era un signo de compromiso que solo podía adoptarse siendo adulto. Además, entendía que la Iglesia no podía estar sujeta a ningún gobierno terrenal y estimaba que los cristianos no debían llevar espada ni ocupar cargos públicos.

Después de un debate con Zwinglio, el ayuntamiento de Zúrich ordenó a los seguidores de Félix Mantz que bautizaran a sus hijos en el plazo de ocho días. No solo no obedecieron el mandato, sino que además rebautizaron a varios adultos. Fruto de aquella desobediencia Mantz fue encarcelado por primera vez.

Logró escapar de la prisión y le volvieron a detener cuando estaba predicando su postura sobre el bautismo. Fue vuelto a detener y únicamente le soltaron cuando juró que dejaría de predicar. Incumpliendo el juramento, volvió a predicar durante un periodo más o menos de dos años.

Ante el éxito de las predicaciones de Mantz, el Ayuntamiento de Zúrich prohibió de nuevo el bautismo de adultos advirtiendo que sería penado con la muerte. El 3 de diciembre de 1526 fue detenido junto con Georg Blaurock. Ambos fueron juzgados. Ninguno de los dos refutó los cargos. A Georg Blaurock le fue impuesta una pena de destierro mientras que Mantz fue condenado a muerte. Sus supuestas últimas palabras fueron: «En tus manos, oh Dios, encomiendo mi espíritu».

LA REVOLUCIÓN FRANCESA CAUSÓ MÁS VÍCTIMAS QUE LA INQUISICIÓN EN ESPAÑA

¿Saben ustedes que la Revolución Francesa causó más víctimas que la Inquisición española? La Convención, la asamblea constituyente que fundó la I República Francesa, asesinó oficialmente a 16.594 personas, 2.639 en París. Las víctimas no oficiales superarían las 40.000.

El 10 de marzo de 1793 la Convención aprobó una ley que estableció que había dos tipos de delitos que podían llevar a una condena de muerte: económicos e ideológicos. Pensar de forma distinta a los revolucionarios franceses podía llevarte al cadalso.

No existían las garantías procesales: «La prueba necesaria para condenar a los enemigos del pueblo es cualquier tipo de documento, sea material, sea moral, sea verbal, sea escrito, que pueda obtener el ascenso el beneplácito de todo espíritu justo y razonable».

Además, si existían ese tipo de pruebas (que podían ser verbales, morales, como le diese la gana al tribunal de turno) «no serán oídos los testigos, a menos que esta formalidad fuera necesaria para descubrir cómplices». Los testigos no podían favorecer al acusado.

Muchos pensarán que las 16.594 oficialmente asesinadas por la Convención eran todas nobles o personas favorables a la monarquía. Ni mucho menos. Solo unos 1.000 de los asesinados eran nobles. La mayoría de los ajusticiados lo fueron por sus ideas o por viejas rencillas.

LOS MUSEOS DE LA TORTURA, LOS MUSEOS DE LA MENTIRA: NINGUNO DE LOS INSTRUMENTOS QUE SE EXHIBEN EN ESOS MUSEOS FUERON UTILIZADOS POR LA INQUISICIÓN ESPAÑOLA

En varias ciudades de España e Hispanoamérica existen unos llamados «museos de la Inquisición» en los que supuestamente se exhiben instrumentos de tortura utilizados por dicha institución. Como hemos afirmado en otro capítulo, la Inquisición solo utilizaba tres métodos de tortura: la toca, el potro y la garrucha. En la mayoría de esos museos no se muestran ni siquiera algún tipo de instrumentos que pudiera ser utilizado para esos tipos de torturas.

Estos museos ganan dinero ante la ignorancia de turistas extranjeros y nacionales que desconocen cualquier conocimiento básico sobre la Inquisición española. La gran mayoría, por no decir todas, de las piezas que se exponen en ellos son ficticias o jamás fueron empleadas por la Inquisición española. Curiosamente algunos de esos museos reciben financiación pública: los españoles pagamos impuestos para que se difunda la Leyenda Negra con el objeto de atraer turistas.

Los instrumentos que exhiben en esos museos son supuestos instrumentos de tortura medievales que no son más que falsificaciones fabricadas a finales del siglo XIX y principios del XX que se mostraban en «gabinetes de curiosidades» y en ferias que iban de pueblo en pueblo cobrando una entrada a los morbosos que deseaban ver instrumentos que se habían utilizado para causar daño o directamente la muerte sobre los que se utilizaron.

La única fuente en la que se basan esos museos para afirmar que los instrumentos que exhiben son reales es el *Catálogo de la exposición de instrumentos de tortura, 1400-1800: en la Casermetta di Forte Belvedere, Florencia, del 14 de mayo a mediados de septiembre de 1983*, escrito por unos individuos llamados Robert Held, Tabatha Catte y Tobia Delmolino. Ninguno de ellos era reputado académico o historiador y en el catálogo no aparece ninguna bibliografía que pruebe de dónde han sacado la información que muestran en el catálogo.

Además, no existe ninguna evidencia arqueológica ni siquiera documental en libros escritos en los siglos XV, XVI o XVII que pueda demostrar la existencia o utilización de los instrumentos que se muestran en dichos espacios.

LA DONCELLA DE HIERRO

La famosa Doncella de Hierro es un ataúd o sarcófago con forma de mujer relleno de clavos, en donde supuestamente se introducía al reo para que confesara sus delitos.

El empleo de la tortura, como bien saben aquellos que se han estudiado los procesos judiciales que se llevaban a cabo en toda Europa, era generalizado y buscaba la confesión del investigado. En toda Europa, insisto. No solo en España.

Y no es cuestión de que ahora nos rasguemos las vestiduras. Esa era la idea que tenían nuestros antepasados de cómo se tenía que conseguir la confesión del presunto culpable. Frecuentemente el acusado asumía la culpabilidad para evitar un mayor sufrimiento. Evidentemente.

Pues bien, el aparato llamado Doncella de Hierro nunca fue empleado por el Tribunal del Santo Oficio: el investigado hubiera muerto al primer envite. Jamás podría haber confesado.

Powell: «El empleo de la tortura física era relativamente infrecuente si se compara con el cuantioso número de los procesos, y se aplicaba bajo estrictos reglamentos, con garantías y condiciones más humanitarias que la mayoría de los procesos requerían en la Europa de aquellos tiempos».

El Santo Oficio ofrecía más garantías a los acusados que cualquier tribunal de Europa. El proceso estaba controlado por jueces y abogados defensores. La tortura estaba rigurosamente regulada. No se podía poner en peligro la vida, ni mutilar, ni derramar sangre.

Además, porque la Doncella de Hierro nunca existió. Los cacharros que se exhiben en los museos de tortura son en su gran mayoría falsificaciones. Lo más seguro es que se trate de una interpretación de lo que se llamaba «capa de la infamia» y que fue utilizada en Alemania.

LA CUNA DE JUDAS

Se supone que era un método por el que se obtenía una rápida confesión. Estaba compuesta por dos elementos: un sistema de cuerdas que elevaba al prisionero y una pirámide de madera sujeta sobre un trípode, con una punta afiladísima sobre la que quedaba suspendido. El reo, de relajarse, se clavaba la puntiaguda parte de arriba del artefacto en los genitales. Si seguía sin soltar prenda, los verdugos le dejaban caer con fuerza destrozándole las partes íntimas. Esto es lo que cuentan en los «museos de la Inquisición». Es falso.

Realmente este instrumento no se usó ni por la Iglesia ni por la Inquisición. Se utilizó en las cárceles civiles de Roma y es descrito por Battista Scanaroli en su libro *De visitatione carceratorum*, escrito en 1655. A este método de tortura y castigo se le llamaba «Vigilia» y nada tenía que ver con lo que se ve en los supuestos museos. Se trataba de una piedra en forma de diamante con una parte superior lo suficientemente ancha para permitir al reo sentarse. Se debía evitar lastimar al reo y terminada la «Vigilia», que podía durar hasta seis horas, se recomendaba mantener posteriormente al reo caliente y alimentarlo con huevos y pollo por el frío sufrido durante las horas que pasó desnudo en el taburete.[393]

LA PERA VAGINAL, ANAL U ORAL

Se supone que se trataba de un instrumento en forma de pera que se introducía en la boca, en el ano o en la vagina del procesado o procesada; tenía un mecanismo que se accionaba con un tornillo y que hacía que se expandiera la zona más ancha produciendo gran dolor y desgarros donde se aplicara.

Suele estar presente en todo «museo de la Inquisición» que se precie y en numerosas páginas *web* se asegura que existió y que además a las mujeres se le aplicaba «cuando habían mantenido relaciones con el demonio», es decir, cuando se las considerara brujas.

En un tratado del siglo XVII llamado *Inventario general de la historia de los ladrones*, escrito por un tal F. de Calvi, se describe un instrumento en forma de pera para utilizar por vía oral que se habría usado por algún ladrón para evitar que la víctima gritara mientras se estaba llevando a cabo un robo. Sobre todo, habría sido utilizada por bandoleros franceses y holandeses.[394]

Que en la actualidad se piense que este instrumento fue utilizado como método de tortura por la Inquisición no es fruto más que de la mente calenturienta de algún anticlerical. No existe ninguna prueba de que realmente se utilizará ni siquiera como método de tortura.

---

[393] Centro Studi Storici.
[394] Zhistórica.

LA SIERRA

En algunos museos de la Inquisición y en muchas páginas *web* se muestran dibujos en los que dos hombres utilizan una sierra para cortar árboles para partir en dos a una mujer comenzando por sus órganos sexuales. Según afirman, este sistema de tortura —más bien de ejecución, pues ya me dirán quién sobrevive a que le corten las entrañas— se utilizaba «por los inquisidores para evitar que las mujeres embarazadas por el diablo diesen a luz. Los verdugos colgaban a la mujer boca abajo con las piernas abiertas y la segaban desde el ano hasta el vientre».

Teniendo en cuenta que los instrumentos de tortura que utilizaba la Inquisición eran los que eran y nada más, es absolutamente absurdo que se afirme que la Inquisición utilizara este método, sobre todo cuando no podía hacer sangre.

EL APLASTAMANOS

Otro de los aparatos que suele aparecer en los museos de la Inquisición, páginas *web* y redes sociales. Según la descripción que se suele ver por internet se trataría de «un instrumento inventado en el siglo xv por sacerdotes cristianos para fracturar los dedos y las manos de científicos, artistas, pintores y escultores acusados de herejía».

Por supuesto, ningún sacerdote cristiano inventó el chisme que llaman «aplastamanos» ni fue utilizado por la Inquisición. De hecho, no hay ninguna referencia por la que se pueda afirmar que existía antes del siglo xx. Es un invento para exponerlo en los falsos «museos de la Inquisición».

Solo existió en la colección privada de Fernand Meyssonnier, el último verdugo de la Argelia francesa. La colección apareció en una subasta en el 2012, que fue suspendida.[395]

Parece ser que en la justicia civil europea sí existió algo que llamaban «guante» y que se utilizaba para comprimir manos y también se habla de una «tortura china» que se llevaba a cabo utilizando unos trozos de madera entre los dedos del acusado, se ataba la mano con cuerdas y se iban apretando, causando dolor y rompiendo los huesos de los dedos.[396]

Por cierto, además de causar sangre, la Inquisición prohibía que se llevara a cabo la tortura inutilizando algún miembro.

---

[395] *Historia para mentes curiosas.*
[396] *Ibidem.*

EL APLASTACABEZAS

Otro de los instrumentos estrella de los «museos de la Inquisición» y que pululan por las redes como su fueran ciertos. La descripción que suele encontrarse no puede ser más espeluznante: «el condenado apoyaba la barbilla en la base y la cabeza quedaba encajada en el casquete. Empleado para lograr confesiones, los verdugos hacían girar el tornillo causando en primer lugar la rotura de dientes y mandíbula. Si el torturador seguía apretando, el tornillo podía llegar a destrozar el cráneo de la víctima, expulsando su cerebro por la cavidad ocular».

Aplíquese a este instrumento lo manifestado para el anterior: la Inquisición prohibía que se utilizara cualquier método de tortura que produjera la deformación de algún miembro, lo que entendemos que incluye la cabeza. En el caso de que hubiera existido, jamás lo hubiera utilizado la Inquisición, fuera medieval, eclesiástica o española.

LA SILLA INQUISITORIAL

Este suele uno de los aparatos estrella en el mundo de las falsificaciones de instrumentos de tortura. En la descripción que se hace de este aparato en la Posada de la Hermandad de Toledo se dice que se «trataría de una silla de interrogatorio. La multitud de pinchos, más de mil, la convierten en un utensilio esencial para la sala de tortura, para infundir miedo. El interrogado se sentaba desnudo, el dolor infligido podía aumentar si se golpeaban o se apretaban las distintas partes del cuerpo contra los pinchos. A veces, el asiento era de hierro, de manera que permitiera el calentamiento por debajo con un brasero o con antorchas».

Si la Inquisición tenía prohibido hacer sangre, también habría tenido prohibido emplear este instrumento. Parece más bien estar inspirado en los lechos de clavos de los faquires de la India. La realidad es que la primera mención en la que se advierte su existencia data de 1880 en un texto titulado *Geschichte der Hexen und Hexenprozesse* y luego se construyó para que apareciera en el famoso *Catálogo de la exposición de instrumentos de tortura, 1400-1800: en la Casermetta de Forte Belvedere, Florencia, del 14 de mayo a mediados de septiembre de 1983.*[397] Vamos, que es más falso que Judas.

---

[397] Zhistórica.

El desgarrador de senos

Ciertamente, no existe ninguna evidencia de que el «desgarrador de senos» haya sido utilizado para martirizar cristianas, como instrumento de tortura medieval y por supuesto que hubiera sido utilizado por la Inquisición. Lo más seguro es que no se empleara jamás, pues ese instrumento nunca existió hasta que alguien lo fabricó para ser exhibido en alguna feria de las que hemos escrito al principio de este apartado.

Toro de Falaris

Se supone que se trataba de una olla construida en forma de toro en la que se encerraba al acusado y se ponía al fuego hasta que este moría gracias a la cocción. Los gritos del pobre hombre salían por la boca del animal.

Al menos este instrumento de tortura sí es mencionado en escritos antiguos. Se cree que fue ideado por Falaris, un tirano de Acragas que murió en Sicilia hacia el año 554 antes de Cristo. Su diseñador habría sido un tal Perilo, que habría muerto en el interior de su propio invento.

Ahora bien, no existe ninguna evidencia arqueológica de que realmente hubiera existido. Y por supuesto, jamás fue utilizado por la Inquisición.

La horquilla del hereje

Según lo que cuentan en los «museos» se trataría de una especie de tridente con cuatro puntas afiladas que se clavaban bajo la barbilla y en el esternón, de forma que el acusado no podía moverse ni articular una sola palabra. Ya me contarán para qué iba a usar la Inquisición este método si lo que buscaba era una confesión.

Rueda de despedazar

Según puede verse en supuestos grabados se trataría de una rueda de gran tamaño a la que se ataría al acusado y que al dar vueltas causaría la rotura de huesos golpeando contra el suelo. Una vez quebrados, se ataba al reo a la rueda, que era colocada sobre un poste dejándole morir a merced de las aves carroñeras. La descripción no puede ser más tétrica. Si ha llegado hasta aquí después de leer este libro comprenderá que este invento es fruto de una mente calenturienta que nada sabe de la Inquisición.

Instigadores de la Leyenda Negra sobre la Inquisición española

Es difícil asegurar cuál fue la primera persona que utilizó el término Leyenda Negra. Iván Vélez asegura que fue Emilia Pardo Bazán quien lo introdujo, el 18 de abril de 1899, en una conferencia que impartió en la Sala Charras de París titulada «La España de ayer y la de hoy» que más adelante fue publicada en forma de libro en mayo de ese año. La escritora enumeró en esa conferencia los principales temas que engrosan lo que ella vino llamar «Leyenda Negra»: la expulsión de los judíos y moriscos, la Inquisición, la empresa americana o el hidalguismo.[398]

De todas formas, resulta difícil de rebatir que el gran difusor del término fue Julián de Juderías, un historiador, periodista y traductor que en 1914 publicó *La Leyenda Negra y la verdad histórica en la Ilustración española y americana*. Su obra se basaba en dos premisas:

- España históricamente había sido objeto de una permanente y generalizada crítica negativa orientada a desacreditarla.
- Tal operación de descrédito no se basaba en la verdad sino en relatos fantásticos y en hechos que habían sido exagerados, malinterpretados o directamente falsos.

Según el propio Juderías, «entendemos por Leyenda Negra, la leyenda de la España Inquisitorial, ignorante, fanática, incapaz de figurar entre los pueblos cultos lo mismo ahora que antes, dispuesta siempre a las represiones violentas; enemiga del progreso o de las innovaciones; o en otros términos, la leyenda que, habiendo empezado a difundirse en el siglo XVI a raíz de la Reforma, no ha dejado de utilizarse en contra nuestra desde entonces y más especialmente en momentos críticos de nuestra vida nacional».[399]

[398] Vélez, Catoblepas, *Revista crítica del pensamiento*, 2010.
[399] *La Leyenda Negra de España*.

Con respecto al Tribunal de la Inquisición, Juderías hace hincapié en su libro en que España no era una excepción cuando estaba vigente la Inquisición, pues «en todas partes cocían habas»:

> «La libertad religiosa no existió en ninguna parte en los tiempos en que funcionaba nuestra Inquisición; la existencia de este tribunal no puede en modo alguno erigirnos en excepción dentro del grupo de las naciones civilizadas; la libertad política, íntimamente unida entonces y ahora a la religiosa, no se vio en ningún país de los siglos XVI, XVII y XVIII; nuestros monarcas no fueron los únicos que reprimieron sangrientamente los delitos religiosos, ni la represión por sus representantes realizada fue más cruel que la ordenada por otros reyes; el libre examen solo sirvió para que los hombres se asesinasen unos a otros en nombre de la libertad de conciencia y la libertad religiosa y política no existe aún en la mayor parte de los países que nos tachan de intolerantes».[400]

Ricardo García Cárcel entiende que la Leyenda Negra contra la Inquisición nace en tiempos de Felipe II y sus fuentes clásicas son *Exposición de algunas mañas de la Inquisición española*, de Reginaldo González Montes (1567), *El libro de los Mártires*, de John Foxe (1554), *Apología*, de Guillermo de Orange (1580) y *Relaciones*, de Antonio Pérez bajo el seudónimo de Rafael Peregrino (1594).

La imprenta se utilizó por entonces como un arma de guerra, pues logró difundir de una forma hasta entonces casi imposible ilustraciones cruentas falsas donde incluso aparecían niños asados a la parrilla cuando lo cierto es que la tortura era utilizada en los países que difundieron aquellos panfletos y, además, la Inquisición española no utilizaba técnicas de tortura más crueles que las que empleaban los tribunales de los países enemigos de España y que utilizaban la propaganda para atacarla.[401]

El libro *Exposición de algunas mañas de la Inquisición española*, también publicado bajo el nombre de *Artes de la Inquisición española*, vio realmente la luz con el nombre de *Sanctae Inquisitionis Hispanicae artes aliquot detectae*. Se estima que el autor de libro fue uno de los frailes que tuvieron que huir del monasterio de Isidoro del Campo de Santiponce en 1557 debido a la persecución instada por el tribunal de Sevilla contra un grupo de sospechosos de luteranismo. Fue impreso en el año 1567 en el taller de Michael Schirat en Heidelberg, según se menciona en la introducción de la publicación editada por Almuzara en 2010.[402]

---

[400] *La Leyenda Negra de España*, 2014.
[401] *La Leyenda Negra. Historia del odio a España*, 2018.
[402] *Artes de la Inquisición española*, 2010.

El autor, Reinaldo González Montano, usó un seudónimo y tuvo un gran éxito en el siglo XVI, convirtiéndose en uno de los puntales de la Leyenda Negra antiespañola. De hecho, muchas de las estampas y dibujos que se editaron contra la Inquisición española en los siglos XVI y XVII se inspiraron en relatos que aparecen en este libro promovido por los rebeldes holandeses que luchaban contra las tropas de Felipe II en Flandes. Tuvo tanto éxito el libro que siguió publicándose hasta el siglo XIX y sirvió como base para historiadores de aquellos siglos.

Reinaldo González Montano en realidad sería Antonio del Corro, un teólogo protestante español exiliado a los Países Bajos, pero que curiosamente era favorable a que la Inquisición persiguiera a los falsos conversos judaizantes y estimaba que el Santo Oficio había sido convertido en un tribunal detestable gracias a los dominicos que lo dominaban.

El libro fue escrito en latín e inmediatamente traducido al inglés, al holandés, al francés y al alemán, pero la difusión del mismo se realizó fundamentalmente a través de citas que utilizaban «Exposición de algunas mañas de la Inquisición española» como fuente indubitada de lo que ocurría en los tribunales españoles del Santo Oficio.

Sin duda la descripción que hace el libro del tormento que tenían que sufrir los acusados en el Tribunal de la Inquisición y cuyo empleo era más humanitario que en cualquier tribunal civil de la época como hemos escrito más arriba, llevó a creer a los lectores de los siglos XVI y XVII e incluso a los de nuestros tiempos que los inquisidores eran unos sujetos sádicos que lo único que querían era torturar al acusado aplicándole el mayor dolor posible, cuando realmente la Inquisición era más garante de los derechos de los acusados que la mayoría de las jurisdicciones de aquellos siglos.

Además, se inventa prácticas que nunca llevó a cabo el Tribunal de la Inquisición española, como la tortura con fuego: «Suelen afligir a otros con otro género de tormento, peculiar de este Santo Tribunal, que llaman del fuego, más breve por cierto en su descripción mas no así en angustias y dolores. Mandan traer un muy grande brasero de hierro lleno de carbones encendidos, al cual hacen arrimar las plantas de los pies del que han de atormentar untadas con tocino, para que pueda penetrar el calor del fuego más adentro».[403]

Cuando no se inventa métodos de tortura exagera su ejecución, como hace con la garrucha: «Después de estar así colgado mucho tiempo sin confesar

---

[403] *Ibidem.*

nada, mandan bajarle y añadirle en los pies al primer peso otras tantas libras y levantarle de nuevo en alto, amenazándole con que morirá allí si no descubren lo que desean saber de él, y mandando al verdugo que le tenga colgado en el aire mucho tiempo, para que, con la gravedad del peso pendiente de los pies, se estiren sobremanera todos los miembros y articulaciones. Entre los clamores y gemidos que exhala el reo por el atroz tormento de todos sus miembros, le vocean aún, alternativamente a que manifieste la verdad, de lo contrario le precipitan desde allí. Y hácenlo como lo dicen, pues perseverando él constante, mandan al verdugo que, aflojando la cuerda, le precipite y, deteniéndola otra vez de repente en el aire, estorbe la caída, con lo cual todas las junturas del paciente, así de los brazos como de las piernas, se desatan con graves dolores, separándose unos de los otros miembros con el peso de los pies por la suspensión repentina de la caída, estirándose todo el cuerpo con más fuerza y violencia».[404]

También describe las celdas de la Inquisición como sepulcros cuando las cárceles de la Inquisición, aunque no eran precisamente hoteles de cinco estrellas como hemos manifestado, tenían mejores condiciones de habitabilidad que la gran mayoría de la cárceles civiles: «el lugar que a cada uno sirve de cárcel particular, por su estrechez, hedor, y si es subterráneo, por su humedad, más bien debe llamarse sepulcro que cárcel de vivos; si es alto en verano por el excesivo calor es muy semejante a un hornón. En cada uno de estos sepulcros, por lo común (especialmente en las capturas abundantes, cuando la multitud de presos excede a los de los enfermos), suelen echar juntos a dos o tres presos a quienes para conciliar el sueño cuando se acuestan, como no sea el espacio de un pie que ocupan el orinal y un cántaro de agua fría para apagar la sed, no queda otro lugar en el sepulcro. Cuando amanece, fuera de la luz que por arriba les entra a los infelices por un agujero menor que una naranja o por una ventanilla prolongada, no más ancha que un dedo, no les es dado de disfrutar de mayor claridad».[405]

Otro de los libros que ayudaron a difundir la Leyenda Negra sobre la Inquisición española fue el citado *Book of Martyrs* (*El libro de los mártires*) escrito por John Foxe y publicado por primera vez en 1563 en Inglaterra. Aunque es conocido con el título que hemos mencionado, su título real es *Actes and Monuments of these Latter and Perillous Days, touching Matters of the Church.*

---

[404] *Ibidem.*
[405] *Ibidem.*

El libro trata principalmente sobre las persecuciones que en tiempos de la reina María sufrieron los protestantes y los argumentos que para el autor hicieron necesaria la fundación de la Iglesia de Inglaterra. También aprovecha para atacar a la Iglesia católica y dedica un capítulo a la Inquisición española: *The execrable Inquisition of Spayne.*

Como ya hemos visto en el libro de Reinaldo González Montano, una forma de atacar a la institución española consistía en exagerar sobre las torturas que se aplicaban a los acusados. John Foxe no se queda atrás:

«Los inquisidores permiten que se emplee la tortura solo tres veces, pero en estas tres ocasiones es infligida de manera tan severa que el preso o bien muere bajo ella, o bien queda para siempre impedido, y sufre los más severos dolores en cada cambio de tiempo. Daremos una amplia descripción de los severos tormentos ocasionados por la tortura, en base del relato de uno que la sufrió las tres veces, pero que felizmente sobrevivió a las crueldades sufridas.

En la primera tortura, entraron seis verdugos, lo desnudaron dejándolo en calzones, y lo pusieron sobre su espalda en una especie de tarima elevada unos pocos pies sobre el suelo. La operación comenzó poniendo alrededor de su cuello una anilla de hierro, y otras anillas en cada pie, lo que le fijó a la tarima. Estando así estirados sus miembros, ataron dos cuerdas alrededor de cada muslo, que, pasando bajo la tarima por medio de agujeros para este propósito, fueron tensadas al mismo tiempo, por cuatro de los hombres, al darse una señal.

Es fácil concebir que los dolores que le sobrevinieron de inmediato eran intolerantes; las cuerdas, de pequeño grosor, cortaron a través de carne del preso hasta el hueso, haciendo que le brotara la sangre en ocho lugares distintos así ligados a la vez. Al persistir el preso en no confesar lo que le demandaban los inquisidores, las cuerdas fueron tensadas de esta manera en cuatro veces sucesivas.

La manera de infligir la segunda tortura fue como sigue: le forzaron los brazos para atrás de manera que las palmas de las manos estuvieran giradas hacia fuera detrás de él; entonces, por medio de una cuerda que las ataba por la muñeca, y que era jalada por un torno, las acercaban gradualmente entre sí de manera que se tocaran los dorsos de las manos y estuvieran paralelas. Como consecuencia de esta dolorosa contorsión, sus dos hombros quedaron dislocados y arrojó una cantidad constante de sangre por la boca. Esta tortura se repitió tres veces, después de la cual fue de nuevo llevado a su mazmorra, donde el cirujano le puso bien los huesos dislocados.

Dos meses después de la segunda tortura, el preso, ya algo recuperado, fue de nuevo llevado a la cámara de torturas, allí, por última vez, tuvo que sufrir otro tipo de tormento, que le fue infligido dos veces sin interrupción alguna. Los verdugos pusieron una gruesa cadena de hierro alrededor del cuello, que cruzando por el pecho, terminaba en las muñecas. Luego lo colocaron con la espalda contra una tabla gruesa, en cada uno de cuyos extremos había una polea, a través de la que corría una cuerda que estaba atada al final de la cadena en sus muñecas. Entonces el verdugo, extendiendo la cuerda por medio de un torno que estaba a cierta distancia detrás de él, presionaba o aplastaba su estómago en proporción a la tensión que daba a los extremos de las cadenas. Le torturaron de tal modo que dislocaron totalmente sus muñecas y sus hombros. Pronto fueron vueltos a poner en su sitio por el cirujano. Pero aquellos desalmados, no satisfechos aún con esa crueldad, le hicieron de inmediato sufrir este tormento por segunda vez, lo que soportó (aunque fue, si ello fuera posible, más doloroso todavía), con la misma entereza y resolución. Después fue de nuevo mandado a la mazmorra, asistido por el cirujano para que sanara sus heridas y ajustar los huesos dislocados, y allí se quedó hasta su auto de fe o liberación de la cárcel, cuando fue liberado, impedido y enfermo de por vida».

Imaginación no le faltaba al bueno de John Foxe. Los inquisidores tenían que parar el tormento a la primera sangre y estaba presente un médico que lo paraba cuando existían indicios de que el acusado podía perder la vida, pues el objetivo era obtener una confesión y jamás se podría obtener si el acusado encontraba la muerte. Lo mismo John Foxe se inspiró en las torturas que se llevaban a cabo en la Torre de Londres.

Ahora vamos con Guillermo de Orange, líder de los rebeldes contra el rey de España en Holanda que acabó llevando a la guerra de los Ochenta Años. El 15 de marzo de 1581 Felipe II emitió un edicto describiendo a Orange como enemigo del pueblo acusándole de traición, ingratitud y herejía, prometiendo una recompensa de 25.000 coronas a quien lo pusiera en manos de la justicia o directamente lo asesinara.

Como respuesta al edicto de Felipe II publicó *Apología del príncipe de Orange* que se presentó en la Asamblea General de los Países Bajos en Delft. En este panfleto acusaba a Felipe II de haber asesinado a su esposa Isabel de Valois y a su hijo Carlos. También acusaba a los españoles de ser un pueblo avaro, cruel, fanático, brutal, con odio a todo lo extranjero, ignorante…

Atribuyó a la Inquisición española el carácter de tribunal monstruoso por su persecución de los protestantes cuando en realidad se ocupó más bien poco de perseguirlos, pues fueron más bien escasos los casos que juzgó. Más sufrieron los judeoconversos y los moriscos, sobre los que no hace ninguna referencia, pues no estaba en desacuerdo con su persecución.

Apéndice documental

Instrucciones fechas en Sevilla año de 1484 por el Prior de Santa Cruz Torquemada

En el nombre de Dios, Presidente en la Santa Iglesia de Roma el nuestro muy Santo Padre Inocencio Octavo, e Reynantes en Castilla y Aragón los muy Altos y muy Poderosos Príncipes, muy Esclarecidos y Excelentes Señores don Fernando y Doña Isabel, Christianísimos Rey y Reina de Castilla, de León, de Aragón, de Sicilia, de Toledo, de Valencia, de Galicia, de Mallorca, de Sevilla, de Cerdeña, de Córdoba, de Córcega, de Murcia, de Jaén, de los Algarves, de Algeziras, de Gibraltar, Condes de Barcelona y Señores de Vizcaya, y de Molina, Duques de Atenas y de Neopatria, Condes de Rosellón y de Cerdania, Marqueses de Gociano: Siendo llamados, y ayuntados por mandado de sus Altezas, y por el Reverendo Padre Fray Tomás de Torquemada Prior del Monasterio de Santa Cruz de la Ciudad de Segovia, su confesor, e inquisidor general en su nombre, los devotos Padres Inquisidores de la Ciudad de Sevilla y de Córdoba, y de Ciudad Real, y juntamente con otros varones Letrados y de buena conciencia, del Consejo de las Altezas: Estando todos los susodichos ayuntados en la nombre y muy leal Ciudad de Sevilla a veinte y nueve *días del mes de Noviembre,* año del nacimiento de nuestro salvador *Jesuchristo de mil cuatrocientos ochenta y quatro años en la indicion segunda, en el año primero del Pontificado de nuestro muy santo Padre; estando en el dicho ayuntamiento los Reverendos y circunspectos señores, el dicho Fray Juan de Torquemada Prior del Monasterio de Santa Cruz de la muy noble Ciudad de Segovia, y fray Juan de San Martin, presentado en Santa Teología, Inquisidor de la heretica pravedad en la Ciudad de Sevilla y don Juan Ruiz de Medina, Doctor en Decretos, Prior y Canónigo en la Santa Iglesia de la dicha Ciudad de Sevilla, del Consejo de los dichos Reyes nuestros señores, asesor, y acompañado del dicho fray Juan de S. Martin en el oficio de Inquisición, e Pero Martínez de Barrio Doctor en Decretos, y Anton Ruiz de Morales Bachiller de Decretos, Canónigo en la Santa Iglesia de la muy leal Ciudad de Córdoba, Inquisidores de la heretica pravedad en la dicha Ciudad, y fray Martin de Casso Frayle profeso de*

la Orden de S. Francisco, Maestro en Santa Teología, assessor y acompañado de los
dichos inquisidores de la dicha Ciudad de Córdoba; e Francisco Sánchez de la Fuente
Doctor en Decretos, Racionero en la Santa Iglesia de la dicha Ciudad de Sevilla; y
Pero Diaz de Costana Licenciado en Santa Teologia, Canonigo en la Santa Iglesia de
Burgos, Inquisidores de la heretica pravedad en la dicha Ciudad Real; y el Licenciado
Juan García de Cañas Maestrescuela en las Iglesias Catedrales de Calahorra, y de la
Calzada, Capellan de los Reyes nuestros señores e fray Juan de Yarca Presentado en
Santa Teología, Prior del Monasterio de San Pedro Martir de la Ciudad de Toledo,
Inquisidores de la heretica pravedad, en la dicha ciudad de Toledo, Inquisidores de
la heretica pravedad en la dicha Ciudad de Jaen, y don Alonso Carrillo electo del
Obispado de Mazza en el Reyno de Sicilia; y Sancho Velazquez de Cuellar Doctor
in vtroque iure; y Micer Ponce de Valencia Doctor en Canones y Leyes, del Consejo
de los dichos Reyes nuestros Señores: y Juan Gutierrez de Lavaches Licenciado en
Leyes, y el Bachiller Tristan de Medina; y luego los dichos señores Inquisidores, y
Letrados dixeron: Que por quanto por mandato de la Real Magestad de los dichos
Reyes nuestros Señores avian practicado muchas y diversas vezes sobre algunas cosas
tocantes a la dicha Santa Inquisición de la heretica pravedad, assi de la forma del
proceder, como cerca de otros actos tocantes al dicho negocio; e conformándole con
el Derecho, y con la equidad, avian dado, y dieron su parecer, y determinación en
ciertos capítulos, los quales de una conformidad asseptaron, acatando el servicio de
Dios (según nuestro señor les dava, y dio a entender) y fe contenia en un quaderno,
el qual presentaron ante los Notarios, y testigos infraescriptos, que en quanto a lo por
ellos dicho y deteminado, fe entendían someter, y sometieron a la determinación de
la Santa Madre Iglesia, y de nuestro Santo Padre, contra lo que no entendían ir, i
venir por alguna forma; y que todas las conclusiones, y determinaciones que davan,
y avian dado, y si otras adelante diessen cerca del negocio de la fe, eran dadas por
ellos con sana intencion. Y porque les parece, y parecía, que se devian dar en aquella
forma, acatando lo que en Derecho dispone, y lo que de buena equidad se debe hacer,
pidieron a nos los dichos Notarios, que se lo diessemos por testimonio signado; y a los
prefentes rogaron que fuese dello testigos. Y el tenor de la qual dicha escritura, y de
los capítulos en ella contenidos de palabra a palabra, es este que se figue.

El señor Prior de Santa Cruz en Sevilla año 1484.

 Alas cosas que determinaron, dando de ellas su parecer el Reverendo Padre Prior
de Santa Cruz Confellor del Rey y Reyna nuestros señores, y Inquisidor general
en los Reynos de Castilla y Aragón, y los Venerables Padres Inquisidores de la ciudad
de Sevilla, y Córdoba, y Villareal, y Jaén, juntamente con otros Letrados, siendo
llamados y ayuntados por el Señor Prior de Santa Cruz, y por mandado de los

Serenísimos Rey y Reyna nuestros señores, para practicar en los negocios tocantes en la Santa Inquisición de la heretica pravedad, assi cerca de la forma del proceder, como de la orden que fe deve tener, y otras cofas, pertenecientes al dicho negocio, endaresandolas al Servicio de Dios, y de sus Altezas, teniendo nuestro Señor ante sus ojos son las siguientes.

Primeramente, los dichos señores Inquisidores, y Letrados dixeron, que cada y quando fueren puestos Inquisidores de nuevo en alguna Diocesis, Ciudad o Villa, o cualquier otro partido, donde hasta aquí no es hecha Inquisición sobre el dicho delito de la heretica pravedad y apostasía; deven los dichos Inquisidores, después de que en el dicho su partido ovieron presentado la facultad y poder que llevan para hacer la dicha Inquisición, al Prelado y Cabildo de la Iglesia principal, a su juez, y asimismo al Corregidor y Regidores de tal ciudad o villa, y al señor de la tierra, si el lugar no fuera Realengo, hacer llamar por pregón a todo el pueblo, y assimesmo convocar el Clero para un día de Fiesta y mandar que le junte en la Iglesia Catedral, o en la más principal que en el lugar oviere, a oir Sermón de la fe, el qual tengan manera que se haga por algún buen Predicador, o lo haga cualquier de los dichos Inquisidores, como mejor vieren, explicando su facultad y poder, y la intención con que van; en tal manera, que en el pueblo se de sosiego, y buena edificación: y en fin del Sermón debe mandar, que todos los fieles Christianos alcen las manos, poniendoles delante una Cruz, y los Evangelios, para que juren de favorecer la Santa Inquisición, y los Ministros de ella, y de no les dar, ni procurar impedimento alguno directe, ni indirecte, ni por cualquier exquisito color; y el dicho juramento deben de mandar recibir, especialmente de los Corregidores, y otras justicias de la tal ciudad, o villa, o lugar, y deben tomar testimonio del dicho juramento ante sus Notarios.

OTROSI, que en fin del dicho Sermon hagan leer y publicar un monitorio, con cenfuras, bien ordenado, generalmente contra los que fueran rebeldes y conraditores.

ITEN, que en fin del mesmo Sermon, publiquen los dichos Inquisidores, y hagan publicar un termino de gracia, con treinta, o quarenta días, como mas vieren, para que todas las personas, assi omes, como mujeres, que se hallan culpados en qualquier pecado de heregia, o de apostasía, de guardar, o hacer los ritos y ceremonias de los Judios, o oros que qualquier que sean contrarios a la Religión Chistiana; que vengan a manifestar sus errores ante ellos, durante el dicho termino, y hasta en fin del, assegurando que todos aquellos que vernan con buena contrición, y arrepentiento, a manifestar sus errores, y todo lo que saben, enteramente, y se les acordare, cerca del dicho delito, assi de si mesmos, como de otras qualesquier personas que ayan caído en el dicho error, serán recibiendo caritativamente, queriendo abjurar los dichos errores; e les sean dadas penitencias saludables a sus animas, y que no recibirán pena de muerte, ni de cárcel perpetua, y que sus bienes no seran tomados, ni ocupados por los delitos que assi confessaren, por quanto a sus Altezas place de vfar clemencia con los que assi vinieren a fe reconciliar verdaderamente en el dicho edicto de gracia, y fueren recibidos a la unión de la Santa Madre Iglesia; y que los manda dexar, para que ninguna cosa de los dichos bienes pierdan, ni ayan de dar (salvo si los dichos inquisidores, segun su alvedrio, atenta la qualidad de las personas, y de los delitos confesados, algunas penitencias pecunarias impusieren a los tales reconciliados.) Sobre la qual dicha gracia y verdad, que sus Altezas tienen por bien de hacer a los dichos reconciliados de la gracia, mandan que la fe libre una cartapatente, sellada con su Sello, el tenor de la qual vaya inserto en la carta del edicto que los Inquisidores diren en la dicha razón.

OTROSI, les parecio, que las personas que assi dentro del dicho edicto de la gracia, o después, en qualquier tiempo parecieren diciendo, que se quieren reconciliar, deven presentar sus confesiones por escrito ante los dichos inquisidores y Notario, con dos testigos, o tres de sus Oficiales, o de otras personas honestas, en su Audiencia; y así presentadas las dichas confesiones, sea recibido juramento en forma de Derecho de cada uno de los tales penitentes, assi sobre todo lo contenido en su confesión, como de otras cosas que supieren, ó les fueren preguntadas E pregúntele del tiempo que judaizo, y tuvo error en la fe; y quanto ha que se apartó de la falsa creencia, y se arrepintió de ella; y de que tiempo acá dexo de guardar las dichas ceremonias. E pregúntele algunas circunstancias cerca de los confessado, para que conozcan los dichos inquisidores, si las tales confesiones son verdaderas; especialmente les pregunten la oración que rezan, y adonde, y con quien fe ajuntavan a oir predicación cerca de la ley de Moysen.

ITEN, determinaron que los dichos inquisidores, a las personas que vinieren confesando sus errores, según dicho es, y devieren ser reconciliados a la unión de la Madre Santa Iglesia, les hagan abjurar sus errores públicamente, quando lo ovieren de reconciliar; y les deben iniungir penitencias, públicas, según su alvedrio, y parecer, usando con ellos de misericordia y benignidad, quanto con buena conciencia se podrá hacer. E no deben recibir a ninguno abjuracion y pena secreta, faluo, si el pecado fuere tan oculto, que no supo otra alguna persona, ni lo pudo saber, saluo aquel que cofiessa, porque en tal caso podrá cualquier de los Inquisidores reconciliar y absolver secretamente a la tal personas, cuyo error, y delito fue, y es oculto, y no es revelado, ni por otra persona se les podría revelar, porque assi es de Derecho.

ITEN, determinaron, que por quanto los herejes y apostatas (como quier que se tornen a la fe Católica, y sean reconciliados en qualquier manera) son infames en Derecho. Y porque deben hacer y cumplir sus penitencias con humildad, doliéndole del error en que cayeron, los dichos Inquisidores les deben mandar, que no tengan, ni puedan tener Oficios públicos, ni Beneficios, si sean Procuradores, ni Arrendadores, ni Boticarios, ni Especieros, ni Fisicos, ni Cirujanos, ni Sangradores, ni Corredores. E que no traigan, ni puedan traer oro, ni plata, ni corales, ni perlas, ni otras cosas, ni piedras preciosas, ni visan seda alguna, ni chamelote, ni lo traigan en sus vestidos, ni atavíos; y que no anden a caballo, ni traigan armas por toda su vida, so pena de caer, y cayan en pena de relapsos, si lo contrario hiziere; assi como aquellos que después de reconciliados, no quieren cumplir, y no cumplen las penitencias que le son impuestas.

OTROSI, determinaron, que por ser el delito de la heregia y apostasía muy defendido (como lo es) y porque los reconciliados conozan por las penas que les dan, quan gravemente delinquieron, y pecaron contra nuestro Señor Iesu Christo, como quiera que con ellos se use de mucha misericordia y benignidad perdonándoles la pena del fuego, y de cárcel perpetua dexandoles todos sus bienes, según dicho es: y si vinieren, y confessaren sus errores en el tiempo de la gracia, deben los dichos inquisidores, allende de las otras penas que dieren a los dichos reconciliados, mandarles, que den en limosna cierta parte de sus bienes, según que bien vist les será, atenta la qualidad de la persona, y de los delitos confessados, y la diuturnidad y gravedad dellos: E que de aplicar las dichas penitencias pecuniarias para ayuda al socorro en la guerra santa que los Serenisimos Rey y Reyna hazen contra los Moros de Granada, enemigos de nuestra Santa Fé Catolica, assi como para causa pia, que de presente se puede ofrecer: porque asi como los dichos hereges y apostatas, por un delito ofendieron a nuestro Señor y a su Santa fe, assi después de reincorporados y unidos a la Iglesia, se les pongan penitencias pecunarias, para defensa de la Santa fe; quede a su alvedrio de los dichos Inquisidores, según la forma que por el Reverendo Padre Prior de Santa Cruz les será dada.

OTROSI, determinaron, que comoquier que alguna persona, o personas de las que se hallan culpadas en el dicho delito de la heregia, no le presentare en el tiempo de la gracia; pero que si viniere y le presentaren después de passado el tiempo y termino, y hicieren sus confesiones en la forma que deben, antes que sean presos, ni citados ante los inquisidores, o tengan probanza de otros testigos contra ellos, los tales deben ser recibidos a abjuración y reconciliación según que recibieron a los presentados durante el dicho edicto de gracia, indungendoles penitencias arbitrarias, según dicho es (en tal que no sean pecuniarias) porque los bienes que tienen son confiscados. Pero si al tiempo que los tales vinieren a fe reconciliar y confessar sus errores, ya los Inquisidores tenían información de testigos sobre su heregia, o apostasía, o les auian citado por causa para que pareciessen ante ellos a decir de su derecho sobre el dicho delito: en tal caso los Inquisidores deben recibir a los tales a reconciliación (si enteramente confessaren sus errores, y lo que sabe de otros, según dicho es) y les deben infringir penitencias arbitrarias mas graves que a los primeros, pues no vinieron existente gratia. Y si el caso vieron que lo requiere, puedanles imponer cárcel perpetua. Pero a ningunas personas de las que vinieren y le presentaren para reconciliar passado el termino del edicto de gracia, impongan penitencias pecunarias; por quanto la voluntad del Rey y Reyna nuestros señores, no es de les hacer remisión de sus bienes, salvo, si sus Altezas después tuvieren por bien de hacer merced a algunos de los assi reconciliados, en todo, o, en parte de los dichos bienes.

PARECIOLES otrosi, que si algunos hijos o hijas de los hereges, auiendo caido en el dicho error por la dotrina y ensença de sus padres, y siendo menores de edad hasta veinte años, cumplidos, vinieren a se reconciliar y confessar los errores que saben de si, y de sus padres, y de qualesquier otras personas: con estos tales menores (aunque vengan después del tiempo de la gracia) deben los Inquisidores recibirlos benignamente, y con penitencias ligeras y menos graves que a los otros mayores; y deben procurar que sea informados en la fe, y en los Sacramentos de la Santa Madre Iglesia, porque los escusa su edad, y la criança de sus padres.

OTROSI, parecio a los dichos Señores que por quanto lo hereges, y apostatas, por el mesmo caso que caen en el dicho delito, y son culpados en el, pierden todos sus bienes, y la administración de ellos, desde el dia que lo cometen; y los dichos sus bienes, y la propiedad dels son confiscados y aplicados a la Camara y Fisco de sus Altezas, si los tales hereges son legos y peronas seglares. Los dichos Inquisidores en el pronunciar cerca de los reconciliados, guarden la forma que Iuan Andres pone, la qual esta en costumbre, y te guarda; y auer guardado los ritos y ceremonias de los Iudios, y auer incurrido en las penas del Derecho; pero porque dicen que se conuierten, y quieren conuertir a nuestra Santa fe de puro coracon, y con fe verdadera, y no simulada; y que están prestos de recibir, y cumplir las penitencias que les dieren y fueren iniuntas, los absuelvan, y deben absolver de la sentencia de excomunión en que incurrieron por el dicho delito, y reconciliarlos a la Santa Madre Iglesia, si a si es como dice, que sin ficción, y verdaderamente se han convertido, y se convierten a la Santa fe.

OTROSI, determinaron, que si alguno de los dichos hereges, o apostatas (después que precediente información para lo prender, fure preso, y puesto en la cárcel) dixere, que se quiere reconciliar, y confesasse todos sus errores y ceremonias de Iudios que hizo, y que sabe de otros, enteramente, sin encubrir cosa alguna; en tal manera, que los Inquisidores, según su parecer, y alvedrio, debe conocer, y presumir, que se convierte y quiere convertir a la fe, debiendo recibir la reconciliación, con pena de cárcel perpetua, segun que el derecho dispone: salvo, si los dichos Inquisidores juntamente con el Ordinario, y el Ordinario con ellos, ateta la contricio del penitente, y la qualidad de su confesión, dispensaren con el, conmutándole la dicha cárcel en otra penitencia, según bien visto les fuere: lo qual parece que auria lugar, mayormente si el dicho herege apostata, en la primera sesión, o comparicion que hicieron en juicio, fin esperar otra confesión, dixere, que quiere confesar y abjurar, y confesase los dichos errores, antes que los testigos que contra el depusieron sean publicados o sepan lo que dicen deponen contra el.

ITEN, que como quier que el reo denunciado, o acusado del dicho delito de heregia y apostasía, haciendole processo contra el legítimamente, le sea publicación de los dichos y deposiciones de los testigos que contra el depusieron; todavía aya lugar de confessar sus errores, y pedir que sean recibidos a reconciliación, queriéndolos abjurar en forma, hasta la sentencia definitiva exclusiue; en el caso los inquisidores le deben recibir a la dicha reconciliación, con pena de cárcel perpetua, a la qual le deben condenar (salvo, si atenta la forma de su confesión, y consideradas algunas otras conjeturas, según su alvedrio, le pareciere, que la conversión y reconciliación del tal herege es fingida y simulada, y no verdadera, y no conciben buena esperança de su reversion) porque en tal caso le deben declarar por herege impenitente, y dexarlo al braço seglar: lo que todo se remite a la conciencia de los dichos inquisidores.

ASSIMESMO parecio a los dichos Señores, que si alguno, o algunos, de los que vinieren a se reconciliar, al tiempo de la gracia, o después que fueren reconciliados, no confessaren enteramente la verdad de todo lo que sabían de si, o de otros acerca de dicho delito, especialmente cosas y actos graves, y señalados, de que se presuma verisímil, que no los dexaron de decir por olvido, salvo maliciosamente, y después se prouare lo contrario por testigos, porque parece que los tales reconciliados se perjuraron, y se presume, que simuladamente vinieron a la reconciliación; que no obstante que fueron, o ayan sido absueltos, se proceda contra los tales, como contra impenitentes, constando primeramente de la dicha ficción y perjurio. E assi mismo les parecio, que si cualquier reconciliado, al tiempo de la gracia, o después, se jactare, o alabare en público, o delate otras personas, en tal manera que se pueda probar, diciendo, que no avia cometido, ni cometio los errores por el confessados; o que no erro tanto como confesso esse tal debe ser avido por impenitente y simulado, y fingido converso a la fe y que los Inquisidores deban proceder contra el como si no fuese reconciliado.

OTROSI, determinaron, que si alguno siendo denunciado; inquirido del dicho delito, lo negare, y persistiere en su negativa hasta la sentencia, y el dicho delito fuere cumplidamente probad contra el; comoquiera que el tal acusado confiesse la fe Católica, y diga, que siempre fue Christiano, y lo es, lo deven y pueden declarar y condenar por herege, pues jurídicamente consta del delito, y el reo no satisface debidamente a la Iglesia para que lo absuelva, y con el vse de misericordia, pues no confessa su error. Pero en tal caso, los inquisidores deven mucho carar, y examinar a los testigos, y procurar de saber que personas son, y si depusieron con odio y malquerencia, o por otra mala corrupción; y repreguntarles con mucha diligencia, y a aver información de otros testigos, cerca de la conversación, y fama y conciencia de los testigos que deponen contra el acusado, lo qual le remite a sus conciencias.

ITEN, si el dicho delito, pareciendo semiplenamente probado, los dichos Inqui-sidores, con el Ordinario juntamente, deliberaren de poner al acusado a question de tormento, y en el dicho tormento confessare el dicho delito; y después de quitado del dicho tormento, ex intervalio (conviene a saber, el día siguiente, o al tercero dia) ratificare, o afirmare la dicha su confesión en juicio, este tal fea punido como convisto; y si revocare la dicha confesión, y se desdixere (como quiere que el delito no quede, ni fea cumplidamente probado) deven los inquisidores mandar, por razón de la infamia, y presunción que del processo resulta contra el dicho acusado, que abjure públicamente dicho error, de que es infamado y sospechoso, y denle alguna penitencia arbitraria, aviendole piadosamente con el. Esta forma deven tener quandoquiera que el delito es semiplenamente probado; porque por lo susdicho no se quita, que los inquisidores pueden repetir la question del tormento, en caso que de Derecho la devieren y pudieren hacer.

DETERMINARON otrosí, por quanto (avida su legitima información a los dichos señores consto y consta), que de la publicación de los nombres y personas de los testigos que deponen sobre el dicho delito, se les podrían recrecer gran daño y peli-gro de sus personas y bienes de los dichos testigos, según por experiencia ha parecido y parece, que algunos son muertos, ofendidos y maltratados por parte de los dichos herejes sobre la dicha razón; considerando mayormente que en los Reynos de Castilla y Aragon ay gran numero de herejes por razón de dicho daño y peligro, los Inquisi-dores pueden no publicar los nombres, o personas de los tales testigos que depusieren contra los dichos herejes. Pero deven, cuando la probança fuere hecha, y los testigos repreguntados, hacer publicación de los dichos y deposiciones, callando los nombres, y circunstancias, por las quales el reo acusado podría venir en conocimiento de las personas de los testigos y darle copia dellos, si la pidiere, en la forma ya dicha. E si el reo acusado pidiere que le den Abogado y Procurador que le ayude, devenselo dar los Inquisidores, recibiendo juramente en forma del tal Abogado, que ayudará fielmente al tal acusado, alegando sus legitimas defensiones, y todo lo que de Derecho oviere lugar, según la qualidad del dicho delito, fin de procurar, ni poner cavilaciones, ni dilaciones maliciosas; y que en qualquier parte del pleito, que supiere y conociere, que su parte no tiene justicia, no le ayudará más, y lo dira a los Inquisidores; y al acusado le deven dar de sus bienes, si los tiene, para pagar el salario del letrado y procurador, y si fuere pobre, le deven mandar pagar de otros bienes confiscados porque la merced de las Altezas, y mandan que assi se haga.

ITEN, que los inquisidores por si mesmos reciban, y examinen los testigos, y que no cometan la examinación de los al Notario, ni a otra persona, salvo si el testigo estuviere enfermo de tal enfermedad que no pueda parecer ante el Inquisidor, y al Inquisidor no fuere honesto ir a recibir su dicho, o fuere impedido, que en tal caso puede el Inquisidor cometer la examinación del testigo al juez ordinario eclesiástico del lugar, y a otra persona provida y honesta que lo sepa bien examinar, con un Notario, y le haga relación de la forma y manera que depuso el tal testigo.

OTROSI deliberaron, y les pareció, que en la question del tormento, quando se quiere de dar, deven estar presentes los Inquisidores y Ordinario, o alguno de ellos; y si bien visto le fuere, cometer el dicho artículo a otra persona, porque ellos quizá no lo sabran bien hacer, o serán impedidos, deven mirar que la tal persona a quien lo susodicho se cometiere, sea hombre entendido, y fiel, y de buena fama y conciencia del qual no se espere, que por odio, afición, ni interfiere, se moverá a hacer cosa que no deba.

ASSIMESMO determinaron que contra los que hallaren culpados en dicho delito, si fueren ausentes, los Inquisidores deven hacer su processo, citándolos por edictos públicos, los quales hagan pregonar, y fixar en las puertas de la Iglesia principal de aquel lugar, o lugares donde eran vecinos, y pueden hacer los dichos processos en una de tres maneras. Primeramente siguiendo la forma del capítulo Cum contumatia, de hereticis lib. Vj. Conviene a saber, citando, y amonestando, que parezcan a la fe, y sobre cierto delito de heregia, so pena de excomunión, con sus moniciones en forma: y si no pareciere, mandarán al fiscal, que acuse sus rebeldías, y demande cartas más agravadas, por las quales sean denunciados; y si por un espacio de un año duraren en su pertinacia y rebeldia, los declaren por hereges en forma; y este es el proceso más seguro, y menos riguroso. La segunda forma es, que si a los Inquisidores pareciere, que el delito contra alguno ausente se puede cumplidamente probar, lo citen por Edicto, como dicho es, para que venga a alegar y decir de su derecho, y a mostrar la inocencia dentro de treinta días, que vayan por tres términos de diez en diez días, o les den otro mas largo tiempo, si vieren que cumple, segun la distancia de los lugares donde se presume, o debe presumir que están los tales citados; y citarlos para todos los actos del dicho processo, hasta la sentencia definitiva inclusive; y en tal caso, si no pareciere el reo, sea acusada su rebeldia definitiva en todos los términos del Edicto, y reciban su denunciación, y acusación del Fiscal, y hagan su processo en forma; y si el delito pareciere bien probado, podrán condenar al ausente, sin mas esperarle. Y el tercero modo que en esse contra los ausentes, se puede tener es que si en las pesquisas del processo de la inquisicion se halla, o resulta presuncion de herejía contra el ausente (como querer que el delito no parezca cumplidamente probado) puedan los inquisidores dar su carta de Edicto contra el tal ausente, notado y sospechoso en el dicho delito, y mandarle, que en cierto termino parezca a se salvar y purgar canonicamente del dicho error: con apercibimiento, que si no pareciere a recibir y hacer la dicha purgación, o no se salvare, o purgare, lo auran por convicto, y procederán a hacer lo que por Derecho deban: y esta forma de processo es algún tanto mas rigurosa, pero fundase bien en Derecho, y los inquisidores, como sean personas discretas y Letrados, escogerán la vía que más segura pareciere, y mejor se podra practicar, según la diversidad de los casos que seles ofrecerán.

ASSIMESMO parecio a los dichos señores, que cada y quando en los registros, y en los procesos de la Inquisicion, los dichos Inquisidores hallaron informaciones bastantes de testigos que depongan contra alguna, o algunas personas sobre el dicho delito de heregia, o apostasía los quales son ya nuestros (no embargante o que después de su muerte sean passados treinta o quarenta años) deben mandar al promotor Fiscal, que los denuncie y acuse ante ellos, a fin de que sean declarados y anatematizados por hereges y apostatas, so la forma del Derecho; y sus cuerpos y huessos exhumados y lanzados de las Iglesias y Monasterios y cementerios, y para que se declare los bienes que de los tales hereges fueron y fincaron, iban aplicados y confiscados para la Camara y Fisco del Rey y Reyna nuestros Señores, para lo qual deben ser llamados los hijos, y qualesquier otros herederos que se nombren de los tales difuntos, y todas las otras personas a quien la causa sobredicha atañe; o atañer puede en qualquier manera: y la tal citación se debe hacer en persona a los herederos y sucesores que son ciertos, y están presentes en el lugar, si pueden ser ávidos, y a las otras personas susodichas, por Edictos. E si la copia de defensión a los tales hijos, o herederos, o hecho el processo en su ausencia y rebeldia, no pareciendo ellos, ni alguno dellos, los dichos Inquisidores hallaren el delito probado, y condenen al dicho muerto; Según dicho es; parece a los dichos señores, que el Fisco de sus Altezas podrá tomar y demandar los bienes que dexo el tal condenado, con sus frutos llevados, a qualquier herederos y sucesores tuyos, en cuyo poder los hallaren.

OTROSI, que por quanto los Serenisimos Rey y Reyna nuestros Señores, mandan, y tienen por bien (y la razón assi lo quiere, que, igualmente se haga la Inquisición sobre el dicho delito en las tierras de los Grandes y Cavalleros del Reyno, como en las suyas), que los Inquisidores, assi presentes, como futuros, deben dar, y den forma, cada uno dellos en su partido, como vayan hacer y hagan la dicha Inquisición en los lugares de Señorio, assi como lo hacen en lo Realengo, para lo qual deben requerir con sus monitorios a los dichos Cavalleros, que juren, y cumplan todo aquello que de derecho son obligados a jurar y cumplir en el negocio de la fe; y les hagan sus tierras llanas, para que puedan hacer y hagan libremente la dicha Inquisición en ellas: E que fino quisieren obedecer y cumplir los mandamientos de los dichos Inquisidores, procedan contra los rebeldes y contumaces a todas las censuras y penas que en Derecho son establecidas.

ASSIMESMO determinaron, que si de las personas que por sus delitos fueren dexados al brazo seglar, o fueren condenados a cárcel perpetua, quedaren algunos hijos, o fueren condenados a cárcel perpetua, que no sean casados, los Inquisidores provean, y den orden, que los dichos huérfanos sean encomendados a personas honestas, y Christianos Catholicos, o a personas Religiosas que los crien, y sostengan, y los informen cerca de nuestra fe, y que hagan un memorial de los tales huérfanos, y de la condición de cada uno de ellos, porque la merced de sus Altezas, hacer limosna a cada uno de aquellos que menester la ovieron, y fueren buenos Christianos, especialmente a las mozas huérfanas con que se casen, o entren en Religión.

OTROSI les parecio, que comoquiera que algún herege, o apostata sea reconciliado al tiempo de la gracia; ayan hecho merced de los bienes que tiene, se debe entender la dicha merced de los bienes que tiene, se debe entender la dicha merced de los bienes que su delito propio ayan perdido, o eran incapaces de ellos: Pero si los dichos bienes por otra cabeza eran confiscados, y pertenecían a sus Altezas, conviene a saber, porque aquello o aquellos a quien sucedieren por caso de heregia, o por otro qualquier, los ovo perdido, y fueren confiscados; que en tal caso (no embargante la dicha merced, y reconciliación) les pueden ser demandados, y tomados por el dicho Fisco; por que no deben ser de mejor condicion los dichos reconciliados que qualesquier otros Catholicos sucesores de los dichos bienes, a los quales el dicho Fisco los podría tomar, segundo dicho es en el capítulo vicésimo.

E por quanto el Rey, y Reyna nuestros Señores, por usar de humanidad, y de clemencia, tuvieran por bien hacer a los esclavos de quallesquier hereges (si estando en su poder fueron Christianos) fuessen libres y horros: Parecio a los dichos Señores, que comoquier que sus Altezas oviessen hecho merced de los bienes a los reconciliados de gracia, la dicha merced no se debe entender a los dichos esclavos; mas que todavía sean horros, y libres, en favor y acrecentamiento de nuestra Santa fe.

DETERMINARON otro si, que los Inquisidores, y los Assessores de la Inquisición, y los otros Oficiales della, assi como Abogados Fiscales, Algualciles, Notarios y Porteros se debe escusar de recibir dadivas, ni presentes de ningunas personas a quien la dicha Inquisicion toque, o pueda tocar, ni de otras personas por ellas: y que el dicho Señor Prior de Santa Cruz les debe mandar, que no lo reciba, so pena de excomunion, y de perder los oficios que tuvieren en la dicha Inquisicion, y que tornen, y paguen lo que assi llevaren con el doble.

ITEN, que los inquisidores deben mucho trabajar, y procurar por que esten en concordia, y buena conformidad, porque la honestidad del oficio que tiene assi lo requiere; y de la discordia entre ellos se podría seguir inconvenientes al oficio, y comoquier que alguno de los dichos Inquisidores, si acaeciese, tenga las vezes, y comissio del Ordinario, no quiera, ni presuma de querer tener preeminencia en el oficio mas que su Colega, aunque no tenga las dichas vezes del Ordinario, mas que se aya igualmente el uno con el otro, en tal manera, que no aya diferencia entre ellos, guardada la honra de sus grados, y dignidades: E si alguna diferencia entre los dichos Inquisidores naciere, sobre lo qual no podrían acordarse entresi, la tenga secreta, y la hagan luego saber al dicho Reverendo Padre Prior de Santa Cruz, para que como Superior, provea cerca de ellos como bien visto le fuere.

ITEN, que los dichos Inquisidores deben procurar, que los oficiales que tuvieren en su oficio, se traten bien unos a otros, y esten en concordia, y vivan honestamente. Y se algún oficial cometiere algún excesso, lo castiguen caritatiuamente, y con toda honestidad, y si vieren que cumple, lo hagan saber al dicho Señor Prior, para que lo prive del oficio, provea en ello como mas viere que cumple al Servicio de nuestro Señor, y de sus Altezas.

OTROSI determinaron, y les parecio que como quier que en los capítulos susodichos se de alguna forma en la orden del proceder sobre el dicho delito de la herencia prauedad, cerca de los reconciliados, de como y quando se deba hacer: pero porq todos los casos, y las circunstancias dellos (según que particularmente ocurren, o pueden ocurrir de cada dia) no se puede declarar, se debe dexar todo alvedrio y descredio de los Inquisidores, para que conformándose con el Derecho, en lo que aquí no se pudo dar forma, hagan seguir sus conciencias, como vieren que cumple al seruicio de Dios, y de sus Altezas. La qual dicha escritura, y capítulos en ella contenidos, los dichos Señores Inquisidores, y Letrados presentaron ante Nos los dichos Notarios, segu, y en la forma, y con las protestaciones que dicho es. Testigos que fueron presentes los discretos y honrados varones Juan Lopez del Varco Capellan de la Reyna nuestra Señora, Promotor Fiscal de la Santa Inquisición de dicha ciudad de Sevilla, y Anto de Córdoba, y Macias de Cuaba Notarios de la Santa Inquisicion de la dicha ciudad de Cordoba.

Estas Instrucciones está signadas de Anton Nuñez Clerigo de la dioces de Badajoz, y subscriptas justamente por Diego Lopez de Cortegana Notarios Apostolicos, y están en la Inquisicion de Barcelona originalmente, donde las vi yo Lope Diaz Secretario.

COMPILACIÓN DE LAS INSTRUCCIONES DEL OFICIO DE LA SANTA INQUISICIÓN HECHAS EN TOLEDO AÑO DE MIL QUINIENTOS Y SESENTA Y UNO

Nos Don Fernando Valdés, por la divina miseración, Arzobispo de Sevilla, Inquisidor Apostólico General, contra la herética pravedad, y apostasía en todos los Reynos, y Señorios de su Magestad, &c. Hazemos saber a los Reverendos Inquisidores Apostólicos contra la heretica pravedad, y apostasía en todos los dichos Reynos, y Señoríos, que somos informado, que aunque esta proveido, y dispuesto por las Instrucciones del Santo Oficio de la Inquisición, que en todas las Inquisiciones se tenga, y guarde un mismo proceder, y que en esto sean conformes: en algunas Inquisiciones no se ha guardado, ni guarda, como convenia. Y para proveer, que de aquí adelante no aya diferencia en la dicha orden de proceder practicado, y conferido diversas vezes en el Consejo de la

General Inquisición, se acordó, que en todas las Inquisiciones se debe guardar la orden siguiente.

I Examen y calificación de proposiciones

QUANDO LOS INQUISIDORES SE juntaren a ver las testificaciones que resultan de alguna visita, o de otra manera, o que por otra qualquier causa se huviere recibido hallándose algunas personas suficientemente testificadas de alguna cosa, cuyo conocimiento pertenezca al Santo Oficio de la Inquisición, siendo tal que requiera la calificación, debese consultar Teologos de letras, y conciencia, en quien concurran las calidades que para esto se requieren, los quales den su parecer, y lo firmen sus nombres.

2 Denunciacion

SATISFECHOS Los Inquisidores, que la materia es de fe, por el parecer de los Teologos, o ceremonia conocida de Iudios o Moros, heregia, o fautoria manifiesta, y de que no se puede dudar, el Fiscal habga su denunciación contra tal persona, o personas, pidiendo sean presos, presentando la dicha testificación, y qualificacion.

3 Acuerdo de prisión

LOS inquisidores, vista la información justamente, y no el uno sin el otro, si estuvieren ambos presentes, acuerden la prisión. Y parece sería mas justificada, si se comunicasse con los Consultores de aquella Inquisición, si buenamente se pudiese hacer, y pareciere a los Inquisidores conveniente, y necesario, y assientele por auto lo que se acordare.

4 No se llame ni examine el que no estuviere suficientemente testificado

EN Caso que alguna persona sea testificada del delito de la heregia, si la testificación no fuere bastante para prisión, el testificado no sea llamado, ni examinado, ni se haga con el diligencia alguna. Por se sabe por experiencia, que no ha de confesar que es herege estando suelto, y en su libertad: y semejantes exámenes sirven mas de avisar los testificados, que de otro buen efecto, y así conviene aguardar que sobrevenga nueva probanza, o nuevos indicios.

5 Remisión al Consejo en discordia, siendo el negocio de calidad

SI Los Inquisidores fueren conformes con la prisión, mandela hacer como lo tuviere acordado, y en caso que el negocio sea calificado, por tocar a personas de calidad, o por otros respetos, consulten al Consejo antes que executen su parecer. Y aviendo discrepancia de votos, se ha de remitir al Consejo para que provea lo que más conviene.

6 Mandamiento de prisión y Secresto

EL Mandamiento de prisión le han de firmar los Inquisidores, y se han de dar para el Algualcil del Santo Oficio, y no para otra persona sino fuere estando legitimamente ocupado. La prisión ha de ser con secresto de bienes, conforme a derecho, y instrucciones del Santo Oficio. Y en un mandamiento de captura no se podrá más de una persona, porque si fuere menester comunicar alguna captura con persona de fuera del Oficio, las demás quden secretas; y oir qe se pueda poner en cada processo si mandamiento. El secresto de bienes se debe hacer quado la prisión es por heregia formal, y no en otros casos, que los inquisidores pueden prender: En el qual secresto solamente se pon los bienes que se hallaren en poder de la persona que se manda prender, y no los que estuvieren en poder de tercero posseedor. Y póngase en el processo el Auto, en que se manda prender el reo y el dia en que se dio el mandamiento, y a quien se entregó.

7 Quienes han de asistir a las capturas

A las prisiones, que en la Inquisición se hicieren, han de asistir con el algualcil, el Receptor de la Inquisición o su Teniente (estando el ocupado en otros negocios de su oficio) y el Escribano de Secretos, para el dicho Receptor se contente del Secretador de los bienes, que el Algualcil nombrare, y sino fuere tal, pida que le den otro, que sea suficientemente abonado.

8 Secresto como se ha de hacer

El Escrivano de Secretos asiste por menudo, y con las mas particularidades que pueda, todas las cosas del dicho secresto, para que quado le entrare en los bienes por el Receptor, o se alçare el Secresto, se pueda tomar cuenta dellos, cierta, y verdadera, poniendo en la cabeza, el dia, mes y año, y el Secrestador o Secrestadores lo firmen al pie del Secresto, juntamente con el Algualcil, poniendo testigos, y haciendo el Secrestador obligación bastante. Del qual Secresto el dicho Escribano de traslado siempre al secrestador sin costa: porque esto toca a su oficio, y es a su cargo. Pero si otra persona alguna, que no sea el Receptor, se lo pidiere, no será obligado a se lo dar fin que le pague sus derechos.

9 Que ha de tomar los bienes secrestados el Alguacil

EL Alguacil tomara de los bienes del Secuestro los dineros que parezca son menester para llevar el preso hasta ponerle en la cárcel, y seis, u ocho ducados mas para la despensa del preso. Y no le ha de contar al preso mas de lo que el por su persona comiere, y lo que gastaren la bestia, o bestias, en que llevare a el y a su cama, y ropa. Y no hallando dineros en el Secuestro, vendera de le menos perjudicial hasta en la dicha cantidad, y lo que recibiere firmarlo ha al pie del Secuestro, y lo que le sobrare, entregarlo ha al Despensero de los presos ante el Escribano de Secuestros, el qual lo assentara en el dicho Secreto: Y desto le dará relación a los Inquisidores. Y lo que se hubiere de dar al Despensero, lo de el Alguacil en presencia de los Inquisidores.

10. Orden del Alguacil en los presos

PRESO, El reo, el Alguacil le pondrá a tal recaudo, que ninguna persona le pueda ver, ni hablar, ni dar aviso por escrito, ni por palabra, y lo mismo hará con los presos, si prendiere muchos, que no los dexara comunicar unos con otros: salvo si los inquisidores le huvieren avisado, que de la comunicación entre ellos no resultara inconviniente, en lo qual guardará la orden que por ellos le fuere dada. Y no les dexara en su poder armas, ni dineros, ni escrituras, ni papel, ni joyas de oro, ni plata: Y a este recaudo llevará los presos a la cárcel del Santo Oficio, y los entregará al Alcayde, el qual en los mandamientos de prisión, que el Alguacil llevó para prender los dichos reos, firmará, y assentara como los recibe, y el día y la hora (para la cuenta de la despensa) y el mandamiento se podrá en el proceso: Y luego el Alguacil dará cuenta a los Inquisidores de la execución de sus mandamientos. Y la misma diligencia hará el Alcayde con qualquier preso, antes que le aposente, catándole y mirándole todas sus ropas; porque no meta en la cárcel cosa de las susudichas, ni otra que sea dañosa, a lo qual estará presente algunos de los Notarios del Oficio. Y lo que le hallare en poder del preso, se asiente en el Secreto de aquel preso, y se de noticia a los Inquisidores, para que lo depositen en alguna persona.

11 Orden del Alcayde

El Alcayde no juntará los dichos presos, ni los dexara comunicar unos con otros, sino por la orden que los Inquisidores le dieren, guardándola fielmente.

12. Idem

OTROSÍ, El Alcayde tendrá un libro en la cárcel en el qual asentará las ropas de cama, y vestir, que qualquiera de los presos traxere y allí lo firmarán el, y el escribano de secretos, y lo mismo hará de todas las otras cosas que durante la prisión recibiere; el qual antes que lo reciba, dará cuenta a ambos inquisidores dello, aunque sean cosas de comer, o de otra calidad, y con su licencia; y mirándolo, como no lleve algún aviso, lo recibirá, y se dará a los presos, siendo cosa que ayan mester, y no de otra manera.

13. Primera audiencia, preguntas que han de hacer los Inquisidores

Puesto el preso en la cárcel, quando a los Inquisidores parezca, mandaran traerle ante si; y ante un Notario del secreto, mediante juramento, le preguntarán por su nombre y edad, y oficio, y vecindad, y quanto ha que vino preso. E los Inquisidores se auran con los presos humanamente, tratándolos según la calidad de sus personas, guardando con ellos la autoridad conveniente, y no dándoles ocasión a que se definidan. Suelense asestar los presos en un banco o silla baxa, porque con mas atención puedan tratar sus causas, aunque al tiempo que se les pone la acusación han de estar de pie.

14 Idem

LUEGO Consecutivamente se le mandará que declare su genealogía los mas largo que pueda, comenzando de padres, y abuelos, co todos los trasversales de quien tengan memoria, declarando los oficios y vecindades que tuvieron, y con quien fueron casados, y si son vivos, o difuntos, y los hijos que los dichos ascendientes, y trasversales dexaron. Declaren asimismo con quien son o han sido casados los dichos reos, y quantas vezes lo han sido, y los hijos que han tenido y tienen, y quanta edad han. Y el Notario escritura la genealogía en el proceso poniendo cada persona por principio de renglón, declarando si alguno de sus ascendientes, o de su linaje ha sido preso, o penitenciado por la Inquisición.

15 Idem. Y moniciones que se han de hacer a los reos.

HECHO Esto, se le pregunte al reo donde se ha criado, y con que personas, y si ha estudiado alguna facultad, y si ha salido destos Reynos, y en que compañías. Ya viendo declarado todas estas cosas. Se pregunte generalmente si sabe la causa de su prisión, y conforme a su respuesta se le hagan las demás preguntas que convengan a su causa. Y le amonesten, que diga, y confiese verdad, conforme al estilo, e instrucciones del Santo Oficio, haciéndole tres moniciones en diferentes días, con alguna interpolación. E si alguna cosa confesare, y todo lo que passare en el Audiencia, escríbalo el Notario en su processo, Y asimismo se le pregunte por las oraciones y doctrina Christiana, y adonde y queando se confeso y con que Confesores. Y deben siempre los Inquisidores estar advertidos que no sean importunos, ni demasiados en preguntar a los reos, ni tampoco remissos, dexando de preguntar alguna de los cosas sustanciales, teniendo asimismo mucho aviso de no preguntar fuera de los indicado, sino fueren cosas que el reo de ocasión por su confesión. Y si fuere confesando, dexenle decir libremente sin atajarle, no siendo cosas impertinente las que dixere.

16 Aviso para Inquisidores

PARA Que los inquisidores puedan hacer esto, y juzgar rectamente, deben siempre estar sospechosos de que puedan recibir engaño, asi en la testificació, como en las confesiones, y con este cuidado y recelo miraran, y determinarán la causa conforme a verdad y justicia: porque si fuesen determinados a la una, o a la otra parte, fácilmente puede recibir engaño.

17 Los inquisidores no traten con lo reos fuera de su negocio

LOS Inquisidores no traten, ni hablen con los presos en la Audiencia, ni fuera della, mas de lo que tocare a su negocio. Y el Notario ante quien passare, escriva todo lo que el Inquisidor, o Inquisidores dixeren al preso, y lo que el reo respondiere, Y acabada la Audiencia, los Inquisidores mandaran al Notario que lea todo lo que ha escrito en ella, porque pueda el reo, si quisiere, añadir, o emendar alguna cosa, y assentarle ha como le fue leydo, y lo que responde, o enmienda, porque no se teste nada de lo que primero se escriuio.

18 Acusación del Fiscal

EL Fiscal tendrá cuidado de poner las acusaciones a los presos en termino que la Instrucion manda, acusándolos generalmente de hereges y particularmente de todo lo están indiciados, assi por la testificación, como por los del tos que hubieron confesado sepan a manifiesta hercgia, siendo testificado el reo de delitos de otra calidad, debe el Fiscal acusarle dellos, no para que los Inquisidores le castiguen por ellos, sino para agravación de los delitos de heregia que le ha acusado, y para que conste de su mala Christiandad o manera de vivir, y de allí se tome indicio en lo tocante a las cosas de la fe, de que se trata.

19 El confidente sea acusado para que se haga el proceso

AUNQUE El reo aya confessado enteramente conforme a la testificación que tiene, el Fiscal le acuse en forma, porque el processo se continue a la instancia, como esta comenzado a su denunciación, y porque los jueces tengan más libertad para deliberar la pena, o penitencia que le han de imponer, aviendole seguido la causa a instancia de parte, y de los contrario se tiene experiencia, de que pueden resultar inconvenientes.

20 Que siempre declare el reo debaxo del juramento que tiene hecho

PORQUE El reo ha hecho juramento de decir verdad desde el principio del processo, siempre que salga a audiencia, le debe ser traído a la memoria, diziendole que debaxo del juramento que tiene hecho diga verdad (lo qual es de mucho efecto quando dice de otras personas) porque siempre el juramento preceda a la deposición.

21 Pida siempre el fiscal que el reo sea puesto a question de tormento

EN Fin de la acusación parece cosa conveniente, y de que pueden resultar buenos efectos, que el Fiscal pida que en caso que su intención no se aya por bien probada, y dello aya necesidad, el reo sea puesto en question de tormento, porque como no deue ser atormentado, sino pidiéndolo de parte, y notificansele al preso, no se puede pedir en parte del processo que menos le de ocasión a prepararle contra el tomento, ni que menos se altere.

22 Monicio al reo, y desele Abogado

El Fiscal presentará la acusación ante los Inquisidores, y el Notario en presencia del reo la leerá toda, y hará el Fiscal el juramento que de derecho se requiere, y luego se saldrá del Audiencia. Y ante el Inquisidor o Inquisidores ante quien passo la acusación, respondera el reo a ella capítulo por capítulo, y assi se assetara la respuesta, aunque a todos ellos responda negando: Porque de hacerle de otra manera, suele resultar confusión, y poca claridad de los negocios.

23 Sentencia de prueba fin termino

EL Inquisidor, o Inquisidores avisarán al reo lo mucho que le importa confessar verdad: Y esto hecho, le nombraran para su defensa el Abogado, o Abogados del Oficio, que pare están diputados: Y en presencia de qualquiera de los Inquisidores comunicará el reo con su letrado, y con su parecer, por escrito, o por palabra, responderá a la acusación. Y el Letrado antes que se encargue de la defensa del reo, jurará que bien, y fielmente le defenderá, y guardará secreto de lo que viere, y supiere; y aunque aya jurado quado le recibieron por Letrado del Santo Oficio, es obligado, como Christiano, a amonestarle que confiesse verdad, y si es culpado en ello, pida penitencia: Y la respuesta se notificará al fiscal. Y estando presentes las partes y el Abogado, concluía la causa, recibale a prueba. En esta sentencia no se acosstumbra a señalar termino cierto, ni citando las partes para ver jurar los testigos, porque el reo, ni otro por el no se han de hallar presentes a ello.

24 Que se ha de leer el Abogado

Para que el Letrado sepa mejor aconsejar al reo lo que deba hacer, y para que mejor le pueda defender, déjenle leer las confesiones que hubiere hecho en el processo en su presencia lo que no tocare a terceros: pero si el reo quisiere proseguir la confesión, falirseha el Abogado, porque no se debe estar presente.

25

SI El reo fuere menor de veinte y cinco años, proveerseha de Curador en forma, antes que responda a la acusación, y con su autoridad se ratificará en las confesiones que huviere hecho, y se hará todo el processo. Y el curador no sea oficial del Santo Oficio: y puede ser el Abogado, o otra persona de calidad, confianza, y buena conciencia.

26 Oficio del Fiscal después dela Sentencia de prueba

LUEGO El Fiscal en presencia del reo hará reproducción y presentación de los testigos y probanza que consta el ay, assi en el processo, como en los registros y escrituras del Santo Oficio, y pedirá se examinen los contestes, y se ratifiquen los testigos en la forma del derecho; y que esto hecho, se haga publicación de los testigos. Y si el reo, o su Abogado, quisiere sobre esto decir otra cosa alguna se assiente en el processo.

27 Acusele al reo de la que sobreviniere

SI Después de recibidas las partes a prueba, en qualquier parte del processo sobreviniere nueva probanza, o cometiere el reo nuevo delito, el Fiscal de nuevo le ponga la acusación, y responderá el reo por la forma dicha. Y acerca de aquel artículo se continue el processo, aunque quando la probanza que sobreviene es del delito de que estaua acusado, parece que bastara decir al reo, que se le hace saber que ha sobrevenido contra el mas probanza.

28 Dese audiencia al reo las veces que la pidiere

PORQUE Desde la sentencia de prueba hasta hacer la publicación de los testigos suele auer alguna dilación, todas las veces que el preso qusiere audiencia, o la embiare a pedir con el Alcayde (como se suele hacer) se le debe dar audiencia con cuidado, assi porque a los presos les es consuelo ser oídos, como porque muchas veces acontence un preso tener un dia propósito de confesar, o decir otra cosa que cumpla a averiguación de su justicia, y con la dilación de la audiencia le vienen otros nuevos pensamientos, y determinaciones.

29 Ratificación en los testigos, y diligencias

LUEGO Los Inquisidores pondrán diligencia en la ratificación de los testigos, y en las otras cosas que el Fiscal tuviere pedidas para averiguación del delito, sin de dexar de hacer ninguna cosa de las que convengan para saber verdad.

30 Forma de las ratificaciones

Estando recibidas las partes a prueba, los testigos se ratificarán en la forma del derecho ante personas honestas, que serán dos Eclesiásticos que tengan las calidades que se requieren, Christianos viejos, y q ayan jurado el secreto, y de quien se tenga buena relación de su vida, y costumbres, antes los quales se les diga como el Fiscal los presenta por testigos. Preguntaseles, si se acuerdan aver dicho alguna cosa ante algún juez en cosas tocantes a la fe: y si dixere que si, diga la sustancia de su dicho; y sino se acordare, hagansele las preguntas generales, por donde se pueda acordar de lo que dixo: y si pidiere que se le lea, hazerseha assi. Lo qual se entiende, ahora sean los testigos de cárcel, o de fuera de cárcel. Y el Notario assentata todo lo que passare, y la disposición en que esta el testigo, si esta con prisiones, y quales son, y esta enfermo, o se en la falta de Audiencia, o en la cárcel en su aposento, y la causa porque no le sacan a la Audiencia, y todo lo que se saque al processo de la persona contra quien es presentado, para que la vista del conste de todo.

31 Publicación de testigos

RATIFICADOS Los testigos, como esta dicho, sáquele en la publicación a la letra todo lo que tocare al delito, como los testigos lo deponen, quitando dello solamente lo que le podría traer en conocimiento de los testigos según la instrucción manda. E si el dicho del testigo fuere muy largo, y sufriere diuifion, diuidase por artículos, porque el reo lo entienda mejor, y pueda responder mas particularmente. A cada uno responderá, mediante juramento, capítulo por capítulo: Y no se le deben leer todos los testigos jutos, ni todo el dicho de ningún testigo, quando deponen por capítulos, sino que vayan respondiendo capítulo por capítulo. Y los inquisidores produeren de dar con brevedad las publicaciones, y no tengan suspensos a los reos mucho tiempo, diziendoles, y dándoles a entender que están testificados de otras cosas mas de los que tienen confessado, y aunque esten negativos, no se dexe de hazer lo mismo.

32 Los Inquisidores saque las publicaciones firmadas, o señadas de sus nombres, o señales.

LA Publicación han de dar los inquisidores, o qualquiera dellos, leyendo al Notario lo que huviere de escribir, o esbriendolo por la mano, y señalándola, o firmándola, conforme a la Instrucción. Y por ser cosa de tanto perjuicio, no se ha de fiar de otra persona, en la qual fe pondrá el mes y año en que deponen los testigos: porque si resultare algún inconveniente de poner el dia puntual, no se debe poner; y bastará el mes y año (lo qual se suele hacer muchas veces con los testigos de cárcel.) Asimismo se dará en la publicación el lugar y tiempo donde se cometió el delito, porque toca a la defensa del reo: pero no se le ha de dar lugar. Y darseleha el dicho del testigo, lo mas a la letra que ser pueda, y no tomando solamente la sustancia del dicho testigo. Y hace de advertir, que aunque el testigo deponga en primera persona, diciendo, que trató con el reo lo que del testifica, en la publicación se ha sacar de tercera persona, diciendo, que vio, y oyó que el reo trataba con cierta persona.

33 Aviso para las publicaciones en la roca a los complices.

Asimismo se debe advertir, que quando algún reo en su processo huviere dicho por muchos días de nucho número de personas, y después lo quisiere comprehender debaxo de infinita, y universal, que semejante testificación no se debe dar en publicación, porque fácilmente podria el reo engañarle en aquel dicho, no declarando más en particular lo que de cada una de aquellas personas quieren decir, fin la qual declaración no seria buen testigo. Y asi conviene, por no venir en asta dificultad, que todas las veces que lo semejante aconteciere, el Inquisidor haga que el reo se declare, particularizando, lo mas que sea posible, las personas; y no se contente con que siga todos sus dichos, y los que ha declarado en otras confesiones.

34

La Publicación de los testigos se de a los reos, aunque sesten cositentes, para que sean certificados, que fueron presos, precediendo información (pues de otra manera no seria justificada la presión) y porque se pueda decir convendido, y confiesso, y la sentencia se pueda proununcia como contra tal, y para ello el alvedrio de los jueces esta mas libre, pues o se les puede hazer cargo de los testigos no publicados, mayormente en esta causa, do no es llamado al juramento de los testigos, ni saben quienes son.

35 Vea el abogado del reo, la publicación en presencia de los inquisidores

Después de aver assi respondido el reo, comunicara la publicación de su Letrado, y se le dará lugar para ello en la forma que conmunicó la acusación, porque nunca se le ha dedar lugar que comunico con su Letrado, ni con otra persona, sino en presencia de los Inquisidores, y del Notario que de fe de lo que passare. Y deben los Inquisidores estar advertidos, que no han de dar lugar para que hablen a los presos deudos, ni amigos, ni otras personas, aunque sea para hazerles confessar sus delitos, salvo que aviendo de ello necesidad, y pareciendo conviene, podrán dar lugar que algunas personas Religiosas y doctas nos hablen de este efecto, pero siempre en su prefecia, y del Notario: porque aunque a los mismo inquisidores, ni a otro Oficial, no es permitido hablar solos a los presos, ni entrar en la cárcel. Sino es Alcayde. Aunque la instrucción dispone, que se de a los reos procurador, no se les debe dar: porque la experiencia ha mostrado muchos inconvenientes, que dello suele resultar, y por la poca utilidad que de darle fe conseguia a las partes, no esta en estilo de dar fe: aunque algunas vezes, aviendo mucha necesidad, se suele dar poder al Abogado que le defiende.

36 Como se ha de dar papel al reo.

Si el reo pidiere papel para escribir lo que a su defensa tocare, devenle dar los pliegos contados, y rubricados por el Notario, y asiéntele en el proceso los pliegos que lleva, y quando los bolbiere, se cueten por manera que al preso; no le quede papel, y se assisente asimismo como los vuelve, y dasele ha recaudo con que pueda escribir. Y quando pidiere que venga su Letrado vendrà y comunicará lo que le convenga, y le entregará lo que le convenga, y le entregará los papeles que tuviere escritos, tocantes a sus defensas, y no otra cosa ninguna. Y quando lo tuviere ordenado, vendrà el Letrado junto con el reo, que para probar los artículos de sus interrogatorios: nobre para cada uno mucho numero de testigos, para que dellos se pueda examinar los mas idóneos y fidedignos: y devesele avisar que no nobre deudos, ni criados, y que los testigos sean Christianos viejos, salvo cuando las preguntas sean tales, que por otras personas no se puedan probar versimilmente. Y si el preso quiere ver las defensas que el Letrado huviere ordenado antes de presentarlas, darsele ha lugar. Y advierta los Inquisidores, que el Letrado, ni otra persona, no trate con los presos cosa ninguna mas de lo que toca a la defensa, ni lleven nuevas fuera de la cárcel: porque dello ningun bien puede refutar, y muchas vezes resulta daño a las personas, y causas de los presos. Y los Abogados no se queden con ningún traslado de acusación, publicación, ni de las tachas de los testigos, sino que todo lo vuelvan ante los inquisidores.

37 El Fiscal vea el proceso después de las audiencias

En cualquier parte del proceso el Fiscal ha de tener especial cuidado en saliendo qulquier preso del audiencia, de tomar el processo, y ver lo que allí ha pasado, y si huviere confessado, aceptar las confesiones del reo, en quanto fueren en su favor, y sacará en las márgenes en los notados en las confesiones por el hechas, y todo lo demás que convenga a la claridad de su negocio, la qual aceptación hará judicialmente.

38 Diligencias cerca de las defensas

Luego los inquisidores con diligencia se ocuparan en tomar las defensas que el reo tiene perdidas, y que le pueden relevar, recibiendo, y examinando los testigos de sus abonos, e indirectas, y los que presentare para probar las tachas de los testigos que contra el reo depusiere. Y harán con muy gran diligencia todas las cosas que convengan a la liquidación de su inocencia, con igual cuidado que huvieren hecho lo que toca a la averiguación de la culpa, teniendo gran consideración a que el reo por su prisión, no puede hazer todo lo que avia menester, y haría si estuviesse en su libertad para seguir la causa.

39 Monición al reo antes de la conclusion

Recibidas las defensas importantes, los Inquisidores manden parecer ante si al reo juntamente con su Letrado, y certifíquenle, qu las defensas, que tiene pedidas, y le han podido relevar en su causa, ella hechas. Por tanto que si qusiere concluir, podrá; y si alguna otra cosa mas quisiere, lo diga, porque se hará: y no quociendo pedir otra cosa, se debe concluir la causa; aunque es mas acertado, que el Fiscal no concluya, pues no es obligado a ello, y porque con mas facilidad pueda pedir cualquier diligencia que de nuevo le convenga: pero si pidiere el preso por traslado, y publicación de sus defensas, no se ha de dar, porque por el podría venir en conocimiento de los testigos que contra el depusieron.

40 Vista del proceso y orden de votar

Puesto la causa en este estado, los Inquisidores juntarán consigo al Ordinario, y Consultores del Santo Oficio, a los quales comunicará todo el proceso, fin que falte con la substancial del, y visto por todos le votará, dando cada uno su parecer conforme a los que su consecuencia le dictare, votado por su orden primero los Consultores, y después el Ordinario, para que todos entiendan todos sus motivos, y porque si tuvieren diferente parecer, se satisfagan los Consultores, de que los inquisidores se mueven conforme a Derecho, y no por su libre voluntad. Y el Notario asentara el voto de cada uno, particularmente en el registro de los votos, y de allí se sacará al proceso. Y debe los inquisidores dexar votar a los Consultores con toda libertad, y no consientan que ninguno se atraviesse, ni hable, sino en su lugar. Y porque en el oficio de la Inquisición y Relator, el Inquisidor mas antiguo pondrá el caso, no significado su voto, y luego lo lea el Notario. Y el Fiscal se hallara presente, y se assetara baxo de los Consultores, y antes que se comience a votar, se saldrá de la sala, do le ha visto.

41 Los buenos confitentes sean reconciliados

Si el reo estuviere bien confitente, y su confesión fuere con las calidades que de derecho se requieren, los inquisidores, Ordinario, y Consultores lo recibirá a reconciliación, con confiscación de bienes, en la forma del derecho, con abito penitencial, que es un sambenito de lienzo, o paño amarillo, con dos aspas coloradas, y cárcel que llaman perpetua, o de la misericordia. Aunque en la confiscación de bienes, y colores del abito en algunas partes de la Corona de Aragón hay particulares fueros, y privilegios, capítulos, y costumbres que se deven guardar, poniendole el termino del abito, y cárcel, conforme a lo que del processo resultare. E si por alguna razón les pareciere, debe ser el abito voluntario, ponerle han a nuestra voluntad de los Inquisidores. Lo qual se entiende que no son relapsos; porque aquello es expedido de derecho, que siendo convencidos, o confitentes han de ser verdaderos relapsos, sino fictos, por abjuración de vehementi, que ayan hecho.

42

La abjuración que hizieron los reos se assiente al pie de la Sentencia, y pronunciamiento della, refiriendose a la Instrucción, conforme a la qual abjuraron: si saben firmar los reos, lo firmarán de sus nombres, o no habiendo escribir lo firme uno de los Inquisidores, y Notario. Y porque haziendose en Auto público, no se podrá allí firmar, devese firmar otro dia siguiente en la sala de Audiencia, fin más dilación.

43. Negativo y contumaz

Quando el reo estuviere negativo, y le fuere provado legitimamente el delito de heregia de que es acusado, o estuviere herege protervo pertinaz, cosa manifiesta es en derecho, que no puede dexar de ser relaxado a la Curia, y Brazo Secular. Pero en tal caso deven mucho mirar los Inquisidores su conversión, para que a lo menos muera con conocimiento de Dios, en lo qual los Inquisidores harán todo lo que Christianamente pudieren.

44.

Muchas veces los Inquisidores sacan al tablado algunos reos que por estar negativos, se determina de relaxarlos: y porque en el tablado antes de la Sentencia se convierten, y dicen sus culpas, los reciben a reconciliación, y sobreseen las determinación de sus causas, Y parece cosa muy peligrosa, y de que se debe sospechar lo hazen con temor de la muerte, que con verdadero arrepentimiento, parece que se debe hacer pocas vezes y con muy particulares confideraciones. Y si alguno notificándole la noche antes del auto que se confiese, porque ha de morir confesare judicialmente sus delitos en todo, o en parte, de tal manera que parezca conviene sobreseer la execucion de la sentencia, que estaba acordado, no le saquen al tablado, pues su causa de fe no ha de determinar. Y de salir al tablado, teniendo complices en sus delitos, se siguen muy grandes inconvenientes: porque oye las sentencias de todos, y ve quales son condenados; y quales reconciliados, y tiene tiempo de componer su confesión a su voluntad: y a semejantes personas se les debe dar muy poca fe en los que dixeren contra terceras personas, y se debe durar mucho de lo que de si mismos confesaren, por el grave temor de muerte que hubieron.

45 El negativo sea puesto a question de tormento *in caput alienum* y se declare en la sentencia

Si el reo estuviere negativo, y esta testificado de ti, y de otros complices, dado caso que aya de deser relaxado, podrá ser puesto a question de tormento *in caput alienum*, y en caso que el tal venza el tormento, pues no le da para que confiesse sus propias culpas, estando legítimas probadas, no relevará de la pena de la relaxacion, no confesando, y pidiendo misericordia: porque si la piede se ha de guardar lo que el derecho dispone. Deven mucho considerar los Inquisidores, quando deva darle el dicho tormento. Y la sentencia se pronunciará declarando en ella la causa del tormento, de tal manera, que el reo entienda que es atormentado como testigo, y no como parte.

46 Quando no ay plena probanza. Se impone penas pecunarias y abjuración

Quando esta semiplenamente probada el delito, o ay tales indicios contra el reo, que no puede ser absuelto de la instancia, en este caso ay diferentes remedios en derecho, que es abjuración de vehementi, o de levi, el qual parece remedio más para poner temor a los reos, para adelante, que para castigo de lo pasado. Y por esto a los que abjuran se les imponen penitencias pecunarias, a los quales se debe advertir en el peligro que incurren de la ficta relapsi, si parecieren. Otra vez culpados en el delito de la heregia. Y por esto deven los que abjuran de vehementi, firmar sus nombres en las abjuraciones (aunque falta aquí no a sido muy vfado) y se haga con la diligencia que esta dicho en los reconciliados.

47 Compurgación

Otro segundo remedio es la compurgación, la qual debe hazer según la forma de la Instrucción con el numero de personas que a los Inquisidores ordinarios, y Cosultores pareciere, a cuyo alvedrio se remite. En lo qual solo se debe advertir, que por la malicia de los hombres en estos tiempos, es peligroso remedio, y no esta mucho en uso, y que se debe usar del con mucho tiento.

48 Tormento

El tercero remedio es el tormento, el qual por la diversidad de las fuerzas corporales y animos de los hombres, los derechos lo reputan por frágil, y peligroso, y en que no se puede dar regla cierta, mas que se deve remitir a la conciencia, y arbitrio de los jueces regulados, según derecho, razón, y buena conciencia. Al pronunciar de la sentencia de tormento se hallen presentes todos los Inquisidores, y Ordinario, y asimismo a la execución del, por los casos que puede suceder en ella, en que puede ser menester el parecer, y voto de todos, sin embargo, que en las Instrucciones de Sevilla del año de quatrocientos y ochenta y cuatro se permita que la execucion del tormento se pueda subdelegar. Porque esto que aquí se le ordena, parece cosa conveniente, quando alguno de los dichos jueces no se excusase por enfermedad bastante.

49 Monición al reo antes que sea puesto al tormento

Al tiempo de la sentencia de tormento se pronunciare, el reo sea advertido particularmente de las cosas sobre que es puesto a question de tormento: pero después de pronunciada la sentencia, no se le debe particularizar cosa alguna, ni nombrársele persona de los que parecieren culpados, o indiciados por su processo, y en especial, porque la experiencia enseña, que los reo en aquella agonía dicen cualquier cosa que les apunten, de que se sigue perjuicio de terceros, y ocasión para se revoquen sus confesiones, y otros inconvenientes.

50 Apelación de Sentencia de tormento

DEBEN los inquisidores mirar muchos que la sentencia del tormento sea justificada, y precediendo legítimos indicios, Y caso dque desto tengan escrúpulo, o duda, por ser el perjuicio irreparable, pues en las causas de heregia ha lugar apelación de las interlocutorias, otorgaran la apelación a la parte que apelare: pero en caso de que estén satisfechos de los legítimos indicios que del processo resultan, esta justificada la sentencia del tormento, pues la apelación tal caso se reputa frívola, deben los inquisidores proceder a la execucion del tormento sin dilación alguna. Y adviertan, que en duda han de otorgar la apelación. Y asimismo, que no procedan a sentencia de tormento, ni execución de della, hasta después de conclusa la causa, y habiéndole recibido la defensa al reo.

51 Quando se otorgare apelación en las causas criminales, embie los procesos al Consejo fin de dar noticia a las partes.

E si algún caso pareciere a los Inquisidores que deben otorgar la apelación en las causas criminales de los reos que están presos, deben enviar los procesos al Consejo, fin dar noticia dello a las partes, y fin que persona de fuera de la cárcel lo entienda, porque si al Consejo pareciere otra cosa en alguna causa particular, lo podrán mandar, y proveer.

52

Si Alguno de los Inquisidores fuere recusado por algún preso si tuviere colega, y estuviera presente, debese abstener del conocimiento de aquella causa, y avisar al Consejo, y proceda en ella su colega, y sino le tuviere, asimismo avise al Consejo, y en tanto no proceda en el negocio hasta que vistas las causas de sopecha, el Consejo lo que convenga, y los mismo se hará quando todos los Inquisidores fueren recusados.

53. Rectificación de las confesiones hechas en el tormento

Pasadas veinticuatro horas después del tormento, se ha de ratificar el reo en sus confesiones, y en caso que las revoque, usarseha de los remedios del derecho. E al tiempo que el tormento se da, el Notario debe asentar la hora, y asimismo a la ratificación: porque si se hiciere en el día siguiente, no venga en duda si es después de las veintiquatro horas, o antes. Y ratificándose el reo en sus confesiones, y satisfechos los Inquisidores de su buena confesión, y conversión, podranle admitir a reconciliación, sin embargo de que aya confesado en el tormento. Dado que en la Instrucción de Sevilla del año de quatrocientos y ochenta y cuatro, en el capítulo quince se dispone, que el confitente en el tormento sea avido por convencido. Cuya pena es la relaxacion pero lo que aquí se dispone est más en estilo. Todavía los inquisidores deben mucho advertir como reciben a los semejantes, e la calidad de heregias que huvieren confesado, y si las aprendieron de otros, o si las han enseñado a otros algunos, por el peligro de lo semejante puede resultar,

54 Que se ha de hazer decir el reo el tormento.

Si El reo venciere el tormento debe los inquisidores arbitrar la calidad de los indicios, y la cantidad, y forma del tormento, y la disposición y edad del atormentad, y quado todo considerado pareciere que ha purgado suficientemente los indicios, absolverán de la instania, aunque guiado por alguna razón les parezca no fue el tormento co el debido rigor (consideradas dichas calidades) podranle imponer abjuración de levi, o de vehementi, o alguna pena pecuniaria, aunque esto no se debe hazer, sino con grande consideración, y quando los indicios no se tengan por suficientemente purgados. Los Inquisidores esten advertidos, que quando algu reo fuere votado a tormento, no se vote lo que después del tormento se ha de determinar en la causa, confesando, o negando, fino que de nueve se torne a ver, por la variedad del sucesso que en el tormento puede aver.

55 Quienes se ha de hallar presentes al tormento y cuidado que se ha de tener del reo después.

AL Tormento no se debe hallar presente persona alguna mas de los Jueces y Notario y ministros del tormento. El qual passado, los Inquisidores mandaran que se tenga mucho cuidado de curar el atormentado, si huviere recebido alguna lesión en su persona, y tener hecha mucha advertencia en mirar la compañía en que se han de meter hasta que se haya ratificado.

56 El Alcayde no trate con los reos, ni sea su procurador, ni defensor, ni sustituto del Fiscal.

Los Inquisidores tendrán mucho cuidado de mandar el Alcayde que en ningún tiempo diga, ni aconseje a los presos cofa tocante a sus causas, sino que libremente ellos hagan a su voluntad sin persuasión de nadie, e si hallaren que huvieren hecho lo contrario, le castiguen: Y porque cesen todas las ocasiones de sospecha, al Alcayde no se le encargue que sea curador, ni defensor de ningún menor, ni tampoco le sustituya el Fiscal, para que en su ausencia exercite su oficio: Solo se le debe dar licencia al Alcayde, y mandarle, que quando algún preso non supiere escribir, le escriba sus defensas, asentando de la manera que el preso lo dixere, fin dezirle, ni poner nada de su cabeza.

57 Vista del proceso después del tormento

PUESTO El processo en este estado, los Inquisidores juntaran el Ordinario, y Consultore, y tornaranlo a ver, y se determinará conforme a justicia, guardando la orden que esta dicha. Y a la vista de los procesos de fe debe hallar preferente el Fiscal, porque pueda notar los puntos que allí se tocan, el que se saldrá al tiempo de votar, como arriba se ha dicho.

58 Los que saliere de las cárceles y no fuere relajados sean preguntados de las comunicaciones, y avisos que llevan.

SIEMPRE Que los Inquisidores sacaren de la cárcel algún preso para embiarle fuera, en qualquier manera que vaya, sino fuere relaxado, mediante juramento le preguntarán por las cosas de la cárcel, si ha visto, o entendido, estando en ella, algunas comunicaciones entre los presos, o otras personas fuera de la cárcel, y como ha usado su oficio el Alcayde, y se lleva algún aviso de algún preso. Y si fuere cosa de importancia, lo proveerán, y mandarán, lo graves penas que tenga secreto, que no digan cosa de las que han visto pasar en la cárcel. Y esta diligencia se pondrá por escrito en su processo, y se asentará como el preso lo consiente; y si supiere firmar, lo firme, porque tema de quebrantarlo.

59 Si muriere el reo prosigase el proceso con los herederos

Si Algun preso muriere en la cárcel, no estando su proceso concluso, aunque este confitente; Si su confesión no satisface a lo testificado, de tal manera que pueda ser recibido a reconciliación, notificar fecha a sus hijos, o herederos, o personas a quien pertenezca su defensa; u si salieren a la causa a defender el difunto, darse lesha copia de la acusación y testificación, y admitirseha todo lo que en defensa del reo alegaren.

60 Dese curador a los reos que perdiere el juicio: Como se ha de recibir los que los hijos, o deudos de los reos alegaren en su favor.

SI, Algun reo, estando su causa en el estado susodicho, enloquecire, perdiere el juyzio, proveer fecha de curador, o defensor, pero si estando en su buen entendimiento, lo hijos, o deudos del preso quisieren alegar o alegaren alguna cosa en su defensa, no se les debe recibir como de parte, pues de derecho no lo son;

pero tomar lo han los Inquisidores, y fuera del proceso hacer se han cerca dello las diligencias que pareciere convienen para faber verdad en la causa, no dando dello noticia ninguna al reo, ni las personas que lo presentaron.

61 Orden de proceder contra la memoria, y famas *vide in antiquis infirucio.* XX, fol. vj.

Quando se huviere de proceder contra la memoria, y fama de algún difunto, habiendo probanza bastante que la instrucción requiere, notificarseha la acusación a los hijos, o herederos del difunto, y a las otras personas que puedan pretender interese, sobre lo qual los inquisidores hagan diligencia para averiguar si hay descendientes, para que sean citados en persona. Y allede desto (porque ninguno pueda pretender ignorancia) serán citados por Edicto público co termino legítimo; el qual passado, si ninguna persona pareciere a la defensa, los inquisidores proveerán de defensor a la causa, y harán el processo legítimamente conforme a justicia: y parecendo alguna persona debe ser recibida a la defensa, y se hará con ella el procedimiento, sin embargo de que por ventura el tal defensor este notao del delito de heregia en los registros del Santo Oficio de la Inquisición: porque pareciendo a la defensa, se le haze agravio en no le admitir, y tampoco debe ser escluso, aunque estuviese preso en las mismas cárceles. El qual debe dar poder, si quisiere, a alguna persona que en su nombre haga las diligencias, mayormente no habiendo defensor: porque es posible salir libre de la cárcel, y defender al difunto. Y en tanto no esta condenado el uno, ni el otro, no han de ser privados desta defensa, pues le va interese tambén en defender a su deudo, como a su propia persona. Y en semejantes causas, aunque la probanza contra el difunto sea muy bastante y evidente, no se ha hazer secreto de bienes: porque están en poder de terceros posseedores, los quales no han de ser desposeídos hasta ser el difunto declarado por herege, y ellos vencidos en juicio, según es manifiesto en derecho.

62 La sentencia absolutoria se ha de leer en auto público

QUANDO El defensor de la memoria y fama de algún difunto defendiere la causa legítimamente, y se hubiere de absolver de la instancia, su sentencia se leerá en auto público, pues los Edictos se publicaron contra ella, aunque no se debe sacar el auto su estatua, ni tampoco le deben relatar en particular los errores de que fue acusado, pues no le fueron probados, y lo mismo se debe hacer con los que personalmente fueron presos y acusados, y son absueltos de la instancia, si por su parte fuera pedido.

63 No pareciendo defensor de la memoria, y fama, deje de oficio

QUANDO Ninguna persona pareciere a la defensa, los Inquisidores deben proveer de defensor persona hábil, y suficiente, y que no sea oficial del Santo Oficio de a Inquisición manda: Y especialmente deben advetir a los términos del Edicto, que sean largos o más abreviados, conforme a lo que se pudiere entender de la audiencia del reo, teniendo atención que sea llamado por tres términos, en fin de cada uno dellos el Fiscal le acuse la rebeldía, sin que en esto aya falta, porque el proceso haya bien sustanciado.

65 No se pongan penas corporales en defecto de las pecunarias

MUCHAS Vezes los Inquisidores proceden contra algunos culpados por cosas que los hazen sospechosos en la fe, y por la capacidad del delito y de la persona no le juzgan por herege, como son los que contraen dos matrimonios, o por blasfemias calificadas, o por palabras mal sonantes, a los quales imponen diversas penas y penitencias, según la calidad de sus delitos, conforme a derecho, y a su legítimo arbitrio. Y en estos casos no impondrán penitencias, ni penas pecunarias, o personales como son azotes, o galeras, o penitencias muy vergonzosas, en defecto de no pagar la cantidad de dineros en que condenan: porque tienen mal sonido, y parece extorsión en agravio de la parte y de sus deudos. Y para evitar esto, los Inquisidores pronunciaran sus sentencias simpliciter sin condición, ni alternativa.

66 Remisión al Consejo en caso de discordia entre los Inquisidores o Ordinario pero no de Consultores. Idem en los casos graves, aunque no haya discordia.

EN Todos los casos que huviere discrepancia de votos entre los Inquisidores y Ordinario, o alguno dellos en la definición de la causa, o en cualquier otro auto, o sentencia interlocutoria, se debe remitir la causa al Consejo; Pero donde los susodichos estuvieren conformes, aunque los Consultores discrepen, y sean mayor número, se execute el voto de los Inquisidores, y Ordinario, aunque ofreciéndole casos muy graves, no se deben executar los votos de los Inquisidores -Ordinario, y Consultores, aunque sean conformes, sin el consultarlo con el Consejo, como se acostumbra hacer, y esta proveydo.

67 Saque las testificaciones en los procesos de los reos

Los Notarios del Secreto tendrán mucho cuidado de sacar a los procesos de cada uno de los reos todas las rectificaciones que huviere en los registros, y no los pondrán por remisiones de unos procesos en otros, porque causa gran confusión a la vista dellos. Y por esta razón esta assi proveydo y mandado diversas vezes, que así se haga y así se debe cumplir, aunque sea trabajo de los Notarios.

68 Haganle diligencias sobre las comunicaciones y asientese en el proceso

Si Se hallare, o entendiere que algunos presos se ha comunicado en las cárceles, los Inquisidores hagan diligencia en averiguar quien son, y si son complices de unos mismos delitos; y que fueron las cosas que comunicaron, y todo se assentara en los procesos de cada uno dellos. Y proveerán de remediarlo de tal manera, que cesen las comunicaciones, porque aviendole comunicado los presos en las cárceles, es muy sospechoso todo quanto dixseren contra otras personas, y aun contra si.

69 Acumulase al processo todo lo que sobreviniere al reo

QUANDO hubiere processo contra alguna persona determinado; o sin determinarle; y estuviere sobreseydo, aunque no sea de heregia formal sino que por otra razón pertenezca al Santo Oficio, sobreviniendo contra aquella persona nueva probanza de nuevos delitos, debese acumular el proceso viejo con el proceso nuevo para agravar la culpa, y el Fiscal hará mención su acusación.

70 No se muden las cárceles sino con causa, de lo qual conste en el proceso

LOS Presos que una vez le pusieren juntos en un aposento, no se deben mudar a otro aposento sino todos juntos en un aposento, no las comunicaciones de la cárcel; porque se entiende, que mudándoles de una compañía a otra dan cuenta unos a otros de todo lo que pasa. Y Quando sucediere causa tan legítimas que no se pueda escusar, assentarseha en el proceso del que assi se mudare, para que conste de la causa legitima de su mudanza; porque es muy importante, señaladamente quando sucedieren revocaciones, o alteraciones de confesiones.

71 Los enfermos sean curados, deseles Confesor, si lo pidieren

Si algún preso adoleciere en la cárcel, alleden que los inquisidores son obligados a mandarle curar con diligencia, y proveer que se de todo lo necesario a su salud, con parecer del Médico, o Médicos que le curaren, si pidiere Confesor, se le debe dar persona calificada, y de confianza; al qual tomen juramento, que tendrá secreto, y que si el penitente le dixere en confesión alguna cosa queda por aviso fuera de las cárceles, que no acete tal secreto, ni de semejantes avisos. Y si fuera de confesión se lo huviere dicho, lo revelará a los Inquisidores, y le avisaran y instuyan de la forma como se ha de aver con el penitente, significándole, que pues esta preso por herege, si no manifiesta su heregía judicialmente, siendo culpado, no puede ser absuelto. Y lo demás se remitirá a la conciencia del Confesor, el qual sea docto, para que entienda lo que en semejane caso debe hazer. Pero si el preso tuviere salud, y pidiere confesor, mas seguro en no se le dar, salvo si huviere confesado judicialmente, y huviere satisfecho a la testificación, en tal caso parece cosa conveniente darle confesor, para que le consuele y refuerce. Pero como no puede absolverle del delito del heregia falta que sea reconciliado al gremio de la Iglesia, parece, que la confesión no tendrá total efecto; salvo si estuviere en el ultimo artículo de la muerte, o fuese muger preñada, y estuviere cercana al parto, que con los tales se guardará lo que los Derechos en tal caso disponen. Y quando el reo no pidiere Confesor, y el Medico desconfiasse o estuviere sospechoso de su salud, puedesele persuadir por todas vias que se confiese. E quando su confesion judicial hubiese satisfecho a la testificación; antes que muera debe ser reconciliado en forma con la abjuración que le requiere. Y absuelto judicialmente, el Confesor le absolverá sacramentalmente. E si no resultare algún inconveniente, se le dará Ecclesiastica Sepultura con el mayor secreto que se pueda.

72 No se careen los testigos los reos

AUNQUE En los otros juycios los jueces, para verificación de los delitos, carear los testigos con los delincuentes, en el juicio de la Inquisición no se debe, ni acostumbra hazer, porque allende de quebrantarle en esto el secreto, que se manda tener acerca de los testigos, por experiencia se halla, que si alguna vez se ha hecho, no ha resultado de buen efecto, antes se han seguido dello inconvenientes.

73 No aya capturas en las visitas sin consulta de Colegas o Consultores no siendo sospechosos de fuga los testificados

PORQUE Las causas tocantes al Santo Oficio de la Inquisición se puedan tratar con el silencio, y autoridad que conviene, los Inquisidores quado visitaren, ofreciéndoseles restificacion bastante contra alguna persona, de delito que aya cometido, por donde deva ser preso, no executaran la prisión fin consultarlo con el Colega, y Consultores, que residen en la cabeza del partido, sino fuere en caso que el restificado sea sospechoso de fuga, que entonces por el peligro (con buen acuerdo) el Inquisidor a quien esto aconteciere, podrá mandar hazer la prisión. Y con la brevedad que el negocio requiere, al recaudo que esta dicho, embiará el preso, y la testificación a las cárceles de la Inquisición, donde se deva tratar su causa. Y esto no le entiende quanto a los negocios mas ligeros que se suelen determinar sin captura, como son blasfemias hereticales no muy calificadas: porque aquello podrá determinar (como se suele hazer) teniendo para ello poder del Ordinario. Pero en ninguna manera debe el Inquisidor en la visita tener cárcel para formar proceso en delito de heregia, ni en cosa a ella anexa: porque le faltarán Oficiales, y la disposion de cárcel secreta que se requiere. Y desto podrán resultar inconvenientes al buen suceso de la causa.

74 Como se ha de hazer la declaración del tiempo que ha que el reo comenzó a ser herege

AL Tiempo que le vieren los processo de los que se huvieren de declarar por hereges con confiscación de bienes, los Inquisidores, Ordinario, y Consultores harán la declaración del tiempo que comenzó a cometer los delitos de heregia, porque es declarado por herege, para que se pueda dar al Receptor, si lo pidiere, para presentarlo en alguna causa civil. Y dirase particularmente, si consta por confesión de la parte, o por testigos, o juntamente por confesión, y testificación. E asi se dará al Receptor: Y en los que no se hallare declarado por esa orden, harán la declaración quando el Receptor la pidiere por todos los Inquisidores, hallándose presentes, y no se hallando, se llamarán los Consultores para hazer la dicha declaración.

75 Raciones que se han de dar a los presos

EL Mandamiento que se ha de dar a los presos por la Inquisición, se tase conforme al tiempo, y a la carestia de las cosas de comer. Pero si alguna persona de calidad, y que tenga bienes en abundancia fuere presa, y quisiere comer, y gastar mas de la ración ordinaria, debenle dar a su voluntad todo lo que pareciere honesto para su persona, y criado, o criados, si los tuviere en la cárcel, con tato que el Alcayde, ni Despensero no puedan aprovecharse de ninguna cosa de lo que huvieren dado, aunque le sobre, fino que se de a los pobres.

76 Como se ha de dar alimentos a la muger, e hijos del reo

PORQUE Los bienes de los presos por la Inquisición se restan todos, si el tal preso tuviere muger, o hijos, e pidieren alimentos, comunicarle ha con los presos, para saber su voluntad acerca dello. Y después de vuelto a su cárcel, los Inquisidores llamen al Receptor, y al Escribano de Secretos, y conforme a la cantidad de los hijos edad para ganar de comer por su trabajo, y siendo de calidad que no les sea afrenta, todos los que pudieren ganar de comer, no se le den alimentos; pero siendo viejos, o niños, o doncellas, o que por otra causa no les sea honesto vivir fuera de su casa, señalarles ha los alimentos necessarios, que pareça bastan para se sustentar, señalando a cada persona no tanto en dineros, y no en pan los quales sean moderados, teniendo respeto a los que las tales personas que han de ser alimentadas, podrán ganar por su industria y trabajo.

77 Acuerdese el dia del Auto, y notifiquese a los Cabildos de la Iglesia y Ciudad

ESTANDO los procesos de los presos votados, y las sentencias ordenadas, los Inquisidores acordarán el dia feriado que se debe hazer el Auto de la fe, el qual se notifique a los Cabildos de la Iglesia, y Ciudad, y adonde aya Audiencia, Presidente, y Oydores, los quales sean combidados para que lo acompañen, según la costumbre de cada parte. Y procuren los Inquisidores que se haga a tal hora, que la execucion de los relaxados se haga de dia, por evitar inconvenientes.

78 Que ha de entrar la noche antes del Auto

Y Porque de entrar en las cárceles personas de noche del auto fe suelen seguir inconvenientes, los Inquisidores proveerán que no entren mas de los Confesores, y a su tiempo los Familiares; a los que les se encargarán los presos por escrito ante alguno de los Notarios del Oficio, para que los vuelvan, y de cuenta dellos, sino fuere los relaxados, que se ha de entregar a la justicia, y brazo seglar. Y por el camino, ni en el tablado, no consentirán que ninguna persona les hable, ni de aviso de cosa que pase.

79 Declarase a los reconciliados lo que ha de cumplir, y entréguense al Alcayde de la cárcel perpetua

EL Dia siguiente, los Inquisidores mandarán sacar de la cárcel secreta todos los dichos reconciliados, y les declararán lo que se les ha mandado por sus sentencias, y les adviertan de las penas en que se incurrían no siendo buenos penitentes, y aviedolos examinados sobre las cosas de la cárcel, particular y apartadamente, los entregarán al Alcayde de la cárcel perpetua, mandándole tenga cuidado de su guarda, y de que cumplan las penitencias, y que les avise de los descuidos, y ayudados en las necesidades, con hazerles traer algunas cosas de los oficios que supieren, con que se ayuden a sustentar, y pasar su miseria.

80 Visita de cárcel perpetua

LOS Inquisidores visitarán la cárcel perpetua algunas vezes en el año, para ver como se trata, y son tratados, y que vida pasan. Porque en muchas Inquisiciones no ay cárcel perpetua (y es cosa muy necesaria) fe deben hazer comprar casas para ella; porque no aviendo cárcel, no se puede entender como cumplen sus penitencias los reconciliados, ni pueden ser guardados los que huvieren menester guarda.

81

MANIFIESTA Cosa es, que todos los sambenitos de los condenados vivos, y difuntos, presentes, o ausentes, se ponen en las Iglesias donde fueron vezinos, y Parroquianos al tiempo de la prisión de su muerte, o fuga: y lo mismo se haze en los de los reconciliados, después que han cumplido sus penitencias, y se los han quitado, aunque no los ayan tenido mas de por el tiempo que estuvieron en el tablado, y les fueren leidas sus sentencias, lo qual se guarde inviolablemente: y nadie tiene comisión para alterarlo. E siempre se encarga a los Inquisidores que los pongan, y renueven señaladamente en los partidos que visitaren; porque siempre aya memoria de la infamia de los hereges, y de su descendencia en los quales se ha de poner el tiempo de su condenación, y si fue de Judíos, o Moros su delito, u de las nuevas heregias de Martín Lutero, y sus secuaces. Pero no se han de poner sambenitos de los reconciliados en tiempo de gracia, porque como un capítulo de la dicha gracia, es, que no lee pondrían sambenitos, y no los tuvieron al tiempo de su reconciliación, no se les deven poner en las Iglesias, porque sería contravenir a la merced que se les hizo al principio.

Los Quales dichos capítulos, y cada uno de ellos, vos encargamos, y mandamos que guardéis, y sigáis en los negocios que en todas las Inquisiciones se ofrecieren, sin embargo que en algunas dellas aya avido estilo, y costumbres contrarias, porque así conviene al Servicio de Dios nuestro Señor, y a la buena administración de la justicia. En testimonio de lo qual mandamos dar, y dimos la presente, firmada de nuestro nombre, y sellada con nuestro sello, y refrendada del Secretario General Inquisición. Dada en Madrid a dos días del mes de Septiembre, año del Nacimiento de nuestro Salvador IESV Christo de mil quinientos y sesenta y un años.

F. Hispales
Por mandado de su Ilustrisima Señoría

Instrucción y orden de procesar, que han de guardar
los comisarios y notarios del Santo Oficio de la Inquisición
en las causas, y negocios de fe, y de limpieza, y los demás
que se ofrecieren. Sevilla: Imprenta Mayor de la Ciudad;
por mandato del Santo Oficio

La letra redonda sirve de advertencia y la escolástica contiene la forma y tenor de lo que se suele poner por escrito.

Se advierte a los Comisarios, y Notarios, a quienes se entrega la siguiente Instrucción, que luego, que juran sus Empleos, deben leerla muchas veces, hasta que la aprendan de memoria, para que evacuen ambos su obligación.

CAUSAS DE FE

Num. 1. La denunciación sea por escrito, jurada, y ante Notario

Quando alguna Persona viniere de su voluntad a denunciar a el Comisario cosa tocante a este Santo Oficio recibirá la denunciación con juramento, y por escrito, ante un Notario de esta Inquisición, y sino los hay, nombrará Notario de su satisfacción, Sacerdote, que jure guardar secreto, y el examen en la forma siguiente:

Num. 2. Forma de la denunciacion

En la Ciudad de T. Villa, o Lugar o lo que fuere, a T. días del mes de T año de T. por la mañana, o por la tarde, si fuere después de medio día, ante el Señor T. Comisario del Santo Oficio de la dicha Ciudad, o de donde fuere, *parecía sin ser llamado, y juro en forma, que dira verdad, un hombre, o mujer,* si lo fuere, *que dixo llamarse Pedro T.,* el nombre en renglón a parte, y lo mismo la respuesta, Caballero o Mercader, o el oficio que tuviere, y siendo mujer, si doncella, declara cuya hija, y si casada, o viuda, el nombre, estado, u oficio de su marido, *vecino de dicha ciudad, o de la parte que fuere, de edad de T. años, el qual por descargo de su conciencia, dice y denuncia, que es T., dia de T., mes, y año,* o sino se acordare bien quando fue, dira quanto tiempo habrá poco más o menos, *estando en T. parte de T. Ciudad, Villa o Lugar, tratandose, o haciendose T., cosa, vio y oyo,* si lo vio solamente, u no lo oyo, y no lo vio, lo declare, *que T. dixo T. palabras, o hizo T. cosa, a la qual se hallaron presentes, que la vieron, y oyeron T. y T.* declarara el denunciante la cosa, o palabras muy particularmente, si lo hizo, o dixo mas de una vez, y quantas, y si hubo reprehensión, y quien la hizo, y lo que a ella respondio el denunciado: y no estando en su entero juicio, y acabara, diciendo: *Y esta es la verdad por el juramento que tiene hechos y siendole leído, leerasele todo lque lo hubiere dixo, que estaba bien escrito, y que no lo dice por odio: prometio el secreto, y firmelo de sus nombres* no sabiendo firmar, dira: *Y por no saber escribir la forma por el dicho Comisario,* y lo firmará y al pie dira: *Passa ante mi T. Notario.*

Cada testigo se ha de examinar de por si en pliego a parte, y separado, pues al pie se ha deponer a su tiempo la ratificación.
El nombre del testigo fuera de renglón, y lo mismo la respuesta es renglón a parte.

Nim. 3. Forma de examinar los testigos

Los contestes que hubiere en la dicha denunciación los mandara llamar, y los examinará a todos, con los demás que de ellos resultaren, en la forma del num. 2. Salvo, que en lugar de lo que se dice: *Parecio sin ser llamado*, diga: *Parecio siendo llamado*; y despues que haya dicho, *de edad de T. años*, prosiga diciendo.

Num. 4. Pregunta para todos los contestes llamados

Preguntando si sabe, o presume la causa, porque ha sido llamado, diciendo, que la sabe, o la presume: y siendo la misma, que se pretende saber de él u otra, que toque el Santo Oficio, se escribira de esta manera.
Dixo, que presume será para saber del T. cosa, y la declarara muy distintamente, con el tiempo, y lugar, y contestes, y los demás que se advirtió en el num. 2.
Si con lo que dixere no satisfaciere a todo aquello de que esta dado por conteste, y lo que quedare, a que no haya satisfecho, pareciere cosa de importancia, y que en preguntárselo no hay peligro de venir en noticia del denunciado, o de disfamarle notablemente con el testigo, le hará por escrito una monición, diciendo:

Num. 5. Monición a los contestes, que no dicen enteramente

Fuele dicho, que en este Sto. Oficio no hay información, que el dicho T. fuera de lo que tiene declarado, dixo T. palabras, o hizo T. cosa, en el mismo tiempo, y lugar, que lo demás, que acaba de decir, que por reverencia de Dios se la pide, y encarga recorra su memoria, y diga la verdad enteramente. Si dixere, que, se le acuerda algo más, se escribirá con toda claridad: de cualquier manera, que diga algo, o no, se cerrara la deposicion en la forma, que se dice al num. 1.
Si a la dicha pregunta, de si sabe, o presume la causa, por que ha sido llamado, dixere que no, se escribirá su respuesta, diciendo:
Dixo que no la sabe, ni la presume, y luego se le hará otra pregunta.

Num. 6 Pregunta para los que no presumen, por que han sido llamados

Preguntado si sabe, o ha oído decir, que alguna persona haya dicho, o hecho cosal alguna, que sea, o pareça ser contra nuestra Sant fe Catholica, Ley Evangelica, que predica, y enseña la Santa Madre Iglesia Catholica Romana, o contra el recto, y libre exercicio de el Santo Oficio. Diciendo, que sabe algo, se escribirá, y se advertirá, sino lo dice todo, lo que se nota arriba en el num. 4 y 5. Y diciendo que no sabe nada, se escribirá la respuesta en esta forma.
Dixo, que no sabe, ni ha odido cosa alguna de las que se le preguntan, Y después otra pregunta, que diga.

Num. 7 Pregunta mas particular a los dichos

Preguntado si sabe, o ha oído decir, que alguna persona haya dicho, o hecho T. cosa, declarándole por escrito aquello mismo de que esta dado por conteste, sin declarar la persona testificada, ni el tiempo lugar y personas, que se hallaron presentes. Y si todavía dixere, que no lo ha visto, ni oído decir, se escribira su respuesta. *Dixo que no sabe, ni ha odido decir T.* cosa, y se le hará luego una monición por escrito de esta manera.

Num. 8 Monicion a los dichos

Fuele dicho, que este Santo Oficio hay relación, que en T. tiempo y lugar, declarando el mismo tiempo, y lugar en que paso, *en presencia de ciertas personas,* la qual no la nombrara, dixo T. palabras, o hizo T. cosa, volviéndole a declarar las mismas palabras, o cosa de que esta dado por contesten *a la qual se halla presente, y lo vio, y oyo, que por reverencia de Dios se le amonesta, y encarga recorra bien su memoria, y diga la verdad*; y diciendo algo se escribirá con las circunstancias, que se advierte al num. 1, y se concluirá deposicion, como allí se nota: y lo mismo se hará, aunque no declare nada, escrita su respuesta.

Num. 9 La persona denunciada no se nombre a los contestes

Lo de nombrar la persona denunciada al testigo, se dice no se haga, por muchos inconvenientes, que pueden, y suelen resultar; y asi no lo debe hacer el Comisario sin orden del Tribunal, porque se podría errar mucho en esto.

Num. 10 Deudos, criados, y amigo del testificado. No se examinen

Si algún conteste fuere deudo, criado, o muy amigo del testificado, de quien se puede temer que no dira verdad, o que lo descubrirá, examinando los demás contestes, dexara aquel, y remitirá la información al Tribunal dando, la razón, que le ha movido a no examinar al dicho conteste.

Num. 11 La dupplici matrimonio se examine el Parroco, y se saque fe del Libro

Si la denunciación fuere de dupplici matrimonio, examinara entre los demás testigos, que citare, al Cura, o Clerigo que los desposo por palabras de presente, y dixo la Misa Nupcial, y a los testigos, que se hallaron presentes al desposorio, pudiendo ser habidos, y dará fe el Notario de los que no fueren hallados presentes al desposorio, pudiendo ser habidos, y dará fe el Notario de los que no fueren hallados para dicho examen, y sacará una copia auténtica del asiento del matrimonio, o matrimonios, del Libro de la Iglesia.

Num. 12 En solicitacion se informe de palabra el Comisario de la vida, y honestidad de su mujer

Si fuere de solicitación, después de que la mujer haya hecho su declaración, si resultare haber sido solicitada en el acto de la confesión, o cerca de el, se informara el Comisario con mucho recato, y respeto (de palabra, sin escribir nada) de lo que ha entendido de la honestidad, y vida de la mujer, y si es tal, que se dar crédito a la deposicion que hubiere hecho: y lo que en eso hallare, lo escribirá el dicho Comisario de su mano al margen de la deposicion de tal mujer, diciendole, que no están obligadas a declarar, si ellas consistieron, y aunque lo digan no se ha de escribir, y que digan a edad, señas, y residencia del delatado.

Preguntado, si lo que ha declarado lo ha comunicado con otro confesor, y si no le ha mandado declarar, por que causa.

Dixo.

Preguntado, si sabe, que el otro Confesor haya solicitado a otra persona en la Confesion, o immediate, o simulando Confesion, o en lugar destinado para confesar, o que haya sido solicitada de otro

Dixo

Si algún Confesor se delatare a si mismo, ha declarar las personas, su edad, y vecindad, y le ha de prevenir el Comisario, que para lograr el beneficio de expontaneo, ha de satisfacer enteramente su delación.

Num. 13 El testigo que estuviere enfermo de peligro, o se quisiere ausentar, se ratifique *ad perpetuam*

Si el denunciante, o algún otro testigo, que haya testificado, estuviere enfermo con mucho peligro, o de partida para alguna parte fuera de estos Reynos, que no pueda ser hallado, le visitará, o llamará para que se pueda ratificar en su deposición, y la ratificación se hará ante personas Religiosas, en la forma que se dirá abaxo en el num. 20 y 21, advirtiendo, que donde se dice el Señor Promotor Fiscal del Santo Oficio le presenta por testigo, añada: *Ad perpetuam rei memoriam*, en una Causa, que pretende tratar.

Num. 14 Si algún conteste, o testigo no se hallare, haga fe de ello el Notario

Si alguno de los contestes, o testigos, que han de ratificar, o de defensas, quando le buscaren, para ser examinado, pareciere ser muerto, o estar ausente, o por otra razón impedido, dará el Notario fe de ello en los contestes al pie de la información, y en la ratificación, al margen de la deposición del testigo, que falta en las defensas al pie de los Artículos.

Num. 15 La información se embie cerrada, y sellada informando el Comisario de lo que se le ofreciere

Recibida la denunciación, sino resultan contestes, o si resultan, examinándolos todos, y los que ellos diren también por contestes, cerrada y sellada, la embiara original al Tribunal con persona de recado, avisando, si se le ofrece alguna cosa de consideración, que daba advertir, cerca de la calidad del denunciado, y fe que se pueda dar a los testigos, volviendo las Cartas, que recibiere del Tribunal originales, con la respuesta a su continuación, pues no se ha de quedar el Comisario con papel alguno, mas que hasta evacuar la comisión.

Los Comisarios no pueden prender por cosas de fe, sería grande exceso hacerlo, salvo concurriendo tres cosas. La primera, que toque el caso muy cercanamente al Santo Oficio. La segunda, que haya suficiente información. La tercera, que se tema de fuga; para lo cual (porque no se yerre, atento que de errarse e esto se podrían seguir muchos inconvenientes) se les advierte, que antes de proceder a prisión, miren con gran consideración si concurren todas las dichas tres cosas; y en duda, lo mas seguro es enviar primero la información al Tribunal: y quando concurriendo las dichas tres cosas, prendieren alguno sin hacer secreto en sus bienes, procuren, que no se oculte, ni halla fraude en ellos; y sin embiarle, ni tomarle confesión, remitirá la información al Tribunal para que provea lo que más convenga.

Num. 17: Los presos esten en cárcel segura, donde no los puedan comunicar

Los presos por causas de fe, hará se pongan en cárcel segura, donde ninguno les pueda comunicar: y quando se traxeren al Tribunal, ordenara a quien los traxere lo mismo; advirtiendo, que si son reos de un mismo delito, u complicidad, se aparten de manera, que unos a otros no se puedan hablar, ni comunicar, asi en la cárcel, como en el camino, y procure, que los reos lleguen al Tribunal después de las Oraciones.

Num. 18 Secreto

Quando hubiere e haber secreto por mandato del Tribunal (que sin el ningun Comisario debe hacer) hará poner por inventario, ante un Notario, nombrado por el Secreto de este Santo Oficio, todos los bienes, con asistencia del Algualcil, o su Teniente; no habiendole, de un Familiar, y entregados a la persona, o personas, que el Receptor sostituyere, obligandose a tenerlos de manifiesto, y no acudir con ellos, ni parte de ellos a nadie, sin mandarlo el Tribunal, baxo le pena de doblo, y lo firmaran todos los dichos Algualcil, o su Teniente: y faltando ellos, el Familiar que asistiere en su nombre, y la persona o personas a quien se entregaren los dichos bienes. Y se sacaran dos traslados de inventario, y entregará uno para el Secrestador, o Secrestadores, y otro para el Receptor y Notario de Secrestos de este Santo Oficio.

Num. 19. No remitan los Comisarios Carta al Tribunal, sin información del caso, que juzgaren tocar al Santo Oficio

Y porque muchos de los Comisarios acostumbran dar cuenta por Carta de los dichos, o hechos, cuyo conocimiento juzgan pertenece al Santo Oficio, y es preciso, para tomar resolución en dichos casos reducirlos a información, estarán advertidos los dichos Comisarios de aquí adelante, de averiguar los tales dichos, o hechos, por información de dos, o tres testigos, remitiéndola al Tribunal con Carta, guardando en esto la forma del derecho, y estilo referido, desde el num. 1 hasta el 18 de esta Instrucción, según la naturaleza de las causas, que se ofrecieren.

Modo de examinar los hereges expontaneos

Quando algún Herege comparece voluntariamente con deseos de dexar la heregia, y que se le admita al Gremio de nuestra Madre la Iglesia Católica Romana, la cabeza de la declaración será como previene la Instrucción. Y en la pregunta, que se le hará, para que ha comparecido ante el Comisario, deberá explicar el motivo, y causa de su comparecencia, de su heregia, y la que tienen, o tuvieron sus Padres, qual es, en que consiste, y que hacía para observarla, y si creía, que se podía salvar en ella: que causa, o motivos ha tenido, y tiene, y desde quando, para dexar dicha heregia, y seguir nuestra verdadera Religión: que noticias tiene de ella, y quien le ha instruido: y si después de resuelto a dexar su Secta, y seguir la Religión Católica Romana, ha hecho, o dicho alguna cosa, que toque a dicha Secta: si esta Baptizado, y Confirmado, como lo sabe, en que conformidad baptizan en su Secta, quien lo baptizo, y fu Padrino, y si quando esta seguía, sabía era contraria a nuestra Santa fe Católica Romana, y no obstante creía, que en ella se podía salvar: si tiene libros de su Secta, o de otros Sectarios, y prohibidos, lo que deberá entregar, y también será preguntado sobre la Doctrina Christiana, para reconocer, si esta, o no suficientemente instruido, y enseñado en ella. Evacuado todo lo dicho, se le hará la pregunta siguiente:

Preguntado, que es lo que dona quiere creer, y tener: Dixo

Se extenderá brevemente la respuesta, y luego se le dirá, y se escribirá lo siguiente.

Fuele dicho, que para merecer el perdón de su culpas, la misericordia que pretende, es necesario, que su conversión sea de todos corazón, y fe no fingida, y que proteste de vivir, y morir como Católico Christiano Romano, y no juntarse con los Hereges, ni seguir sus Sectas porque no haciéndolo así, además que no conseguirá el bien, que desea, de ser hijo de la Iglesia Romana, se le advierte, que si después de incorporado en su Gremio, se apartare de ella, y volviere a dicha Secta, su otra alguna de los Hereges, será castigado con la severidad, que disponen los Sagrados Canones, contra los que siendo Fieles Católicos Christianos, vuelven a reincidir en lo errores de la heregia.

Dixo,

Esta delación ha de embiar el Comisario al Tribunal con su Carta, en que informará el juicio, que ha formado de la delación, y luego que se le mande lo absuelva, lo executará, y al pie de la información pondrá la absolución, que de fe el Notario, y la volverá al Tribunal.

Forma de ratificar testigos en causas de fe

Mandará llamar dos personas Religiosas, Frayles, Clérigos, que sean Presbiteros, Christianos viejos, de honesta vida, los quales jurarán de guardar secreto, y en su presencia se hará la ratificación, escribiéndola al pie de la deposición del testigo, que se ratifica, en la forma siguiente.

En la Ciudad de T. a T. días del mes de T. año de T. ante el Señor Comisario T. pareció T. de T. estado, u oficio, vecino de T. de edad que dixo ser de T. años, del qual estando presentes, por honestas, y Religiosas personas T. y T. Clerigos, o Frayles, si lo fueren, Presbyteros, que tienen jurado el Secreto, fuere recibido juramento en forma, y prometo decir verdad.

Preguntado, si se acuerda hacer depuesto ante algún Juez contra persona alguna, sobre cosas tocantes a la fe. Dixo, que se acuerda haber dicho ante T. Juez contra T. y aquí se dierá que diga la sustancia de lo que allí dixo: y habiendola dicho, y pedido se le lea su deposición, se continuara, diciendo: *Y refirió en sustancia lo en el contenido, y pidió se le leyere.*

Fuele dicho, que se hace saber, que el Señor Promotor Fiscal del Santo Oficio le presenta por testigo es una Causa, que trata contra el dicho T. que este atento, y se le leerá su dicho, y si en el huviere que alterar, añadir, o enmendar, lo haga de manera, que en todo diga la verdad, y se afirme, y ratifique en ella; porque lo que ahora dixere, parará perjuicio al dicho T. y luego le fue leído de verbo *ad verbum* el dicho contenido. Quando por no haber espacio al pie de la testificación, para escribirse la ratificación, se escribe a parte (porque no yendo continuado, ha de constar del Juez, y Notario ante quien depuso, y del día, mes y año) en lugar de lo que dice el dicho arriba contenido, ha de decir: *Un dicho que dixo ante T. Juez, y T. Notario, en T. días de T. mes, y T. año: y otro que dixo ante T. Juez, y T. Notario; y si fuere el mismo dirá: en T. días de T. mes, y T. año,* y proseguirá diciendo: *I fiendole leído, y habiendo el dicho T. dicho, que lo había oído, y entendido, dixo, que aquello era su dicho, y el lo había dicho, según se le había leído, y estaba bien escrito, y asentado.* Y si enmendare, o añadiere algo, se escribirá lo que fuere: y mientras declarare el testigo, y se escribiere lo que añade, no han de estar presentes las honestas personas las quales (acabada de escribir la addicion) han de volver a entrar, y en su presencia se ha de leer lo añadido, y proseguir la ratificación. *Y si el testigo no enmendare, o añadiere, se continuará asimismo en esta forma: Y no había que alterar, añadir, ni enumerar, porque como estaba escrito era la verdad, y en ello se afirmaba, y afirmo, ratificaba, y ratifico, y si necesario era, lo decía de nuevo contra el dicho T. no por odio, sino por descargo de la su conciencia. Encárgesele el secreto de forma, prometielo, y lo firmó de su nombre. Pasó ante mi T. Notario.* Y no sabiendo firmar el testigo, ha de firmar el Comisario, y siempre las Religiosas personas, y si algún testigo no se pudiere ratificar, el Notario dará fe de ello al margen, como se nota en el Num. 14

N 22 Los contestes, que se resultan de las ratificaciones se examinen, y ratifiquen

Si los testigos al tiempo de la ratificación, nombraren mas contestes, los examinará por el tenor del Num. 3 con los siguientes, y después los ratificará en lo que huvieren dicho, en la forma referida.

Forma de recibir Testigos de defensas

N. 23. Examinense los testigos nombrados a la margen de los Artículos

Los testigos para la defensa, que fueren notados a la margen de los Artículos, que se embiaren, se han de examinar, haciendo la misma cabeza, que en los demás testigos de la ofensa, que vienen llamados, como se dice en el Num. 5, y luego se dirá.

Preguntado si sabe, o presume la causa, porque ha sido llamado, se escribirá su respuesta, y luego (diciendo que no la sabe) se hará otra pregunta.

Preguntado, si alguna persona le ha hablado, o prevenido, para que diga su dicho en favor de alguno, que esté preso en el Santo Oficio. Y escrita su respuesta, se dirá por otra pregunta.

Preguntado, si conoce al Sr. Fiscal del Santo Oficio, y a T. declarándole el nombre del reo, *y si le tocan las generales de la Ley*; las quales se declararán, y su respuesta se escribirá, y luego se dirá: *Fuele dicho, que el dicho T. le presenta por testigo de defensa en una causa, que el dicho Señor Fiscal trata en el Santo Oficio contra él, que este a los Artículos del Interrogatorio, y diga en todo la verdad.*

Al Articulo T. que le fue leído.

Dice T. y T. lo mismo será en todos los Artículos, para que fuere nombrado a la margen, y acabará la deposición, como se nota al Num. 2 Y sino pudiere ser examinado alguno de los testigos de defensas, dará fe de la causa el Notario al pie de los Artículos, o preguntas del Interrogatorio, como se dice en el Num. 14.

Causas criminales, que no son de fe

N. 24. La información se haga por el tenor de la Petición, o denunciación, sin Artículos

En las causas criminales, quando las informaciones se recibieren a instancia de Parte, se examinarán los testigos por el tenor de la Petición presentada por la Parte; y quando de oficio, por el tenor de la denunciación, sin que los testigos entiendan quien la hizo, no se admitan. Artículos ningunos, ni los testigos sean preguntados por ellos, y la información la embiará luego al Tribunal.

N. 25. Prisión no la hará, sino es concurriendo las tres cosas del N. 16 y las ratificaciones se hagan sin Personas Religiosas

No procederá a hacer prisión, salvo concurriendo las tres cosas notadas arriba al Num. 16, y las ratificaciones en estas causas, las hará el Comisario, sin personas Religiosas, con el Notario, o las hará solo el Notario, si se lo cometiere el Tribunal, conformándose en los demás con la forma de la ratificación, en negocios de fe: y las defensas se harán por la misma orden, que la de fe, examinando a los testigos, que la Parte presentare, por los Articulos, que le embiaren.

Num. 26. El Comisario más cercano haga la información, puede hacerla el de la Cabeza

Entre los Comisarios, que hay en cada Obispado, el más cercano al Lugar, donde se cometió el delito, es el que ha de hacer la información; pero descuidándose, o estando impedido aquel, la podrá hacer el otro mas cercano, y el de la Cabeza del Obispado concurre con los demás Comisarios de aquel obispado comulativamente; conviene a saber, que el que previene, ha de proseguir el negocio, y después de haver puesto la mano otro Comisario, no se puede entrometer al de la Cabeza.

N. 27. Comisarios no tienen jurisdicción unos contra otros

Los Comisarios, aunque sean de Cabeza de Obispado, no tienen jurisdicción unos contra otros, y quando alguno delinquiere, no pueden mas que hacer información, y embiarla al Tribunal.

Inhibiciones

N. 28. Comisario no de inhibiciones, y si el caso lo pidiere, no proceda a declaración

Los Comisarios no deber dar inhibiciones contras las otras Justicias, sin consultar al Tribunal; y quando pareciese, que hay peligro en esperar a consultar, pasará Oficio por escrito, fundando la Jurisdicción del Santo Oficio, y pedirá se inhiban, y con la copia de él y la respuesta, darán cuanta al Tribunal; mas en ninguna manera han de proceder a declaración, ni execucion de las censuras, y penas, sino embiar la inhibición, y Autos, que huviere hecho, al Tribunal.

Información de Limpieza

N. 29 Haganse notorias las censuras, y penas tocantes a las informaciones de limpieza

En las informaciones de limpieza, antes de examinar los testigos, se recibirá de cada uno juramento en forma de derecho, de que dirá verdad: y luego, para que en todo deponga con mayor libertad, hará notorio, que el Ilustrisimo General, y Señores del Consejo de Su Magestad de la Santa General Inquisición, han mandado, so pena de excomunicación mayor *latae Sententiae, ipso facto incurrenda*, premisas las moniciones en derecho necesarias (cuya absolución esta reservada a su Señoría Ilustrisima y dichos Señores del Consejo) que ningún Señor Inquisidor, Fiscal, Secretario, Comisario, Notario, ni otro qualquier Ministro del Santo Oficio, directa, o indirectamente, manifieste cosa alguna de lo que los testigos examinados huvieren depuesto, ni que personas son las examinadas, que han testificado: la qual pena se entiende fuera de las demás, que por Derecho, Cartas acordadas, Instrucciones, y estilo del Santo Oficio, están establecidas contra los quebrantadores del secreto que han jurado. Y con apercibimiento, que cada uno de los susodichos, por esta culpa será privado de su oficio, y que para la prueba de ello bastarán testigos singulares, como sean tres. Y de esta advertencia hecha a los testigos, se dará fe al fin de cada deposición, y les harán notorias las mismas penas, y censuras (reservada su absolución a este Tribunal) en que incurrirán dichos testigos, faltando al secreto, que han jurado.

N. 30 En información de limpieza se examinen doce testigos por lo menos

En cada una de dichas informaciones de limpieza, se recibirán hasta doce testigos por los menos, que concluyan de los quatro Abuelos, en la misma naturaleza de los Abuelos, advirtiendo, que en cada naturaleza se han de examinar por lo menos dicho numero de doce testigos, que digan de la limpieza de sangre del pretendiente, y sean de los ancianos, de buena opinión, y Christianos viejos: y entre ellos los Familiares, y Ministros que huviere, no siendo unos, ni otros deudos del pretendiente, y sean de los mas ancianos, de buena opinión, y Christianos viejos: en entre ellos los Familiares, y Ministros que huviere, no siendo unos, ni otros deudos del pretendiente, y recibiéndolos de oficio, sin que la Parte los presente, ni lo entienda, interrogándolos a cada uno de por si con todos secreto, y de suerte, que cada testigo responda puntual, y precisamente a cada miembro, y artículo de cada pregunta, sin contestarse con que responda generalmente, sino a toda, como en ella se contiene. Y en la parte, que con dicho numero de doce, no se pruebe bastantemente lo que en este Artículo se pretende, engrosará dicha información con el número de testigos competente, de manera que consiga la noticia necesaria, y se excuse la dilación, que se ocasionaría de lo contrario.

N.31. Lo que se ha de preguntar en caso que digan contra la limpieza

Y demás de las preguntas del dicho Interrogatorio, si los testigos o alguno de ellos dixere saber, o haver oído decir alguna cosa contra la limpieza, y opinión de los nombrados en dicho Interrogatorio, de alguno de ellos, o de sus ascendientes, se le preguntará, como lo sabe, y a que personas los oyó decir, el tiempo, lugar y ocasión, y en presencia de quien, haciendo las demás preguntas, y repreguntas, que de las tales deposiciones resultare ser necesarias, y examinando los contestes, que los testigos citaren.

N. 32 Califiquese el apellido quando se hallare conocimiento o materia

Y en caso, que no hallare conocimiento, o noticia bastante de alguno de los Abuelos por su antigüedad, se hará información en la calidad, que tuviere el tal apellido, preguntando (antes de llegar a la quinta pregunta) si le hay en el Lugar de su naturaleza, y procurando elaborar bien, si los del tal apellido, o apellidos, son deudos de los que se pretende averiguar: y habiendo mas de uno, saber de qual de ellos desciende; examinado a los del propio apellido, dos, o tres, hasta que conste, si el apellido que se busca. Y a los tales deudos no se ha preguntar mas de hasta la quinta pregunta. Y sabiendo de que tronco, o casa es el, de quien se trata, se hará información del dicho apellido con testigos, que no sean deudos. Y no sabiendo de que tronco es, se han de calificar ambos troncos, apellidos, casas del Lugar de donde son, o fueron naturales. Y antes de llegar a la quinta pregunta, se ha de asentar en el conocimiento, o noticia por oídas de las personas por quienes se pregunta, y (no haviendola) se hará información de la calidad del apellido de tales personas.

N. 33 Pase la información ante Notario, o Escribano

La dicha información pasará ante el Notario del Santo Oficio: y en su ausencia, o impedimento, ante otro Notario, o Escribano, que sea Christiano viejo, fiel, y legal en su oficio, recibiendo primero de él el juramento de fidelidad, y secreto acostumbrado.

N. 34 El Comisario informe al Tribunal con su parecer

Y así hecha la tal información, firmada del nombre del Comisario, y refrendada por el Notario ante quien pasare, poniendo por cabeza la Comisión, e interrogatorio originalmente, sin quedar en poder de los susodichos ningún traslado, cerrada, y sellada con Carta para el Santo Oficio, se embiará a él con persona de confianza: y al pie de dicha información pondrá el Comisario de su letra, y firmado, su parecer, jurando lo que ha sentido de la limpieza, quietud, y buenas costumbres del pretendiente, y de la fe, y crédito, que se puede dar a los testigos: declarando asimismo la causa de haber mudado de Notario, en caso que el del Santo Oficio se haya hallado impedido en la forma referida. Y concluirá su Parecer, avisando los días, que el Comisario, y Notario se huvieren ocupado, para que se les manden pagar sus derechos; quedando advertidos de no cobrarlos de la Parte por si, ni por interpósita persona, sin orden del Tribunal.

Secreto en los Negocios

N.35 Secreto en los negocios

El Comisario y el Notario, serán con grande cuidado, y recato, observantes del secreto, en todas las cosas, que ante ellos pasaren; advirtiendo, que el juramento, que hicieron, quando fueron admitidos al uso, y exercicio de sus oficios, se entiende, no solo en los negocio de fe, sino en las informaciones de limpieza como dicho es, y las demás que ante ellos se hacen, aunque sean entre Partes, así en juicio plenario, hasta estar hecha publicación de testigos, como en el sumario, y en los demás negocios, que se les encomiendan, y cometen: y se les apercibe, que por cualquier cosa, que se entienda han revelado, se procederá contra ellos a suspensión, privación, u otras penas, como pareciere de justicia. Y el mismo secreto encomendará, y mandará guardar el Comisario a las personas que testificaren, o llamaren testigos, o intervinieren de qualquier manera en los negocios, poniendolo así por fe el Notario en todo lo que actuare.

N. 36. Buena custodia en los papeles

El Comisario (por mayor recato, y seguridad) tendrá en buena custodia, y guarda, y con llave, los papeles, de manera que nadie los pueda ver: y las Comisiones, o Cartas, que le escribieren los Señores inquisidores, las remitirán originales al Tribunal, con la respuesta de lo que huviere hecho. Y de las informaciones, así de fe, como de limpieza, y de todos los demás Autos, y papeles, avisará al Tribunal las fojas en que los remite, sin foliarlos.

N. 37. Cuidado en el breve despacho de las causas

Y por último se advierte, y encarga a los Comisarios, y a cada uno de por sí en sus Lugares, y Partidos, pongan particular cuidado en el breve despacho de las causas, que por el Santo Oficio les fueran cometidas. Y habiéndolo así cumplido, y guardado la forma de esta Institución en todas, según la calidad de cada una de ellas, y procuren entregarlas cerradas y selladas, a personas de toda satisfacción, y confianza, quedándose con razón de sus nombres, para que en todo tiempo, que les sea pedida, la puedan dar, y no se arriesgue con el contario gobierno lo que tanto importa.

ORDEN QUE SE HA DE OBSERVAR en la publicación, y lectura del Edicto, y Anathema, que se deben leer cada tercer año en los Lugares de este Distrito de la Inquisición de Sevilla

N. 38 La lectura del Edicto, quando ha de ser, y lo que corre por quenta del Predicador

La lectura del Edicto ha de ser el segundo Domingo, y la del Anathema el tercero de cada Quaresma, consecutivamente después del Evangelio de la Misa Mayor. En ambas Dominicas ha de nombrar el comisario los Sermones, encargando al Predicador, declare a los Fieles los puntos contenidos en el dicho Edicto, y la obligación que tienen de ir luego ante el dicho Comisario a delatar lo que supieren, hubieren visto, u oído de qualquier persona, que huviere cometido qualquiera de los tales delitos, sin reservar muger, maridos, padres, ni otro alguno por cercano deudo, o íntimo amigo que sea: y las gravísimas censuras, y penas en que incurrirán, sino lo manifestaren (con todo recato, y sin comunicarlo con nadie) al dicho Comisario, o en el Santo Oficio, viniendo a Sevilla.

N. 39 Lo que ha de hacer el Notario en la lectura

La persona a quien tocan las dichas lecturas, es el Notario del Santo Oficio, que dicho efecto, al fin del Evangelio ha de ir desde su asiento al pulpito, acompaña-do de dos Familiares; y habiendo subido a él, ha de hacer reverencia al Santísimo Sacramento, y luego al Comisario, y Ministros, Coro, Justicia, y los demás, que se acostumbra, y proseguir dichas lecturas; y acabado, ha de hacer las mismas cortesías; y baxando, volverse a su asiento, acompañado de los dichos Familiares. Y al mismo punto ha de subir el Predicador; solo se advierte que el Domingo de Anathema, después de leída, inmediatamente, y antes del Sermón, se han de hacer las ceremonias, y decir las Oraciones contenidas en el orden, que se da para la lectura de dicho Anathema. Y estando impedido el Notario por enfermedad, o ausencia, u otra causa, se podrán encargar dichas lecturas a un Familiar, y otra persona Eclesiástica, o Seglar, que sea de calidad y suficiencia.

N. 40. Lo que se ha de guardar en la publicación

La publicación, y Pregón ha de ser sábado en la tarde, antes del Domingo del Edicto; para lo qual (habiendo primero avisado al Gobernador, o Corregidor del Lugar, dándole cuenta de tal publicación) se han de juntar en la casa del Comisario los Familiares, y Ministros de la Inquisición: y allí han de salir por su orden todos a caballo, y a lo ultimo (por sus antigüedades) los Familiares con sus Abitos, acompañando al Comisario, que ha de ir entre el Notario, y Algualcil, si lo huviere, y sino llevando la Vara el Familiar, que nombrare el Comisario. Y pasando por las calles, y plazas públicas, y acostumbradas, con Trompetas, y Atabales delante, se darán algunos pregones en las partes principales, para los quales el Notario (haciendo llegar a sí el Pregonero, y llevándolo escrito en un papel) le dictará los siguiente:

N. 41 Pregón

Mandan los Señores Inquisidores Apostólicos de la Ciudad de Sevilla, y su Distrito, que todos los vecinos, y moradores, estantes, y residentes en esta se vayan mañana Domingo a la Iglesia de ella, a oir el Edicto general de fe, que se ha de leer y publicar despues del primer Evangelio de la Misa Mayor: y el Domingo siguiente vuelvan a la misma hora a oir el Anathema, y lleven consigo a todos los de su casa, de diez años arriba. Lo qual cumplan, pena de excomunión mayor; y baxo la misma pena mandan, que en ninguna otra Iglesia, ni Monasterio, haya Sermón en dichas dos Dominicas. Mandase publicar, porque venga a noticia de todos.

N.42 Forma de los asientos

Acabado el paseo, han de acompañar, y dexar al Comisario en su casa. Y los Domingos de Edicto, y Anathema por la mañana, a la hora de Misa Mayor, han de volver por el dicho Comisario, e ir a la Iglesia con la misma orden a caballo: y acomodados en sus asientos, que han de estar prevenidos al lado derecho principal del Altar Mayor, en la forma acostumbrada, presidiendo a todos el Comisario, y continuando los demás, según su antigüedad, y oficios, se dirá la Misa y acabada, con la lectura, y Sermón a sus tiempos, según arriba se refiere, volverán a su casa al Comisario, el qual tendrá muy particular cuidado de recibir después ante el Notario las delaciones, que sobrevinieren, guardando el estilo, y orden contenido en estas Instrucciones desde el Num. 1 hasta el 18. Que esta razón se han dado por el Tribunal, y remitiéndolo todo a él originalmente.

ORDEN QUE SE HA DE TENER, quando se lea la carta de Anathema

N. 43 Forma de salir, y ceremonias de Anathema

Saldrán los Clérigos con Sobrepellizez, y candelas encendidas en las manos, y el Preste con Capa negra, y la Cruz cubierta de luto, y con manga negra, y dos cirios en sus Ciriales, irán cantando en procesión en tono baxo la Letania, comenzando Kyrie elyson, &c. y así continuándola lo que bastare, hasta ponerse delante del Altar Mayor, a donde estarán aguardando a que se lea, y acabe de leer el Anathema. Acabada, apagarán los cirios, y candelas en el Acetre del agua bendita, diciendo así: Como mueren estos Cirios, y Candelas, mueran las ánimas de los tales rebeldes, y contumaces, y sean sepultados en los infiernos: y harán repicar, y tañer las Campanas. Luego cantarán en tono baxo el Salmo que comienza: *Deus laudem meam me tacueris*, sin Gloria Patri, a versos. Y acabado dirán este responso: *Revelabunt caeli iniquitatem Iude, terra adversus eso confurget, manifestum erit pecatum illius in die furosis Domini p. cum eis, qui dixerunt Domino Dro recede a nobu, Scientan viarum tuarum nolumis. Verf. In die perditionis Servabitur, ad diem ultionis adducetur, p. Cum eis.*

Acta que da la categoría de familiar de la Inquisición en favor de Bartolomé de Ortega Cabrio

Nos los inquisidores apostólicos de las ciudades y obispados de Córdoba y Jaén… Visto las pesquisas encontramos que vos don Bartolomé Ortega Cabrio, vecino de Úbeda, sois persona quieta y prudente, para hacer lo que por nos será cometido y mandados en las cosas tocantes al Santo Oficio de la Inquisición y por su exercicio os nombramos y damos por familiar de esta Inquisición en la dicha ciudad de Úbeda y exortamos y requerimos a todas quelesquier justicias así eclesiásticos como seglares desta dicha ciudad como de todas las otras ciudades, villas y lugares de todo el distrito desta dicha Inquisición que os ayan y tengan por tal familiar guardados y haciéndoos guardar todas exenciones previlexios que según derecho costumbre y cédulas de su magestad los que son familiares deben y pueden gozar y os damos licencia y facultad para que podays tener y traygays armas assi ofensivas como defensivas de día y de noche pública y secretamente. Y mandamos en virtud de santa obediencia y so la pena de excomunicación mayor y de cien ducados para los gastos extraordinarios de este dicho Santo Oficio a los dichos justicias eclesiásticos y seglares de todo el dicho nuestro distrito y a sus algualciles executores y ministros que no os tomen ni quiten dichas armas ni os quebranten los privilexios y exenciones de que los familiares del Santo Oficio deben gozar… ni sobre ellos os molesten ni inquieten en manera alguna… en forma de cual os mandamos dar… nuestra cédula firmada de nuestros nombres y refrendada a uno de los secretarios del dicho Santo Oficio y os mandamos inscribir en el libro y matrícula donde van inscritos y registrados los familiares deste Santo Oficio. Fecho en seis de abril de mil quinientos y ochenta y un año.

BIBLIOGRAFÍA

AIGUADER, J. *Miguel Servet.* Barcelona, Teide, 1981.

BAROJA, J. C. *Los moriscos del Reino de Granada. Ensayo de historia social,* Madrid, Istmo, 1995.

BENNASSAR, BARTOLOMÉ. *Inquisición española: poder político y control social.* Barcelona, Crítica, 1984.

BEINART, H. *Los conversos ante el Tribunal de la Inquisición,* Barcelona, Riopiedras Ediciones, 1984.

BELLOC, H. *Las grandes herejías.* Buenos Aires, La Espiga de Oro, 1943.

BERCEO, M. D. *Los Inquisidores del Tribunal de Valladolid en tiempos de Felipe II.* Revista de la Inquisición, 1999.

BERNARDINO. *La Inquisición española.* Córdoba, Almuzara, 1936.

BETHENCOURT, F. *La Inquisición en la época Moderna, España, Portugal, Italia, siglos XV y XVI,* Madrid, Akal, 1998.

BLÁZQUEZ MIGUEL, J. *La Inquisición en América (1569 1820).* República Dominicana, Editoria Corripio, 1994.

CALDAS, V. G. *El poder y su imagen.* Sevilla, Kadmos, 2008.

CANDELA OLIVER, B. *Práctica de procedimiento jurídico para inquisidores: El abecedario de Nicolás Rodríguez Fermosino.* Alicante, Universidad de Alicante, 2015.

CAPEROCHIPI, J. Á. *Los secretos de Zugarramurdi 1609-1610. Pregón,* 2019.

CAPPA, P. R. *La Inquisición española.* Madrid, D. Gregorio del Amo, 1888.

CARO BAROJA, J. *El señor Inquisidor.* Madrid, Alianza Editorial, 1994.

CARVAJAL, L. D., *Historia de la rebelión y castigo de los moriscos en el Reino de Granada.*

Consuelo. (8 de septiembre de 2020). Historia para Mentes Curiosas. Obtenido de https://revisioneshistoricasopusincertum.blogspot.com/2020/09/el-aplastamanos-o-como-hacer-el.html

CONTRERAS, J. *Historia de la Inquisición española (1478-1834) Herejías, delitos y representación*, Madrid, Arco/Libros, 1997.

CORULLA, B. *La Inquisición española*. Madrid, Rialp, 2004.

Delitos castigados por el Tribunal de la Inquisición.

ESCUDERO, M. M. *La prueba procesal en el derecho de la Inquisición*. Murcia, 2015.

Estudios Historicos, C. (6 de febrero de 2018). *Zhistórica*. Obtenido de Zweilawyer: https://zweilawyer.com/2018/02/06/strumenti-di-tortura-e-inquisizione/

FERNÁNDEZ, E. G. *Consideraciones sobre el secreto del proceso inquisitorial*, Anuario de Historia del Derecho español, 1997.

FERNÁNDEZ, E. G. *Las circunstancias atenuantes de la responsabilidad criminal en la doctrina jurídica de la Inquisición*, «Estudios Penales y Criminológicos, vol XV», 1992.

FONSECA, I. S. *Inquisición. Procesos criminales y de fe (s. XV-XVIII)*. Barcelona, Editorial Bosch, 2018.

FORTE MONGE, J. *San Agustín, vencedor de herejes en el siglo XVI español*. Criticón, 2013.

G. IBÁÑEZ, A. *La Leyenda Negra. Historia del odio a España*. Córdoba, Almuzara, 2018.

GALENDE DÍAZ, J., & CABEZAS FONTANILLA, S. (s.f.). *Historia y documentación del Santo Oficio español*, «El Periodo Fundacional», 2004.

GALVÁN RODRÍGUEZ, E. *Los inquisidores generales y la «doble legalidad» como excusa para incumplir normas*. «Revista de la Inquisición. Intolerancia y Derechos Humanos», 47-68, 2019.

GARCÍA CÁRCEL, R. *La Inquisición española*. Madrid, Almuzara, 1990.

GARCÍA CÁRCEL, R. *Inquisición. Historia crítica*, Madrid, Temas de Hoy, 2000.

GARCÍA, A. C. *Las cárceles inquisitoriales del Tribunal de Córdoba*, Consejo Superior de Investigaciones Científicas, CSIC, 2005.

GARRAD, K. *La inquisición y los moriscos granadinos 1526-1580*. «Bulletin Hispanique», 1965.

GENERAL, Archivo. *Murcia, crimen y castigo*, Murcia, Tres Fronteras, 2009.

GOMELLA, B. *La Inquisición española*, Madrid, Ediciones Rialp, 2004.

GONZÁLEZ MONTANO, R. (2010). *Artes de la Inquisición española*, Córdoba, Almuzara, 2010.

HENNINGSEN, G. *El abogado de las brujas. Brujería vasca e Inquisición española*, Madrid, Alianza Editorial, 1995.

HENNINGSEN, G. *La brujería y la Inquisición*. Gobierno de Navarra, 2020.

HERNÁNDEZ, J. *Las 50 grandes masacres de la Historia*. Barcelona, Libros del Atril, S.L., 2009.

HERNÁNDEZ, L. C. *Inquisición y vida cotidiana en Durango*. México, Instituto de Investigaciones Históricas, Universidad Juárez del Estado de Durango, 2009.

HERRERO, J. S. *Los orígenes de la Inquisición medieval*. «Clío & Crimen: Revista del Centro de Historia del Crimen de Durango», 2005.

ITURRALDE, C. R. *La Inquisición, ¿mito o realidad? Lo que no te contaron*. Madrid, Unión Editorial, 2020.

JIMÉNEZ RUEDA, J. *Historia del Tribunal del Santo Oficio de la Inquisición en México*, México D.F., Ediciones Fuente Cultural, 1905.

JIMÉNEZ, C. J. *El comisario del Santo Oficio en las instrucciones inquisitoriales*. «Revista de la Inquisición (Intolerancia y Derechos Humanos)», 95-109, 2014.

JUDERÍAS, J. *La Leyenda Negra de España*. Madrid, La Esfera de los Libros, 2014.

KAMEN, H. *Sexualidad e Inquisición*. «Historia 16», 1986.

KAMEN, H. *La Inquisición española*. Madrid, 2000.

LA PARRA, E., & CASADO, M. *La Inquisición en España, agonía y abolición*. Madrid, Catarata, 2013.

LARA, J. M. *La Inquisición*, Madrid, El Siglo Futuro, 1877.

LARA, M. *Historia de las Guerras de Religión*, España, Sekotia, 2022.

LEA, H. C. *Historia de la Inquisición española*, Madrid, Agencia Estatal, Boletín Oficial del Estado, 2020.

LEVACK, B. P. *La caza de brujas*, Madrid, Alianza Universidad, 1995.

LIVET, G. *Las Guerras de Religión*. Barcelona: Oikos-Tau, S.A. Ediciones, 1971.

LLORENTE, H. P. *Los desencuentros de la Reforma. La Inquisición española frente al luteranismo en tiempos de Carlos V*, Miscelánea Comillas, 2018.

LLORENTE, J. A. *Historia crítica de la Inquisición española*, Madrid, Hiperión, 1980.

LUDLOW, Ú. C. (2019). *Persecución y modorra. La Inquisición en Nueva España*, Ciudad de México, Turner, 2019.

MACANAZ, M. d. *Defensa crítica de la Inquisición contra los principales enemigos*, Antonio Espinosa, 1788.

MAGONE, J. d. (1835). *El Tribunal de la Inquisición llamado de la fe o del Santo Oficio*, Barcelona, Ramón Martín Indar, 1835.

MANUEL PEÑA DÍAZ, J. V. *La Inquisición. Viejos temas, nuevas lecturas*. Córdoba, Argentina, Editorial Brujas, 2015.

MAQUEDA ABREU, C. *Estado, Iglesia e Inquisición en Indias. Un permanente conflicto*, Madrid, Centro de Estudios Políticos y Constitucionales, 2000.

MARCOS, M. *Herejes en la Historia*, Madrid, Editorial Trotta, 2010.

MILLÁN, J. M. *La Inquisición española*, Alianza Editorial, 2009.

MONTERDE GARCÍA, J. C. *Disposiciones abolucionistas del Tribunal del Santo Oficio*, XV Jornadas de Historia en Llerena, 135-148, 2014

MONTESERÍN, M. J. *La Inquisición española. Documentos básicos*, Valencia, Universidad de Valencia, 2020.

MORENO, D. *La invención de la Inquisición*, Marcial Pons Ediciones de Historia, Madrid, 2004.

MORILLO, E. D. *La emigración irlandesa decimonónica tras la gran hambruna, parte intrínseca del carácter irlandés*. «Revista de Humanidades», 89-114, 2018.

OBRADÓ, M. d. *El miedo al falso testimonio en los procesos inquisitoriales del Tribunal de Ciudad Real-Toledo (1483-1504)*. «Espacio, Tiempo y Forma», 535-559, 2022.

OBRADÓ, M. d. *La toma de decisiones en relación con las denuncias de criptojudíos ante los Tribunales de Ciudad Real y Toledo*. «Revista de la Inquisición. Intolerancia y Derechos Humanos», 159-184, 2016.

OLMO, M. Á. *Las razones de la Inquisición española*, Córdoba, Almuzara, 2009.

PEÑAS, L. M. *Aproximación al estudio de la denuncia o delación como inicio del proceso inquisitorial*. AHDE tomo LXXXV, 2015, 119-149, 2015.

PEÑAS, L. M. (2020). *Más allá de la hoguera: penas no capitales de la Inquisición española*. «Estudios Institucionales» Vol. 7, Nº 12, 179-203.

PÉREZ, J. *Crónica de la Inquisición en España*, Barcelona, Ediciones Martínez Roca, 2022.

POSADILLA, G. d. (1820). *Auto de fe celebrado en la Ciudad de Logroño en los días 7 y 8 de noviembre del año 1610*, Madrid, Imprenta de Collado, 1820.

PRÍNCIPE Adalberto de Baviera y MAURA GAMAZO, G. (s.f.). *Documentos inéditos referentes a las postrimerías de Carlos II*, 2004.

RAMIS SIERRA, P., & Ramis Barceló, R. *El libro de los juicios (Liber Iudiciorum)*, Madrid, Agencia Estatal Boletín Oficial del Estado, 2015.

Real Academia de la Historia. (s.f.). *Real Academia de la Historia.* Obtenido de Real Academia de la Historia: https://www.rah.es/

Reorganizadora, L. C. (1910). *Proceso inquisitorial del cacique de Tetzcoco.* México: Archivo General y Publico de la Nación.

RÍOS SÁNCHEZ, N. M. *Catolicismo inglés. De la Guerra de las Dos Rosas a la actualidad.* Córdoba, Editorial Almuzara, 2022.

RIVERA, A. M. (s.f.). *Los sastres en los procesos de fe del Tribunal de Distrito de la Inquisición de Toledo.* Málaga, Universidad de Málaga, 2014.

ROAN, C. *La causa inquisitorial contra el confesor de Carlos II*, fray Froilán Díaz, «Revista de la Inquisición», 2006.

ROCA BAREA, E. *Imperiofobia y Leyenda Negra*, Madrid, Siruela, 2016.

RODRIGO, F. J. *Historia verdadera de la Inquisición*, España, 1876.

RODRÍGUEZ, E. G. *El secreto en la Inquisición española*, Las Palmas de Gran Canaria, Universidad Las Palmas de Gran Canaria, 2001.

ROMANOS, R. d. (1861). *Antiguo Madrid. Paseos históricos anecdóticos por las calles y casas de esta villa*, Madrid, 1861.

SÁNCHEZ, R. R. *Sodomía e Inquisición, el miedo al castigo*, Barcelona, Universidad de Barcelona, 2001.

SALDAÑA, Q. *La Inquisición española (1218-1834)*, Madrid, Compañía Ibero-americana de Publicaciones, S.A., 1930.

SÁNCHEZ HERRERO, J. *Los orígenes de la Inquisición medieval.* «Clio & Crimen», 17-52, 2005.

SANTAMARTA DEL POZO, J. *Siempre tuvimos héroes.* Madrid, Edaf, 2017.

Sevilla, I. d. *Instrucción y orden de procesar, que han de guardar los comisarios y notarios del Santo Oficio de la Inquisición en las causas, y negocios de fe, y de limpieza, y los demás que se ofrecieren.* Sevilla, Imprenta Mayor de la Ciudad; por mandato del Santo Oficio, 1778.

Sevilla, S. O. *Relación del auto de fe que celebro el Santo Oficio de la Inquisición de Sevilla en el Convento de San Pablo el Real el 28 de febrero de 1627,* Sevilla, 1627.

STORICI, C. S. (6 de Febrero de 2018). *Centro Studi Storici.* Obtenido de zweilawyer.com: https://zweilawyer.com/2018/02/06/strumenti-di-tortura-e-inquisizione/

SUÁREZ, L. *Historia de España,* Madrid, Espasa, 2000.

TALAVERA, F. H. *Católica impugnación del herético libelo, maldito y descomulgado,* Publicaciones de la Academia de Historia de la Iglesia en Andalucía, 2019.

TORRE, J. I. *Breve historia de la Inquisición,* Madrid, Nowtilus, 2014.

TROPÉ, H. *Locura e Inquisición en la España del siglo XVII.* «Norte de Salud Mental», 90-101, 2010.

TULA, T. y. *El delito/pecado de solicitación y el tribunal de la Inquisición de Toledo.* (TulayTula.com)

VALIENTE, F. T. *La tortura en España,* Barcelona, Ariel, 1973.

SÁINZ VARELA, J. A. (s.f.). *Una relación inquisitorial sobre la brujería navarra.* «Huarte de San Juan, Geografía e Historia», 348-371, 2010.

VÉLEZ, I. (1 de agosto de 2010). *Catoblepas, Revista crítica del pensamiento.* Obtenido de Catoblepas, Revista Crítica del Pensamiento: https://www.nodulo.org/ec/2010/n102p11.htm

VÉLEZ, I. *Torquemada. El gran inquisidor,* Madrid, La Esfera de los Libros, 2019.

VV.AA. *La Inquisición. Viejos temas, nuevas lecturas.* Córdoba, Argentina, Editorial Brujas, 2015.

WALKER, J. M. *Historia de la Inquisición española,* Madrid, Edimat Libros, 2001.

WELLMAN, B. *La Inglaterra moderna temprana.* Enthralling History, 2023.

ZWEIG, S. *Castellio contra Calvino,* Barcelona, Acantilado, 2013.

ÍNDICE ONOMÁSTICO

P
Pacheco, Diego, 160.
Padilla, Cristóbal de, 69.
Paine, John, 212.
Pardo Bazán, Emilia, 245.
Peña, Francisco, 113.
Peña, Mencía de la, 81.
Peñafort, San Ramón, 52.
Percy, Thomas, 217.
Pereira de Meneses, José, 122.
Péres, Andrés, 170.
Pérez, Gonzalo, 171, 174.
Pérez, Bartolomé, 172.
Pérez Coronel, Fernando, 45.
Pérez de Barrenechea, María, 93.
Pérez del Pulgar, Hernando, 40.
Pérez, Joseph, 70, 145, 201.
Pico, Salomón, 34.
Pío IV, 83, 170.
Pío V, 170, 211.
Plesington, John, 219.
Plunkett, Oliver, 219.
Pole, Margaret, 206.
Pole, Reginald, 206.
Ponce de la Fuente, Constantino, 69.
Ponce de León, Juan, 70.
Powell, Philip W., 198, 240.
Príncipe de Éboli, 171.

Q
Quintana, Juan de, 234.

R
Ramírez, Juana, 75.
Recesvinto, 22.
Reyes Católicos, 9, 17, 28, 34-36, 39, 40, 45, 46, 49, 51, 57, 58, 73, 154, 204, 205, 210.
Reynolds, Thomas, 218.
Rizi, Francisco, 147.